DIE SCHÖNSTEN STRECKENWANDERUNGEN MIT DEM ÖPNV

Klimaneutral unterwegs in den bayerischen Hausbergen

MICHAEL REIMER

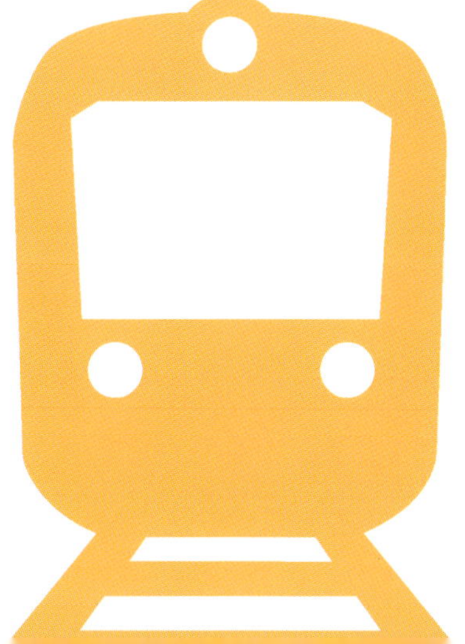

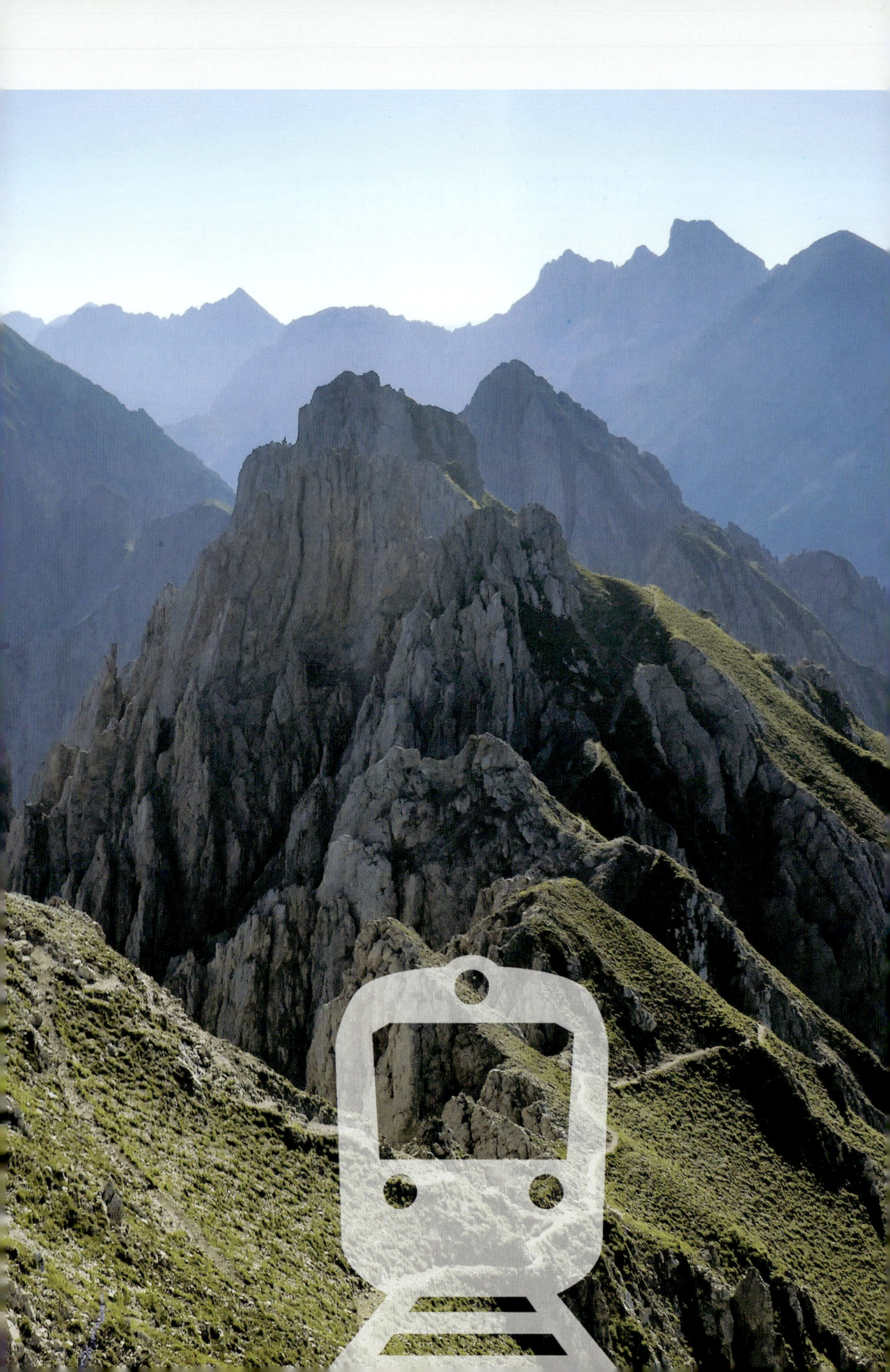

Bei der Karwendeldurchquerung (im Bild: Freiungen-Höhenweg) ist die Nutzung des ÖPNV unabdingbar.

„Klimaneutral bis 2030" lautet das ambitionierte Ziel, das sich der Deutsche Alpenverein (DAV) auf der Jahreshauptversammlung 2021 gesetzt hat. Für die Umsetzung wurde die Projektgruppe Klimaschutz ins Leben gerufen, um Strategien zu entwerfen und Konzepte zu formulieren. Die Nutzung der öffentlichen Verkehrsmittel ist ein wichtiger Baustein für das Anpeilen der Klimaneutralität: „Innerhalb des Klimaschutzkonzeptes spielt Mobilität eine wichtige Rolle, hier sehen wir das größte Einsparungs- und Handlungspotenzial", meint Nicolas Gareis, Ressort Naturschutz und Kartografie. Der 2021 ins Leben gerufene Bergbus, der von München im Sommerhalbjahr an den Wochenenden die zuvor wenig erschlossenen Ammergauer Alpen, den Achensee und das Priental ansteuert, wurde mit rund 2200 Fahrgästen nebst Einsparung von 1200 Autos gut frequeniert und hat hoffentlich eine lange Zukunft vor sich.

Die Anreise mit öffentlichen Verkehrsmitteln bietet viele Vorteile, beispielsweise eine entspannte An- und Abreise, Kommunikation mit den Reisebegleitern, Möglichkeit zur Anpassung der Planung an die aktuellen Gegebenheiten, Genuss der Aussicht und keine Parkplatzsuche am Zielort. Und dauert die Rückfahrt auch länger als mit dem privaten PKW, bietet sich während der längeren Fahrzeit die perfekte Möglichkeit, Eindrücke zur Wanderung, Landschaft, Pflanzen- und Tierwelt per Foto oder Gespräch auszutauschen. Ein echter „Nach-Genuss", der das Gesamterlebnis abrundet. Im Sommer geben uns die langen Abende Gelegenheit, den Bergtag mit einem erfrischenden Bad im See oder mit einer Einkehr im Zielort abzuschließen.

In den jeweiligen Zielgebieten erschließen sich Streckenwanderungen, die selbst bewährte Freundinnen des ÖPNV so noch nicht erlebt haben dürften. Hand aufs Herz: Wer ist schon einmal vom Ammertal ins Allgäu (Tour 1), von Oberammergau nach Linderhof (Tour 6), vom Kochelsee nach Ohlstadt (Tour 7), vom Walchensee nach Eschenlohe (Tour 12), vom Isar- in das Loisachtal (Tour 15), von Arzbach nach Benediktbeuern (Tour 16), von Bad Wiessee über den Kampen nach Lenggries (Tour 21), von der Valepp nach Kreuth (Tour 24), vom Leitzachtal in das Jenbachtal (Tour 31) oder vom Tatzelwurm nach Oberaudorf (Tour 34) gewandert? Wer auch nur drei dieser Touren eins zu eins wie im Buch beschrieben absolviert hat, der darf sich ohne Übertreibung als Expertin oder Experte in Sachen ÖPNV-Nutzung bezeichnen.

Über die neuen Bergerlebnisse hinaus kann jeder ÖPNV-Nutzer Bonuspunkte für den verminderten CO_2-Fußbruck für sich verbuchen. „Bis zum Alpenhauptkamm lassen sich mit dem Bahn- und Bus-Angebot etliche Regionen und Bergziele klimafreundlich erreichen und besonders bewusst erleben. Viele neue Tourenideen eröffnen sich beim Blick auf die Karte des ÖPNV-Netzes, sie ist geradezu eine Einladung zu Rundtouren, Überschreitungen und Durchquerungen", ist in der DAV-Panorama 1/2022 nachzulesen. Apropos Alpenhauptkamm: Die Mehrtagestouren im Karwendel (Tour 37), in den Stubaier Alpen (Tour 38), in den Tuxer Alpen (Tour 39) und in den Zillertaler Alpen (Tour 40) sind ohne die Nutzung von öffentlichen Verkehrsmitteln ebenfalls nicht durchführbar.

Die Wandervorschläge sind so konzipiert, dass sie zwischen der ersten und letzten Tagesverbindung mit Bus oder Bahn bequem zu schaffen sind. Die im jeweiligen Tourenkasten angeführten Verbindungen sind auf das Wochenende und München abgepasst. Da sich die Fahrzeiten immer verändern können, bitte in jedem Fall bei der Tourenplanung überprüfen! Und: Die Bildung einer Gruppe wird sich vorteilhaft auf den Preis auswirken, Bayern- und Regiotickets sind allgemein günstiger. Apps erleichtern die Planung, nahezu alle Tickets lassen sich über einen jeweiligen Account online buchen. Bei Touren mit relativ wenig Zeitpuffer (z. B. Tour 36) sind Erfahrung und Weitsicht gefragt.

Viel Freude und Genuss beim Nachwandern der vorgestellten ÖPNV-Touren wünscht

Michael Reimer

INHALT

Winter* = i.d.R. auch im Winter durchführbar
Hütte* = Hüttenübernachtung und somit Mehrtagestour möglich
(4) = 4 Tage
(3) = 3 Tage

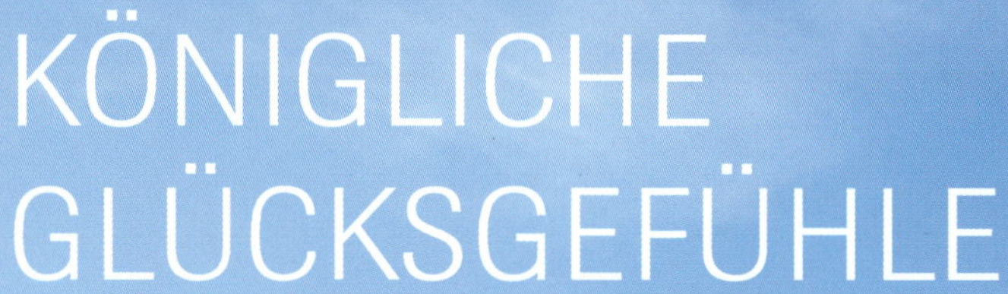

KÖNIGLICHE GLÜCKSGEFÜHLE

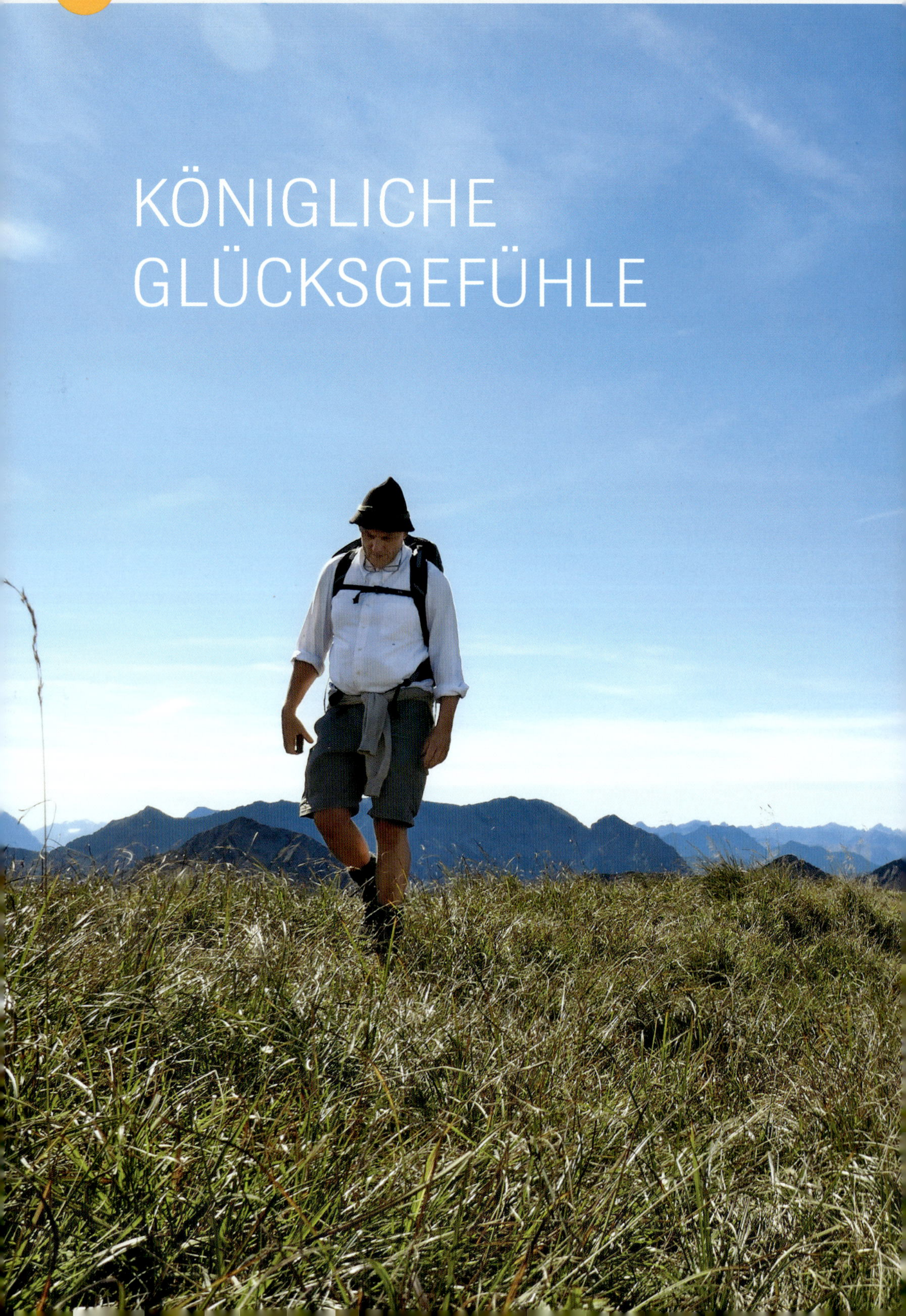

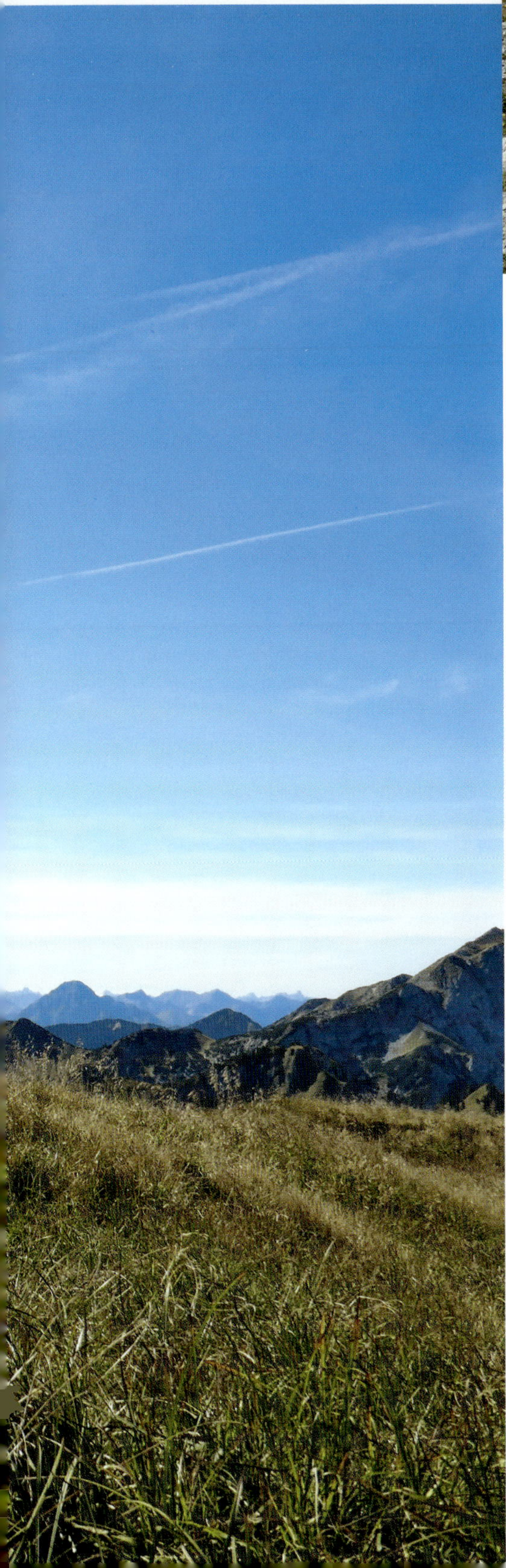

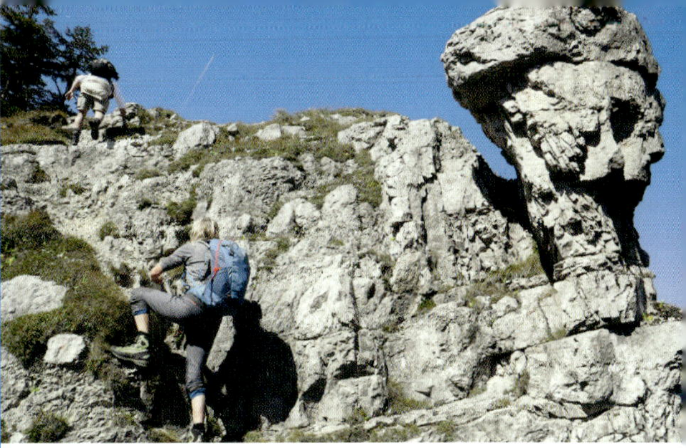

Am Feigenkopf flacht der Klammspitzgrat deutlich ab, herausragend bleibt der Blick in Richtung Lechtaler Alpen.

oben: Markanter Felskopf am Klammspitzgrat

Die Brunnenkopfhäuser zählten zu den Lieblingsorten von König Ludwig II. Insgesamt 28 Mal soll der introvertierte Schöngeist mit der Pferdekutsche zur königlichen Jagdhütte hochgefahren sein, zuletzt 1885. Mit Sicherheit wird Seine Hoheit auch vom Anblick des formschönen Klammspitz-Gipfels begeistert gewesen sein – ihn zu überschreiten, hätte er indes niemals in Betracht gezogen. Dieses Privileg genießen wir auf unserer aussichtsreichen Streckentour in Richtung Lechtal und gelangen dabei unweit von Neuschwanstein in ein weiteres ehemaliges Königsrevier.

Man kann sich König Ludwig II. gut vorstellen, wie er einst mit melancholischem Blick auf das tief unter ihm liegende Schloss Linderhof starrte und an Richard Wagner die folgende Botschaft entsandte: „Auf den Bergen ist Freiheit, und überall, wo der Mensch nicht hinkommt. Ich genieße noch ein paar Wochen lang die mir so wohl bekommende kalte Bergesluft vor der unseligen Einkerkerung im wenig geliebten München. Ich will selig sein in der Götterdämmerung der erhabenen Berges-Einsamkeit, fern von der profanen Alltagswelt."

Aufstieg zu den Brunnenkopfhäusern

Der von der Morgensonne beleuchtete Klammspitz rückt bereits bei der Anfahrt nach Schloss Linderhof in unser Blickfeld. Am Fuß des vorgelagerten Brunnenkopfes liegen die Brunnenkopfhäuser, die wir auf dem 4,5 Kilometer langen ehemaligen Reitweg durch den Wald in gut eineinhalb Stunden erreichen. Zur Schonung der königlichen Kutsche wurde er Mitte des 19. Jahrhunderts moderat mit einer durch-

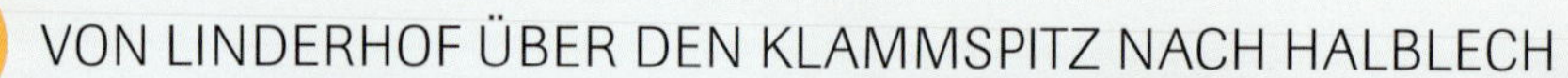

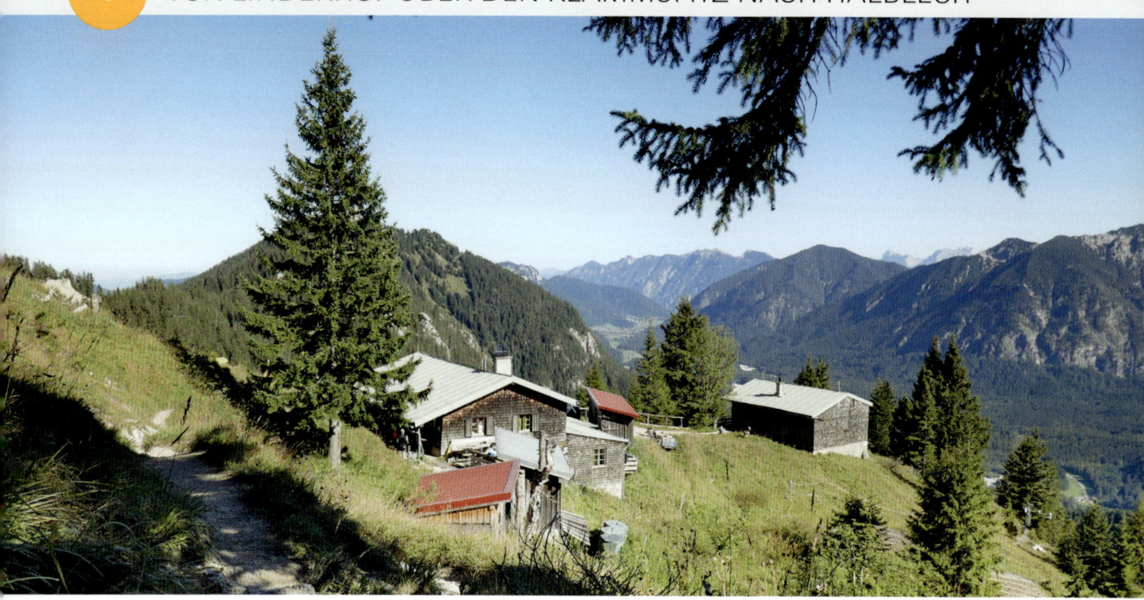

schnittlichen Steigung von gut sechs Prozent angelegt, was den Mountainbikern heute die Anfahrt zur Hütte erleichtert. Unterhalb der Hütte können wir an einer Quelle frisches Wasser schöpfen.

Ein Einkehrschwung kommt aus Zeitgründen wohl eher nicht in Betracht, aber hier oder auch auf der abseits der Route gelegenen Kenzenhütte zu übernachten, wäre durchaus eine reizvolle Option. Dies würde einerseits die Kondition fordernde 20-Kilometer-Strecke auf zwei Tage verteilen und andererseits Möglichkeiten für weitere Gipfelziele wie den Brunnenkopf, den Hasentalkopf oder den Vorderscheinberg offenbaren. Nicht nur König Ludwig II. hat sich im urigen Hüttenambiente wohl gefühlt, sondern neben etlichen Wanderern auch diverse Künstler. Lisa Kreitmeir etwa, Hüttenwirtin in den 1990er Jahren, hat sich ihre wenige Freizeit – inspiriert von der faszinierenden Ammergauer Bergkulisse – mit naiver Malerei vertrieben.

Klammspitz-Überschreitung mit kurzen Kraxeleinheiten

Die Brunnenkopfhäuser haben bis Mitte Oktober geöffnet. Zu dieser Jahreszeit ist das steile Schuttkar im Schatten der imposanten Felswände bei entsprechender Witterung bereits vereist, was den Zugang zum Großen Klammspitz ohne Grödeln erheblich erschweren kann. Uns ist dies vor Jahren so widerfahren, weshalb wir den Klammspitzgrat eher aus Verlegenheit als vermeintlich einfachere Abstiegsvariante anvisiert haben – seinerzeit nicht ahnend, dass ich ihn mal als Höhepunkt einer der schönsten Streckentouren mit dem ÖPNV begehen würde. Die wenigen luftigen Passagen liegen allesamt in der Sonne, etwaiger Schnee oder gar Eis können sich am steilen Gras oder Fels kaum halten.

Bereits vom Klammspitz-Gipfel genießen wir die freie Sicht in Richtung Allgäu: Während sich in der Ebene der Forggensee und der Hopfensee ausbreiten, erspähen wir hinter der pyramidenförmigen Hochplatte neben den Tannheimer Bergen die Allgäuer und weiter südlich die Lechtaler Alpen. Auch der weitere Wegverlauf über den Klammspitzgrat bis zum Grubenkopf ist gut einsehbar. Richtung Hirschwang taucht mit dem Geiselstein „das Matterhorn der Ammergauer Alpen“ auf. Apropos Hirsch: Während der Brunftzeit im Herbst hallt das Röhren der Hirsche aus verschiedenen Winkeln der Bergwälder zu uns hinauf – ein eindrucksvolles Hörspiel! Der letzte Aufschwung leitet uns zum Grubenkopf, an dessen Gipfel wir Büschel von Edelweiß finden. Dann erfolgt der im mittleren Abschnitt bei Nässe etwas unangenehme Abstieg zum Kenzenhütten-Fahrweg. Wem der finale Hatscher bis Halblech als zu lang erscheint, der kann an der Reiselbachbrücke auf den Kenzenbus hoffen, welcher bei entsprechender Nachfrage zwischen Hütte und Talort verkehrt. Bei der Busfahrt nach Füssen erinnern wir uns mit Blick auf Schloss Neuschwanstein an die Freiheitsgedanken am Berg von König Ludwig II.

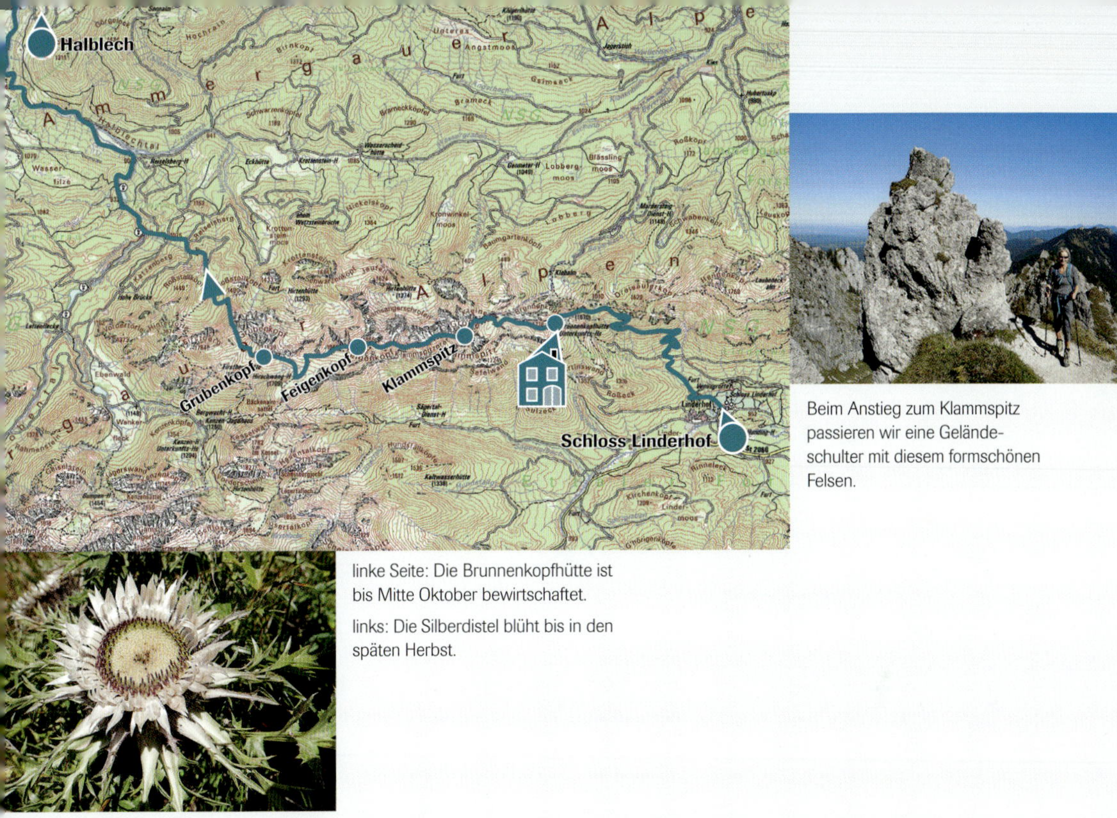

Beim Anstieg zum Klammspitz passieren wir eine Geländeschulter mit diesem formschönen Felsen.

linke Seite: Die Brunnenkopfhütte ist bis Mitte Oktober bewirtschaftet.

links: Die Silberdistel blüht bis in den späten Herbst.

ROUTE: Schloss Linderhof – Brunnenkopfhäuser – Klammspitz – Feigenkopf – Grubenkopf – Halblech

An der Westseite des Schlossparks führt der ehemalige Reitweg zu den Brunnenkopfhäusern (1602 m) hinauf > Querung am grasigen Südhang des Brunnenkopfs und kurzer Abstieg in den Bergkessel > am Ende steiler Serpentinen-Aufstieg durch das Schuttkar zur linken Schulter und über die schrofige Südflanke zum Klammspitz (1924 m, Drahtseilsicherungen) empor > den breiten Gipfel an seiner Westseite verlassen, nach kurzem Abstieg mit kurzen Kletterstellen am Klammspitzgrat entlang und steilgrasig zum Feigenkopf (1885 m) hinauf > genussreich zum Hirschwang hinüberqueren, kurzer Abstieg über weiche Grasmatten und vor Erreichen der Hirschwanghütte (1710 m) in Gratnähe Schlussanstieg zum Grubenkopf (1839 m) > zunächst moderat, jenseits einer kleinen Einsattelung steiler auf schmalem Pfad in den Bergwald absteigen > nach Überqueren von zwei Forstwegen münden wir in den asphaltierten Teerweg, der uns, zuletzt ein schluchtartiges Waldtal passierend, 6 km nach Halblech leitet > am Parkplatz rechts 300 m in das Ortszentrum.

Gehzeit 7 ½ Std.
Strecke 20 km
Höhenmeter 1380 Hm ↑ 1530 Hm ↓

ÖPNV
Erste Anfahrt RB 60 von München HBF (6.32 Uhr) nach Oberau, Bus 9606 nach Ettal, Bus 9622 nach Schloss Linderhof (Ankunft 9.01 Uhr)

Letzte Rückfahrt Von Halblech Ortsmitte Bus 73 nach Füssen Bahnhof (18.29 Uhr), BRB nach München

Zeitfenster vor Ort
knapp 9½ Std.

Hinweis Mit einer Übernachtung auf den Brunnenkopfhäusern oder auf der Kenzenhütte (Abstecher) ist die Wanderung entspannter, zudem gibt es weitere reizvolle Gipfeloptionen!

Charakter Das Sahnestück der langen Tour ist die Begehung des Klammspitzgrates zwischen Klammspitz und Feigenkopf. Vor allem in diesem Bereich sind Trittsicherheit und Schwindelfreiheit erforderlich (Drahtseile). Eine überragende Panoramatour mit einem finalen Hatscher nach Halblech.

Wegweiser Die gesamte Route ist sehr gut beschildert. Vor Erreichen der Brunnenkopfhäuser Einmündung in den Maximiliansweg E4 (bis Abzweig Grubenkopf).

Einkehr und Übernachtung Brunnenkopfhäuser, Mai bis Mitte Oktober, Tel. +49-175/6540155, www.brunnenkopfhuette.de

Karte AV-Karte BY6 „Ammergebirge West“, 1:25.000

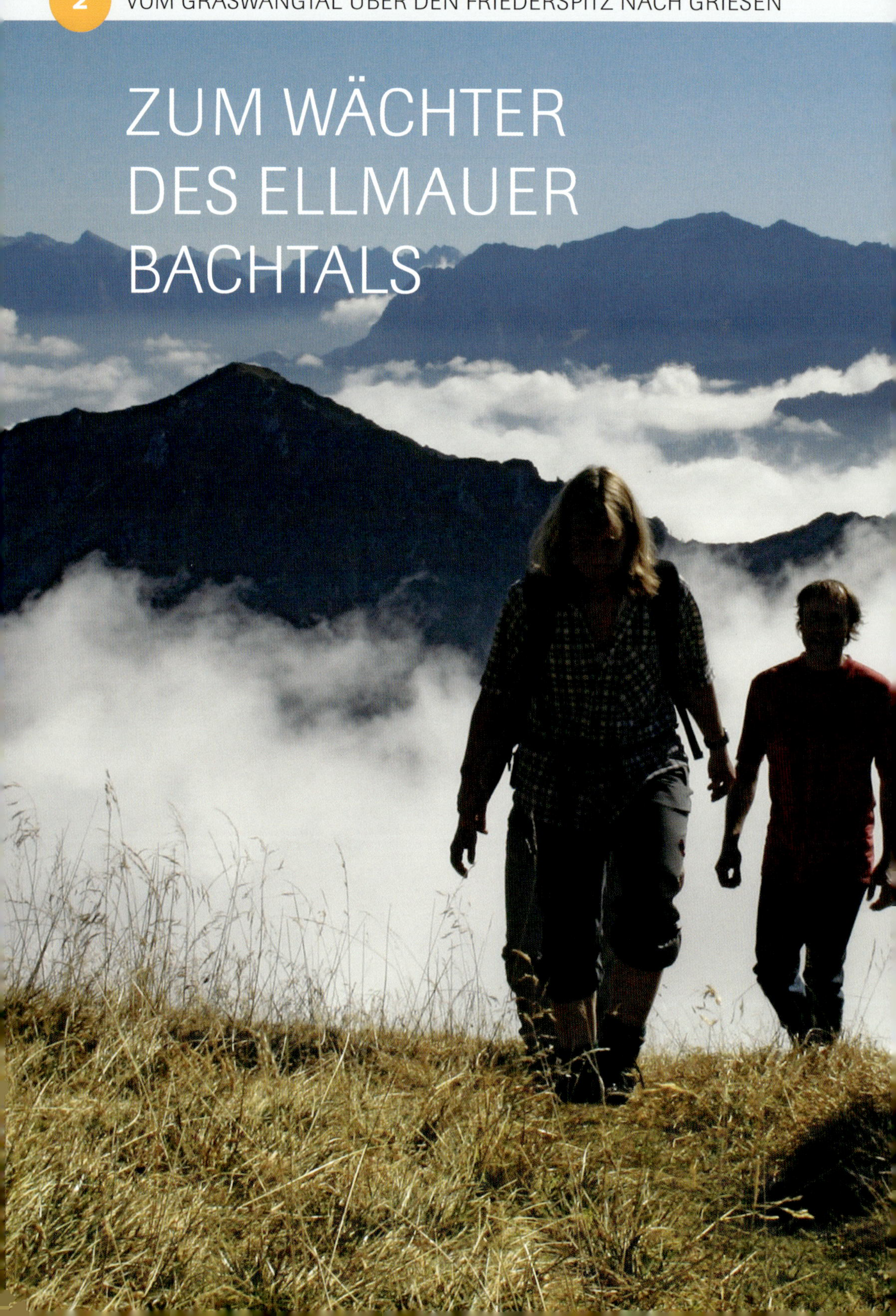

ZUM WÄCHTER DES ELLMAUER BACHTALS

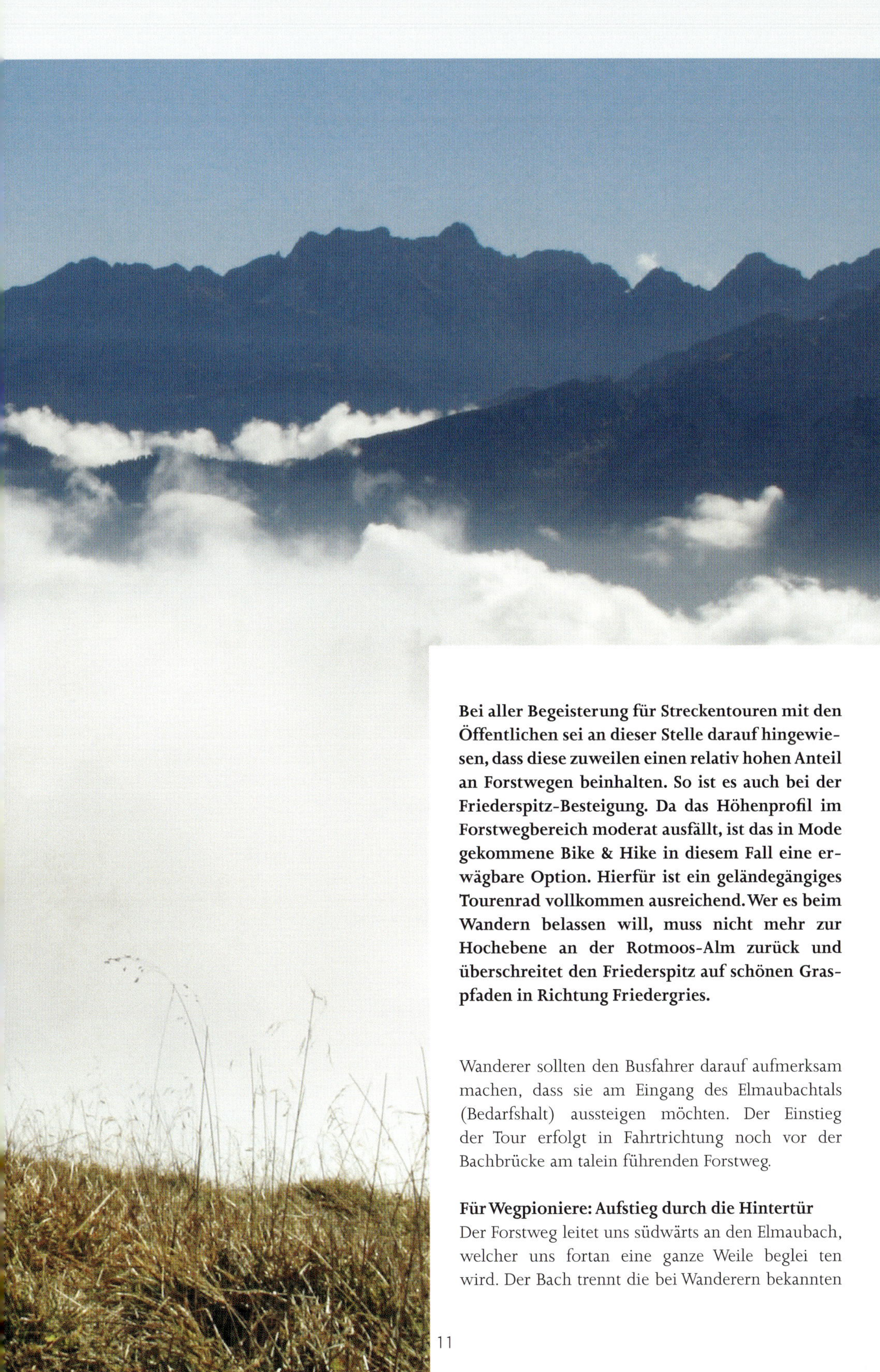

Bei aller Begeisterung für Streckentouren mit den Öffentlichen sei an dieser Stelle darauf hingewiesen, dass diese zuweilen einen relativ hohen Anteil an Forstwegen beinhalten. So ist es auch bei der Friederspitz-Besteigung. Da das Höhenprofil im Forstwegbereich moderat ausfällt, ist das in Mode gekommene Bike & Hike in diesem Fall eine erwägbare Option. Hierfür ist ein geländegängiges Tourenrad vollkommen ausreichend. Wer es beim Wandern belassen will, muss nicht mehr zur Hochebene an der Rotmoos-Alm zurück und überschreitet den Friederspitz auf schönen Graspfaden in Richtung Friedergries.

Wanderer sollten den Busfahrer darauf aufmerksam machen, dass sie am Eingang des Elmaubachtals (Bedarfshalt) aussteigen möchten. Der Einstieg der Tour erfolgt in Fahrtrichtung noch vor der Bachbrücke am talein führenden Forstweg.

Für Wegpioniere: Aufstieg durch die Hintertür
Der Forstweg leitet uns südwärts an den Elmaubach, welcher uns fortan eine ganze Weile beglei ten wird. Der Bach trennt die bei Wanderern bekannten

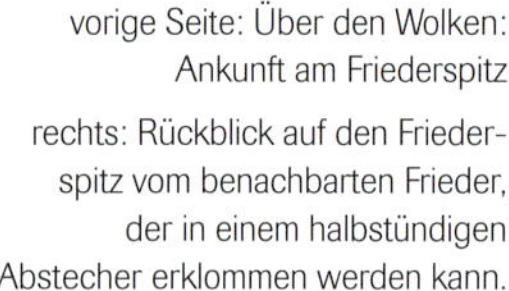

vorige Seite: Über den Wolken: Ankunft am Friederspitz

rechts: Rückblick auf den Friederspitz vom benachbarten Frieder, der in einem halbstündigen Abstecher erklommen werden kann.

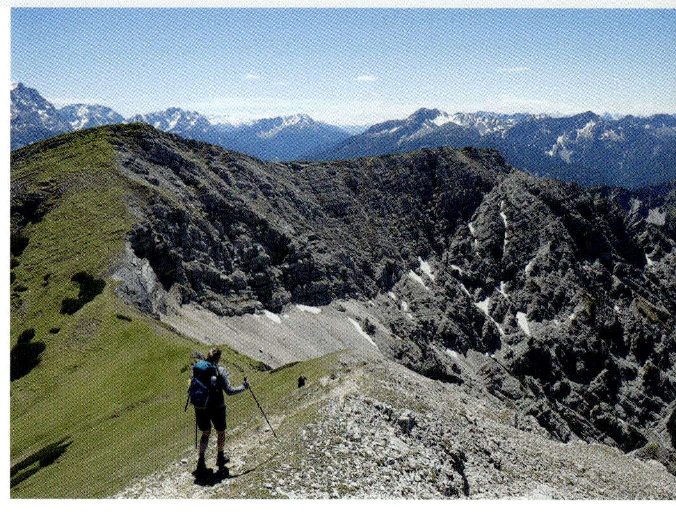

Kramer- und Kreuzspitz-Gebirgsgruppen voneinander. Das Tal ist im unteren Abschnitt so flach, dass wir auf den ersten gut vier Kilometern gerade 100 Höhenmeter hinzugewinnen. Erst dann steilt der Forstweg ein wenig auf, ohne dass gut trainierte Radfahrer jetzt absteigen müssten. Wir passieren eine Schranke, und wer sich auf ein kleines Bergabenteuer einlassen möchte, der folge einem sogleich rechts abzweigenden Pfad und besteige den Friederspitz quasi durch die Hintertür. Die nur schwach markierte Route führt wildromantisch um den sogenannten Saurücken herum und in ein Hochkar hinein. Entweder legt man das letzte Stück bis zur Einsattelung zwischen Frieder und Friederspitz weglos durch steilgrasiges Gelände zurück oder man wandert auf dem sich nach Süden wendenden Pfad aus dem Latschenkessel heraus und mündet somit in den markierten Normalweg.

Inmitten der wilden Ammergauer Bergwelt

Sicherer und weniger anstrengend ist die längere Route über die Hochfläche der Rotmoos-Alm. Nach weiteren knapp drei Kilometern vom beschriebenen Abzweig erreichen wir den abzweigenden offiziellen Steig zum Frieder. Die Radler unter uns wechseln in den Wandermodus über und kehren später hierher zurück. Den Wanderern hingegen steht eine landschaftlich wunderschöne Überschreitung der Friederspitz nach Süden bevor. Der Steig ist im Wald in weitausholenden Kehren angelegt und somit genussvoll zu begehen. An der Frieder-Alm, an der im Sommer Schafe weiden, steigen wir durch ein kleines Hochtälchen zu einer Grasschulter hinauf und erreichen das Gipfelkreuz zuletzt steil über den Südhang. Obwohl das Zugspitzmassiv den Blick in Richtung Südosten versperrt, kann sich das Gipfel-Panorama sehen lassen. Am Fuß des Massivs ist der grün leuchtende Eibsee gut zu erkennen. Zwischen Mieminger Gebirge und Lechtaler Alpen lugen in der Ferne die Ötztaler Alpen hervor. Im Westen tauchen die Allgäuer Alpen und Tannheimer Berge auf. Und im Osten zeigen sich zwischen Mittenwalder Karwendelkette und Estergebirge die Soiernspitze, der Schafreiter und der Guffert von ihrer schönsten Seite; selbst der Wilde Kaiser ist im Hintergrund noch auszumachen. Der Abstecher zum nördlich angrenzende Zwillingsbruder Frieder (2050 m), den wir vom Alternativanstieg direkt hätten besteigen können, würde hin und zurück eine Zugabe von rund einer Stunde und 160 Höhenmetern bedeuten. Die schroffen Felsflanken entfernterer Nachbargipfel wie Schellschlicht oder Kreuzspitze offenbaren den wilden Charakter der Ammergauer Alpen eindrucksvoll.

Friederspitz als Bike & Hike-Tour

Wie angedeutet, lässt sich der Frieder auch gut als Bike & Hike-Tour bewältigen. Die Radroute in das Graswangtal (Ww. Linderhof) ist vom Oberammergauer Bahnhof aus Richtung Schloss Linderhof gut beschildert. Im Graswangtal zweigen wir in das Ellmauer Bachtal ab, wo die Orientierung gleichfalls leichtfällt. Und vom Bike-Depot beim Wandereinstieg rollt man genussvoll zur Ochsenhütte hinab und folgt dem Radweg an der B 23 (nach 3 km rechts abzweigen) zum Bahnhof von Grainau.

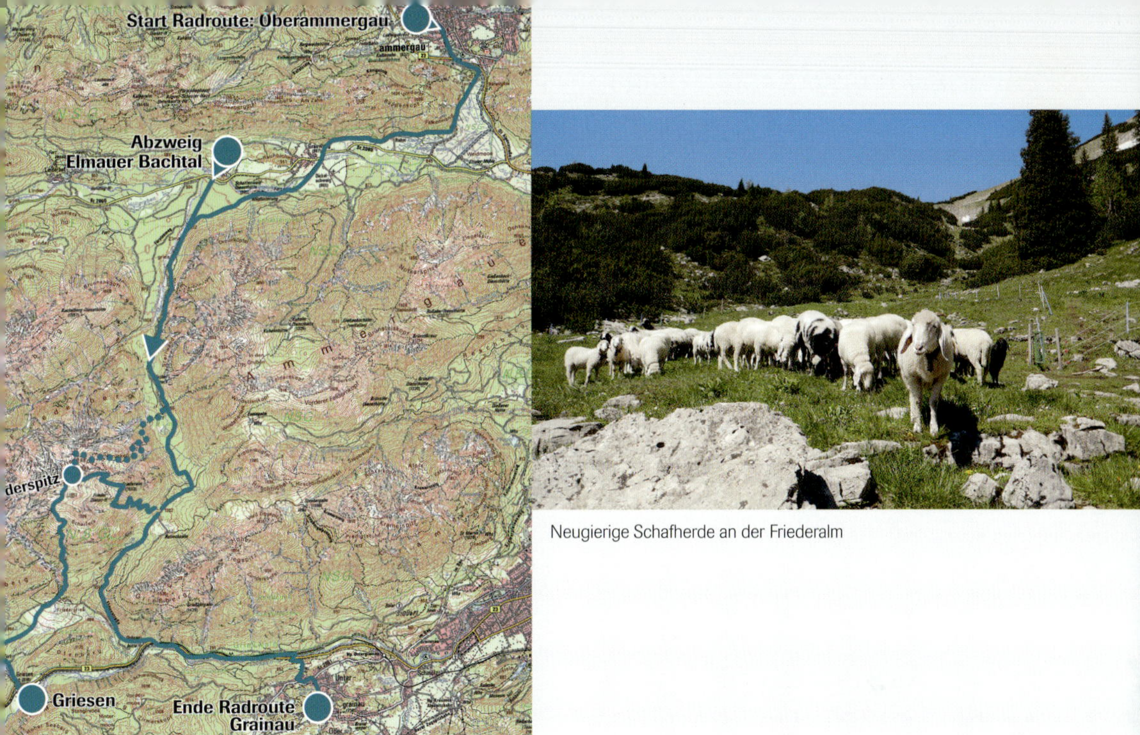

Neugierige Schafherde an der Friederalm

ROUTE: Graswangtal – Abzweig Passhöhe Rotmoos-Alm – Friederspitz – Friedergries – Griesen

Von der Straße nach Linderhof leitet uns ein Forstweg kerzengerade in das Ellmauer Bachtal > weiter stets in Bachnähe mit Blick auf unser Tagesziel leicht ansteigend talein > nach insgesamt 8 km zweigt in der Hochebene der Rotmoos-Alm rechts unser Steig ab (1200 m; Ww. Frieder aus der Gegenrichtung) > in weit ausholenden Serpentinen durch den Wald empor, über die schön gelegene Friesen-Alm in ein kleines Hochtälchen und zuletzt über den steilen Gipfelhang zum Friederspitz hinauf (2049 m) > vom Gipfel nach SW auf Steigspuren in die Grasmulde hinab und den Lausbichl westlich passierend zur Hangkante > in zahlreichen Kehren windet sich der Pfad erst durch steile Grasflanken, später durch den sich verdichtenden Wald in das Friedergries (820 m) hinab > entlang der aus einer beeindruckenden Schlucht heraussprudelnden Friederlaine nach S > den Bach an geeigneter Stelle überqueren und am nördlichen Rand des Friedergries moderat nach SW absteigen > nach 2 km Einmündung in einen Forstweg, der uns links nach Griesen führt.

Gehzeit 7 Std.
Strecke 18 km
Höhenmeter 1170 Hm ↑
1260 Hm ↓

ÖPNV
Erste Anfahrt RB 60 von München HBF (6.32 Uhr) nach Oberau, Bus 9606 nach Ettal, Bus 9622 Richtung Schloss Linderhof, Abzweig Elmaubachtal (Bedarfshalt; Ankunft 8.55 Uhr)

Letzte Rückfahrt Von Griesen RB 60 nach Garmisch-Partenkirchen, RB 6 nach München (21.44 Uhr)

Zeitfenster vor Ort
knapp 12 ¾ Std.

Hinweis Sehr empfehlenswert ist die Route auch als leichte Bike & Hike-Tour von Oberammergau (Anfahrt RB 60/RB 63 über Murnau, Ankunft 10.19 Uhr) bis Grainau. Strecke: 37 km (29 km Bike, 8 km Hike; siehe Text).

Charakter Dem langen Forstweg-Zustieg folgen traumhaft schöne Bergpfade bis in aussichtsreiche Gipfellagen, auch der Abstieg ist von der Wegführung kaum zu toppen. Am Ende gemütliches Auslaufen im Friedergries. Insgesamt technisch leicht, aber konditionell anspruchsvoll!

Wegweiser Die Normalanstieg auf den Friederspitz ist gut markiert und beschildert. Etwas Orientierungssinn ist mangels Markierungen und Schildern beim Abstieg am Lausbichl (Pfadspuren führen auch nach W in die Bachschlucht der Friederlaine hinab) und im Friedergries gefragt.

Karte AV-Karte BY7 „Ammergebirge Ost", 1:25.000

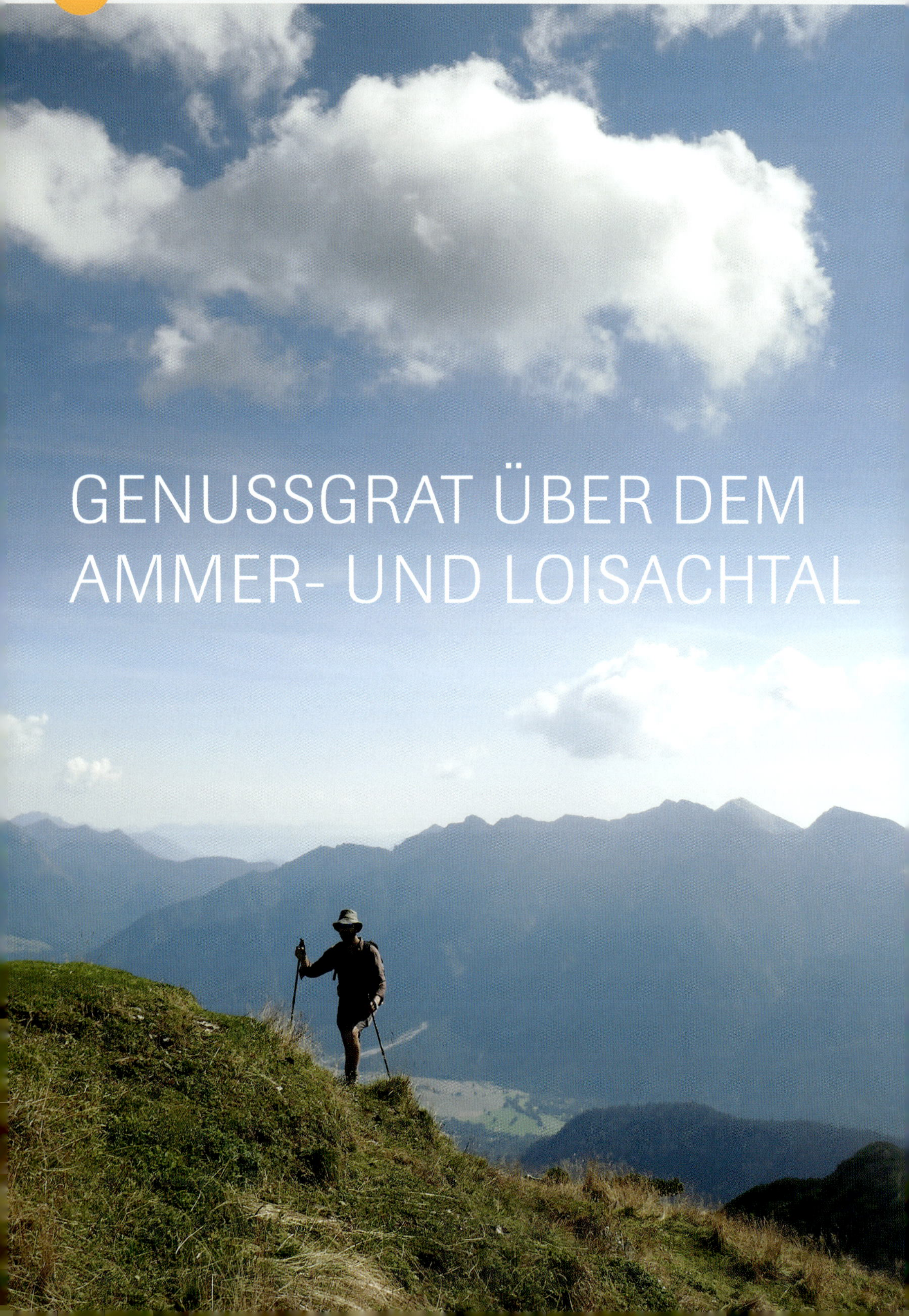

GENUSSGRAT ÜBER DEM AMMER- UND LOISACHTAL

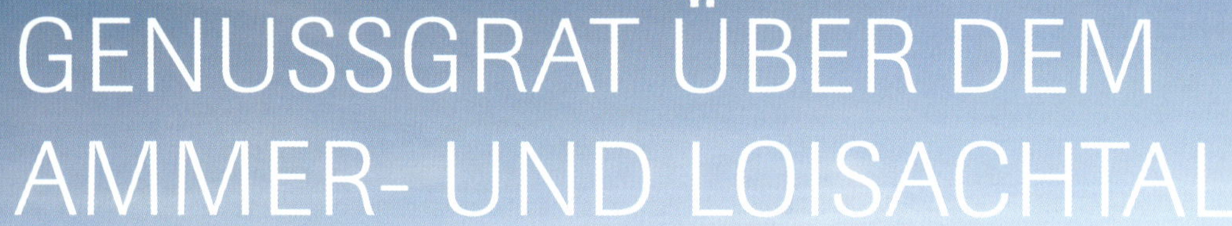

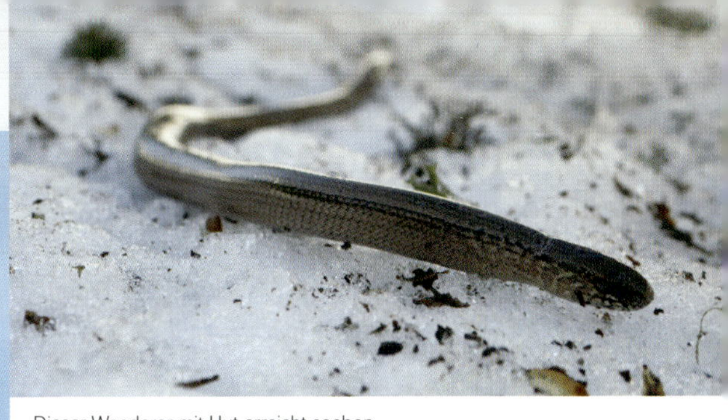

Dieser Wanderer mit Hut erreicht soeben den Gipfel der Notkarspitze; im Hintergrund ist das Estergebirge zu sehen.

Seltener Anblick: eine Blindschleiche auf einem Altschneefeld

Das Ammergebirge ist für seine aussichtsreichen Gratwanderungen bekannt, doch kaum eine Panoramaroute lässt sich so bequem mit den öffentlichen Verkehrsmitteln erschließen wie die Überschreitung der Notkarspitze. Die Anfahrt nach Oberau erfolgt von München aus stündlich, und von dort fährt uns der Bus in acht Minuten zum Einstieg am Ettaler Sattel hoch. Am Berg können wir die Natur ohne Uhr genießen, da uns die von Garmisch-Partenkirchen kommende Regionalbahn bei Bedarf auch nach Einbruch der Dunkelheit nach München zurückbringt.

Sollte der Busanschluss einmal nicht klappen, können wir die Strecke vom Oberauer Bahnhof über die Alte Ettaler Straße und einen markierten Steig zum Ausgangsort Ettaler Sattel auch zu Fuß zurücklegen. Für diese Zugabe muss in etwa eine Stunde eingeplant werden.

Herrliche Tief- und Weitblicke

Ein Vorteil an heißen Sommertagen: Der bei Sonneneinstrahlung schweißtreibende Anstieg führt uns dank seiner Steilheit rasch in kühlere und aussichtsreiche Höhen. Bereits am Ochsensitz erreichen wir bei sich lichtendem Wald die langgezogene Gratschneide, von der sich eindrucksvolle Tief- und Weitblicke ergeben. Fotogen liegt das Kloster Ettal knapp 700 Höhenmeter unter uns. Die Sitzbank nutzen Wanderer zur willkommenen Rast. Am

Gipfelkreuz können sich Chronisten im „Königlich-bayerischen Aufschreibbiachl" verewigen. Meine Botschaft wäre: „Der Ochsensitz ist auch ein schönes Winterziel. Die gespurte Trasse reicht in der Regel sogar bis zum benachbarten Ziegelspitz. Herausfordernder ist hingegen eine winterliche Besteigung der Notkarspitze. Am langgezogenen Grat ist bei ungespurten Verhältnissen Orientierungssinn gefragt, und an den steilen Grashängen herrscht mitunter Lawinengefahr. Ein Abenteuer für erfahrene Wegpioniere, die sich von einem potentiellen Einsinken im Schnee zwischen den Latschen nicht aus der Ruhe bringen lassen."

Sicherer ist die Überschreitung der Notkarspitze jedoch bei trockenen Bedingungen. Im Frühsommer werden wir gar von einer Vielzahl an Bergblumen verwöhnt – bemerkenswert sind die Bestände von Schwertblättrigem Waldvögelein, Alpen-Aurikel und Alpen-Fettkraut. Je weiter wir am Grat entlangwandern, desto schöner wird das Panorama. Spätestens am weitläufigen Gipfel mit seinen zum Picknick einladenden Graswannen können wir die umliegende Bergwelt so richtig genießen. Das Ammertal im Norden und das Loisachtal im Osten liegen uns direkt zu Füßen. Jenseits des Ammergebirges weitet sich das Panorama in Richtung Lechtaler und Allgäuer Alpen im Westen, Wetterstein- und Karwendelgebirge im Süden, Ester- und Mangfallgebirge im Osten sowie bayerische Voralpen im Norden.

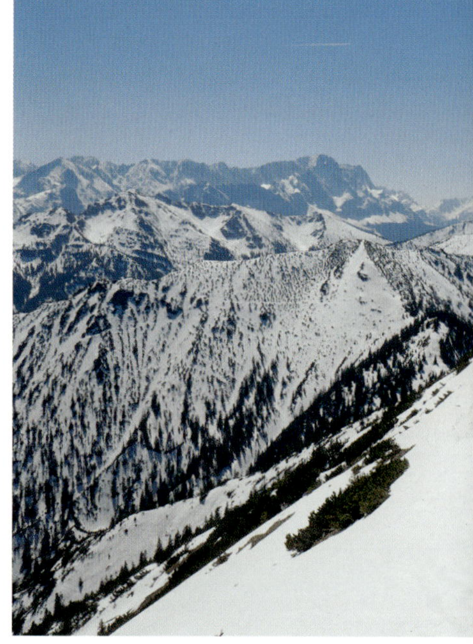

Auch im Winter lässt sich die Überschreitung mit Zugspitzblick durchführen, sofern keine Lawinengefahr herrscht. Die Aufnahme stammt von Mitte März.

Abstieg über Quellgebiete nach Farchant

Die Sonnenanbeter und Panoramafreunde werden sich freuen, denn der Abstieg erfolgt exakt nach Süden mit direktem Blick auf das Zugspitzmassiv. Erst im Waldbereich des Hasenjöchls müssen wir uns – in das obere Gießenbachtal absteigend – vom famosen Bergrundblick verabschieden. Im Frühjahr habe ich in diesem Bergkessel bereits dreimal eine Blindschleiche gesichtet, zuletzt ein Exemplar, das auf einem Altschneefeld erstarrt war. Ob das Reptil im Quellgebiet des Gießenbachs, welches sich rund um die Roßalm-Diensthütte ausbreitet, besonders gute Lebensbedingungen vorfindet? Der Gießenbach mündet übrigens nordwärts in eine eindrucksvolle Schlucht, durch die wir zum Ettaler Sattel zurückwandern könnten.

Wir bevorzugen jedoch die Route über den Gießenbachsattel und steigen an der Südflanke des Schafkopfs ab. Den eingeschränkten Bergblick macht der filigrane Bergpfad wett, der sich auf überwiegend weichem Waldboden knieschonend in Richtung Tal windet. Im abflachenden Gelände stoßen wir abermals auf eine Quelle, die am folgenden Wegweiser als „Gießenbach-Wasserl" bezeichnet wird. Der Betrachter wundert sich über den Umstand, dass der Gießenbach sein kostbares Quellwasser in zwei Himmelsrichtungen entsenden kann (laut AV-Karte gibt es unterhalb im näheren Umfeld nur einen Blatt- und einen Bachgraben) und freut sich gegen Ende der Tour „an der letzten Quelle vor dem Gipfel" nochmals über eine Befüllung seiner Trinkflasche.

Noch eindrucksvoller sind die Wasserfallkaskaden des Spielbodenbachs, die sich unterhalb einer zugänglichen engen Höhle nebst Quelle in den Talboden von Farchant ergießen. Die Plattenkalkschichten, ein Überbleibsel des eiszeitlichen Loisachgletschers, stellen eine geografische Besonderheit dar. Vom Abenteuerspielplatz am Fuß der einladenden Felsterrassen ist der hinter der Dorfkirche liegende Bahnhof nur noch einen Kilometer entfernt.

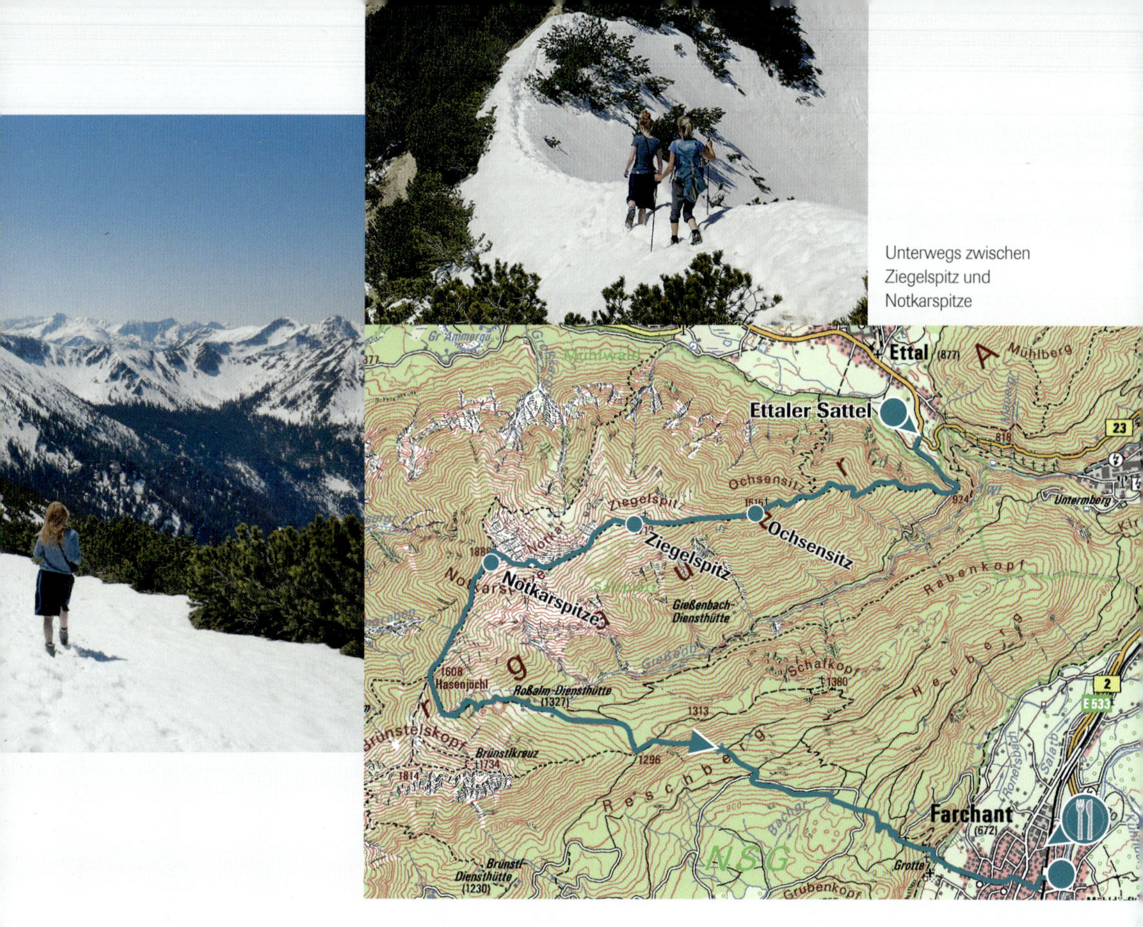

Unterwegs zwischen Ziegelspitz und Notkarspitze

ROUTE: Ettaler Sattel - Ochsensitz - Ziegelspitz - Notkarspitze - Hasenjöchl - Gießenbachsattel - Farchant

Nach kurzer Forstwegpassage zweigt nach rechts ein Steig ab, der teils steil über Wurzelwerk zum Ochsensitz (1515 m) hochführt (Ww. Notkarspitze) > Von hier geht es stets in Nähe der Gratschneide durch Latschen zum Ziegelspitz (1719 m) empor > Dichte Latschen begleiten uns auch im weiteren Verlauf bei der Querung über einen Geländekopf zur Notkarspitze (1888 m) > Der Abstieg verläuft meist moderat in südliche Richtung zum Hasenjöchl (1600 m) > An der Weggabelung halten wir uns links und steigen zur an der Gießenbachquelle gelegenen Roßalm-Diensthütte (1327 m) ab > Nach flacher Waldquerung kurzer Gegenanstieg zum Gießenbachsattel (1294 m) > Hier der Beschilderung „Farchant/Schafberg“ (nicht „Farchant über Reschberg“) folgen und kurz darauf rechts abzweigen > Auf schönem Pfad sämtliche Forstwege überqueren und in den Spielleitenboden bei Farchant absteigen > Über Spielleitenweg, Straße Am Gern, Gernweg und Bahnhofstraße zum Bahnhof.

Gehzeit 5 ¾ Std.
Strecke 13,5 km
Höhenmeter 1060 Hm ↑ 1260 Hm ↓

ÖPNV
Erste Anfahrt RB von München HBF (6.32 Uhr) nach Oberau, Bus 9606 zum Ettaler Sattel (Ankunft 8.13 Uhr)
Letzte Rückfahrt RB von Farchant Richtung München (22.11 Uhr)

Zeitfenster vor Ort knapp 14 Std.

Hinweis Bei Start in Oberau ohne Busnutzung verlängert sich die Tour um ca. 1 Std.

Charakter Sehr abwechslungsreiche Wanderung mit nur geringem Forstweganteil. Nach Überwindung der steilen Waldstufe führt die Route genuss- und aussichtsreich entlang der Hangkante über die Notkarspitze und nach Südosten drehend wieder ins Loisachtal.

Wegweiser Der Anstieg zur Notkarspitze und der Abstieg nach Farchant sind bestens markiert und beschildert.

Einkehr Yannicks Café, Bahnhofstr. 8, Farchant, täglich außer Mo. bis 18 Uhr, Tel. +49-8821-9096444

Karte AV-Karte BY7 „Ammergebirge Ost“, 1:25.000

ELDORADO FÜR WEGPIONIERE

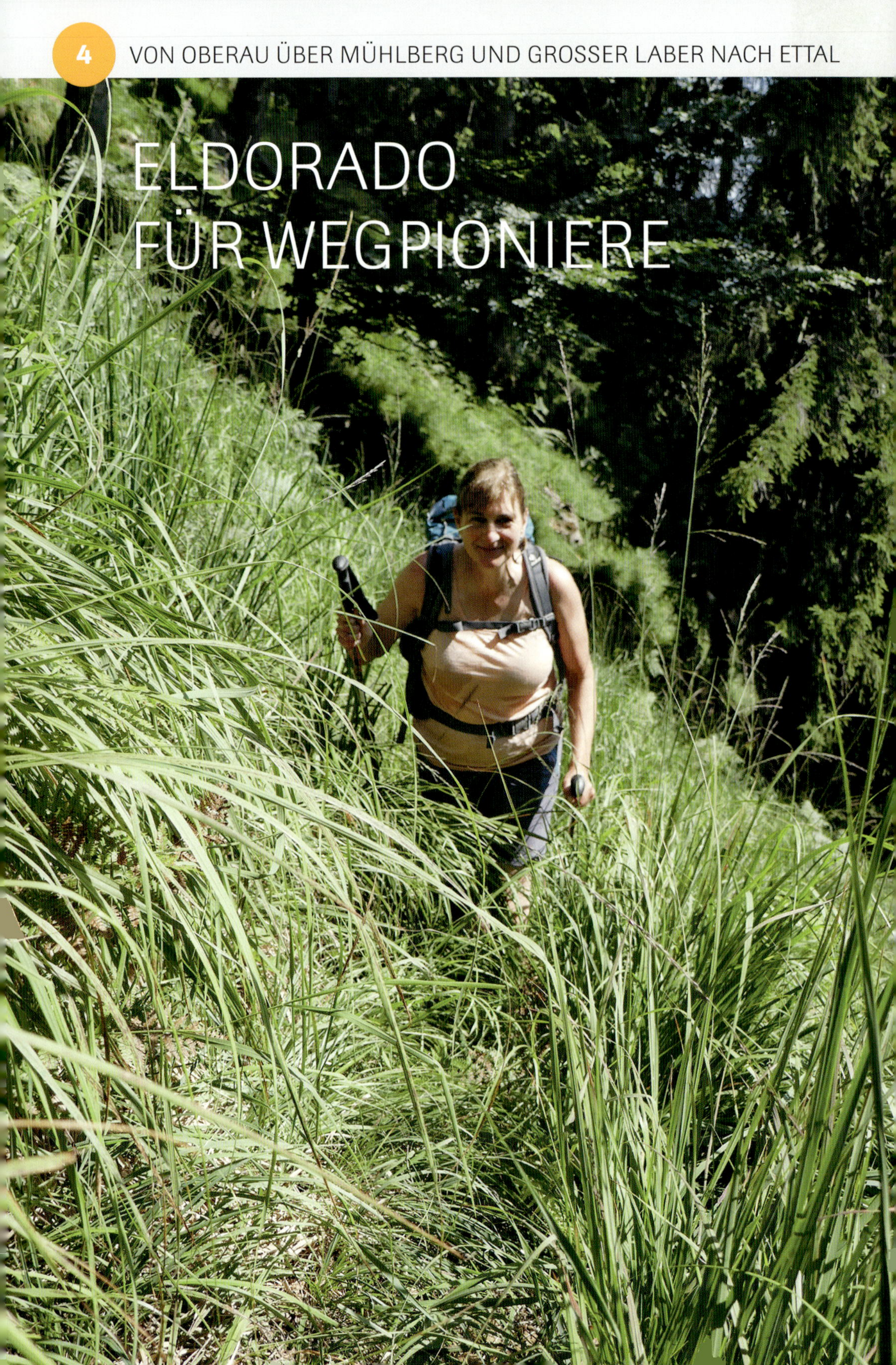

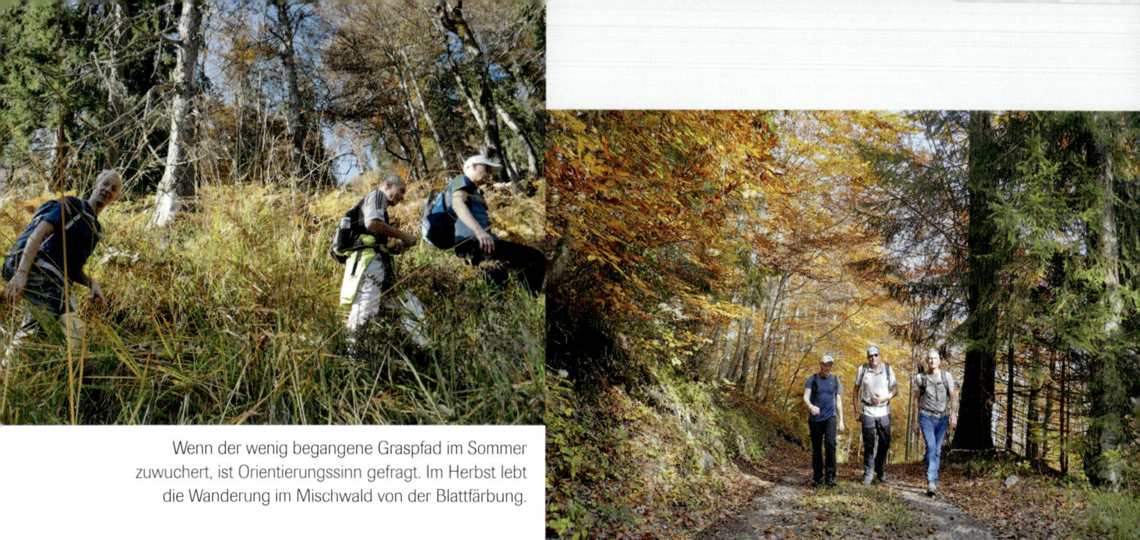

Wenn der wenig begangene Graspfad im Sommer zuwuchert, ist Orientierungssinn gefragt. Im Herbst lebt die Wanderung im Mischwald von der Blattfärbung.

Ohne Girgl hätte ich den Mühlberg niemals kennen gelernt. Der abenteuerlustige Naturfreund hat unsere kleine Gruppe mal von seiner Oberauer Haustür weg in die aufstrebenden Wälder der Umgebung geführt. Nachdem wir den Mühlberg noch zielsicher erklommen hatten, endeten wir am Großen Laber im Dickicht des Waldes und kehrten um. Grund genug, die Laber-Überschreitung eines Sommertages auf ein Neues zu probieren. Mit etwas Orientierungssinn und Zielstrebigkeit ist die Wanderung ein Hochgenuss in absoluter Abgeschiedenheit.

Mit Blick auf die Alpenvereinskarte könnte einem mangels eingezeichneter Wanderrouten angst und bange werden. Dabei durchzieht ein Netz an Pfaden die Ostflanke des Laber-Gebirgsstocks. Wer den Einstieg gefunden hat, kann sich bei Beachtung einiger wichtiger Abzweigungen kaum mehr verlaufen.

Anspruchsvoller Einstieg am Ortsrand von Oberau

Vom Oberauer Bahnhof spazieren wir gut einen Kilometer leicht ansteigend durch den Ort nach Westen, bis wir am Ende der Höfelestraße auf die Ettaler Straße stoßen. Wir überqueren die befahrene Straße und betreten den Wald. Rechts von uns erkennen wir einen Bachlauf, an dessen rechten Ufer unser Pfad beginnt. Um ihn zu erreichen, müssen wir erstmal ein paar Äste beiseiteschieben. Am Holzschild „Schöne Aussicht – nur für Geübte" wären wir bereits zu weit.

Der steile Pfad führt uns zielsicher unter der Ettaler Straße durch, die unsere Route nach einer Serpentine abermals kreuzt. Wir münden in breite Waldwege und wandern weiter durch den Wald. Achtung dann kurz vor Erreichen der ersten großen Kreuzung: Im spitzen Winkel zweigt ein klar ersichtlicher Pfad nach rechts ab, dem wir aufwärts folgen. Vor allem in den steilen Grasflanken sind die Wegpioniere nun gefordert, da die enge Trasse dort im Sommer teils nur dürftig zu erkennen ist. Durchgesägte querliegende Baumstämme dienen an manchen Stellen als Orientierungshilfe. Der Bilderbuch-Pfad windet sich moderat ansteigend empor, bevor er in Richtung der Südseite des Berges quert. Erstmals taucht Kloster Ettal unter uns auf. Ein kurzer Restanstieg noch, dann ist der Mühlberg erreicht. Ein echtes Gipfelgefühl kommt auf dem Mini-Hochplateau nicht auf, die Aussicht geht gegen Null.

Abenteuerliche Kammüberschreitung

Am nördlichen Plateau-Auslauf führt ein klar erkennbarer Pfad zurück in den Wald. Die Orientierung fällt nun leicht, da wir uns stets auf der Kammhöhe bewegen und kurze Anstiege in der Direttissima bewältigen. Nach steilem Zwischenabstieg halten wir uns an der Weggabelung links und überschreiten einen weiteren Geländekopf. Nach weiterem Abstieg bestätigt uns ein roter Pfeil an einem Fichtenstamm (Aufschrift „Laber"), dass wir richtig sind. Obwohl sich der anfangs klar erkennbare Pfad zunehmend verliert, ist der Aufstieg zur kleinen Jagdhütte am Großen Laber klar vorgegeben. Zwischen abgestorbenen Bäumen hindurch folgt eine Querung über eine Wiesenlichtung, stets am Kamm entlang. Zurück im Wald, passieren wir ein provisorisches Holzkreuz, das den Gipfel markieren soll.

Wir wandern weiter nordwärts durch den Wald, bevor es recht steil in den Tieftalsattel hinabgeht. Die Trittspuren verlieren sich zuweilen – wichtig beim Abstieg ist es, in Sichtweite der Gratkante zu bleiben. Bald taucht unter uns eine große Lichtung auf, hinter der wir auf den offiziellen Wanderweg stoßen. Gipfelsammler könnten von hier noch das Ettaler Mandl und den Laber besteigen. Wir aber folgen dem nun vergleichsweise bequemen Steig nach Ettal hinab.

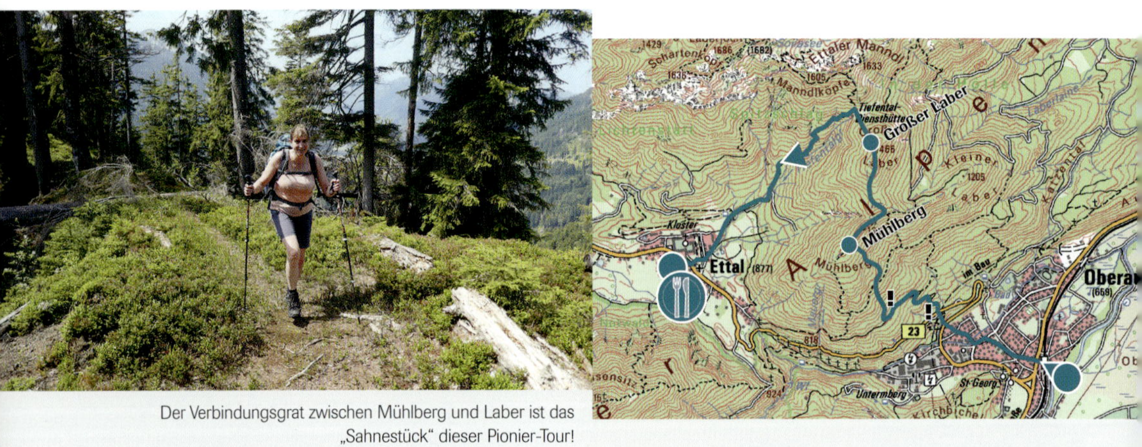

Der Verbindungsgrat zwischen Mühlberg und Laber ist das „Sahnestück" dieser Pionier-Tour!

ROUTE: Oberau - Mühlberg - Großer Laber - Tieftalsattel - Ettal

Vom Bahnhof die Münchner Straße überqueren und auf dem Schmiedeweg zur Höfelestraße, die sich an der Bergstraße nach links wendet und umgehend rechts haltend zur Ettaler Straße führt > **!** nach Überqueren der Ettaler Straße unmittelbar am Eingang des Waldes dem am rechten Bachlauf verlaufenden Pfad folgen (Holztafel Zick-Zack) > der Pfad windet sich steil nach oben und unterquert die Ettaler Straße durch eine Art Brücke > nach der Bachüberquerung weiter aufwärts und Einmündung in einen Forstweg > an der gleich folgenden Y-Kreuzung rechts > der Weg wendet sich nach SW > **!** Vor Erreichen der ersten Kreuzung zweigt im spitzen Winkel rechts unser Pfad ab (keine Markierung), der uns abwechslungsreich auf den kreuzlosen Mühlberg (1305 m) führt > am nördlichen Ausläufer der Lichtung in den Wald und in stetem Auf und Ab über den Geländekamm nach N > an der Weggabelung links halten > an der Südflanke des Großen Labers steil durch lichten Wald empor (rote Markierungen, darunter ein auffallender Pfeil) > von der Jagdhütte zum Gipfel hinüberqueren (1466 m; kleines Holzkreuz) > steiler Abstieg in den Tieftalsattel > auf der Lichtung die Wiese nach W über einen kleinen Bachlauf überqueren > am offiziellen Wanderweg links nach Ettal absteigen > am Fuß des Berges rechts in den Ortskern zum Klosterhotel abzweigen.

Gehzeit 3 ½ Std.
Strecke 8 km
Höhenmeter 870 Hm ↑ 650 Hm ↓

ÖPNV
Erste Anfahrt RB von München HBF (6.32 Uhr) nach Oberau (Ankunft 8.13 Uhr)
Letzte Rückfahrt Bus 9606 von Ettal (19.05 Uhr) nach Oberau

Zeitfenster vor Ort knapp 11 Std.

Charakter Relativ kurze, einsame und abenteuerliche Waldwanderung abseits markierter Wege. Die Überschreitung des Großen Labers verläuft nur auf Pfadspuren und erfordert im Steilbereich Orientierungsvermögen und Trittsicherheit.

Wegweiser Erst am Tieftalsattel nördlich des Großen Labers stoßen wir auf eine markierte und beschilderte Route nach Ettal.

Einkehr Klosterhotel Ettal (Ludwig der Bayer), Tel. 08022-9150, www.klosterhotel-ettal.de

Karte AV-Karte BY7 „Ammergebirge Ost", 1:25.000 (Route nicht eingezeichnet)

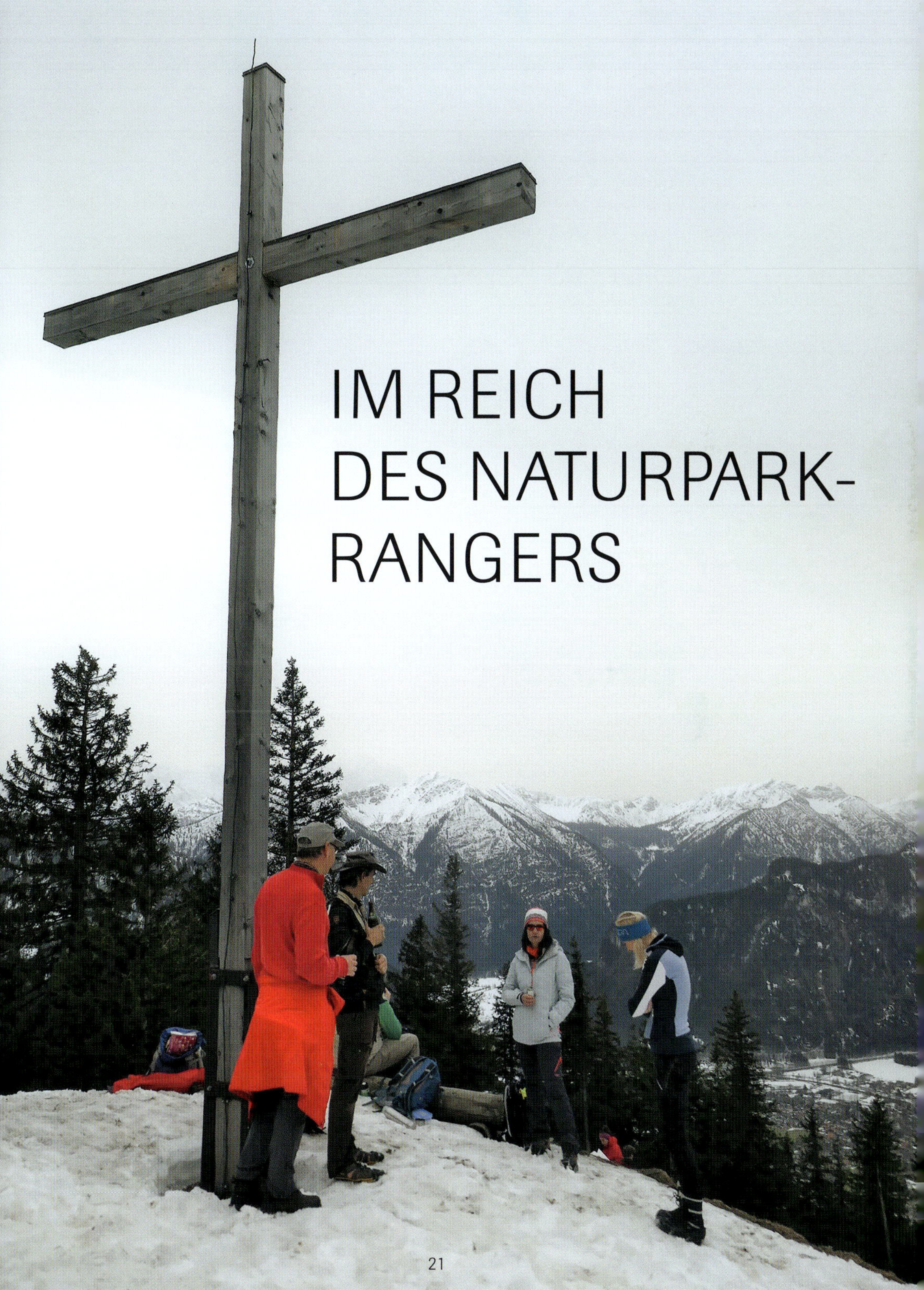

IM REICH DES NATURPARK-RANGERS

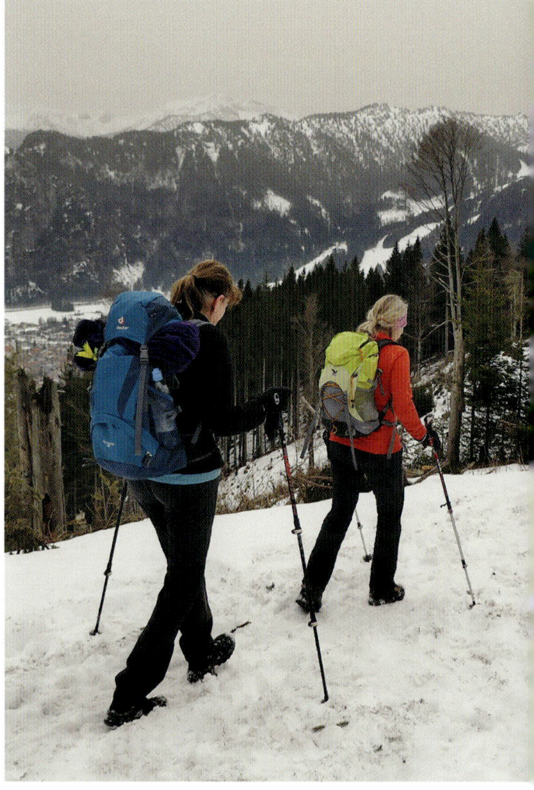

Der Große Aufacker spielt mit Sicherheit nur eine kleine Nebenrolle in der Gipfelwelt der Ammergauer Alpen. Dennoch ist die Überschreitung des bewaldeten Gipfels gerade im Winterhalbjahr abseits eintöniger Forstwege ein lohnendes Unterfangen. Die Wildtiere finden in diesem Areal beste Rückzugmöglichkeiten, weshalb zwischen dem Schwaiger Berg und dem Himmelreichrücken am Kleinen Aufacker ein Wald-Wild-Schongebiet errichtet worden ist. Ein junger Naturpark-Ranger klärt die Wanderer beizeiten vor Ort über die sensiblen Naturbereiche auf.

Zum Auftakt der Wanderung spazieren wir durch den Ortskern von Oberammergau mit seinen bunten Hausfassaden. Die für den Ort typische Lüftlmalerei schafft durch die Abbildung von Säulen, Fenstern oder Türen die Illusion einer Architektur. In der Dorfstraße passieren wir das Oberammergau Museum, das eine Vielzahl an Ammergauer Krippen ausstellt; die filigrane Holzschnitzkunst blickt auf eine lange Tradition zurück.

Auf den Spuren der Wildtiere

Unsere Route führt an das Ufer der Großen Laine und flussaufwärts zum Altherrenweg, dem wir wenige Minuten nach Nordwesten folgen. Dann zweigt unser beschilderter Wanderpfad bergwärts ab. Je höher wir steigen, desto größer ist die Waldverdichtung. Oberhalb des zu überquerenden Forstwegs führt die Aufstiegsroute exakt zwischen zwei Wald-Wild-Schongebieten hindurch, in das sich neben Gämsen und Rotwild auch die Birkhühner zurückziehen. Letztere stehen, da vom Aussterben bedroht, unter Artenschutz. Das charakteristische „Kullern“ des Birkhahns ist mit viel Glück vor allem in den Monaten April und Mai zu vernehmen. Am wohlsten fühlt sich das Raufußhuhn an Waldlichtungen, da es dort an den Zwerg- und Beerensträuchern ausreichend Nahrung vorfindet.

Um allen Waldtieren unnötigen Stress zu ersparen, gilt das Betretungsverbot für die gekennzeichneten Gebiete von November bis einschließlich April. Denn werden sie durch Wanderer aufgeschreckt, verlieren sie infolge hastigen Fluchtverhaltens ein Übermaß an Energie. Um den Verbiss und das Abschälen der Rinde von den Bäumen einzudämmen, haben die örtlichen Waldbesitzer Fütterungsstellen eingerichtet. Wachrütteln und aufklären, lautet die Devise von Dominik Landerer, der die Ammergauer Alpen in seiner Funktion als Naturpark-Ranger seit einigen Jahren durchstreift und die Wanderer mitunter über unnötige Eingriffe des Menschen in den sensiblen Bereich der Natur aufklärt. Wer sich verständnisvoll zeigt, empfindet die Weitergabe an Wissen als willkommene Bereicherung. Die Kernaussage lautet: „Die Natur braucht uns nicht, aber wir brauchen die Natur.“ Am Tag unserer winterlichen Begehung wünscht der gut gelaunte Ranger einem Gruppenmitglied von uns alles Gute zum Geburtstag.

Überraschend schöne Ausblicke

Eine langgezogene Waldschneise gibt uns die Richtung für den Abstieg vor. Unterwegs werden an den Lichtungen immer wieder Blicke auf das Ammertal mit den Orten Oberammergau und Unterammergau frei. Im Süden zeichnet sich der Sonnenberggrat zwischen Kofel und Pürschling ab, dem wir bei unserer Streckenwanderung nach

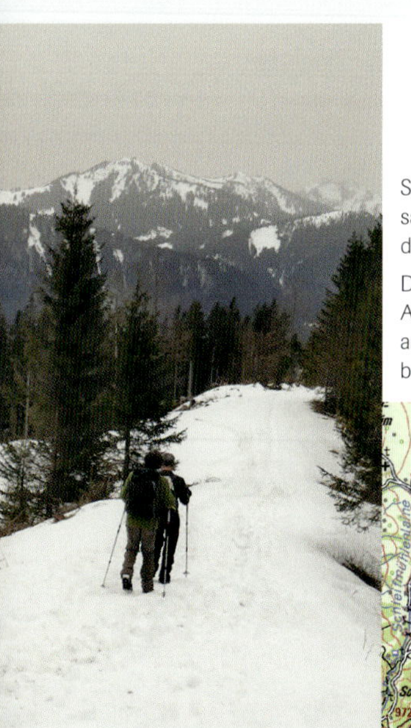

Seite 21: Wüstensandhimmel am Gipfel des Aufacker

Der Abstieg in das Ammertal verläuft anfangs auf dem breiten bewaldeten Gratrücken.

Schloss Linderhof folgen (siehe Tour 6). Da die Regionalbahn vom Zielort von früh bis spät im Stundenrhythmus verkehrt, können wir uns bei diesem Ausflug Zeit lassen. Somit stünde am Altherrenweg einem Abstecher zum Berggasthaus Romanshöhe nichts entgegen.

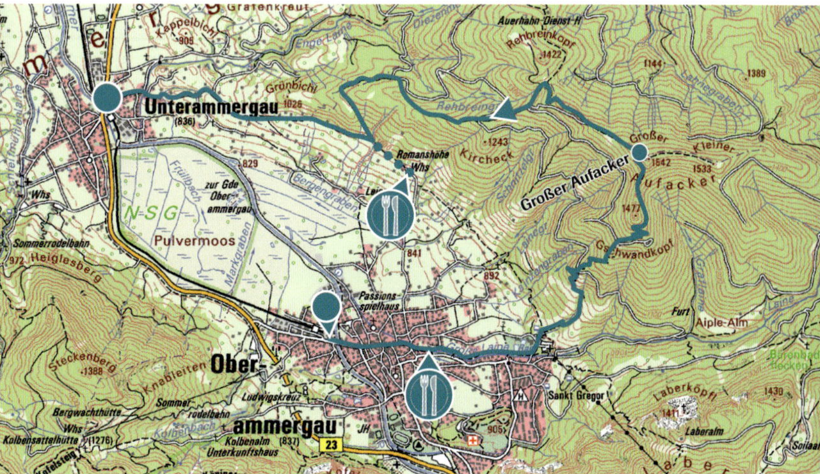

ROUTE: Oberammergau - Aufacker - Altherrenweg - Unterammergau

Vom Bahnhof auf der Bahnhofstraße die Ammer überqueren, auf der Dorf- und Sankt-Lukas-Straße zur Großen Laine und dem Fußweg zum Wanderparkplatz an der Laberbahn folgen > Altherrenweg 100 m nach N und rechts in den markierten Pfad abzweigen (Ww. Aufacker/Hörnle) > erst am Wasser führenden Kühlberggraben, dann wechselweise durch lichten Wald und über freie Wiesen empor > den Forstweg überqueren und durch nun dichteren Wald in weitausholenden Kehren aufwärts > die steile Ostflanke des Gschwandkopfes passierend zum Großen Aufacker (1542 m) > vom Gipfel ohne großen Höhenverlust auf dem breiten Bergkamm nach NW in das Rehbreinmoos (Ww. Oberammergau über Romanshöhe) > an der Weggabelung vor dem Rehbbreinkopf (1358 m) links halten - **!** der erste Forstweg wird leicht versetzt überquert (hier kein Wegweiser) > Rechtsabzweige ignorieren und zuletzt auf einem Hohlweg in das Ammertal absteigen > am Altherrenweg rechts halten (links Abstecher zum Berggasthaus Romanshöhe) und über weitgehend freie Wiesen rund 3 km nach Unterammergau > der Bahnhof wird auf der Siedlungsstraße Weiherweg erreicht.

Gehzeit 4½ Std.
Strecke 12,5 km
Höhenmeter 720 Hm ↑↓

ÖPNV
Erste Anfahrt RB 6 von München HBF (5.32 Uhr) nach Murnau, RB 63 nach Oberammergau (Ankunft 7.26 Uhr)
Letzte Rückfahrt RB 63 von Unterammergau nach Murnau (22.42 Uhr), RB 6 nach München

Zeitfenster vor Ort 15¼ Std.

Charakter Nach dem 2 km langen Anmarsch durch Oberammergau folgt der meist moderate Anstieg durch lichten Wald zum Großen Aufacker. Waldabstieg in das Ammertal und auf dem aussichtsreichen Altherrenweg nach Unterammergau

Wegweiser Anstieg zum Aufacker gut markiert und beschildert, beim Abstieg hält man sich in Richtung Romanshöhe/Unterammergau.

Einkehr Gasthöfe in Oberammergau; Berggasthaus Romanshöhe, Tel. 08822-94445

Karte AV-Karte BY7 „Ammergebirge Ost", 1:25.000

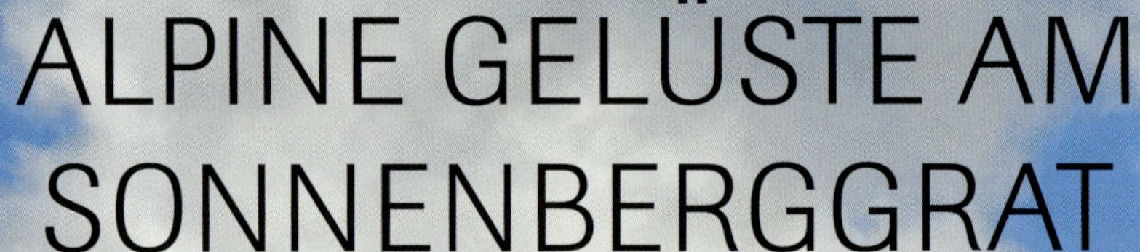

ALPINE GELÜSTE AM SONNENBERGGRAT

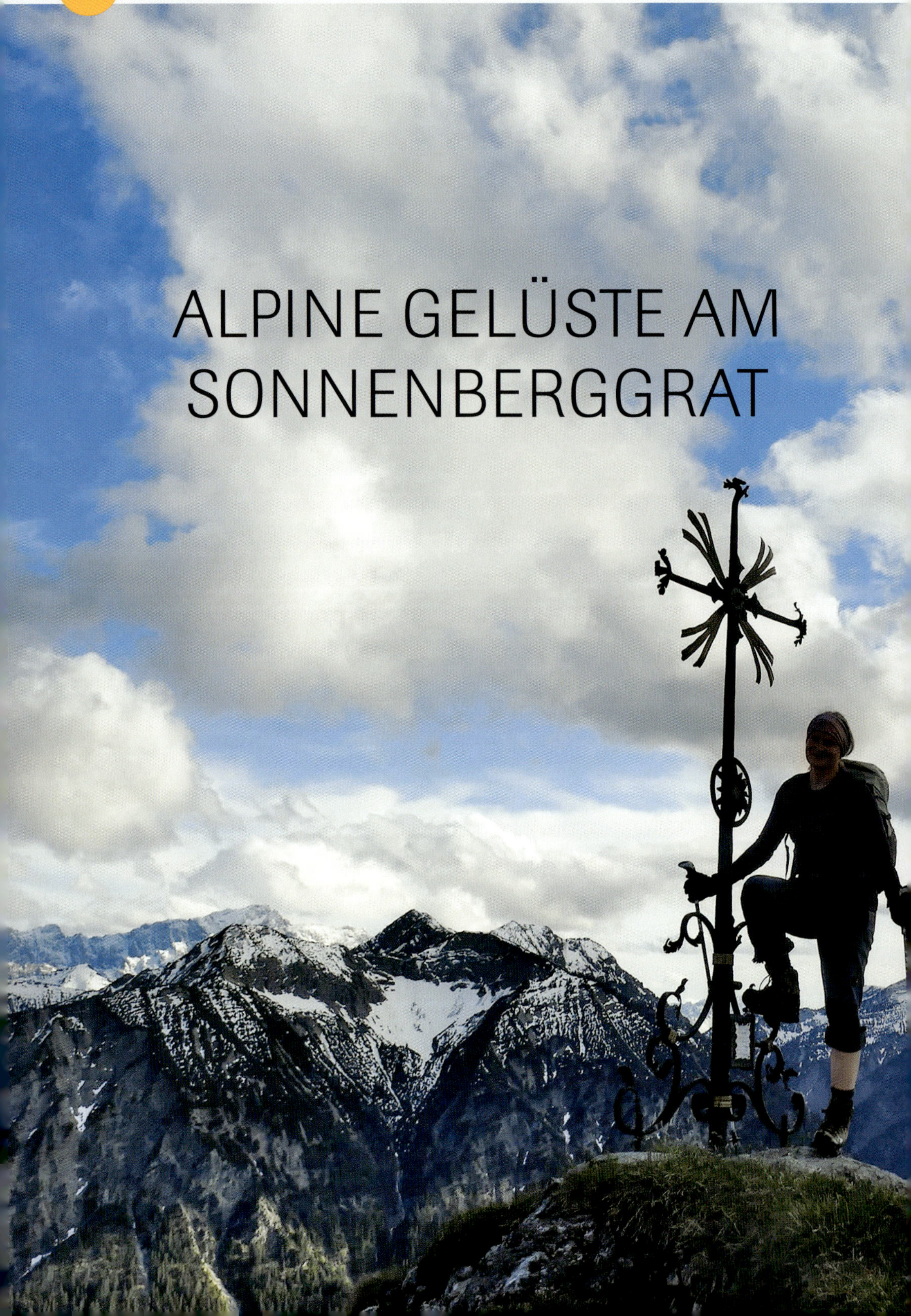

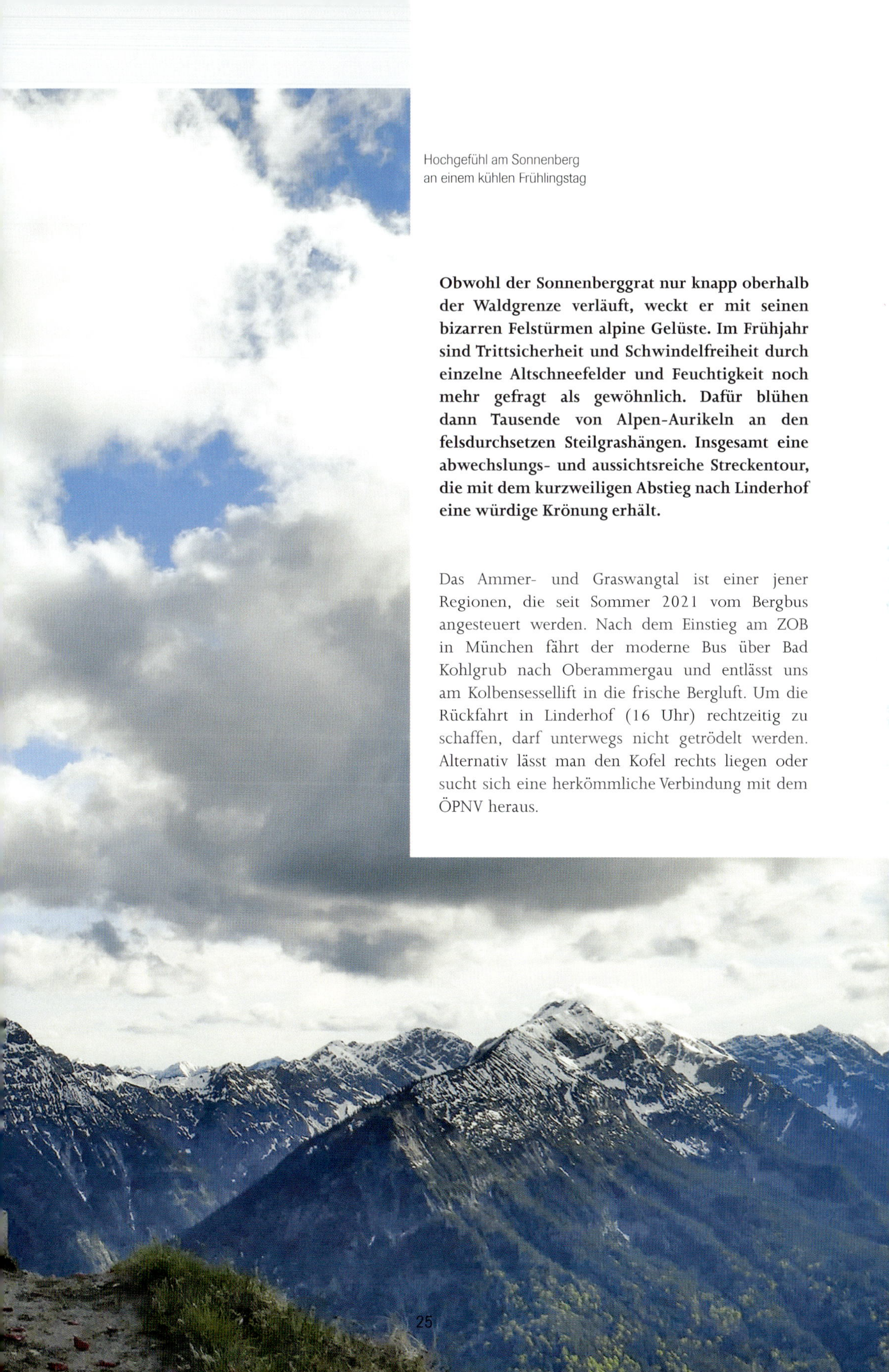

Hochgefühl am Sonnenberg
an einem kühlen Frühlingstag

Obwohl der Sonnenberggrat nur knapp oberhalb der Waldgrenze verläuft, weckt er mit seinen bizarren Felstürmen alpine Gelüste. Im Frühjahr sind Trittsicherheit und Schwindelfreiheit durch einzelne Altschneefelder und Feuchtigkeit noch mehr gefragt als gewöhnlich. Dafür blühen dann Tausende von Alpen-Aurikeln an den felsdurchsetzen Steilgrashängen. Insgesamt eine abwechslungs- und aussichtsreiche Streckentour, die mit dem kurzweiligen Abstieg nach Linderhof eine würdige Krönung erhält.

Das Ammer- und Graswangtal ist einer jener Regionen, die seit Sommer 2021 vom Bergbus angesteuert werden. Nach dem Einstieg am ZOB in München fährt der moderne Bus über Bad Kohlgrub nach Oberammergau und entlässt uns am Kolbensessellift in die frische Bergluft. Um die Rückfahrt in Linderhof (16 Uhr) rechtzeitig zu schaffen, darf unterwegs nicht getrödelt werden. Alternativ lässt man den Kofel rechts liegen oder sucht sich eine herkömmliche Verbindung mit dem ÖPNV heraus.

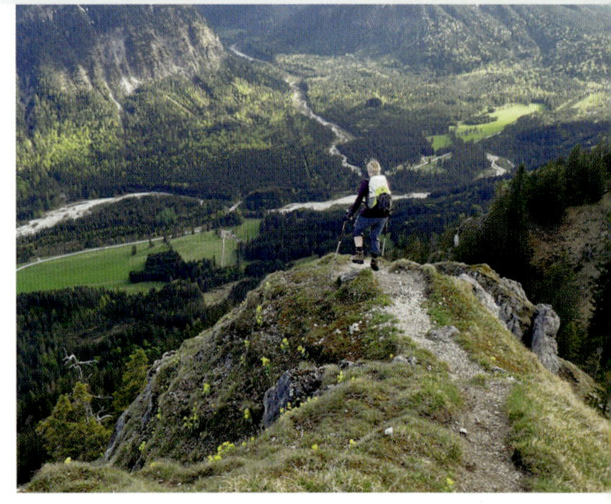

Zum Auftakt auf das „Oberammergauer Matterhorn"

Formschön und für den Wanderer schier unbezwingbar ragt die Felsnase des Kofels von Oberammergau aus in die Höhe. Dabei führt ein zwar steiler, teils etwas luftiger Mini-Klettersteig quasi durch die Hintertür auf den eindrucksvollen Gipfel. Einheimische bezeichnen den nur 1342 Meter hohen Kofel aufgrund seiner exponierten Gestalt liebevoll als „Oberammergauer Matterhorn". Das ist ähnlich übertrieben wie die Würdigung des Fußballers Richard Neudecker von 1860 München-Fans als „Klein-Messi von Giesing". Wie kühn der Matterhorn-Vergleich anmutet, belegt die mit dem maximalen Schwierigkeitsgrad IV versehene Kletterroute an der linken Achsel und am Ableger Kofelturm – eine laut bergsteigen.com „nette, leichte und sehr beliebte Routenkombination". Der mit Drahtseilen und Trittbügeln gesicherte Anstieg durch die felsige Südseite des Kofels erfreut sich vor allem bei Familien großer Beliebtheit – ein Abenteuer für die Kinder, die zuweilen gar mit einem Klettersteigset ausgerüstet sind. Und der Tiefblick vom Gipfel auf das rund 550 Höhenmeter unter uns liegende Oberammergau hinterlässt mit dem nur einen Kilometer Luftlinie entfernten Ortskern gleichfalls Eindruck.

Über den Sonnenberggrat zum Pürschling

Nach dem lohnenden Abstecher folgt eine genussreiche Querung in Richtung Sonnenberggrat. Beim Anstieg in Richtung Grat lichtet sich langsam der Wald, an einer auffälligen Felsnase ragt ein Kreuz in die Höhe. Der Gipfel Am Zahn (1615 m) – erreichbar als Abstecher auf Pfadspuren durch wegloses Gelände – liegt noch etwas weiter nördlich. Der Sonnenberggrat ist von zahlreichen bizarren Felsköpfen geprägt. Durch die nordschattige Hanglage sind hier auch im Frühjahr noch einige Altschneefelder anzutreffen; Drahtseile helfen über kurze Kraxelpassagen hinweg. Das an einer kleinen Fichte angebrachte Schild „Sonnenspitz" weist uns den Weg zum Sonnenberg – steil geht es über den abschüssigen Grashang zum kleinen Gipfelkreuz empor. Von hier öffnet sich ein herausragendes Panorama in Richtung Graswangtal. Da die Route später auf die Südseite des Sonnenberggrates wechselt, genießen wir ähnliche Blicke ein weiteres Mal.

Vom Sonnenberg müssen wir zum etwa 60 Höhenmeter tiefer verlaufenden Steig zurück. Anstatt auf den Trittspuren des Anstiegs abzusteigen, können wir vom Gipfel auch ausgesetzter und anspruchsvoller dem Pfad nach Westen folgen, der sich an der Gratkante in die Gegenrichtung wendet und in einem kleinen Schuttkar mit leichten Kletterstellen verliert. Im Mai sind die schrofigen Grashänge von unzähligen gelb blühenden Alpen-Aurikeln durchsetzt, was in dieser Dichte eine Besonderheit darstellt.

Wir wandern auf das vom Pürschling flankierte August-Schuster-Haus (Pürschlinghaus) zu, das einen kleinen Schlussanstieg erfordert. Wer den Bergbus um 16 Uhr erwischen muss: Von der zur Einkehr verführenden Terrasse ist unser Etappenziel Schloss Linderhof noch gut fünf Kilometer entfernt, was in längstens zwei Wanderstunden bequem zu schaffen sein sollte. Aus dem Bach des Kälberalmgrabens können wir letztmals frisches Wasser für den Endspurt schöpfen.

Mögliche Zweitagestour in Richtung Lechtal

Angesichts der endlos langen Grate und Höhenrücken mit vielen Gipfeloptionen bietet sich die privilegierte Region in den Ammergauer Alpen jedoch auch für eine Zweitagestour an. Die Route über den Hennenkopf bis zu den Brunnenkopfhäusern ist von großer landschaftlicher Schönheit, und von dort ließe sich nach einer Übernachtung die Klammspitz-Überschreitung anschließen – eine der schönsten Routen in diesem Buch (siehe Tour 1).

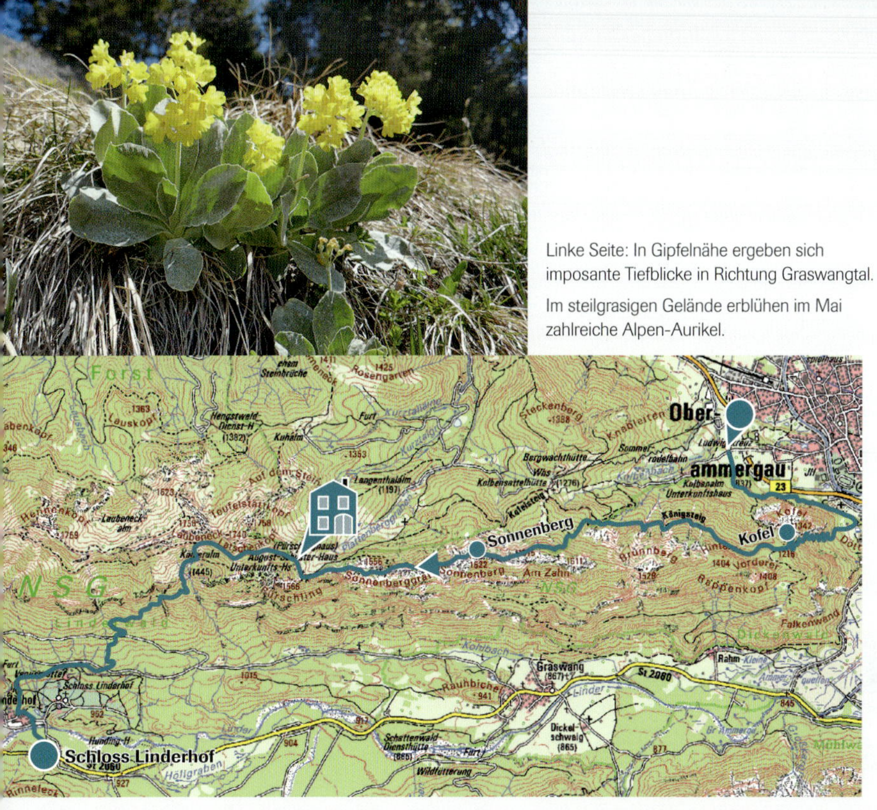

Linke Seite: In Gipfelnähe ergeben sich imposante Tiefblicke in Richtung Graswangtal.

Im steilgrasigen Gelände erblühen im Mai zahlreiche Alpen-Aurikel.

ROUTE: Oberammergau - Kofel - Sonnenberg - August-Schuster-Haus - Linderhof

Vom Kolbensessellift am Kolbenbach entlang zum Wanderparkplatz > den Friedhof rechts umgehen, Übergang in den Grottenweg > nach Passieren der Mariengrotte beginnt am Döttenbichl der serpentinenreiche Waldanstieg zum Kofelsattel (1215 m) > von hier führt ein gesicherter Steig durch Felsen zum kühn aufragenden Kofel (1342 m, Abstecher) > zurück zum Kofelsattel und genussreiche Waldquerung auf angenehmem Erdpfad (Ww. Kolbensattel) > an der folgenden Weggabelung links ansteigen (Ww. Zahn) > etwas oberhalb nach links in einen steilen Pfad abzweigen (Ww. Sonnenberggrat) > der Steig verläuft unterhalb der Gratschneide nach W > an einer kleinen Fichte (Holzschild „Sonnenspitz") zweigt nach links ein sehr steiler Pfad zum Sonnenberg (1622 m) ab > wahlweise auf der kurzen Aufstiegstrasse oder den Gipfel überschreitend leicht ausgesetzt im Bogen zum Höhenweg zurück > der Steig wechselt auf die Südseite des Bergkamms und steuert dem erhöht auf einem Geländeabsatz liegenden August-Schuster-Haus (1554 m) zu > von der Hütte leicht ansteigend an der Südseite des Latschenkopfs queren > nach 700 m zweigt nach links der gut markierte Abstieg ab, der über den Kälberalmgraben durch lichten Wald, zwei Forstwege überquerend, nach Schloss Linderhof führt.

Gehzeit 5 ½ Std.
Strecke 14 km
Höhenmeter 1130 Hm ↑
1020 Hm ↓

ÖPNV
Erste Anfahrt Nur sonntags: Bergbus ab München ZOB (8.30 Uhr) bis Oberammergau Kolbensessellift (Ankunft 10.10 Uhr)
Letzte Rückfahrt Bergbus von Schloss Linderhof (Abfahrt 16 Uhr)

Zeitfenster knapp 6 Std.

Hinweis Alternativ RB 6 und RB 63 nach Oberammergau, Rückfahrt mit dem Bus bis Oberau oder Oberammergau (Bahnanschluss) mit mehr zeitlicher Flexibilität

Charakter Kofel und Sonnenberg erfordern Trittsicherheit und Schwindelfreiheit, können aber jeweils auch ausgelassen werden (Abstecher). Vom Kofelsattel geht es aussichtsreich entlang des Sonnenberggrats zum Pürschling (einzelne Drahtseile). Waldabstieg an der Südflanke des Laubenecks nach Linderhof

Wegweiser Sämtliche Etappenziele sind gut beschildert.

Einkehr/Übernachtung August-Schuster-Haus, Tel. 08822-3567, Mai bis Oktober

Karte AV-Karte BY7 „Ammergebirge Ost", 1:25.000

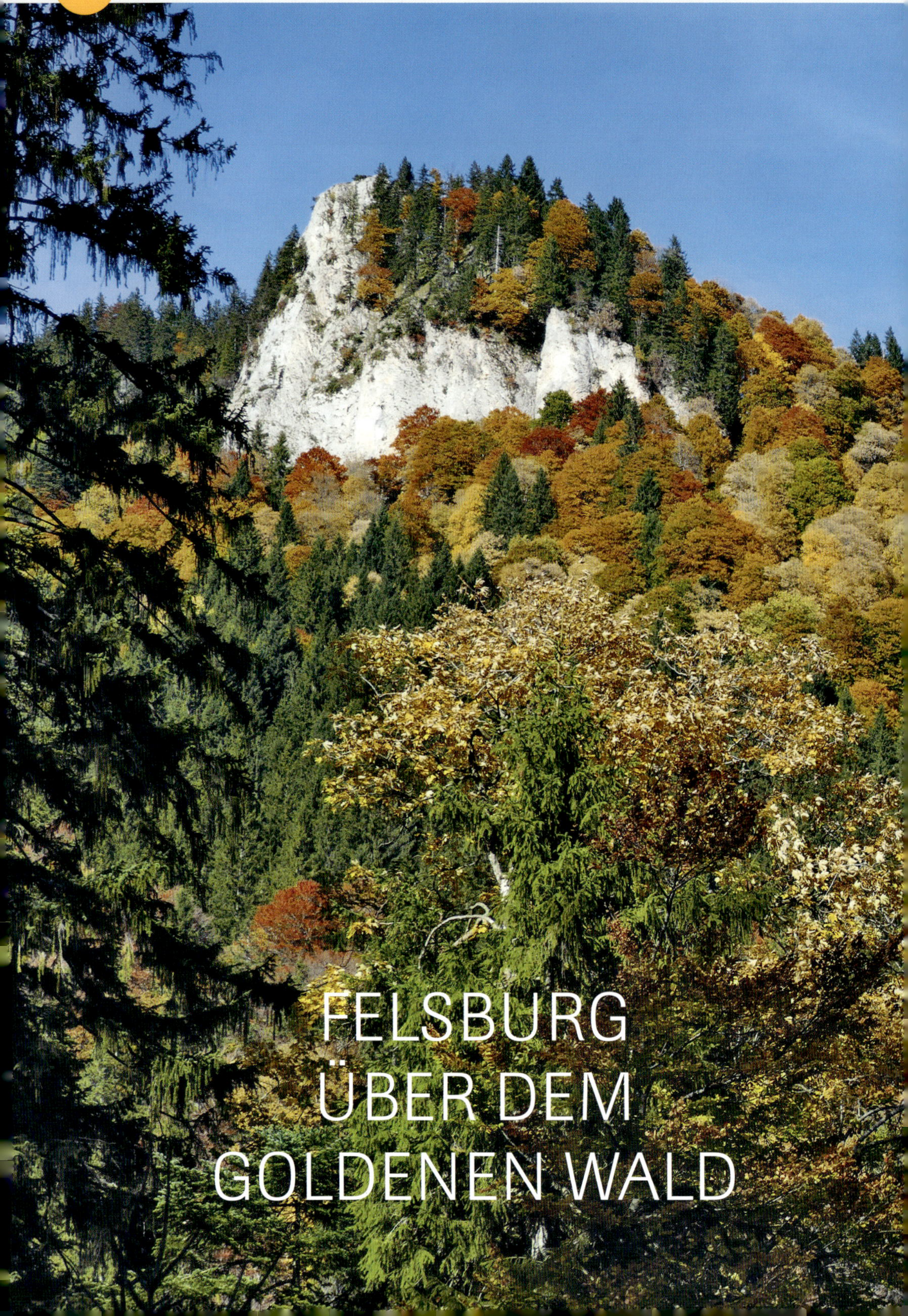

FELSBURG ÜBER DEM GOLDENEN WALD

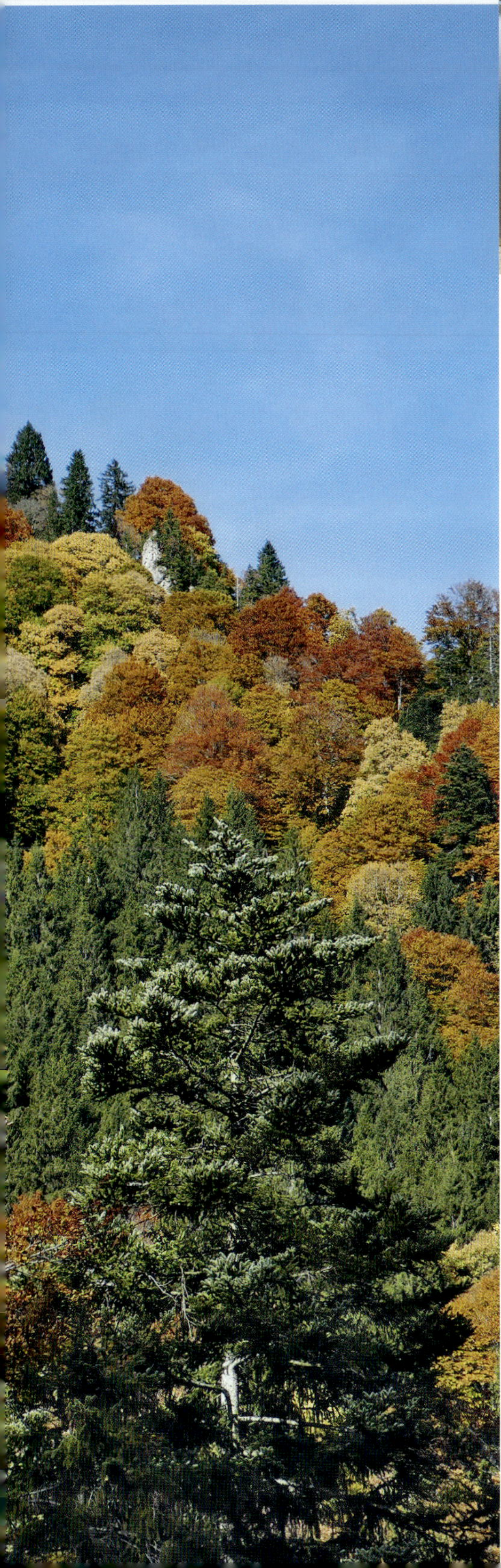

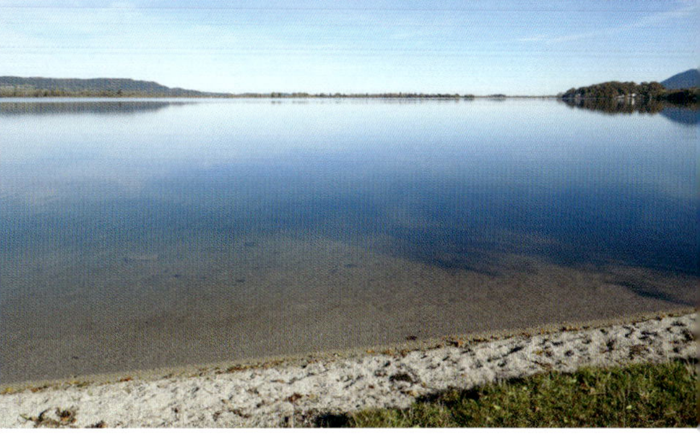

links: Der felsige Gipfelvorbau des Rötelsteins ist von farbenfrohem Mischwald umgeben.

oben: Blauer Himmel, blaues Wasser, blaues Land: Stilles Verweilen am Kochelseeufer vor dem Berganstieg

Rötelstein und Großer Illing – zugegeben, diese Bergnamen waren mir lange nicht geläufig. Zu sehr steht das kühne Felsnasen-Duo im Schatten des in südlicher Richtung angrenzenden Verbindungsgrats zwischen Herzogstand und Heimgarten (siehe Tour 8), und auch das Rundum-Panorama ist im Vergleich zu den bekannten Münchner Hausbergen höhenbedingt eingeschränkt. Doch gerade in den Zwischenjahreszeiten kann der Genuss dieser überwiegend im Wald verlaufenden Wanderung mit den beiden Gipfeloptionen besonders hoch sein. Im Abstieg folgen wir dem wilden Lauf der Kaltwasserlaine.

Erster Anlaufpunkt ist das Walchenseekraftwerk, das wir von der Bushaltestelle nach rund eineinhalb Kilometern erreichen. Wir passieren das Besucherzentrum und die sechs Rohrleitungen, durch die das Wasser vom Walchensee 200 Meter tief zu den Turbinen hinabströmt und somit zur umweltfreundlichen Stromerzeugung beiträgt.

Vom Kochelsee zum Rötelstein

Bevor unser Anstieg beginnt, gönnen wir uns noch einen kurzen Abstecher an das malerische Ufer des Kochelsees. Bei Schönwetter breitet sich vor uns eine große blaue Fläche aus, da sich durch das im Norden angrenzende Loisach-Kochelsee-Moor Wasser und

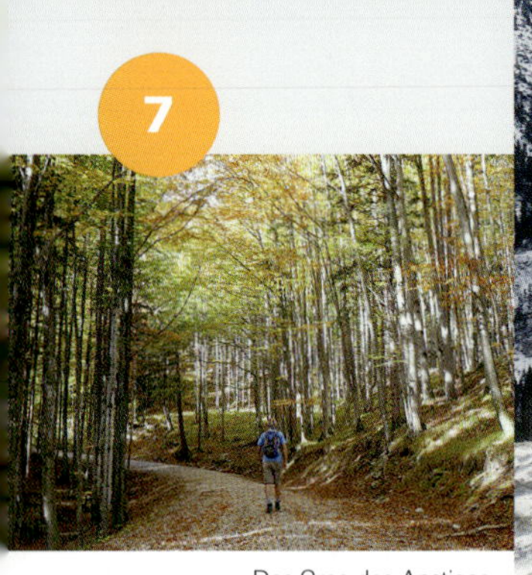

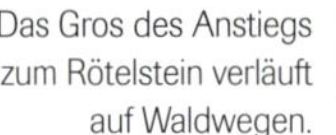

Das Gros des Anstiegs zum Rötelstein verläuft auf Waldwegen.

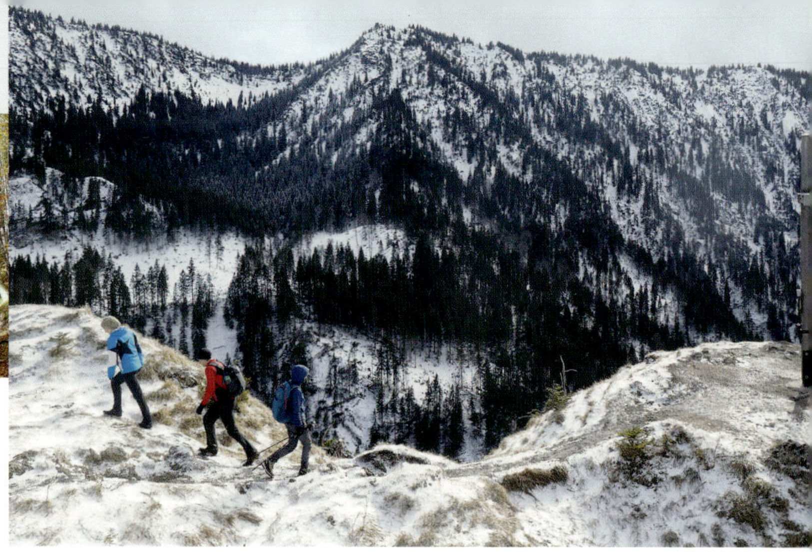

Himmel am Horizont fast miteinander verschmelzen zu scheinen. Bei windstillen Verhältnissen mit glatter Wasseroberfläche verstärkt sich dieser Eindruck noch. Der Betrachter ahnt, weshalb diese Region unter dem Namen „Blaues Land" bekannt geworden ist.

Am Tag der Recherche zeigt sich der Goldene Oktober in absoluter Bestform, sodass sich zu den tiefblauen Farben des Sees noch buntes Herbstlaub gesellt. Mit Blick auf die farbenprächtigen Bäume wird das Wandern auf dem Forstweg recht kurzweilig. Nach dem ersten Steilstück münden wir in das Tälchen des Jochbachs und blicken voller Respekt in Richtung des über uns liegenden Herzogstand-Heimgarten-Grates. Zwischendurch geht es sogar nochmal bergab, bevor wir den Jocher Höhenweg am Jochfleck Richtung Berge verlassen und der prompt abzweigenden Abkürzung zum Rauteck folgen.

Nach Wiedereinmündung in den Forstweg müssen wir wachsam sein: Wenige Meter taleinwärts halten wir uns an der Y-Kreuzung rechts und queren mit leichtem Höhenverlust in das Tal der Rötelsteinlaine. Unterwegs öffnen sich erstmals schöne Blicke zu den Felsen des Rötelsteinmassivs, an die sich die bunten Baumkronen des Bergmischwaldes anzuschmiegen scheinen. Die Route führt nach der Bachüberquerung direkt nach oben. Unterwegs wundern wir uns über das Auftauchen von Leitplanken direkt am Weg. Nach dem Anstieg dürfen wir den Linksabzweig nicht verpassen: Der Wiesenpfad mündet unmittelbar in die offizielle Aufstiegsroute zum Rötelstein, welche uns über steiles Wurzelwerk mit leichten Kraxelstellen zum Gipfel hochführt. Herrlich ist von hier der Blick in Richtung Alpenvorland, wobei der Kochelsee größtenteils von Bäumen verdeckt ist.

Großer Illing und Kaltwasserlaine

Als Orientierung für den Abstieg können wir uns schon einmal den benachbarten Alpenkopf einprägen, hinter welchem sich das Weidegebiet der Kaseralm verbirgt. Von dort erfolgt ein sehr reizvoller Streckenabschnitt auf dem Bohlenweg über feuchte Wiesen und durch Wald. Wer mit dem Großen Illing den zweiten Gipfel des Tages besteigen will, darf nach Einmündung in den Forstweg den rechts abzweigenden unmarkierten Waldpfad nicht verpassen – abermals geht es flankiert von Felsen steil durch lichten Wald empor. Unser Zielort Ohlstadt ist vom etwas tiefer gelegenen Gipfelkreuz (1313 m) aus vor dem angrenzenden Murnauer Moos gut zu erkennen.

Für den schnellen Abstieg bietet sich nun die Überschreitung zum Kleinen Illing nebst Nutzung der Forstwege im unteren Bereich an. Nachteil: Man verpasst dadurch den wildromantischen Flussabschnitt an der Kaltwasserlaine! Also doch wieder auf den Spuren des Anstiegs zurück und dem Wegweiser in Richtung Heimgarten folgend in den Bachgraben hinab, wo vor der Brücke rechts ein wunderschöner Steig entlang des Wildbachs abzweigt. Nur im Steilgelände werden wir vorübergehend vom Ufer zu den Forstwegen zurückgedrängt, doch entsprechenden Abzweigen folgend passieren wir die schönen Kaltwasserfälle und gelangen bis zuletzt in Bachnähe nach Ohlstadt.

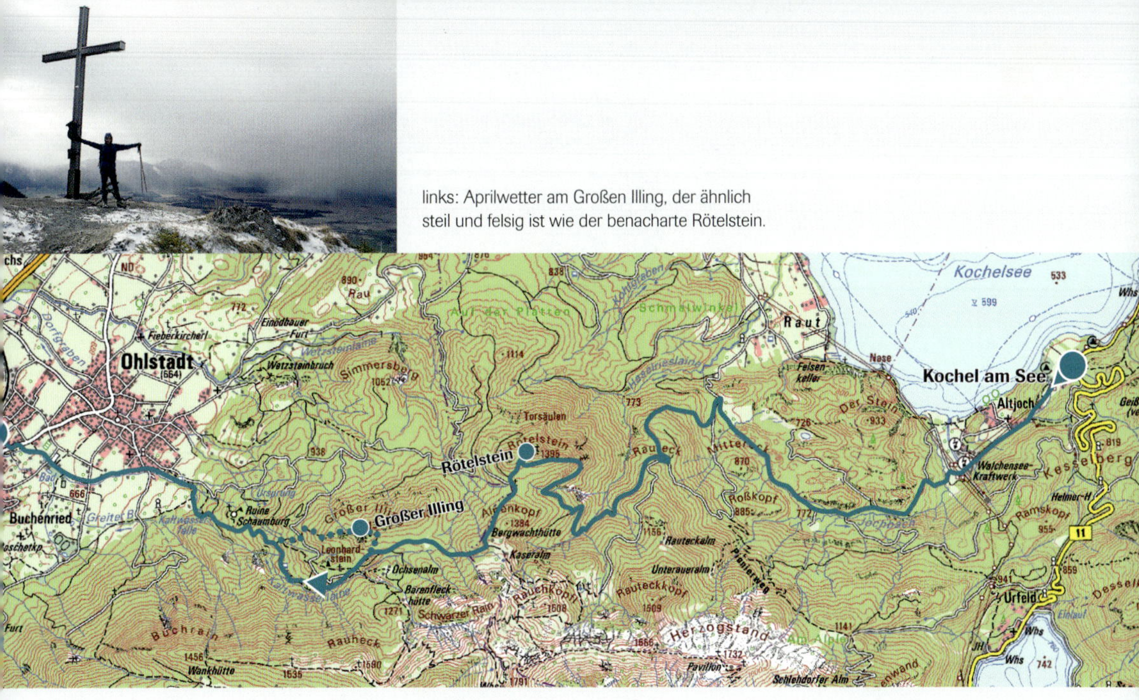

links: Aprilwetter am Großen Illing, der ähnlich steil und felsig ist wie der benacharte Rötelstein.

ROUTE: Kochel am See - Rötelstein - (Großer Illing) - Ohlstadt

Von der Bushaltestelle wenige Meter zurück und links der Teerstraße zum Walchenseekraftwerk folgen (Ww. Altjoch) > an der Kreuzung am Kochelseeufer links (Ww. Jocher Höhenweg) ansteigen > am Jochbach entlang auf eine Waldscharte mit kurzem Abstieg > am Jochfleck (760 m) links halten (Ww. Herzogstand/Heimgarten) > **!** nach wenigen Metern zweigt nach rechts ein mittelbreiter Weg ab, der am Rauteck (1042 m) wieder auf den Forstweg stößt (Abkürzung) > **!** zurück auf dem Forstweg, nach 100 m halbrechts in den Karrenweg > der Weg führt zuletzt leicht absteigend zur Rötelsteinlaine, überquert den Bach und zieht sich steil den Hang empor > ! an einer Lichtung nicht dem plötzlich leicht absteigenden Weg in den Wald, sondern halblinks dem Wiesenpfad folgen, der sich abrupt nach links wendet und uns auf eine Einsattelung leitet > hier Einmündung in den steilen Waldpfad (Holzfällerweg überqueren) zum Rötelstein (1394 m; Schild) > wieder zurück zur Einsattelung und kurzer Abstieg auf dem Forstweg > an der Weggabelung links (Ww. Kaseralm) mit kurzem Gegenanstieg > kurz vor Erreichen der Kaseralm rechts in den Bohlenweg > nach 700 m links in den Forstweg > nach 600 m zweigt rechts ein Pfad zum Großen Illing ab (1313 m; Abstecher) > an der folgenden Weggabelung links zur Kaltwasserlaine > am Bach rechts dem Steig Richtung Ohlstadt folgen > nach kurzer Forstwegpassage abermals links abzweigen und an den Kaltwasserfällen vorbei nach Ohlstadt > vom Wanderparkplatz entlang der Kaltwasserlaine zur Hauptstraße, diese überqueren und via Bahnhofweg zum Bahnhof.

Gehzeit 5 ½ Std.
Strecke 17 km
Höhenmeter 850 Hm ↑
790 Hm ↓

ÖPNV
Erste Anfahrt RB 66 von München HBF (5.59 Uhr) nach Kochel am See, Bus 9608 nach Kochel/Altjoch (Ankunft 8.23 Uhr)
Letzte Rückfahrt RB 6 von Ohlstadt (23.25 Uhr) nach München

Zeitfenster 15 Std.

Charakter Lange Waldwanderung wechselweise auf Forstwegen und Pfaden. Trittsicherheit am Rötelstein und Großen Illing erforderlich (Steilgelände – bei Nässe nicht zu empfehlen!).

Wegweiser Bis zum Jochfleck Schilder „Jocher Höhenweg“, dann „Heimgarten/Herzogstand“; beim Anstieg zum Rötelstein erst am Gipfelaufbau wieder markierte und beschilderte Route! Im Abstieg sind die Kaseralm und Ohlstadt beschildert. Im unteren Abschnitt mehrere Wegmöglichkeiten!

Karte AV-Karte BY9 „Estergebirge – Herzogstand, Wank“, 1:25.000

GRATKLASSIKER ÜBER DEM ALPENVORLAND

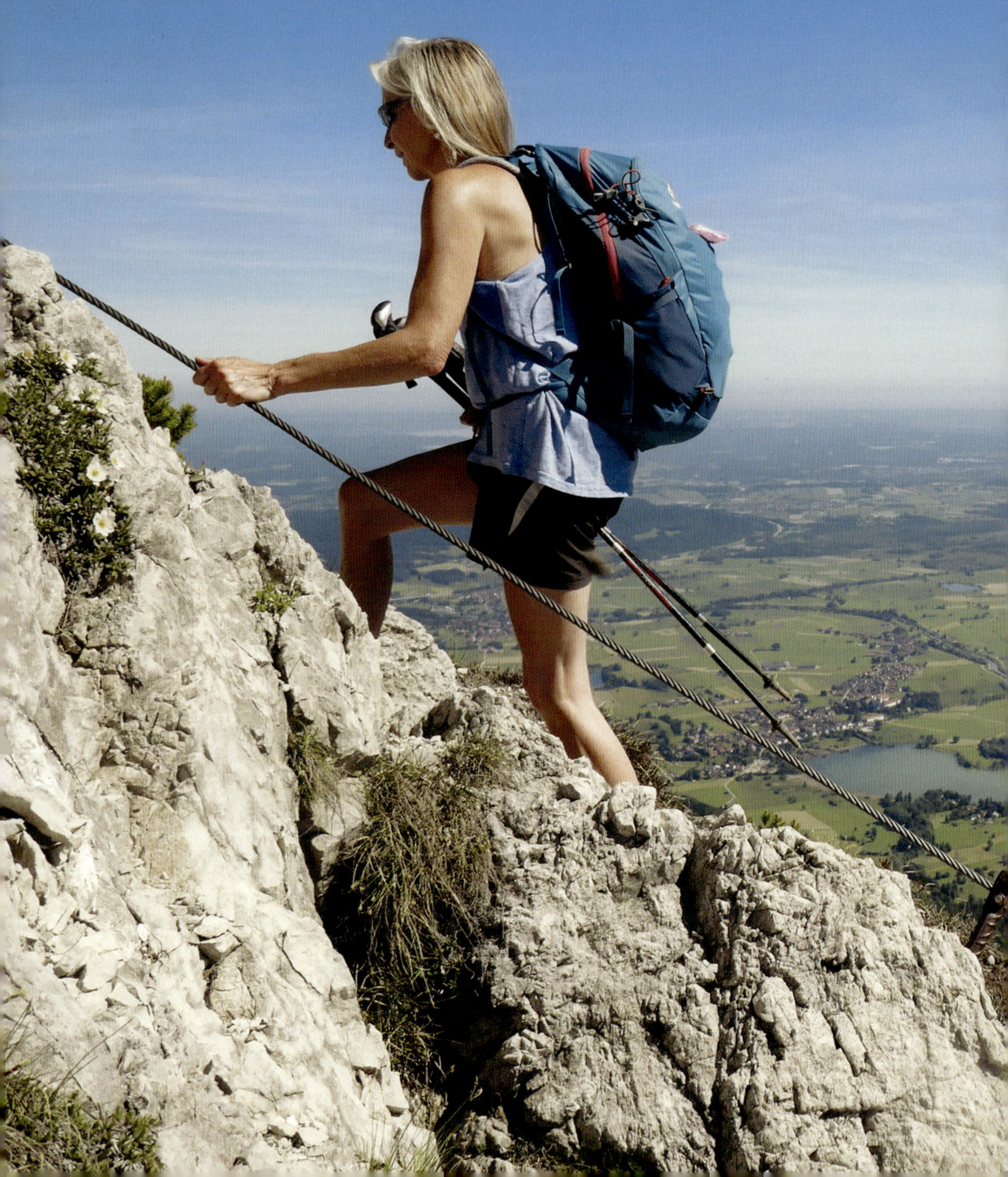

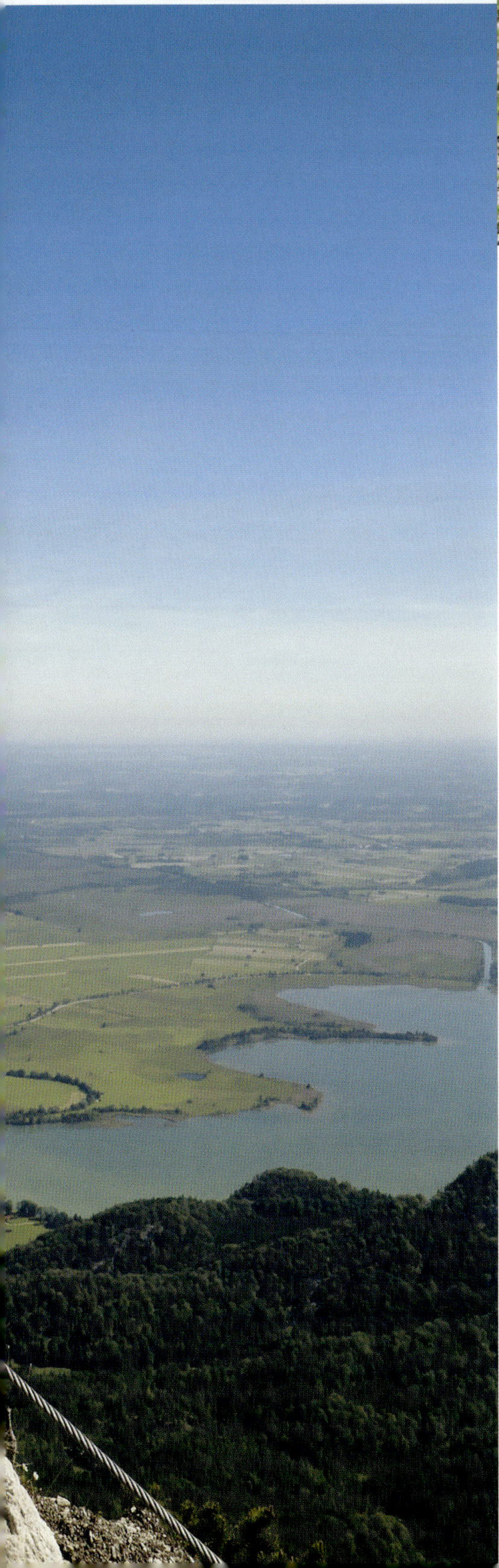

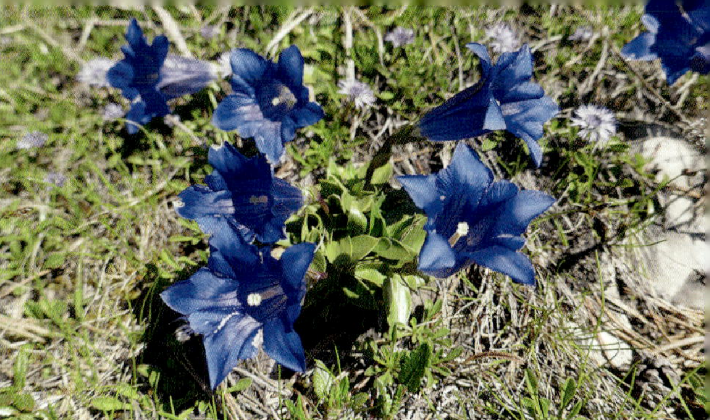

links: Die wenigen exponierten Stellen am Grat zwischen Herzogstand und Heimgarten sind gut gesichert; beeindruckend ist der Tiefblick zum Kochelsee und in das Alpenvorland.

oben: Der Stängellose Kalkenzian blüht vom Frühling bis in den Spätsommer.

Südlich von Penzberg rollt die Regionalbahn unmittelbar auf den langgezogenen Verbindungsgrat zwischen Herzogstand und Heimgarten zu. Dessen Begehung zählt unbestritten zu den schönsten und aussichtsreichsten Wanderungen der bayerischen Voralpen und ist bei schönem Wetter entsprechend frequentiert. Doch der Rummel hält sich in Grenzen, wenn man abseits jenes Pilgerstroms unterwegs ist, der sich nach Ankunft der Berggondeln vor allem vormittags in Bewegung setzt. Und jenseits des Herzogstand-Gipfels nimmt die Dichte an Wanderern ohnehin deutlich ab.

Da der letzte Zug von Ohlstadt in Richtung München erst recht spät fährt, kann man sich im Sommer ausreichend Zeit lassen und in den Sonnenuntergang wandern. Wer die Bergwelt für sich haben will, kann auch die Revision der Herzogstandbahn im November abwarten und darauf hoffen, dass der Winter bis dahin noch keinen Einzug gehalten hat. Einen Überblick über die Schnee- und Wetterlage vor Ort liefern die Webcams am Herzogstandhaus (www.herzogstandbahn.de/panorama-webcams) mit Update-Bildern im 10-Minuten-Rhythmus.

Über das Herzogstandhaus zum Herzogstand

Bei Zeitmangel oder aus Genussgründen ist auch die Nutzung der Herzogstandbahn eine Option. In nur vier Minuten überwindet die Bahn mit atemberaubenden Tiefblick auf den Walchensee die fast 800 Höhenmeter bis zur Gipfelstation, von welcher ein kurzer Abstieg am Fahrenbergkopf vorbei zum Herzogstandhaus erfolgt. Der Anstieg vom Walchensee zur Hütte entfernt sich vom Steilgelände der Seilbahntrasse und zieht im großen

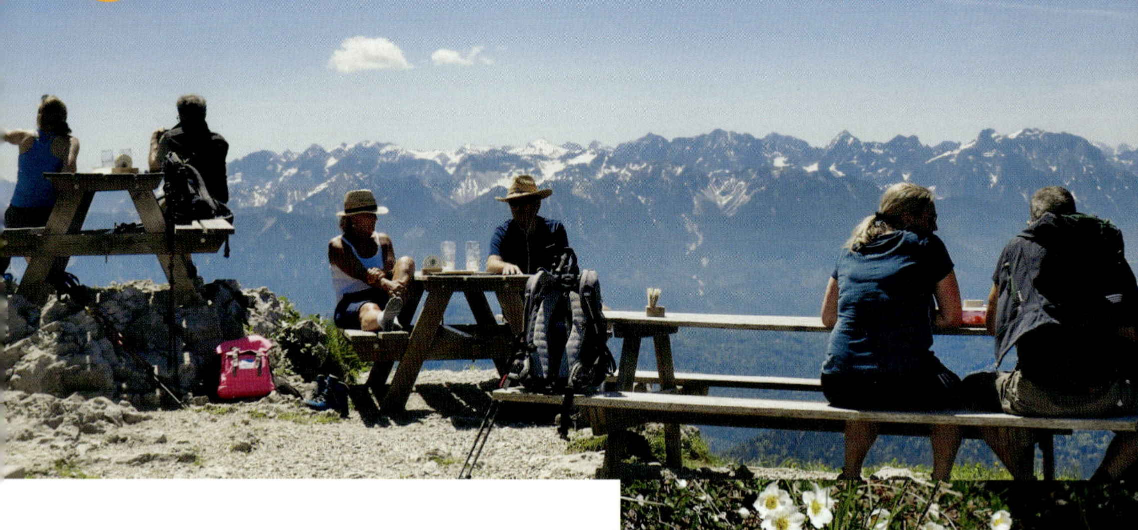

Bogen durch den Wassergraben und lichten Wald nach oben. Von einer Geländeschulter öffnet sich ein Fenster zum Verbindungsgrat zwischen Herzogstand und Heimgarten, bevor die Schlussquerung zur Hütte erfolgt. Das Denkmal in Hüttennähe wurde in Erinnerung an König Ludwig II. errichtet, der das ehemalige Königshaus laut Chronik 22 Mal aufgesucht haben soll.

Der in großzügig ausholenden Serpentinen angelegte Latschenanstieg zum Herzogstand ist nicht zu übersehen. Auf dem Weg zum Martinskopfsattel passieren wir die Infotafeln des Panorama Naturlehrpfads und lernen dabei Hintergründiges über die alpine Flora. An der Tafel „Pflanzen im Gebirge" stellen wir fest, dass wir mit Steinröschen, Alpen-Leinkraut, Bayerischer Enzian, Alpen-Waldrebe, Kugelblume und Silberwurz das Gros der abgebildeten Blumen bereits entdeckt hatten; Mitte Juni ist jedoch auch ein Vorzeige-Blütemonat! Am Gipfelrondell des Herzogstandes gehen wir in ein Gipfelquiz über: Bevor wir auf die beschrifteten Panoramatafeln schauen, identifizieren wir die uns bekannten Berge und freuen uns darüber, dass der Fernblick bis zum Großvenediger und zum Zückerhütl reicht.

Faszination Gratwanderung

„Alpine Erfahrung, Trittsicherheit und Schwindelfreiheit erforderlich", mahnt ein Schild des DAV am Einstieg zur Gratbegehung in Richtung Heimgarten. Wäre keine Seilbahn in der Nähe, hätte man auf diesen Hinweis auch verzichten können. Denn zumindest bei Schönwetter-Bedingungen reicht die Trittsicherheit vollkommen aus. Abschüssige Passagen sind teilweise durch ein Geländer gesichert. Die Faszination dieser Gratwanderung liegt in dem seltenen Kontrast, auf der flacheren Südseite die prominenten Gipfel des Karwendel- und Wettersteingebirges bewundern zu können, über die felsige Nordseite hinaus hingegen in die weiten Ebenen des Alpenvorlands und auf den Kochelsee hinabzublicken. Bei Inversionswetterlagen im Herbst dient der Grat häufig als Wetterscheide: Während sich die Wolken vor allem an der Luvseite des Kesselbergs stauen, lösen sie sich Richtung Walchensee wie von Wunderhand auf. Auch durch diese geographisch-meteorologische Besonderheit und den spannenden Wegverlauf zählt die Gratbegehung zwischen Herzogstand und Heimgarten zu den schönsten Bergerlebnissen in den bayerischen Voralpen.

Von der Terrasse der Heimgartenhütte öffnet sich ein gipfelwürdiges Karwendelpanorama. Die Silberwurz-Aufnahme ist am Herzogstand entstanden.

Vom Heimgarten über das Rauheck nach Ohlstadt

Am Gipfel des Heimgartens treffen wir auf jene Wanderer, die ihre Tour in Ohlstadt begonnen haben. Abermals können wir das großartige Bergpanorama in vollen Zügen genießen und während der Bewirtungszeit eine Jause in der nahen Hütte einnehmen. Im Unterschied zum Herzogstand sind mit Blickrichtung Westen nun die Gipfel der Ammergauer und Allgäuer Alpen deutlich näher gerückt. Auch unser Ziel Ohlstadt zeichnet sich jenseits der klar erkennbaren Wegtrasse des Abstiegs ab. Etwas entfernter in der Ebene erkennen wir Murnau und den Staffelsee.

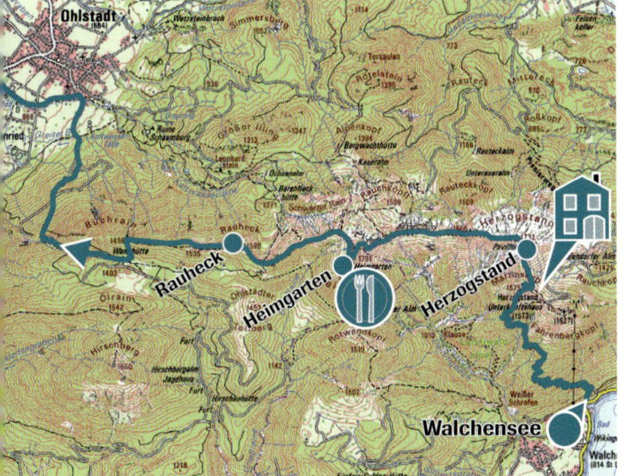

Die Gipfelsammlung ist für uns noch nicht vorbei. Denn in der Verlängerung des Herzogstand-Heimgarten-Grates dehnt sich westwärts ein Höhenrücken aus, den wir nach Überschreitung des Rauhecks erst am Buchrain verlassen werden. Auf diese Weise genießen wir das Erlebnis Gratwanderung mit Ausblick in alle Himmelsrichtungen auf einer Länge von sechs Kilometern. Der Abstieg über die Bärenfleckhütte und entlang der Kaltwasserlaine (siehe Tour 7) wäre zwar etwas kürzer, doch verläuft er weniger aussichtsreich und deutlich schattiger.

ROUTE: Walchensee - Herzogstand - Heimgarten - Rauheck - Ohlstadt

An der Talstation dem Pfeil zum markierten Steig folgen, der an einer kurzen Felspassage (Drahtsteil) und einem kleinen Wasserfall vorbei oft in Kehren durch den Wald zum Herzogstandhaus (1575 m) führt > entlang der Ostflanke des Martinskopfs direkt zum Südhang des Herzogstands, der in weithin sichtbaren Kehren durch Latschen bestiegen wird > unterhalb des Gipfelpavillons (1731 m) entlang des Grates nach NW in die Gratsenke absteigen (Drahtseilsicherungen an exponierten Stellen) > meist unmittelbar am Grat, teils über leichte Felsen, teils durch Latschen nach W > nach fast eben verlaufender Passage steiler Schlussanstieg zum Heimgarten (1791 m) > wenige Meter zur unterhalb liegenden Heimgartenhütte absteigen und rechts dem breiten Wanderweg folgen (Ww. Ohlstadt) > im Halbkreis entlang des Gratrückens absteigen > an der Weggabelung geradeaus mit Gegenanstieg zum Rauheck (1590 m) > weiterhin auf Kammhöhe zum Buchrain (1456 m) queren und an dessen Südseite auf Pfadspuren steil hinab > durch den Schwabwassergraben nach W und rechts abdrehend nach Ohlstadt absteigen > am Wanderparkplatz links und in Begleitung des Kaltwasserbachs zum Bahnhof von Ohlstadt.

Gehzeit 7 ½ Std.
Strecke 16,5 km
Höhenmeter 1220 Hm ↑ 1370 Hm ↓

ÖPNV
Erste Anfahrt RB 66 von München HBF (5.59 Uhr) nach Kochel am See, Bus 9608 nach Walchensee (Ankunft 7.59 Uhr)
Letzte Rückfahrt RB 6 von Ohlstadt (23.25 Uhr) nach München

Zeitfenster vor Ort knappe 15 ½ Std.

Charakter Großartige Gratwanderung zwischen Herzogstand und Heimgarten mit famosen Ausblicken in das Alpenvorland und Richtung Berge. Die gut gesicherten leichten Kletterstellen sind bei trockenen Bedingungen problemlos zu meistern. Der Zustieg zum Herzogstand und der Abstieg nach Ohlstadt verlaufen auf soliden Steigen.

Wegweiser Herzogstand und Heimgarten sind ebenso lückenlos beschildert wie der Abstieg nach Ohlstadt, zudem beste Orientierung entlang der Strecke.

Hinweis Mit Benutzung der Seilbahn (www.herzogstandbahn.de) kürzt man die Tour um 760 Hm und knapp 2 Std. Gehzeit ab.

Einkehr/Übernachtung
Herzogstandhaus, Tel. 08851-234, Betriebsurlaub Mitte November bis Weihnachten, Di. Ruhetag, Übernachtung nur mit Voranmeldung, www.berggasthaus-herzogstand.de; Heimgartenhütte (nur Einkehr), Tel. 0171-9507787, Christi Himmelfahrt bis Kirchweih, www.heimgartenhuette.de

Karte AV-Karte BY9 „Estergebirge – Herzogstand, Wank", 1:25.000

AM AUSLÄUFER DES ESTERGEBIRGES

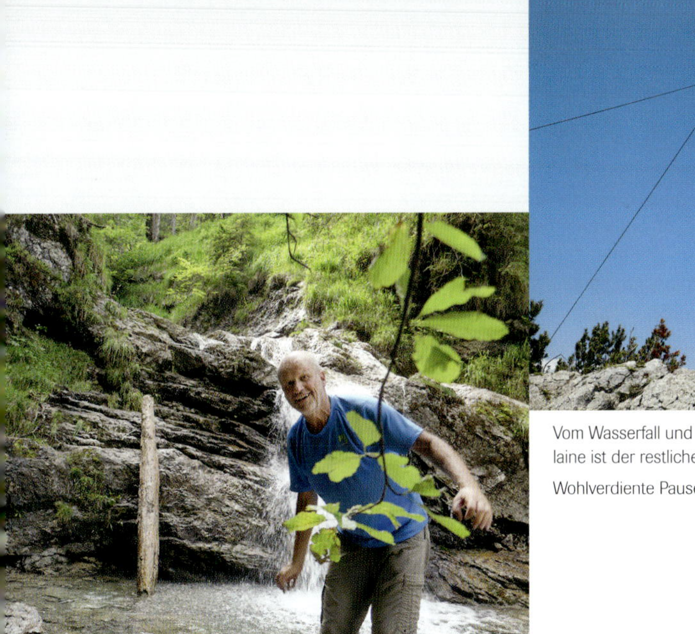

Vom Wasserfall und der Badegumpe in der Pustertallaine ist der restliche Abstieg nach Eschenlohe absehbar.

Wohlverdiente Pause am Gipfelkreuz des Simetsbergs

linke Seite: Beim Aufstieg zum Simetsberg genießen wir nach Verlassen des Forstweges einen schönen Walchensee-Rückblick.

Vom Walchensee gibt es drei Fernwandermöglichkeiten in das Loisachtal: die aussichtsreiche Gratverbindung über Herzogstand und Heimgarten (siehe Tour 8), die bevorzugt von Mountainbikern genutzte Bachgraben-Tour entlang der Eschenlaine und die Simetsberg-Route am Ostausläufer des Estergebirges. Letztere ist als Überschreitung so gut wie unbekannt, da der Verbindungspfad in das Kessellainen-Tal nicht leicht zu finden ist und sich der neun Kilometer lange Forstweg nach Eschenlohe etwas hinzieht. Landschaftlich bietet die Tour jedoch auch im Abstieg dank wasserreicher Bachschluchten Höhepunkte.

Abgekoppelt von seinen prominenten Nachbarn Hohe Kisten und Krottenkopf, liegt der Simetsberg jenseits eines markanten Talabschnitts am nordöstlichen Ausläufer des Estergebirges. Seine Solitärlage macht ihn jedoch als Aussichtsberg sehr interessant.

Genusswandern am Simetsberg

Der Aufstieg zum Simetsberg ist im Schnitt recht bequem. Nach der moderaten Forstwegpassage wird es auf dem Steig nur in Abschnitten etwas steiler. Wir passieren eine Sturmschneise, von der sich erstmals ein schöner Rückblick auf den Walchensee ergibt. Dann verdichtet sich der Wald, bevor wir an der Simetsberg-Diensthütte in freies Wiesengelände überwechseln. Die ideal geneigten Hänge lassen jedes Skitourenherz höherschlagen – der Simetsberg zählt mit seinen wenig lawinengefährdeten Hängen zu den Genusstouren.

Während im Winter die Latschen bei viel Schnee kaum zu sehen sind, bieten sie uns zur Wanderzeit auf zwei Wegvarianten Durchschlupf zum kreuzgeschmückten Gipfel. Das Panorama mit dem Wettersteingebirge, dem vorgelagerten Estergebirge und dem Karwendelgebirge jenseits des Isartals ist einzigartig. Im Osten taucht zwischen dem Mangfallgebirge und dem auffälligen Guffert das Kaisergebirge auf. Im Norden ist sehr schön der Herzogstand-Heimgarten-Grat zu erkennen, flankiert vom blau schimmernden Walchensee.

Erst einsamer, dann wasserreicher Abstieg nach Eschenlohe

Am Gipfel sollten wir uns mit Blickrichtung Süden die uns zu Füßen liegende grüne Hochebene einprägen, die wir später zwischen Kühen hindurch weglos queren müssen. Exakt zwischen den beiden kleinen Graserhebungen beginnt der Abstieg. Ein Pfad ist anfangs nicht zu erkennen, doch mit etwas Geduld finden wir die rotweiß bemalte Markierungsstange als Orientierungshilfe. Von dort steigen wir den Hang nicht direkt, sondern etwas nach Südwesten querend ab und stoßen bald auf deutliche Pfadspuren.

Anderen Wanderern begegnet man in diesem Abschnitt eher selten, dafür werden wir auf dem Forstweg von diversen Mountainbikern überholt. Am Fuß der Kesselköpfe entspringt die Kessellaine, die unseren Weg zweimal kreuzt und unterhalb spektakulär in eine Schlucht abtaucht. In einem Führer für Canyoning ist zu lesen: „Abseil- und Wandercanyon in wilder Gebirgslandschaft, höchste Abseilstelle: 75 m. Kaum Sprungmöglichkeiten, viel Totholz." Gedenktafeln erinnern an tödlich Verunfallte.

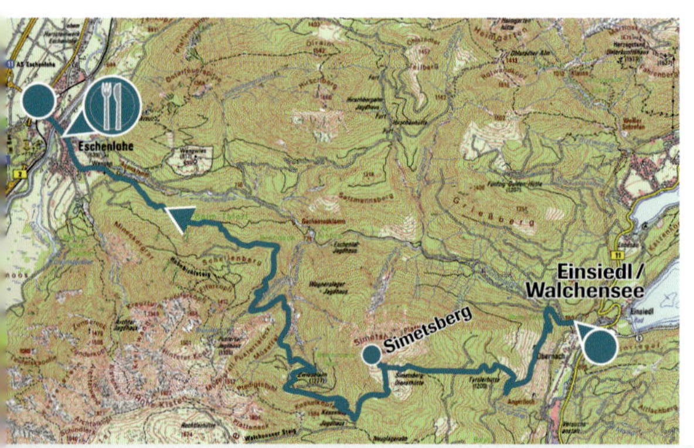

Mit dem Möseltalbach und der Pustertallaine überqueren wir zwei Zuflüsse der Kessellaine, Letzterer wunderschön mit Badegumpe und Wasserfall in einer Seitenschlucht gelegen. Es folgt ein kurzer Gegenanstieg zum Brandeck, wo wir, die Kessellainen-Schlucht verlassend, ein letztes Mal auf die formschöne Pyramide des Simetsbergs zurückblicken können. An der Loisachbrücke in Eschenlohe bieten nach der langen Wanderung neben einem Brunnen auch die Einkehren Taverne Athen (schöner Gastgarten) und Gasthof Zur Brücke Möglichkeiten, den Flüssigkeitsverlust auszugleichen und den Tag genussvoll ausklingen zu lassen.

ROUTE: Einsiedl am Walchensee - Simetsberg - Eschenlohe

Von der Bushaltestelle Einsiedl/Mautstraße 200 m entlang der B 11 nach S, dann rechts abbiegen (Ww. Obernach) > den Wanderparkplatz passieren und nach W in den Wald (Ww. Simetsberg) > an den folgenden Weggabelungen jeweils links > der Forstweg wendet sich moderat ansteigend nach S > nach gut 2 km zweigt nach rechts ein beschilderter Bergpfad ab > abwechslungsreicher Waldanstieg über eine Sturmschneise zur Simetsberg-Diensthütte (1610 m) > weiter über freie Wiesen und rechts haltend durch Latschen (zwei Steigvarianten möglich) zum Gipfelkreuz des Simetsbergs (1840 m) > den Südhang wieder hinab und die Aufstiegstrasse im Hangauslauf halbrechts verlassen (Kuhweide) > **!** Achtung, wegloses Gelände: den kleinen Graskopf (1679 m) rechts umgehen und an der rotweißen Markierungsstange halbrechts absteigen (Waldschneise) > unterhalb einer auffälligen Solitär-Fichte münden wir in einen klar erkennbaren Pfad, der uns geradeaus über eine ebene Lichtung (hier Steinmandl beachten) zum Forstweg (1460 m) leitet > den Forstweg 9 km weit absteigen (Ww. Eschenlohe) > an der Y-Kreuzung oberhalb von Eschenlohe rechts in den schmaleren Weg, der am Ortsrand in die Krottenkopfstraße mündet > die Loisachbrücke überqueren und auf der Bahnhofstraße zum Bahnhof von Eschenlohe.

Gehzeit 7 Std.
Strecke 18,5 km
Höhenmeter 1080 Hm ↑
1250 Hm ↓

ÖPNV
Erste Anfahrt RB 66 von München HBF (7.59 Uhr) nach Kochel am See, Bus 9608 nach Walchensee/Einsiedl Mautstraße (Ankunft 9.44 Uhr)

Letzte Rückfahrt RB 6 von Eschenlohe (23.21 Uhr) nach München

Zeitfenster vor Ort ca. 13 ¾ Std.

Charakter Lange und leichte Streckentour mit relativ hohem Forstweganteil

Wegweiser Der Aufstieg zum Simetsberg ist gut beschildert und markiert. Beim Abstieg über den langgezogenen Grasrücken ist in einem weglosen Abschnitt Orientierungssinn gefragt. Mit Einmündung in den Forstweg wieder beschilderte Routenführung

Einkehr Eschenlohe Loisachbrücke: Taverne Athen, Tel. 08824-914959; Gasthof Zur Brücke, Tel. 08824-210, www.bruecke-eschenlohe.de

Karte AV-Karte BY9 „Estergebirge - Herzogstand, Wank", 1:25.000

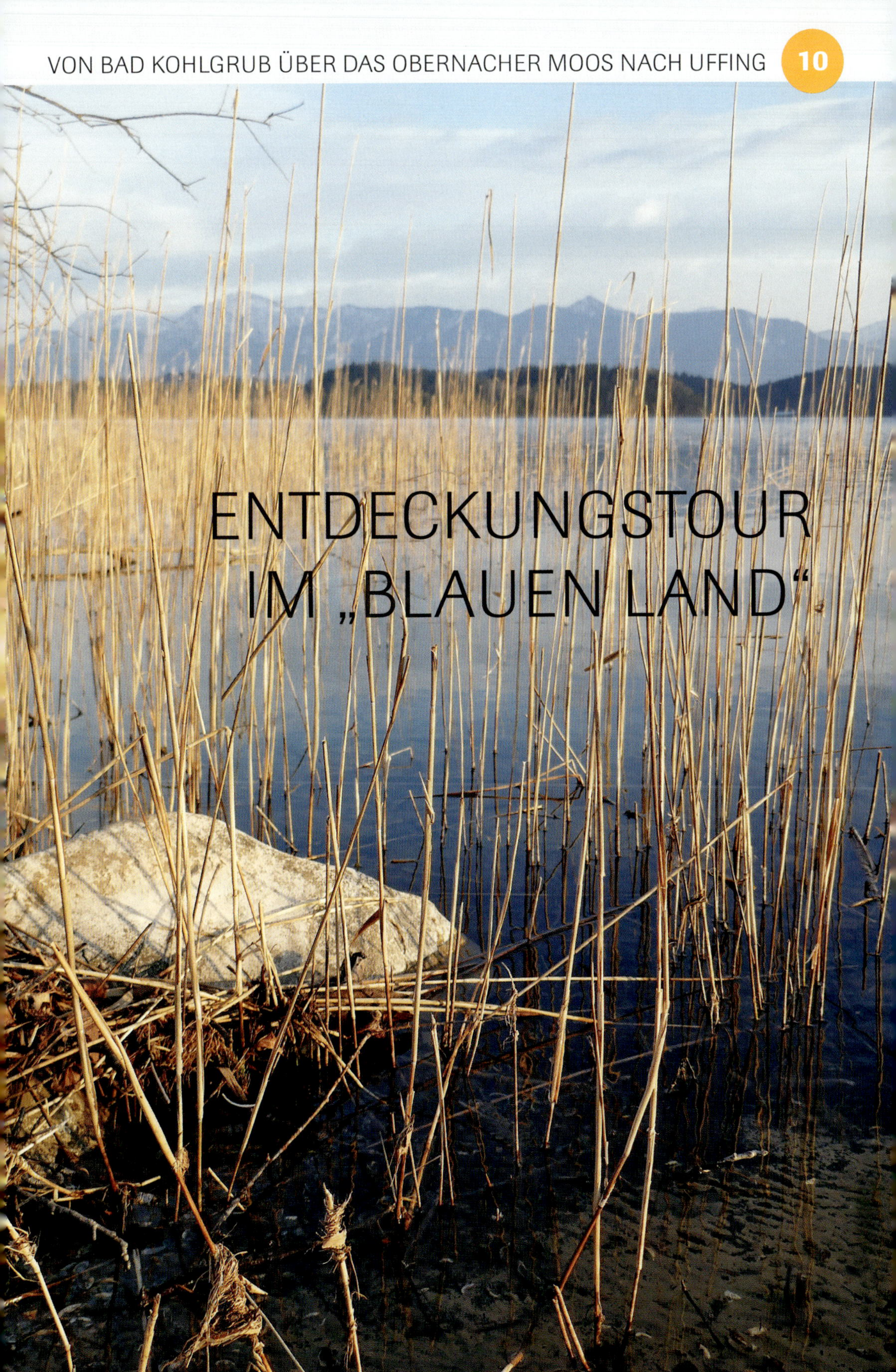

ENTDECKUNGSTOUR IM „BLAUEN LAND“

10 VON BAD KOHLGRUB ÜBER DAS OBERNACHER MOOS NACH UFFING

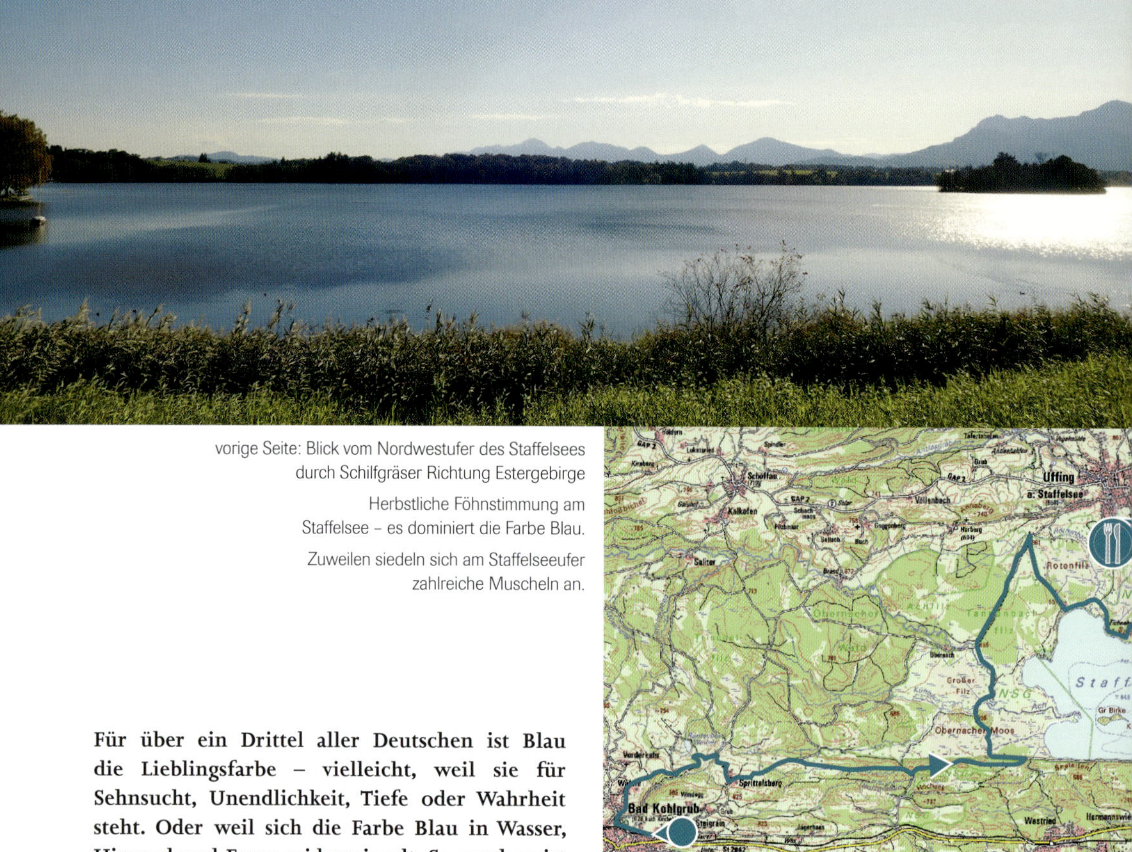

vorige Seite: Blick vom Nordwestufer des Staffelsees durch Schilfgräser Richtung Estergebirge

Herbstliche Föhnstimmung am Staffelsee – es dominiert die Farbe Blau.

Zuweilen siedeln sich am Staffelseeufer zahlreiche Muscheln an.

Für über ein Drittel aller Deutschen ist Blau die Lieblingsfarbe – vielleicht, weil sie für Sehnsucht, Unendlichkeit, Tiefe oder Wahrheit steht. Oder weil sich die Farbe Blau in Wasser, Himmel und Ferne widerspiegelt. So gesehen ist die Wanderung vom Luftkurort Bad Kohlgrub in das Naturschutzgebiet „Westlicher Staffelsee mit angrenzenden Mooren“ quasi ein Selbstläufer. Denn sie verläuft in jener Region, die in Anlehnung an die vom expressionistischen Maler Franz Marc gegründete Künstlergemeinschaft „Der Blaue Reiter“ aufgrund vorhandener Licht- und Farbstimmungen heute als „Das Blaue Land“ bezeichnet wird.

Abstecher zum Rantscher Weiher

Am Bahnhof von Bad Kohlgrub ist von der Magie der Blautöne erstmal wenig zu spüren, doch dafür ist die Luft im höchst gelegenen Moorheilbad Deutschlands (828 m) nachweislich gut. Ohne mit dem Autoverkehr konfrontiert zu werden, wandern wir vom Bahnhof in wenigen Minuten zum aussichtsreichen Ortsteil Wäldle hinauf. Von hier blicken wir erstmals zum Staffelsee hinab, und im Süden erhebt sich der Hausberg Hörnle eindrucksvoll über dem Ort. Weiter geht es zum Rantscher Weiher, der – von der Normalroute abweichend in wenigen Minuten erreichbar – schön in einer Senke gelegen ist; für eine etwaige Badeeinheit ist der Staffelsee jedoch vorzuziehen. In den angrenzenden Feuchtwiesen blüht im Frühsommer der überaus seltene Fieberklee.

Nach kurzem Abstieg stoßen wir auf einen Teerweg, der links abzweigend Richtung Uffing beschildert ist. Diese direkte Route ist eher für Radfahrer vorgesehen, weshalb wir den kurzen Gegenanstieg nach Sprittelsberg in Kauf nehmen und von dort nach Osten wandern. Zwei Kilometer später ignorieren wir abermals einen Uffing-Abzweig und folgen der Beschilderung nach Murnau. Erst im dritten Anlauf zweigen wir links von der Hauptroute ab und steigen zum Staffelseerundweg ab, der uns bestens beschildert neun Kilometer weit nach Uffing leiten wird.

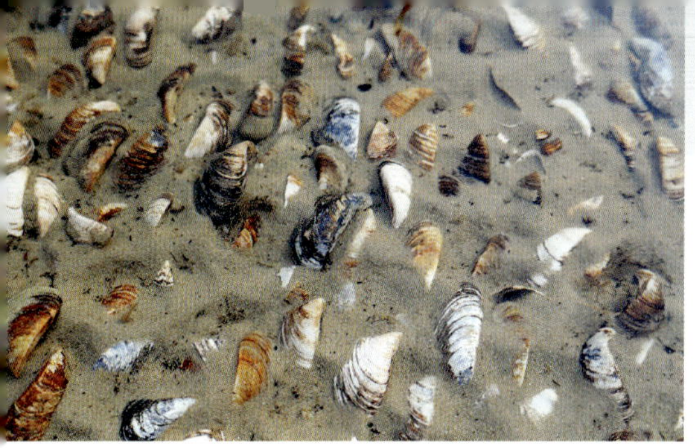

Streifzug durch das Naturschutzgebiet

Im schilfreichen Obernacher Mooses herrscht von März bis Mitte Oktober strenges Wegegebot. Im Schutz der Gräser brüten seltene Zugvögel wie der Brachvogel, Europas größter Wattvogel, der an seinem langen Bogenschnabel erkennbar ist und mit melodischen Rufen auf sich aufmerksam macht. In den Sumpfauen der Uffinger Ach fühlt man sich mangels Zivilisation – soweit das Auge reicht, ist der See von sattem Grün umgeben – an dünn besiedelte Gebiete Skandinaviens erinnert. Das Ufer erreichen wir aber erst am Nordostausläufer des Staffelsees. In den feuchten Wiesen sprießen im Frühsommer zahlreiche Knabenkräuter und Trollblumen in die Höhe. Das in Ufernähe flache Wasser eignet sich vor allem für Kleinkinder zum Baden. Auf dem schlammigen Seegrund siedeln sich in Nähe der Schilfgräser Wandermuscheln (auch Dreikant- oder Zebramuscheln genannt) an, die bei explosionsartiger Vermehrung die seltene Teichmuschel verdrängen könnten.

Anschließend geht es an prachtvollen Eichen vorbei zum Gemeindebad Uffing und auf dem Uferweg zum Seerestaurant Alpenblick, das direkt an der Uffinger Schiffanlegestelle liegt und seinem Namen alle Ehre macht: Sowohl vom Terrassenlokal als auch vom Biergarten erkennen wir im Südosten den Verbindungsgrat zwischen Herzogstand und Heimgarten (siehe Tour 8), weiter südlich die Hohe Kiste, jenseits des Loisachtals das Ettaler Mandl und im Westen das Hörnle. Und im Vordergrund spiegelt sich der Himmel im malerischen Staffelsee wider; spätestens im Abendlicht wird uns der Zauber des „Blauen Landes“ vor Augen geführt.

ROUTE: Bad Kohlgrub - Rantscher Weiher - Obernacher Moos - Staffelsee - Uffing

Vom Bahnsteig Fußweg am Gleis entlang nach W > den 1. Abzweig ignorieren, am 2. Abzweig (Gmeinaustraße) rechts durch die Bahnunterführung und links halten (Ww. Wäldle) > den Sportplatz umgehen und links zum Ortsteil Wäldle empor > von Wäldle den Wegweisern Richtung Rantscher Weiher folgen (später nicht Variante über den Fahrweg wählen) > 5 Min. vor Erreichen des Sees (Abstecher) geradeaus (Ww. Sprittelsberg) > am Teerweg rechts nach Sprittelsberg hinauf > im Weiler links halten (Ww. Murnau Westried) > ! nach 1 km den Abzweig nach Uffing ignorieren > an der folgenden Weggabelung links vom Radweg abzweigen und Richtung Staffelsee absteigen > nach knapp 2 km münden wir in den Staffelseerundweg, der uns, bestens beschildert, über das Obernacher Moos und das Staffelseeufer nach Uffing leitet > nach dem Gemeindebad rechts halten (Fußweg) > auf der Kirchtalstraße Richtung Ortskern > an der Murnauer Straße kurz nach rechts und links in den Ettaler-Mandl-Weg > ein Wiesenweg leitet uns zur Straße Am Oberholz > kurz darauf Bahnhofstraße nach rechts zum Bahnhof von Uffing

Gehzeit 5 Std.
Strecke 19 km
Höhenmeter 60 Hm ↑ 220 Hm ↓

ÖPNV

Erste Anfahrt RB 66 von München HBF (5.32 Uhr) nach Murnau, RB 63 nach Bad Kohlgrub (Ankunft 7.04 Uhr)

Letzte Rückfahrt RB 6 von Uffing (23.36 Uhr) nach München

Zeitfenster vor Ort ca. 16 ½ Std.

Charakter Die lange, aber einfache Tour verläuft meist auf breiten Wanderwegen und ist wintertauglich. Landschaftliche Höhepunkte sind die Aussichtshügel bei Bad Kohlgrub und das NSG Westlicher Staffelsee mit dem Obernacher Moos.

Wegweiser Achtung, Schilderwald in Bad Kohlgrub – mehrere Wege führen zu einzelnen Etappenzielen! Deshalb folgende Reihenfolge beachten: Wäldle, Rantscher Weiher, Sprittelsberg, Murnau über Westried und zuletzt Uffing; ab Obernacher Moos ist der Staffelseerundweg bestens ausgeschildert.

Einkehr Seerestaurant Alpenblick, Uffing, bei „grüner Ampel“ Biergarten geöffnet, Tel. 08846-9300, www.seerestaurant-alpenblick.de

Karte Landesamt für Digitalisierung L8382 Murnau a. Staffelsee, 1:50.000

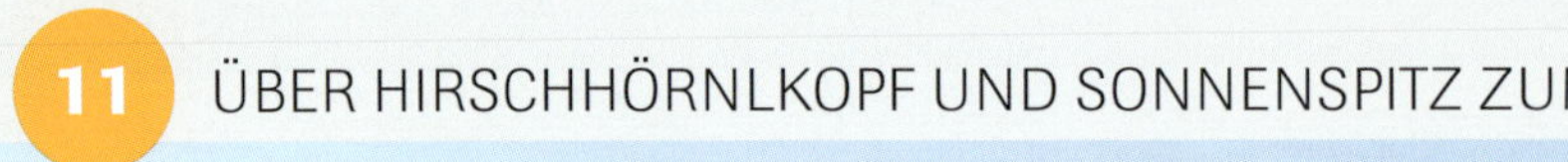

ZWEI GIPFEL UND EINE SEEANKUNFT

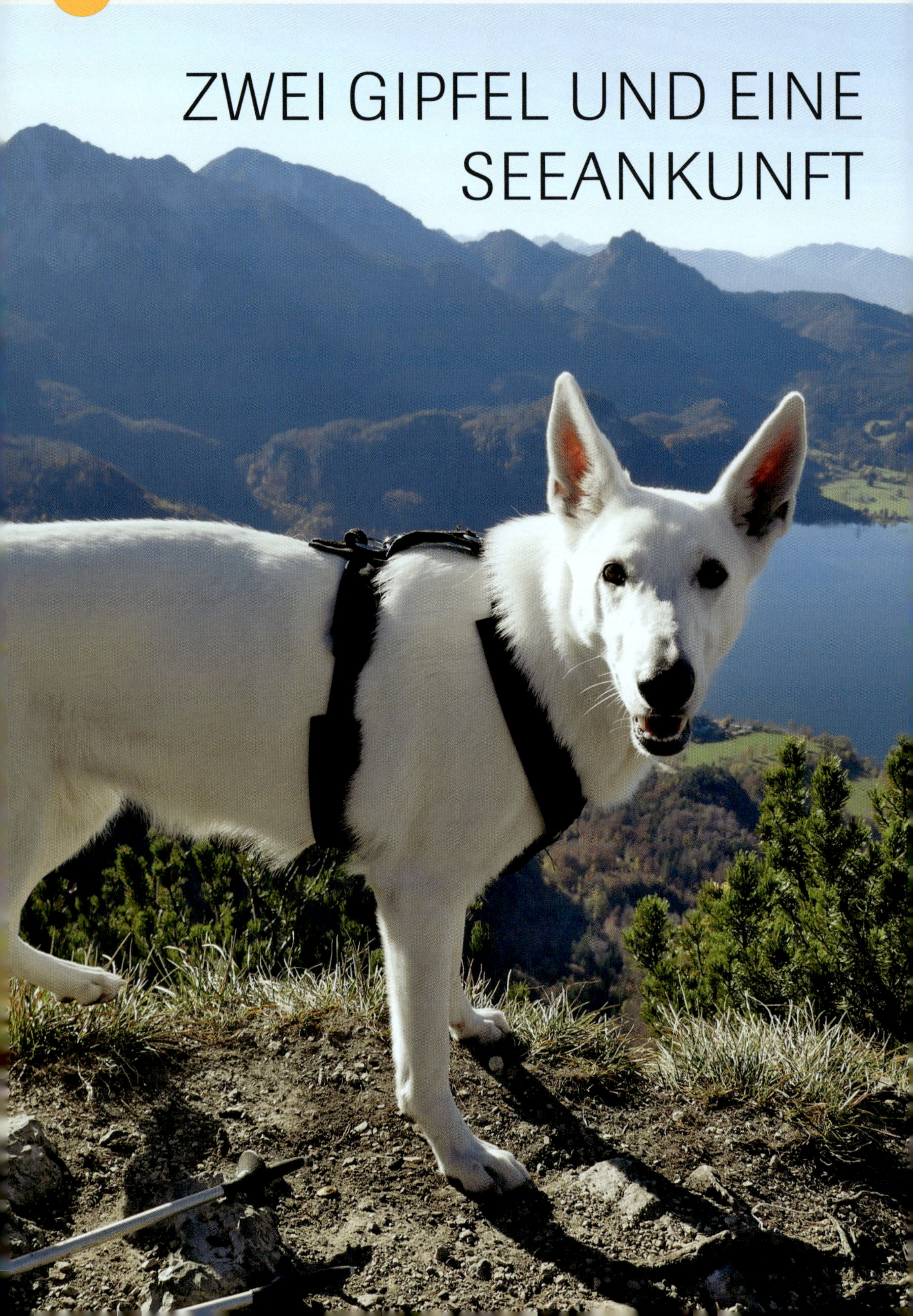

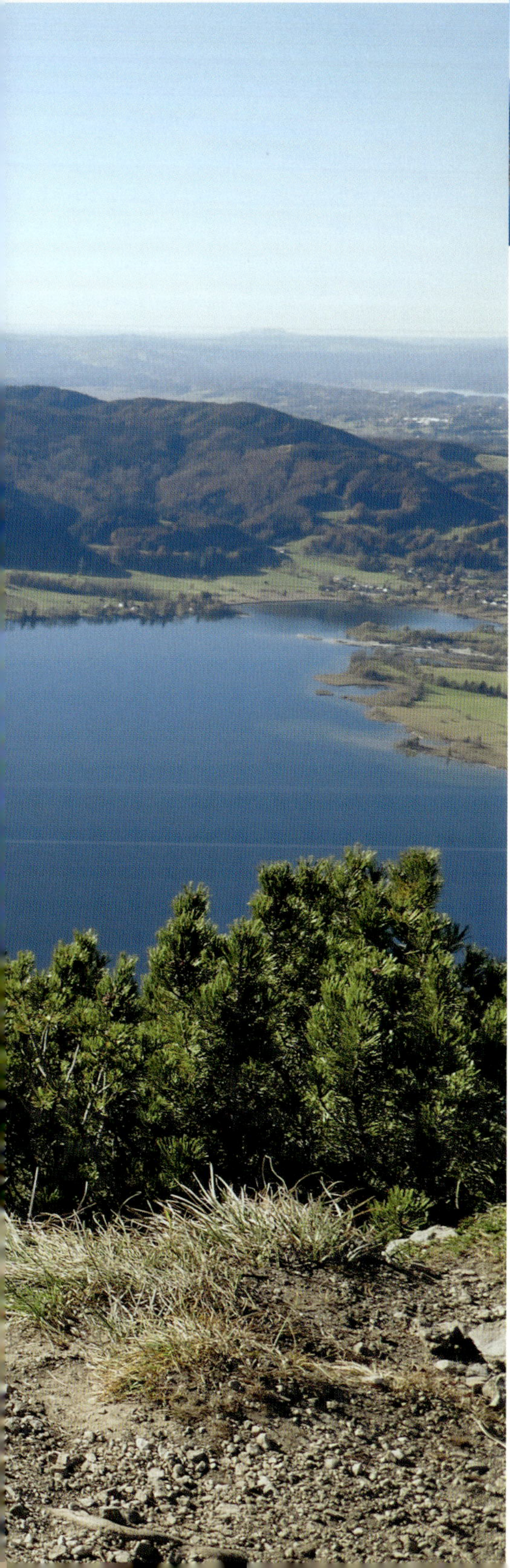

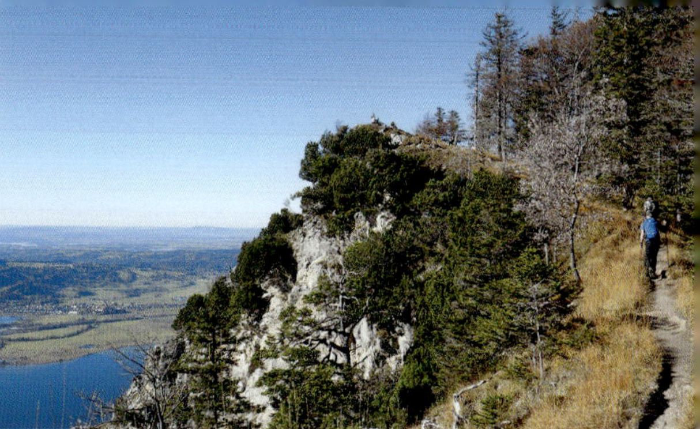

Gigantischer Tiefblick vom Sonnenspitz auf den Kochelsee, auch wenn der Hund sich abwendet.

Während der Hirschhörnlkopf von seinen sanften Bergwiesen einen famosen Panoramablick in Richtung Walchensee und Karwendel bietet, fällt der nur knapp aus dem Wald hervorlugende Sonnenspitz spektakulär mit einer steilen Felswand zum Kochelsee hin ab. Beide Gipfel sind im Vergleich zu ihren prominenten Nachbarn Benediktenwand und Jochberg relativ unbekannt und somit weniger frequentiert. Fast eben verlaufende Wirtschaftswege wechseln mit kurzweiligen Pfadpassagen ab, was der Wanderung gleichfalls Abwechslung verleiht.

Bei der Tourenplanung müssen wir beachten, dass der RVO-Bus 9595 am frühen Vormittag nur einmal von Lenggries in die Jachenau verkehrt, und zwar je nach Saison und Tag zu unterschiedlicher Zeit. Deutlich entspannter ist die Rückfahrt mit der bis in den späten Abend stündlich verkehrenden Regionalbahn von Kochel in Richtung München.

Über die Pfund-Alm zum Hirschhörnlkopf

Der Auftakt der Wanderung verläuft von der Jachenau erst einmal bequem auf dem kaum ansteigenden

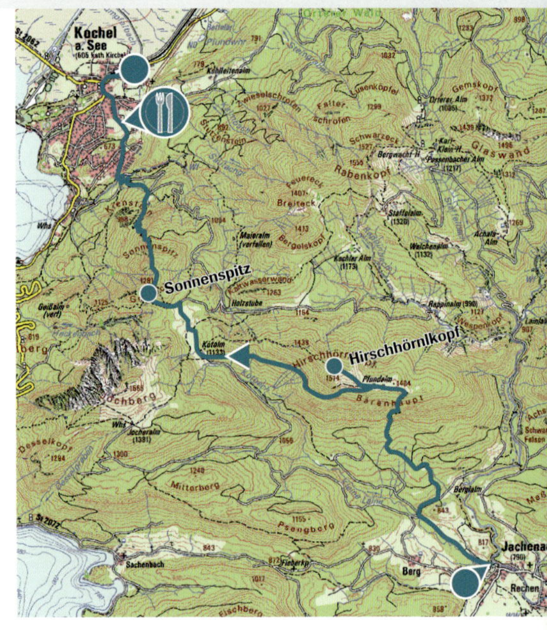

Wirtschaftsweg. Vis-à-vis der weitläufigen Löwenzahnwiese haben wir unser erstes Gipfelziel, den Hirschhörnlkopf, bereits direkt im Visier. Nach dem Warmup müssen wir die licht bewaldete Südflanke des Berges überwinden – in zahlreichen Kehren zieht der zunehmend steinige und steile Pfad auf den breiten Höhenrücken empor. Dort erreichen wir die freien Almflächen der Pfund-Alm, an der während der Weidesaison Jungvieh grast. Auf dem relativ steil abfallenden Dach der schön gemauerten Hütte dürfte die Installation des auffälligen Schornsteins nicht ganz einfach gewesen sein.

Die Almhütte liegt unmittelbar am Fuß des Hirschhörnlkopfs, dessen dominantes Gipfelkreuz den Berg noch näher erscheinen lässt, als er in Wahrheit ist. Wer im Frühjahr unterwegs ist, stößt pro fehlendem Höhenmeter (gut 100) in etwa auf einen „Schusternagerl" (Frühlings-Enzian). Bei der Bestimmung des Gipfelpanoramas reicht diese Zahl bei Weitem nicht mehr aus. Malerisch liegt uns der Walchensee zu Füßen, oberhalb des östlichen Seeausläufers erkennen wir die Große Arnspitze, oberhalb des westlichen Seeausläufers den Krottenkopf und dazwischen unzählige Gipfel des Wettersteingebirges. In schroffer Schönheit präsentieren sich auch die zackigen Gipfel des Karwendelgebirges, während sich weiter östlich das Mangfallgebirge ausbreitet. Von dieser privilegierten Sonnen- und Aussichtskanzel mag man sich gar nicht mehr verabschieden.

Herrlicher Kochelsee-Tiefblick am Sonnenspitz

Mit Blickrichtung Nordwesten können wir den weiteren Verlauf unserer Route gut nachvollziehen: Am Gratausläufer des Jochbergs breitet sich eine baumfreie Hochebene mit klar erkennbaren Wegen aus, die uns direkt zum Graseck führen; jenseits der felsigen Erhebung taucht in der Ebene im Hintergrund Murnau am Staffelsee auf. Etwas nördlich des Grasecks verbirgt sich der aus diesem Blickwinkel unscheinbare Sonnenspitz im Wald, weiter rechts lugt der Ausläufer des Kochelsees hervor.

Der Graseck-Sonnenspitz-Höhenrücken liegt bereits deutlich tiefer als der Hirschhörnlkopf. Um ihn zu erreichen, queren wir von der Pfund-Alm auf schönem Steig zur Kotalm hinab und passieren unterwegs mehrere Wasserquellen. Es folgt ein knapp ein Kilometer langer, höhengleicher Genussabschnitt auf einem Wirtschaftsweg, dann führt ein beschilderter Steig recht steil zum Graseck empor. Plötzlich tritt man aus dem Wald hervor und blickt von der scharfen Geländekante direkt auf den Kochelsee hinab, der malerisch am südlichen Rand des Loisach-Kochelseemoors liegt. Je nach Jahreszeit und Wetter spiegeln sich die Wolken auf der Seeoberfläche wider, welche sich bei klarer Luft zuweilen auch in einem tiefen Blauton präsentiert. Das herrliche Fotomotiv mit Jochberg, Herzogstand und Heimgarten als alpine Nebenkulisse bleibt uns auch bei der Querung zum Sonnenspitz erhalten; mit etwas Glück ist die Sitzbank in perfekter Panoramalage nicht von anderen Wanderern belegt.

Für den 600-Höhenmeter-Abstieg nach Kochel gibt es mehrere Möglichkeiten. Bei trockenen Bedingungen bietet sich – ein Mindestmaß an Trittsicherheit vorausgesetzt – die Direttissima auf dem leicht exponierten Steig an, der an der eindrucksvollen Felswand des Kiensteins vorbei in die Tiefe führt. Wem der teils felsig-wurzelige Steig zu unangenehm ist, der kann entweder direkt zur Hochebene zurückkehren oder auch nach einem Drittel der Wegstrecke auf die deutlich flacheren Forstwege ausweichen. In den Sommermonaten bietet sich ein finales Bad im Kochelsee an. Zeit ist ausreichend vorhanden, da der letzte Zug garantiert nach Einbruch der Dunkelheit nach München zurückfährt.

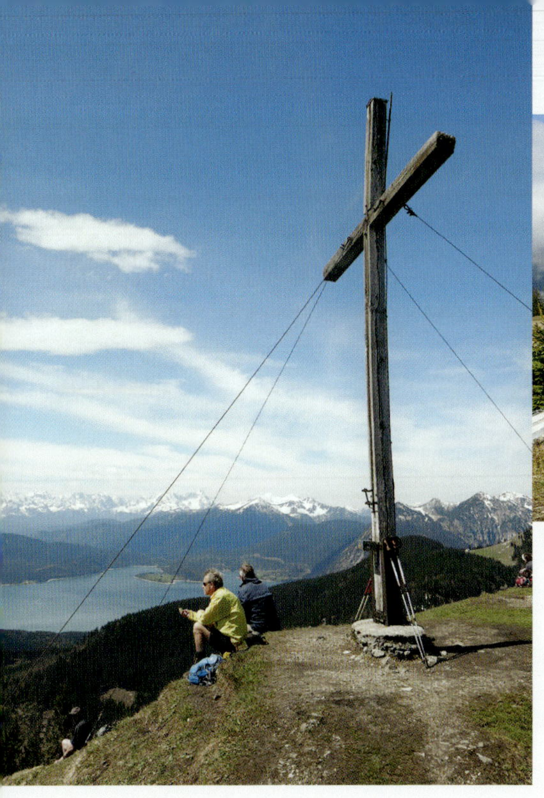

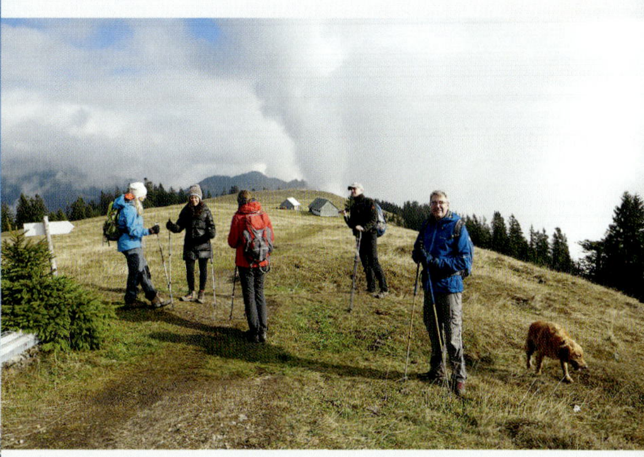

Wunderschöner Walchenseeblick vom Gipfel des Hirschhörnlkopfs

Diese Gruppe sammelt sich oberhalb der Pfund-Alm am Wegweiser Richtung Kotalm.

ROUTE: Jachenau - Pfund-Alm - Hirschhörnlkopf - Kotalm - Graseck - Sonnenspitz - Kochel am See

Von der Bushaltestelle zum Wanderparkplatz am Schützenhaus und dem Wirtschaftsweg nach W folgen > nach 1 km fast ebener Strecke an der Weggabelung rechts > nach 300 m den Forstweg links verlassen > der anfangs breite Weg geht in einen Steig über, der sich in zahlreichen Kehren durch schönen Mischwald zu einem Höhenrücken emporwindet > nach Passieren der Pfund-Alm (1400 m) über den freien Hang zum Gipfel des Hirschhörnlkopfs (1514 m) > wieder zurück zur Pfund-Alm und scharf rechts durch lichten Wald, diverse Bachläufe überquerend, zur Kotalm (1134 m) absteigen > der dort abzweigende Wirtschaftsweg führt anfangs leicht ansteigend über eine Geländekuppe nach N > an der Weggabelung am Waldrand links (Ww. Sonnenspitz) > teils steil durch Wald zum Graseck (1281 m) empor und nach kurzem Gegenabstieg zum Sonnenspitz queren (1269 m) > von der Aussichtskanzel führt ein steiler Waldpfad (einen Rechtsabzweig mit Ww. Kochel am See ignorieren) zum Kienstein hinab > vor den Felsen rechts halten, an der Weggabelung links > am Forstweg links und an der Y-Kreuzung halbrechts abzweigen (Ww. Kochel am See) > den Lainbach überqueren und links nach Kochel absteigen > die Straße Am Sonnenstein mündet nach 400 m in die Alte Straße > an der Kalmbachstraße rechts das Bauerncafé Zum Giggerer passieren und links auf dem Von-Aufseßweg zur Bahnhofstraße und zum nahen Bahnhof.

Gehzeit 5 Std.
Strecke 13 km
Höhenmeter 880 Hm ↑
1050 Hm ↓

ÖPNV
Erste Anfahrt BRB von München HBF (9.03 Uhr) nach Lenggries, Bus 9595 nach Jachenau Post (Ankunft 10.46 Uhr)

Letzte Rückfahrt RB 66 von Kochel am See (23.16 Uhr) nach München

Zeitfenster vor Ort ca. 12½ Std.

Charakter Wechsel von flachen Wirtschaftswegpassagen und kurzweiligen Bergpfaden bei den Gipfelbegehungen. Der Abstieg vom Sonnenspitz nach Kochel ist sehr steil und erfordert Trittsicherheit; bei Nässe besser auf die Forstwege ausweichen!

Wegweiser Hirschhörnlkopf, Sonnenspitz und Kochel am See sind an den Weggabelungen zuverlässig beschildert. Beim direkten Abstieg nach Kochel gibt es mehrere Wegvarianten.

Einkehr Bauerncafé Zum Giggerer, Kochel am See, Tel. 08851-615429, Di. Ruhetag, www.giggerer.de

Karte AV-Karte BY11 „Isarwinkel Benediktenwand", 1:25.000

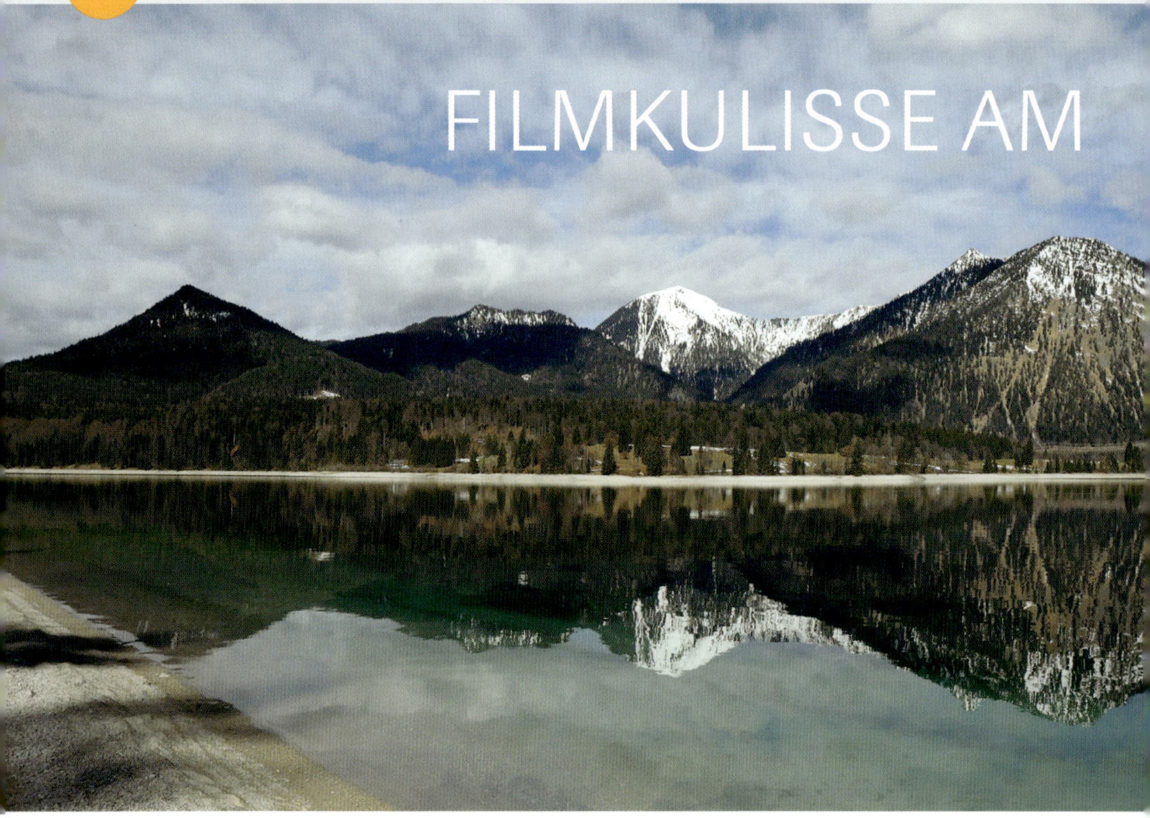

FILMKULISSE AM

Der Walchensee ist mit einer Fläche von 16 Quadratkilometern nicht nur der größte, sondern vielleicht auch der schönste See der bayerischen Alpen. Sein türkisfarbenes Wasser hat ihm den Beinamen „Bayerische Karibik" eingebracht. Dieses Bild passt zwar nicht zu den Wikingern, die einst eher in den dunklen nordischen Gewässern Angst und Schrecken verbreiteten. Dennoch hat der Regisseur Michael Bully Herbig das malerische Ufer bei Sachenbach 2008 als Kulisse für die Verfilmung von „Wickie und die starken Männer" auserkoren.

Von der Jachenau aus gesehen ist der Walchensee noch hinter dem Fischberg, der das Tal abschließt, verborgen. Die Region erweckt zu jeder Jahreszeit einen stillen, fast verlassenen Eindruck, als würden die Uhren hier anders gehen. Die Bauernhöfe, deren Holzbalkone im Sommer mit bunten Blumen geschmückt sind, sind zum Teil mehrere hundert Jahre alt.

Im Tal der Jachen zum Uferweg am Walchensee

Auf dem Weg nach Süden folgen wir dem Bachverlauf der Jachen, die als Abfluss des Walchensees nach 23 Kilometern bei Lenggries in die Isar mündet. Obwohl der Fluss kein bedeutendes Gefälle aufweist, wurde er bis in die 1950er Jahre für die Abdrift von Holz genutzt. Auch heute spielt die Holzwirtschaft noch eine bedeutsame Rolle. Immerhin 85 Prozent der Gemeindefläche ist bewaldet, weshalb die Jachenau zu den waldreichsten Gebieten Deutschlands zählt. Der wertvolle Bergmischwald besteht aus Fichte, Tanne, Ahorn, Rotbuche, Esche und der seltenen Eibe. Aus dem relativ langsamen Wachstum der Bäume resultiert eine besondere Holzqualität. Hintergründiges zur Holzwirtschaft erfahren wir am

WALCHENSEE

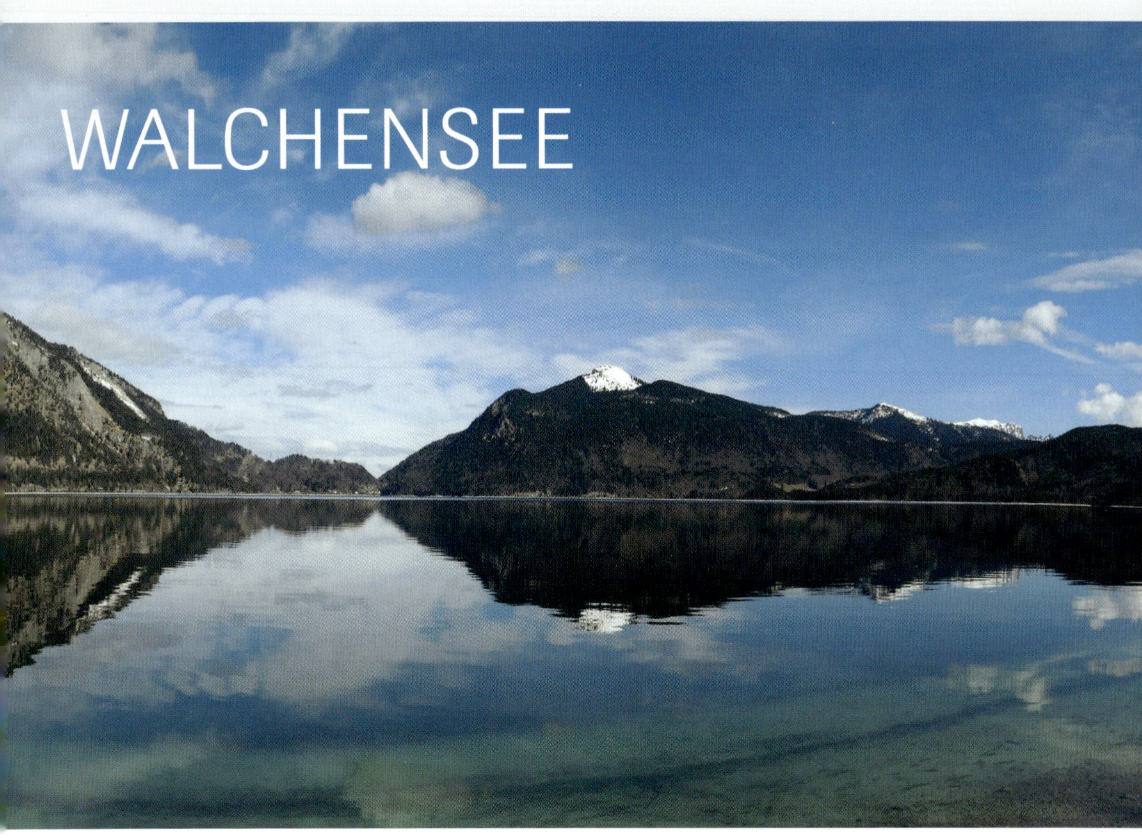

Perfekte Spiegelung von Grießberg, Rotwandlkopf, Heimgarten, Fahrenbergkopf, Jochberg und Rabenkopf auf der Wasseroberfläche des Walchensees. Unsere Route verläuft am rechten Bildrand direkt am Ufer unterhalb des Jochbergs (Aufnahme vom Südufer).

Walchensee auf den Informationstafeln „Uferweg – am Ursprung der Jachen".

Wechselvolle Stimmungen am Walchensee

Mit Ankunft in Niedernach öffnet sich ein weiter Blick auf große Teile des Walchensees. Das See-und-Bergpanorama bleibt uns bis Urfeld am gesamten Nordostufer auf einer Strecke von gut sieben Kilometern erhalten. Die Wanderung hat zu jeder Jahreszeit ihren Reiz. Im Sommer freut man sich auf ein verlockendes Bad. Allerdings kostet das zuweilen etwas Überwindung, denn der bis zu 190 Meter tiefe See wird von kalten Gebirgsbächen gespeist und ist dementsprechend frisch. Das hält jedoch nicht die Wind- und Kitesurfer davon ab, mit Begeisterung ihrem Hobby nachzugehen. Die Passhöhe am Kesselberg, die wir mit dem Bus bei der Rückfahrt Richtung Kochel überqueren werden, dient mit einsetzender Thermik als willkommene Winddüse. Bei Inversionswetterlagen im Winterhalbjahr wiederum schwappen Nebelschwaden über den Pass, um sich über dem Walchensee meist wieder aufzulösen. Die wechselhaften Wolkenspiele und Lichtverhältnisse üben einen besonderen Reiz auf die idyllische Landschaft aus. Bei Windstille spiegeln sich die Hausberge Herzogstand (siehe Tour 8) und Simetsberg (siehe Tour 9) fotogen auf der Wasseroberfläche wider.

Auf Höhe der Insel Sassau verlassen wir den Forstweg und bleiben unmittelbar am Seeufer. Im bereits um 1185 gegründeten Weiler Sachenbach öffnet sich das Gelände in Form eines abzweigenden Tals. Rechterhand liegt der stattliche Seppenbauernhof, ein nachhaltig und biologisch bewirtschafteter Naturlandhof. Und im Anwesen Jörglbauer gegenüber sind ein Hofladen und ein Kiosk untergebracht, der bei schönem Wetter kleine Brotzeiten, hausgemachten Kuchen und Getränke verkauft; auch ein

12 VON DER JACHENAU NACH URFELD

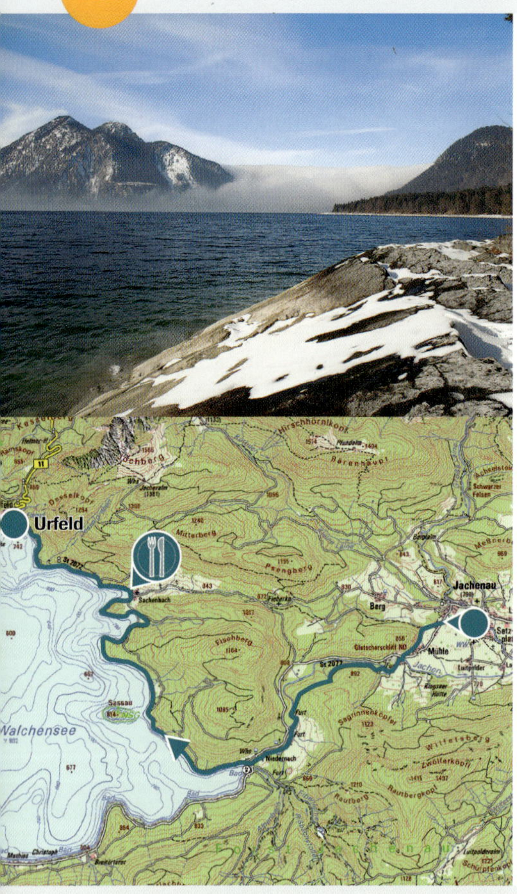

Bei Inversionswetterlagen zieht der Nebel häufig über den Kesselberg und löst sich auf der Südseite auf.

Selbstbedienungsschrank mit frischen Milchprodukten ist vorhanden.

Von Sachenbach führt ein asphaltiertes Sträßchen nach Urfeld. Von hier strömt das Walchenseewasser für den Besucher unsichtbar durch sechs Druckrohre hinunter zum Ufer des Kochelsees und treibt dort die Turbinen des Walchensee-Kraftwerks an. Diese bewährte Methode der Energiegewinnung wird seit 1924 praktiziert. Die Idee für dieses Kraftwerk stammt von Oskar von Miller, dem Gründer des Deutschen Museums.

ROUTE: Jachenau - Niedernach - Sachenbach - Urfeld

Im Ortszentrum von Jachenau der Dorfstraße nach Süden folgen und rechts in den Wanderweg abzweigen (Holzschild Niedernach/Walchensee) > der Wanderweg führt am Waldrand entlang parallel zur Mautstraße in den Talschluss > im Ortsteil Mühle die Straße und die Jachen auf einer Brücke überqueren > Anstieg zu den Ausläufern des Sagrinnenköpfels mit anschließendem Abstieg zu den Mühlraurwiesen > am Bachufer der Jachen nach Niedernach > an der ehemals bewirtschafteten Waldschänke vorbei auf dem Fahrweg nach W > an der Y-Kreuzung halblinks (Ww. Fußweg nach Sachenbach) > durch die Sachenbacher Bucht und dem nun asphaltierten Fahrweg 1,5 km nach Urfeld folgen.

Gehzeit 3 ½ Std.
Strecke 12 km
Höhenmeter 90 Hm ↑
80 Hm ↓

ÖPNV
Erste Anfahrt BRB von München HBF (9.03 Uhr) nach Lenggries, Bus 9595 nach Jachenau Post (Ankunft 10.46 Uhr)

Letzte Rückfahrt Bus 9608 von Urfeld am Walchensee (18.14 Uhr) nach Kochel am See, RB 66 nach München

Zeitfenster vor Ort ca. 7 ½ Std.

Charakter Einfache und schöne Wanderung mit nur geringen Steigungen auf überwiegend breiten Wanderwegen; fast zwei Drittel der Route verläuft unmittelbar am Ufer des Walchensees.

Wegweiser Niedernach am Walchensee ist ebenso beschildert wie Sachenbach und Urfeld. Am Walchenseeufer ist die Orientierung ohnehin denkbar einfach.

Einkehren Hofcafé Sachenbacher im Jörglbauernhof, Tel. 08851-359, temporär geöffnet, www.sachenbacher-walchensee.de; Café am See, Urfeld, Tel. 08851-940354

Karte Kompass Wanderkarte 182 „Isarwinkel", 1:50.000

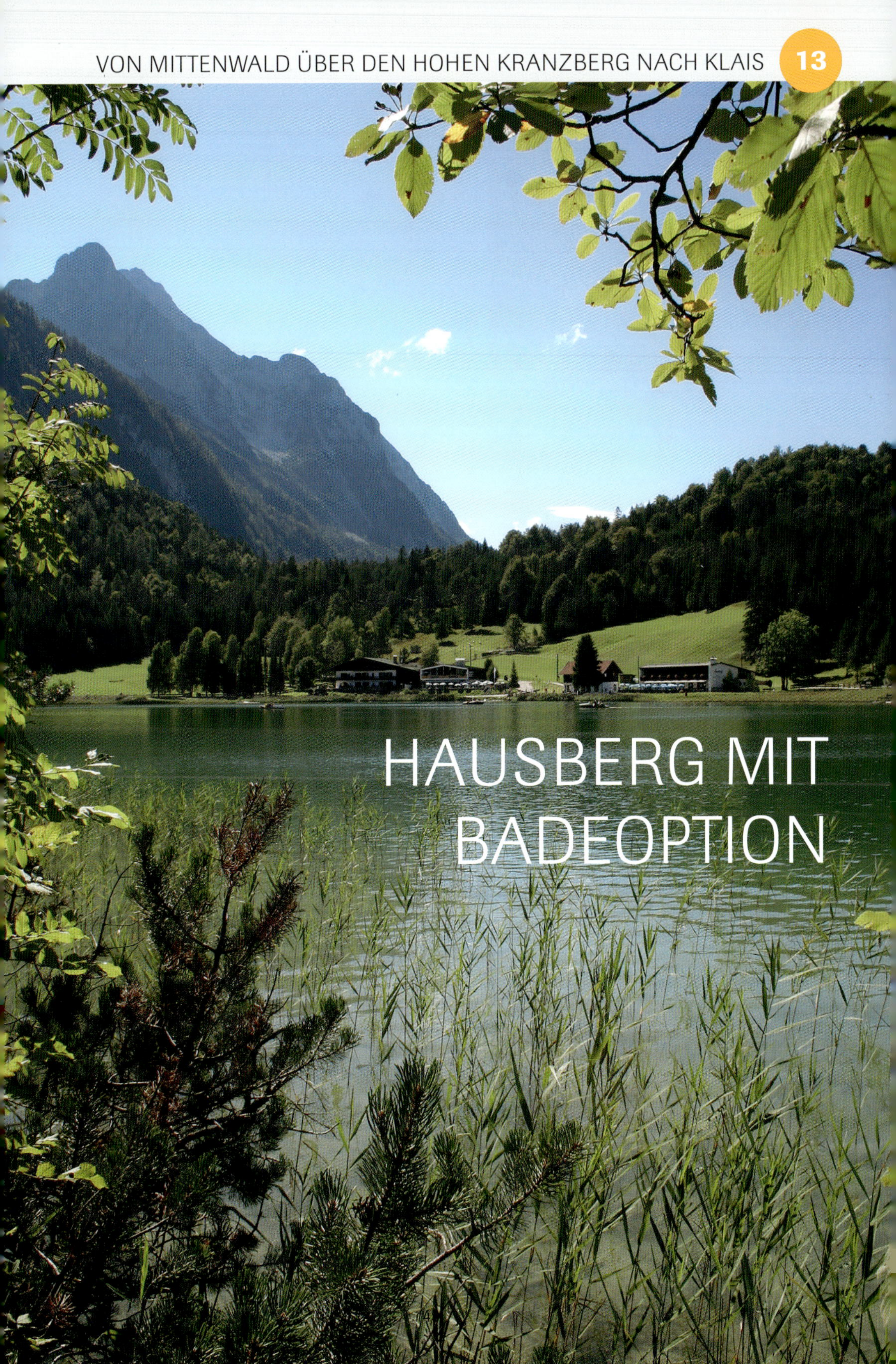

HAUSBERG MIT BADEOPTION

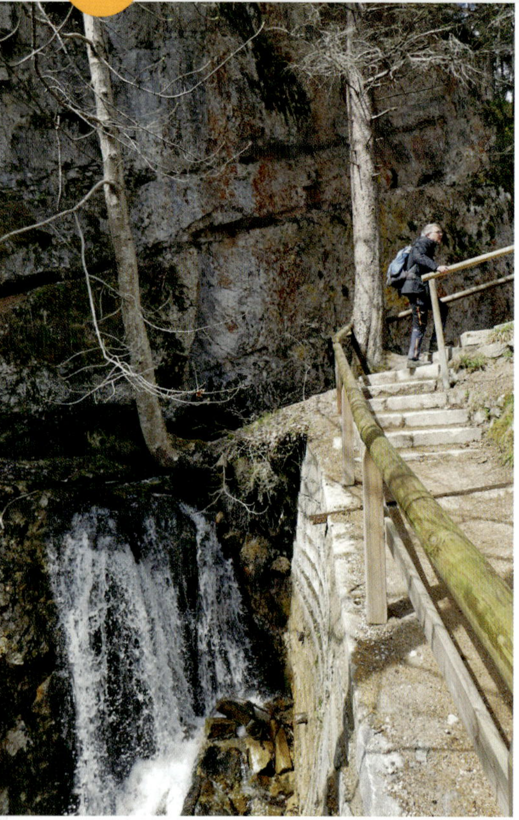

vorige Seite: Blick vom Lautersee über das gleichnamige Hotel zum Wettersteinkamm

Wasserfall im Lainbachtal beim Anstieg zum Lautersee

Besonders eindrucksvoll überragt der Hohe Kranzberg die Dächer von Mittenwald nicht, aber seine Weitläufigkeit erfährt der Wanderer bei der Gipfelüberschreitung vom Ferchensee bis nach Klais. Unterwegs ergeben sich eindrucksvolle Blicke auf die schroffe Wettersteinkette und den Mittenwalder Höhenweg (siehe Tour 14). Der Reiz der Wanderung liegt auch in den Bademöglichkeiten im Lauter- und Ferchensee.

Bei der Anfahrt nach Mittenwald passieren wir mit der Regionalbahn unseren Wanderzielbahnhof Klais, der mit einer Höhe von 933 Metern Bayerns höchstgelegener Bahnhof ist. Man könnte ebenso gut hier aussteigen und die Tour in Mittenwald beenden. Wir entscheiden uns aber für einen Start im weltweit für seinen Geigenbau bekannten Mittenwald.

Zwei Bade- und vier Einkehrmöglichkeiten beim Anstieg zum Hohen Kranzberg

Bevor wir in den Wanderrhythmus kommen, spazieren wir durch den schmucken Ortskern von Mittenwald. Das Wahrzeichen der Stadt, die im Rokoko-Stil erbaute St. Peter und Paul Kirche, ist bereits kurz nach Verlassen des Bahnhofs zu sehen. Das Geigenbaumuseum befindet sich nur rund 50 Meter dahinter in der Ballenhausgasse. Die Museumsfassade ist wie die benachbarten Bürgerhäuser mit Lüftlmalerei versehen.

Über die Laintalstraße gelangen wir direkt in das Lainbachtal. Ein steiler Treppenweg hilft uns, die „Madonna im Laintalschrofen" und einen Wasserfall passierend, die Höhenstufe bis zum Lautersee zu überwinden. Wer kulinarische Gelüste empfindet, hat mit den jeweils direkt am See gelegenen Einkehren Lautersee-Alm (Strandbad), Seehof und Hotel Lautersee die Qual der Wahl. Statt vom Lautersee direkt zum Hohen Kranzberg anzusteigen, folgen wir der gut beschilderten Wanderroute über den unscheinbaren Waldsattel Ferchenseehöhe zum Ferchensee, der zu Recht als einer der schönsten Bergseen im Werdenfelser Land zählt. Im Hochsommer erwärmt sich das Seewasser auf angenehme Badetemperaturen. Bei Windstille erfreut sich der Hobbyfotograf an pittoresken Wasserspiegelungs-Motiven. Im Frühjahr quaken die Frösche im Schilfbereich um die Wette, am Ufer blühen die Sumpfdotterblumen. Vom See blickt man auf die steil aufragende Wettersteinkette im Süden, der bewaldete Kranzberg in der Gegenrichtung verkommt im Vergleich dazu zu einem unscheinbaren Waldhügel.

Gipfelbestimmung vom sanften Grasberg

Am Gasthaus Ferchensee beginnt der bestens beschilderte Anstieg zum Hohen Kranzberg: Großzügig und in meist moderater Steigung führen bequeme Waldpfade – zuletzt über eine Art Hochplateau – zur Kranzberghütte, deren mögliche Wiedereröffnung zur Zeit der Recherche noch offen war. Wenige Meter oberhalb der Hütte erreichen wir den Kranzberg-Gipfel, der für seine relativ geringe Höhe eine erstaunliche Aussicht auf das Wetterstein- und Karwendelgebirge zu bieten hat.

Während der Hohe Kranzberg an Ostern bereits meist schneefrei ist, zeigt sich das Karwendel noch im Winterkleid.

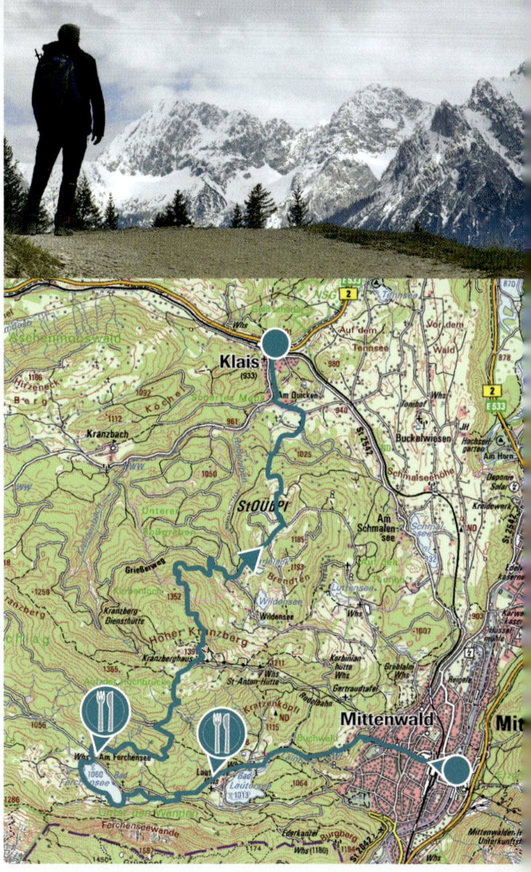

Panoramatafeln erleichtern die Gipfelbestimmung. Bei Wind und Wetter findet man in einer Blockhütte Schutz, während es sich die Wanderer bei Sonne auf den Liegebänken bequem machen. Bei der Brotzeit höre ich eine junge Wanderin schwärmen: „Diese Tour ist wirklich super! Phänomenale Aussichten, Einkehrmöglichkeiten, Wasserfall, Bergseen – was will man mehr?"

Unmittelbar am Gipfel beginnt der abermals gut beschilderte Abstieg nach Krün. Wunderschöne Waldpfade führen über die buckeligen Ausläufer des Hohen Kranzbergs mit kleinen Gegenanstiegen nach Norden. Das militärische Sperrgebiert wird dann auf einem breiten Forstweg durchquert. Im Talboden wandern wir ein kurzes Stück auf der wenig befahrenen Teerstraße, bevor wir nach Passieren der Mautstation die finale Strecke zum historischen Bahnhof von Klais zurücklegen.

ROUTE: Mittenwald - Lautersee - Ferchensee - Hoher Kranzberg - Klais

Vom Mittenwalder Bahnhof auf der Bahnhofstraße in die Altstadt, über Hochstraße, Obermarkt und Stainergasse in die Laintalstraße, die uns in das Lainbachtal mit einem Wasserfall und einer Grotte leitet > nach Überwinden der kurzen Steilstufe auf großzügig angelegtem Steig flacht das Gelände am Lautersee (1013 m) deutlich ab > am Ostufer des Lautersees nach W und über einen kleinen Waldsattel auf schönem Steig zum Ferchensee hinab > den See zur Hälfte am Südufer umrunden > am Gasthaus Ferchensee kurz links und rechts den Wegweisern zum Hohen Kranzberg (1391 m) folgen > vom Gipfel den verwunschenen Pfaden über die buckeligen Ausläufer des Hohen Kranzbergs folgen > Einmündung in einen Forstweg und auf diesem in das Rossgrabental absteigen > der Mautstraße leicht abwärts folgen und nach Passieren der Mautstation rechts auf den parallel verlaufenden Wanderweg ausweichen > in Klais Einmündung in die Straße Am Kirchfeld und auf der Bahnhofstraße zum Bahnhof.

Gehzeit 4 ½ Std.
Strecke 15 km
Höhenmeter 500 Hm ↑ 480 Hm ↓

ÖPNV
Erste Anfahrt RB 6 von München HBF (6.23 Uhr) nach Mittenwald (Ankunft 8.23 Uhr)
Letzte Rückfahrt RB 6 von Klais (22.43 Uhr) nach München

Zeitfenster vor Ort
14 Std. 20 Min.

Charakter Leichte und gemütliche Wanderung über sanfte Wiesen und durch wenig steile Wälder, die nicht nur an den Badeseen und am Hohen Kranzberg beste Aussichten auf Wetterstein- und Karwendelgebirge beschert.

Wegweiser Lauter- und Ferchensee, Hoher Kranzberg (nicht direkt vom Lautersee ansteigen) und Klais sind gut beschildert.

Einkehren Lautersee-Alm (Strandbad), Tel. 08823-928932, Mo. Ruhetag, www.lautersee-alm.de; Seehof Lautersee, Tel. 08823-1276; Hotel Lautersee, Tel. 08823-1017, www.hotel-lautersee.de; Gasthaus Ferchensee, Tel. 08823-1409, Di. Ruhetag, www.ferchensee.eu

Karte AV-Karte BY10 „Karwendelgebirge Nordwest Soierngruppe", 1:25.000

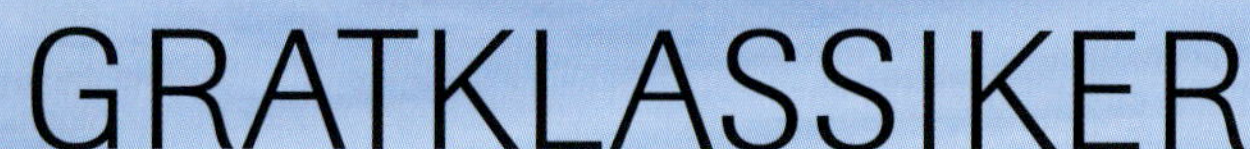

GRATKLASSIKER

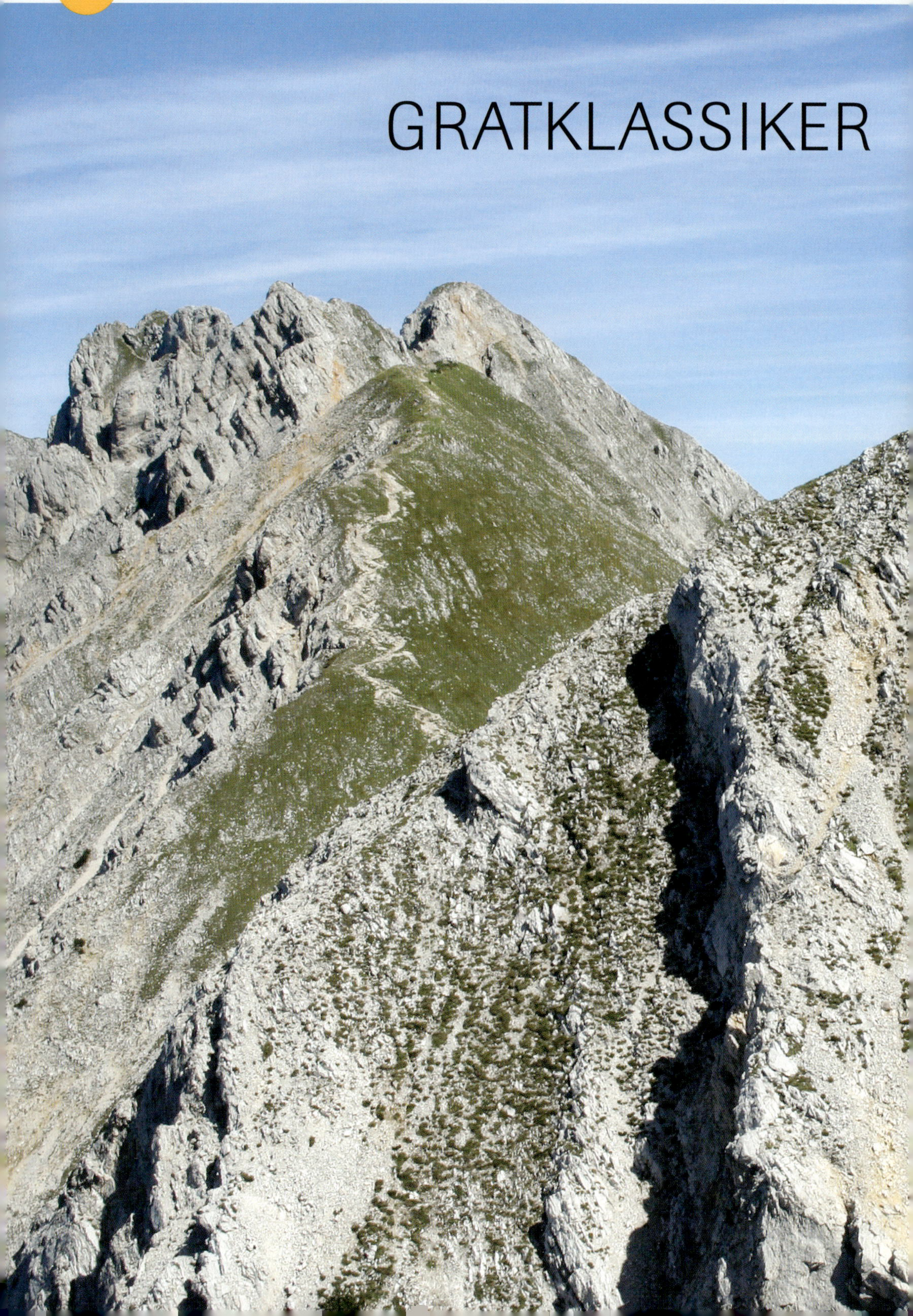

MIT SIEBEN GIPFELN

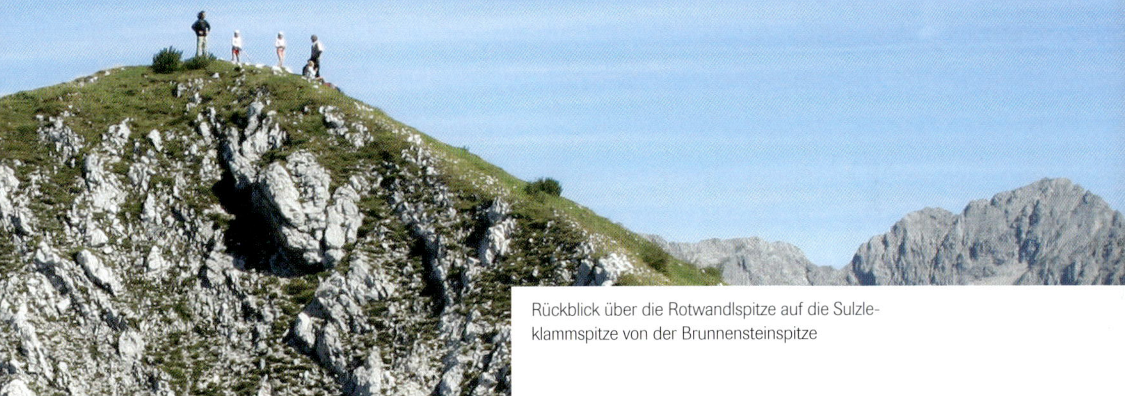

Rückblick über die Rotwandlspitze auf die Sulzleklammspitze von der Brunnensteinspitze

Den Mittenwalder Höhenweg als „Klettersteig" zu bezeichnen, mag aus Sicht der echten „Ferraristi" ein wenig übertrieben klingen – denn nach den wenigen ausgesetzten, gut gesicherten Kletterpassagen folgt immer wieder längeres Gehgelände. Doch wer bei der Überbrückung von senkrechten Leitern oder von mit Steigbügeln, Eisenklammern und Holzbrettern gesicherten Felswänden Schwindelgefühle empfindet, der wird den Höhenweg allenfalls mit Anwendung eines Klettersteigsets genussreich absolvieren können. In jedem Fall zählt der über fünf Gipfel führende Gratklassiker – beim Abstieg kommen zwei weitere hinzu – zu den atemberaubendsten Bergerlebnissen, die Otto-Normalwanderer in den bayerischen Alpen erleben können.

Die geniale Gratwanderung hat jedoch ein Beliebtheitsproblem. Denn sobald das Wetter in Richtung Hochdruck tendiert, kommen viele Wanderfreunde auf die Idee, mit der Karwendelbahn die 1300 Höhenmeter vom Mittenwalder Talboden bis zur Bergstation zu überwinden. Das kann bei Öffnung der Bahn bereits zu Wartezeiten führen, und auch im

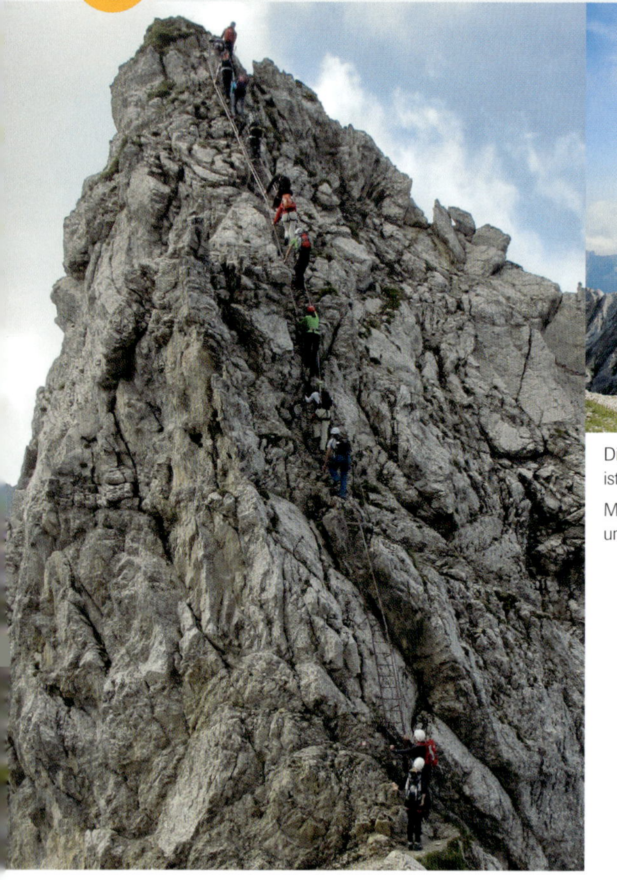

Die lange Leiter beim Anstieg zur Mittleren Linderspitze ist eine der Schlüsselstellen des Mittenwalder Höhenwegs.

Mit Nutzung der Karwendelbahn starten wir bereits in luftiger Höhe und können das Abenteuer Klettersteig gleich angehen.

Verlauf der Wanderung sind „Staupassagen" an Schlüsselstellen nicht ausgeschlossen. Gerade an stabilen Hochsommertagen mit der spät einsetzenden Dunkelheit ist es daher eine lohnende Option, die Tour erst am frühen Mittag zu beginnen.

Aussichtsreich, luftig und bestens gesichert

Nach Ankunft an der Bergstation zieht es viele Schaulustige erstmal zur Aussichtsplattform mit Tiefblick auf Mittenwald sowie Fernblick in Richtung Wetterstein- und Estergebirge. Es ist bereits ein guter Vorgeschmack auf die herausragenden Panoramablicke, die uns bei der Überschreitung der drei Linderspitzen, der Sulzleklammspitze und des Kirchspitz noch vergönnt sein werden. Andere Protagonisten sind gipfelsüchtig und visieren als etwa halbstündige Zugabe die Westliche Karwendelspitze an. Die meisten Wanderer marschieren jedoch zielstrebig zur sogenannten Anseilstelle am Einstieg in den Klettersteig, der auf 2295 m Höhe erfolgt. Ein DAV-Schild mit der Aufschrift „Alpine Erfahrung, Trittsicherheit und Schwindelfreiheit erforderlich" erinnert uns daran, dass wir es nicht mit einem herkömmlichen Wanderweg zu tun haben.

Der höchste Punkt der Tour, die Westliche Linderspitze, ist über zwei Leitern und wenige Drahtseilpassagen rasch erreicht. Es folgt der Abstieg in das sogenannte Gatterl; wer sich bislang unwohl fühlte, kann rechterhand auf dem Heinrich-Noe-Steig direkt zur Brunnsteinhütte absteigen. Was schade wäre, denn der weitere Verlauf durch die wilde Felslandschaft verspricht viel Spannung und Genuss. Es folgt eine sehr lange Leiter, auf der wir die Mittlere Linderspitze erklimmen und in Gratnähe mit herrlicher Aussicht zur Südlichen Linderspitze queren. Dabei weichen wir in die abschüssige Westseite aus. Unter den quer über dem Abgrund verankerten Brettern ist viel Luft unter den Füßen; viele trauen sich nicht ohne Klettersteigset über diese Passage. Herrlich von hier der Tiefblick in das Isartal mit Mittenwald!

„Nicht stehen bleiben – Steinschlaggefahr!" warnt uns ein Schild am Quergang zum Felskamin in Richtung Sulzleklammspitze. Was an manchen Tagen aufgrund des Rückstaus an Leuten nicht ganz einfach ist. Mit Helm fühlt man sich in dieser Passage deutlich sicherer. Der Kamin bietet stabile Felsgriffe und somit hohen Klettergenuss. Die Route weicht in die Ostflanke des Grates aus und führt über eine weitere, über 50 Sprossen zählende Leiter zum Kirchspitz empor. Mit Blickrichtung Süden stellen wir fest, dass das Gelände in Gratnähe deutlich grüner wird

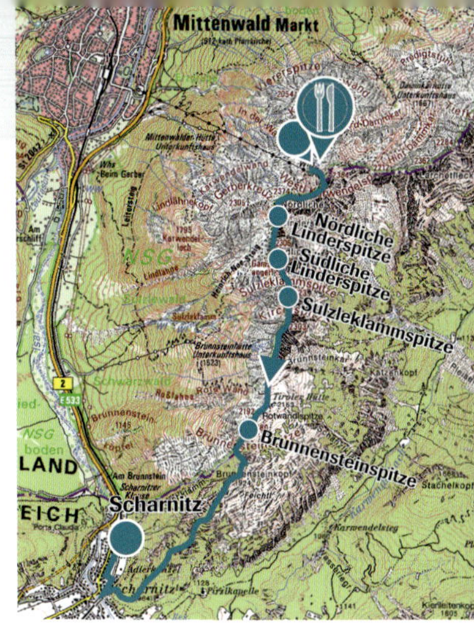

und zunehmend abflacht. Auf diese Weise kann man den herausragenden Blick in das Karwendelgebirge entspannt genießen. Dem Kammverlauf folgend, erspähen wir bei klarer Sicht etwas rechts vom Großen Solstein den imposanten Habicht, König der Stubaier Alpen.

Über die Brunnensteinspitze nach Scharnitz

Am Brunnsteinanger zweigen die meisten Höhenweg-Bezwinger, um nach Mittenwald zurückzukehren, nach rechts zur Brunnsteinhütte ab. Wir aber nehmen einen kurzen Gegenanstieg zur Rotwandlspitze in Kauf und steigen von dort wenige Höhenmeter zur Brunnensteinspitze ab. Der weitere Abstieg nach Scharnitz ist durchgehend steil und alles andere als ein Genuss für Kniegeschädigte. Zudem ist die Sonneneinstrahlung in der südwestlich ausgerichteten Bergflanke des Pürzlgrates recht intensiv. Die letzte Graterhebung, ein jäh abstürzender, kahler Felskegel, wird rechts umgangen, bevor der Steig über den Brunnensteinkopf steil in den bewaldeten Kamm hinabführt. Im Wald lohnt der kurze Abstecher zur Adlerkanzel, die sich erhaben über den Dächern von Scharnitz aufbaut.

ROUTE: Bergstation Karwendelbahn - Linderspitzen - Sulzleklammspitze - Brunnensteinspitze - Scharnitz

Von der Bergstation am Aussichtspunkt der Karwendelgrube vorbei zur Anseilstelle am Fuß der Linderspitzen > auf dem gesicherten Steig zur Nördlichen Linderspitze (2374 m) empor > Abstieg in das sog. Gatterl und über einen exponierten Felskopf (lange Eisenleiter!) zur Mittleren Linderspitze (2289 m) hinauf > die Südliche Linderspitze (2306 m) überschreiten > Abstieg über einen Schrofenhang in das Gamsangerl und zum Notunterstand > über ein steinschlaggefährdetes Felsband in einen Felskamin und steil zur Sulzleklammspitze (2323 m) empor > Übergang auf teils etwas ausgesetztem Grat zum Kirchlspitz (2303 m) > Abstieg auf nun weniger abschüssigem Gelände zum Brunnsteinanger (2095 m) > oberhalb der Tiroler Hütte über flache Wiesen zur Rotwandlspitze (2192 m) und wenige Meter zur Brunnensteinspitze (2180 m) absteigen > dem Steig auf dem Südgrat über eine leicht ausgesetzte Schrofenstelle in die Latschenfelder folgen (Schild „Über Pürzlgrat nach Scharnitz") > teils steil zwischen den Latschen hindurch abwärts in den Wald > an der Weggabelung Abstecher zur Adlerkanzel > in Scharnitz rechts in die Inrainstraße und an der Isarbrücke rechts zum Bahnhof

Gehzeit 6 ½ Std.
Strecke 10 km
Höhenmeter 450 Hm ↑
1730 Hm ↓

ÖPNV

Erste Anfahrt RB 6 von München HBF (6.23 Uhr) nach Garmisch, S 6 nach Mittenwald (Ankunft 8.23 Uhr), vom Bahnhof zu Fuß zur Karwendelbahn (1 km); Abfahrt 1. Gondel 8.30 Uhr zur Bergstation

Letzte Rückfahrt RB 6 von Scharnitz (21.18 Uhr) nach München

Zeitfenster vor Ort ca. 12 Std.

Charakter Hochalpiner Höhenweg über mehrere Gipfel mit partiellem Klettersteigcharakter (max. Schwierigkeit B) und eindrucksvollen Aus- und Tiefblicken! Trittsicherheit und Schwindelfreiheit unbedingt vonnöten, Ungeübte sollten mit Klettersteigset gehen. Helm gegen Steinschlag sinnvoll. Kein Wasser an der Strecke, daher ausreichend zu trinken mitnehmen.

Wegweiser Perfekte Orientierung auf dem Grat des Mittenwalder Höhenwegs, der zudem bestens markiert ist. Auch der Abstieg von der Brunnensteinspitze nach Scharnitz ist nicht zu verfehlen.

Einkehr Berggaststätte Karwendelbahn, Tel. 08823-9376760, www.karwendelbahn.de/berggaststaette

Karte AV-Karte BY10 „Karwendelgebirge Nordwest Soierngruppe", 1:25.000

EINMAL QUER DURCH DAS ESTERGEBIRGE

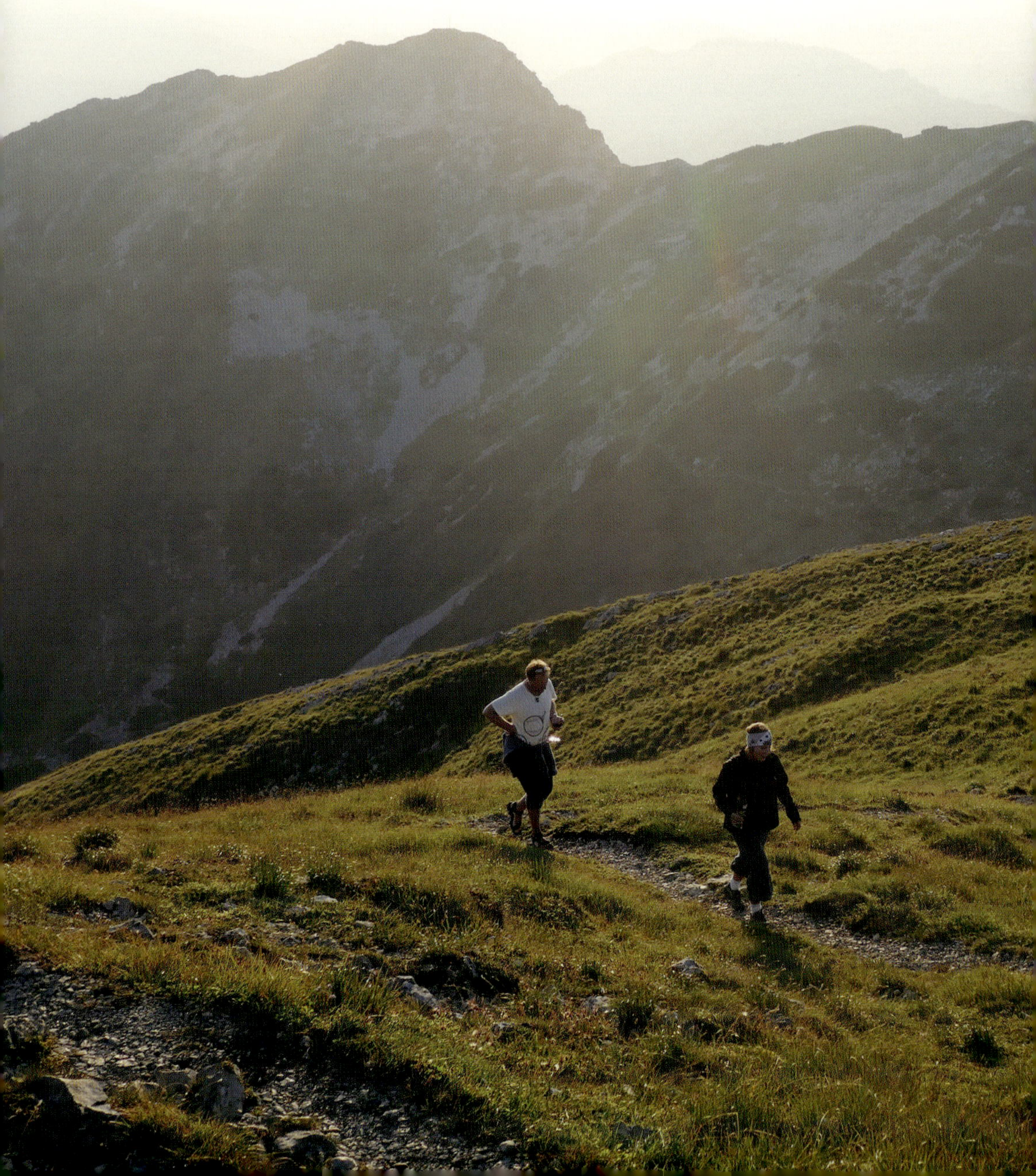

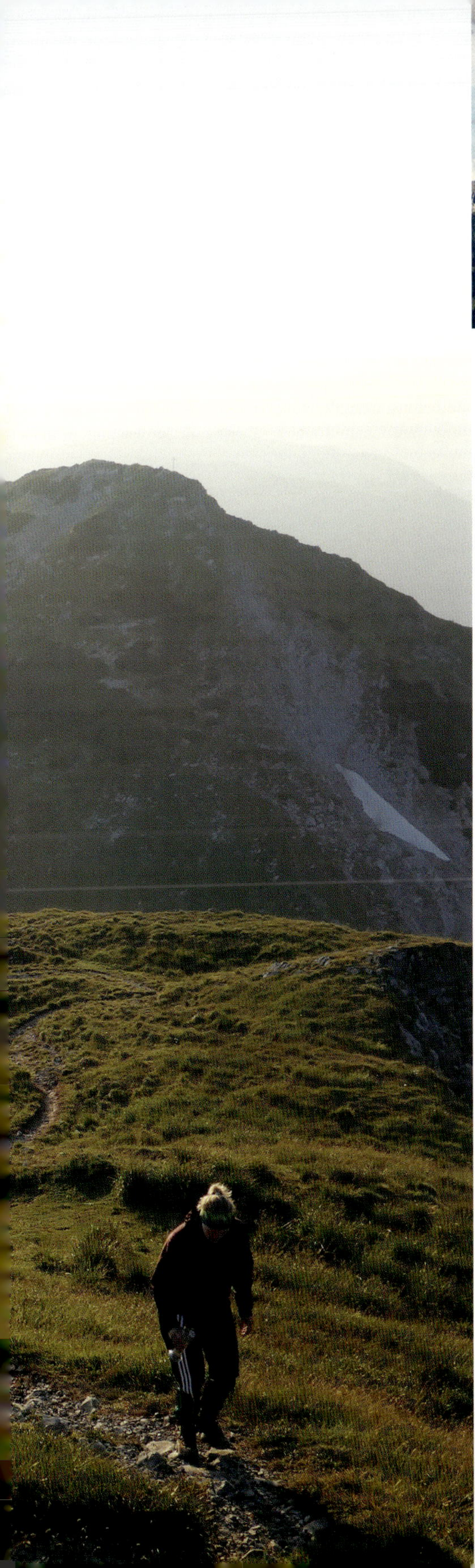

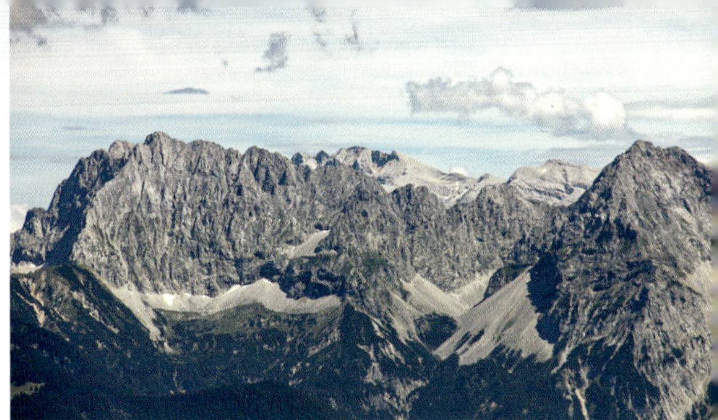

Aufstieg zum Krottenkopf im Abendlicht – ganz entspannt für Übernachtungsgäste der nahen Weilheimer Hütte …

Blick auf das benachbarte Karwendelgebirge vom Wank

Im Herzen des Estergebirges, also zwischen Krottenkopf und Hoher Kisten, breitet sich ein weitläufiges Karstgebiet aus, das in den bayerischen Vorbergen seinesgleichen sucht. Über Dolinen strömt das Regenwasser in das Berginnere und verteilt sich in einem weitläufigen Höhlensystem. Vom Krottenkopf bietet sich ein hervorragender Blick auf den zerklüfteten Karst. Auch die Kuhfluchtwasserfälle, die aus einem Höhlentor spektakulär Richtung Loisachtal ins Freie stürzen, sind eine weithin sichtbare Attraktion im Lauf des Abstiegs nach Farchant.

Die Fernwanderung zwischen Isartal und Loisachtal ist als Tagestour eine sehr sportliche Herausforderung, die sich wegen der dann langen Tage vor allem im Juni und Juli anbietet. Weit genussreicher ist die Wanderung jedoch mit Übernachtung auf der Weilheimer Hütte auf zwei Tage verteilt. Man sollte jedoch im Vorfeld reservieren, denn spontane Wünsche in dieser Richtung quittiert der Hüttenwirt bestenfalls mit einem Murren.

Zum König der bayerischen Vorberge

Die Orientierung in Wallgau ist denkbar einfach: Wir wandern direkt auf unser Tagesziel Krotttenkopf

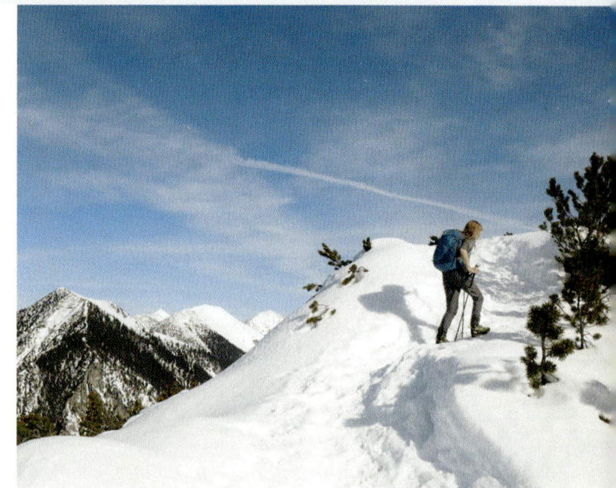

zu, und trotz seiner respektablen Entfernung ist der „König der bayerischen Vorberge" von Anfang an gut beschildert. Am Waldrand überqueren wir den Finzbach, der sich fast in Hörweite durch eine Klamm zwängt und uns von der Finzalm, zu der wir ein kleines Stück absteigen, bis zur Finzbrücke direkt begleiten wird. In diesem flachen Abschnitt wandern wir in einer mustergültigen Bachgraben-Landschaft freudvoll talein.

Oberhalb der Finzbrücke wird das Gelände langsam steiler. Mit jedem Höhenmeter weitet sich der Blick, und mit Auftauchen des Esterbergalm-Talbodens und des dahinterliegenden Wanks münden wir in den direkten Anstieg zum Krottenkopf. Der Karrenweg führt uns teilweise steil in einen herrlichen Bergkessel vis-à-vis der Bischof-Nordwand bis zur Materialseilbahn. Von hier fehlen noch 300 Höhenmeter auf kurzweiligem Steig bis zur Weilheimer Hütte, die luftig und aussichtsreich zwischen Krottenkopf und Oberer Rißkopf liegt.

Wer dort übernachtet, kann den Gipfel auch noch entspannt in den Abendstunden besteigen: Hierfür gilt es, die steile Serpentinen-Gipfelflanke zu meistern, um die überragende Aussicht im besten Licht genießen zu können. Karwendel, Wetterstein und Ammergauer Berge sind frontal in unserem Blickfeld, und in der Ferne tauchen ein paar Gletscherberge nebst Allgäuer Gipfelspitzen auf. Zur Sommersonnenwende geht die Sonne erst deutlich nach dem Abendessen unter, was viele Hüttengäste dazu animiert, das unvergessliche Spektakel mit einem Glaserl Wein auf dem Krottenkopf-Gipfel zu feiern. Für den Sonnenaufgang reicht es dann, einfach vor die Hütte zu treten, um mit Herzogstand und Heimgarten (siehe Tour 8), Simetsberg (Tour 9) sowie Benediktenwand (Tour 16) weitere Münchner Hausberge zu erblicken. Im Sommer scheint die Sonne bereits zur Frühstückszeit auf die Terrasse, was den Genuss noch verstärkt.

Karstabbruch jenseits des Hohen Frickens

So moderat, ja fast lieblich sich das Estergebirge auf seiner Ostseite aufbaut, so abrupt bricht es, wie eine riesige Welle, nach Westen zu ab. Nach angenehmer Höhenquerung an der Wandflucht des Bischofs entlang und über einen breiten Gratrücken zum Hohen Fricken offenbart der Tiefblick auf die Dächer von Farchant, was uns bevorsteht: ein 1300 Höhenmeter langer Abstieg über eine Respekt einflößende Bergflanke. Also sollten wir am Fricken letztmals das Rundumpanorama genießen und zwecks Schonung der Knie nach Möglichkeit die Wanderstöcke hervorkramen. Denn der abwechslungsreiche Steig ist zwar nie ausgesetzt, durch seinen vor allem im oberen Abschnitt steinigen und wurzeligen Charakter jedoch vor allem bei Feuchtigkeit nur mit Vorsicht zu begehen. An der Kante zur tief eingeschnittenen Kuhfluchtschlucht lohnt es sich mit Blick auf den beeindruckenden Wasserfall noch einmal, Pause zu machen.

Alternativ über den Wank nach Garmisch

Wem die Route über die Weilheimer Hütte und den Krottenkopf zu anstrengend ist, der kann im Talboden des Finzbachs bequem zur Esterbergalm weiterwandern und von dort südwärts über den Roßwank zum Wank (1780 m) aufsteigen. Zwar ist diese Variante nur rund eineinhalb Kilometer kürzer, man hat am Ende des Tages aber 400 Höhenmeter Auf- und Abstieg weniger in den Beinen, und die Zeitersparnis beträgt aufgrund der einfacheren Wege etwa eineinhalb Stunden. Dies ist vor allem im Winterhalbjahr mit den kürzeren Tagen eine erwägenswerte Option, auch ist die Route dann selbst nach etwaigem Neuschnee relativ schnell von Wanderern wieder gespurt. Anstatt vom Wank auf dem stufenmäßig angelegten Hauptweg abzusteigen, empfiehlt es sich bei guten Verhältnissen, den Schlenker über den Eckenberg zu machen und den Zielort Garmisch über den reizvollen Gratrücken anzuvisieren. Noch kürzer wäre von der Esterbergalm der direkte Abstieg auf dem Fahrweg, aber eine Streckenwanderung so ganz ohne Gipfel wäre dann doch etwas fad.

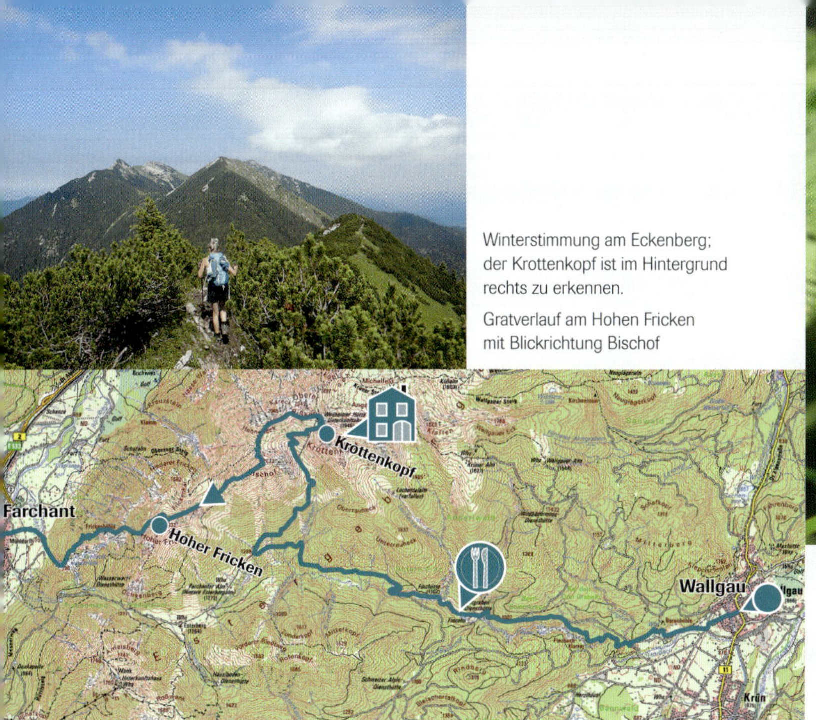

Winterstimmung am Eckenberg; der Krottenkopf ist im Hintergrund rechts zu erkennen.

Gratverlauf am Hohen Fricken mit Blickrichtung Bischof

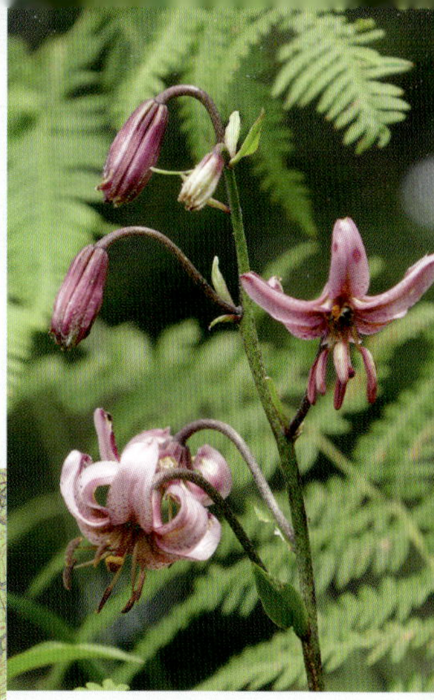

Türkenbundlilie beim Abstieg nach Farchant

ROUTE: Wallgau - Finzalm - Weilheimer Hütte - Krottenkopf - Hoher Fricken - Farchant

Vom Wallgauer Rathaus Wetterstein- und Zugspitzstraße nach W > nach Passieren der Tennisplätze links und am Finzbach rechts in den Güterweg > Einmündung in den Wanderweg 450 > nach 600 m an der Weggabelung links zur Finzalm (1040 m) absteigen > am Bach entlang zur Finzbrücke > das Finzbachtal moderat ansteigend auf den Hohen Fricken zuwandern > an der Weggabelung (1300 m) rechts in den Karrenweg, der zur Materialseilbahn hochführt > Anstieg auf gutem Steig zur Weilheimer Hütte (1946 m) > Serpentinenanstieg auf den Krottenkopf (2086 m) und wieder zurück zur Hütte > auf dem Höhenweg in die Einsattelung zwischen Henneneck und Bischof (1855 m; Kreuz) und weiter zur Weggabelung am NW-Hang des Bischofs (1691 m) hinab > hier links zu einer weiteren Einsattelung ansteigen und auf dem Gratrücken zum Hohen Fricken (1940 m) > wenige Meter zurück und links erst moderat durch Latschen, dann deutlich steiler in Richtung Loisachtal absteigen > am Unterstand auf Höhe der Frickenhöhle vorbei und zur Bachbrücke am unteren Wasserfall absteigen > auf dem Königsweg gelangt man zum Walderlebnispfad und weiter nach Farchant > im Ort führt der Kuhfluchtweg über die Loisach direkt zum Bahnhof.

Gehzeit 9 Std.
Strecke 24 km
Höhenmeter 1550 Hm ↑
1740 Hm ↓

ÖPNV
Erste Anfahrt RB 6 von München HBF (6.23 Uhr) nach Garmisch, S 6 nach Mittenwald, Bus 9608 nach Wallgau/Rathaus (Ankunft 8.46 Uhr)
Letzte Rückfahrt RB 6 von Farchant (22.11 Uhr) nach München

Zeitfenster vor Ort ca. 13 ½ Std.

Charakter Sehr lange und anstrengende Wanderung, die im ersten Drittel auf flachen Wegen verläuft und dann deutlich zulegt. Aussichtsreicher Höhenweg zwischen Weilheimer Hütte und Hoher Fricken, dann folgt der in Abschnitten sehr steile und fordernde Abstieg nach Farchant.

Wegweiser Der Krottenkopf ist vom Finzbachtal weg gut beschildert, beim Abstieg queren wir zunächst in Richtung Hoher Fricken und folgen dann dem nicht zu verfehlenden Steig in das Loisachtal.

Einkehr/ Übernachtung Finzalm (Getränke und Brotzeiten nur während der Weidesaison); Weilheimer Hütte, Tel. 0170-2708052, Pfingsten bis Kirchweihsonntag, www.dav-weilheim.de/huetten

Karte AV-Karte BY9 „Estergebirge", 1:25.000

IM REICH DER STEINBÖCKE

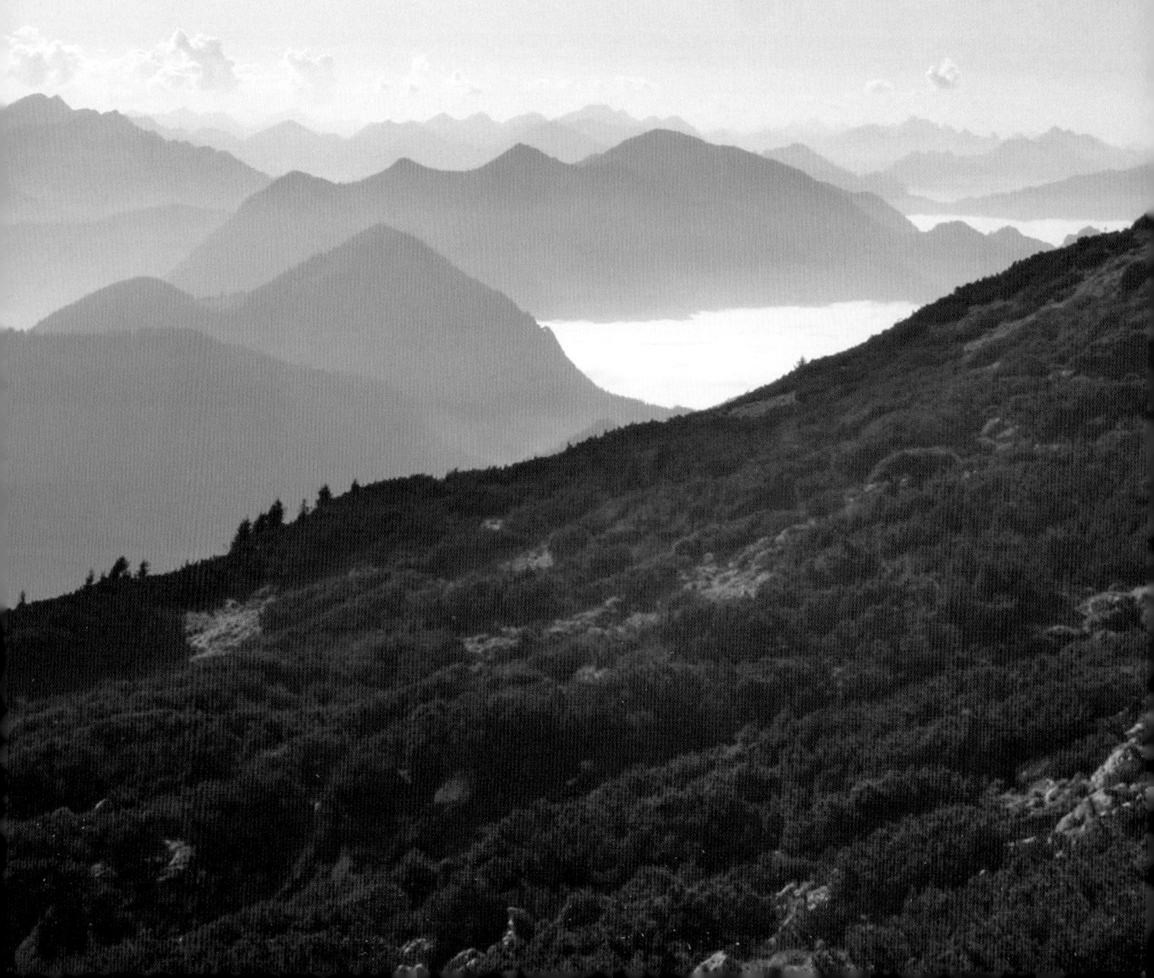

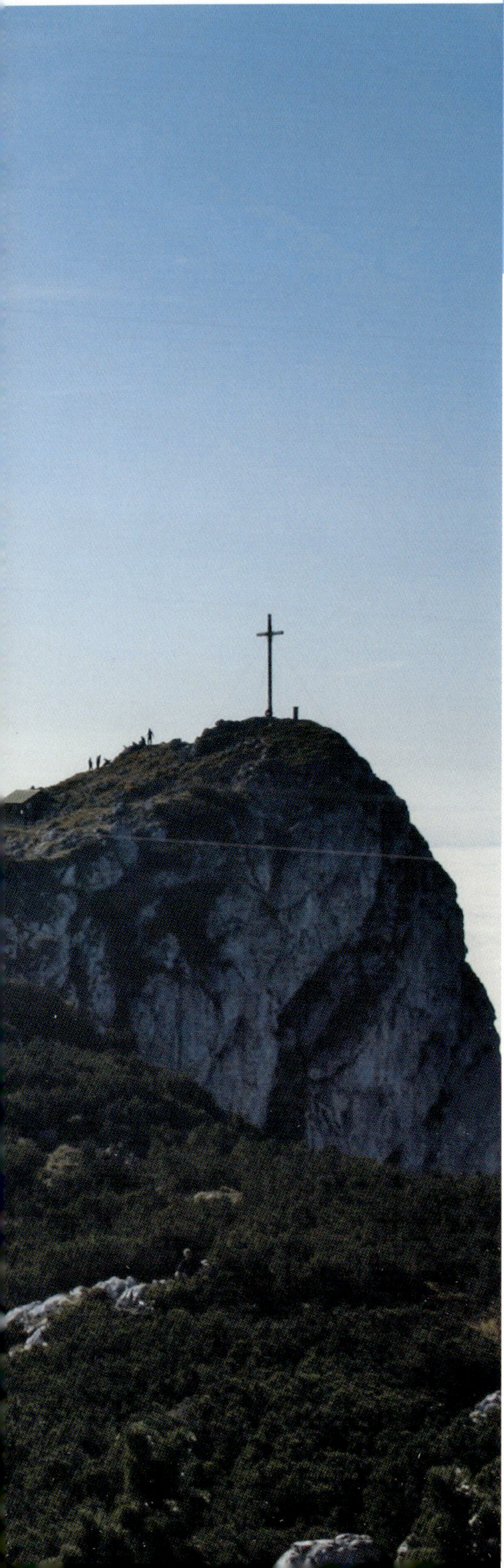

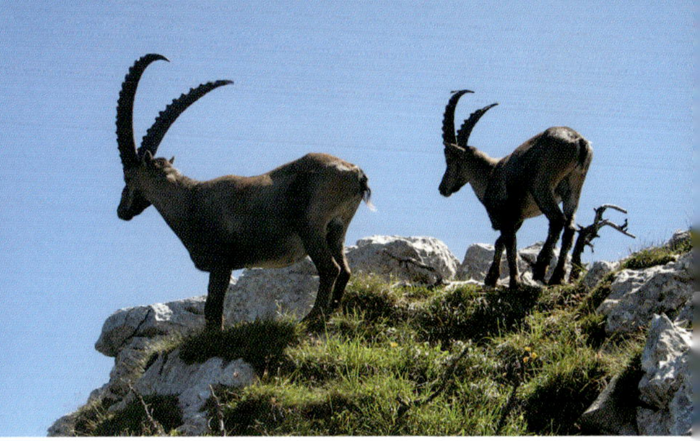

Ankunft an der Benediktenwand bei herbstlicher Inversionswetterlage

Die Steinböcke zieht es in der sommerlichen Wärme auf die luftige Grathöhe.

Wie ein mächtiger Schutzwall ragt die Benediktenwand aus dem Alpenvorland hervor. Mangels höherer Nachbarn bietet sich vom Gipfel eine fulminante Aussicht auf nahe und entfernte Bergketten. Die Überschreitung des Benediktenwand-Massivs vom Isartal in das Loisachtal nach Benediktbeuern stellt auf Grund ihrer Länge zwar eine Herausforderung an die Kondition dar, wird aber als unvergessliches Landschaftserlebnis in Erinnerung bleiben. Beim Zu- und beim Abstieg begleiten uns mit Arzbach und Lainbach zwei wilde Bergflüsse, und in der Gipfelregion haben wir gute Sichtungschancen auf Steinböcke.

An der Benediktenwand werden die Steinböcke weniger bejagt als in den Zentralalpen, weshalb sie hier besonders zahm sind. Nur ein krankes oder verletztes Tier wird im Ausnahmefall geschossen. Seit den 1960er Jahren, als sich ein einzelner Steinbock in dieses Gebiet verirrt und später Verstärkung von aus der Schweiz eingeflogenen Böcken und Geißen erhalten hatte, konnte sich an diesem Gebirgsstock eine stabile Population von 80 bis 100 Tieren entwickeln. Um der Gefahr der Inzucht vorzubeugen, wird der Bestand zur Blutauffrischung gelegentlich mit weiteren eidgenössischen Tieren aufgestockt.

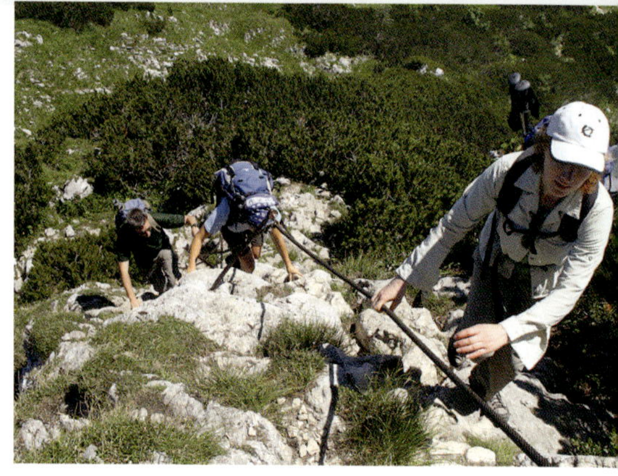

Langer Anstieg durch das Längental

Auf dem Weg zu unserem Tagesziel begleitet uns der Arzbach, der an der Probstalm entspringt und knapp zehn Kilometer sowie 700 Höhenmeter flussabwärts in die Isar mündet, fast auf seiner gesamten Strecke. Diese Distanz bietet uns einen Vorgeschmack auf die Länge unserer Tour, das zu durchschreitende Tal wird nicht umsonst „Längental" genannt. Da wir auf den ersten acht Kilometern von Schlegldorf bis zur bewirtschafteten Hinteren Längental-Alm nur 370 Höhenmeter überwinden, ist das erste Drittel der Wanderung eher mit einem Spaziergang gleichzusetzen. Mit einer intakten und lustigen Kleingruppe unterwegs zu sein, hat sich als vorteilhaft erwiesen. Wohlwissend, dass die Tour die eine oder den anderen von uns fordern würde, haben wir unabhängig vom jeweiligen Standort ein Gruppenfoto zu jeder vollen Stunde beschlossen. Hintergrund der ungewöhnlichen Aktion sollte ein Stimmungsabbild im Zuge eines langen Tages sein. Es sollten insgesamt zwölf Bilder entstehen, wobei dank längerer Pausen die Tutzinger Hütte und das Klosterbräustüberl in Benediktbeuern zweimal vorkamen; das letzte Bild zeigt uns in der Regionalbahn mit eilig in Tutzing eingekauften Jägermeister-Fläschchen.

Im Steinbockparadies Benediktenwand

Im Talschluss des Längentals beginnt die Wanderung auch wegemäßig abwechslungsreich zu werden. Der Güterweg geht in einen Steig über, welcher oft in Hörweite des rauschenden, tief eingeschnittenen Arzbaches moderat bis steil zur Probstalm hochführt. Die Selbstversorgerhütte des DAV München-Oberland liegt malerisch in einem weiten Bergkessel, der von den eindrucksvollen Probstwänden, der Benediktenwand und den Achselköpfen umrahmt ist. Rund um die Hütte breitet sich eine prachtvolle Alpenflora aus – eine Besonderheit stellen beispielsweise die Türkenbund-Lilie, das Berghähnlein und der Gelbe Enzian dar.

Der Bergkessel wirkt wie ein großes Eingangstor in das Reich der Steinböcke. Übernachtungsgäste erzählen uns, dass sich die wenig scheuen Tiere manchmal bis nahe an die Hütte heranwagen. Im Zuge des Klimawandels sind die Winter im Schnitt milder geworden, was die Überlebenschancen des Steinwilds erhöht; derart nördlich gelegene Steinbockreviere sind selten! An warmen Sommertagen zieht es die Tiere zuweilen von der wärmespeichernden Latschenzone in Richtung der Grathöhe, da dort auch zur Mittagszeit häufig ein angenehmes Lüfterl weht. Die stolzen Tiere gegen den blauen Himmel abzulichten, stellt ein Highlight für jeden Hobbyfotografen dar.

Großartiges Bergpanorama von der Benediktenwand

Im Bergkessel wandern wir zunächst direkt auf die Achselköpfe zu, um dann nach Westen abzudrehen und zum Rotohrsattel hochzusteigen. Kurz vor Erreichen des Sattels stoßen wir auf die Wanderroute, die vom Brauneck über den Schrödelstein, das Stangeneck, den Vorderen Kirchstein, den Latschenkopf und die Achselköpfe zur Benediktenwand hinüberquert. Hierfür fährt man von Wegscheid mit der Brauneckbahn zur Gipfelstation und spart sich auf diese Weise rund fünf Kilometer Wegstrecke sowie im Aufstieg 300 Höhenmeter, wobei man durch das stete Bergauf und Bergab auch einige Höhenmeter mehr absteigen muss. Vom Rotohrsattel folgt dann die teils mit Drahtseilen gut gesicherte Steilpassage auf den breiten Gratrücken der Benediktenwand.

Die Benediktenwand ist ein überragender Aussichtsberg, den ich für mein Projekt „Faszination Alpenpanorama" mehrmals besteigen habe. Mangels höherer Berge in der näheren Umgebung präsentieren sich das Mangfall-, Rofan-, Karwendel- und Wettersteingebirge in voller Breite und Schönheit. Die Schutzhütte unterhalb des Gipfels erlaubt den Sonnenaufgang-und-untergang-Fotografen ein Biwak am Berg. Den spektakulärsten Blick auf den bekannten Münchner Hausberg selbst werden wir später von der Tutzinger Hütte genießen, da er sich aus dieser Perspektive wie eine uneinnehmbare

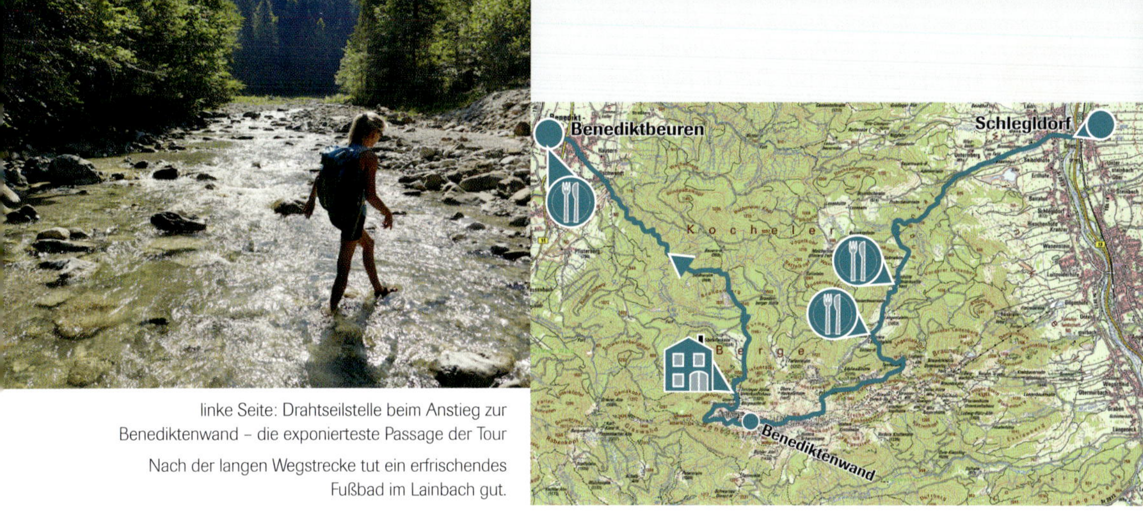

linke Seite: Drahtseilstelle beim Anstieg zur Benediktenwand – die exponierteste Passage der Tour

Nach der langen Wegstrecke tut ein erfrischendes Fußbad im Lainbach gut.

Festung vor dem Betrachter aufbaut.

Von der Hütte folgt der Abstieg in schöne Wiesenplateaus, von wo zwei in etwa gleich lange Abstiege nach Benediktbeuern möglich sind. Landschaftlich reizvoller ist die Route durch das Lainbachtal, in dem ein Wildbach-Lehrpfad mit zehn Informationstafeln angelegt wurde. Als Vorteil erweist sich am Zielort die Bahnhofsnähe zum Klosterbräustüberl, da wir den Tag somit entspannt im Biergarten ausklingen lassen und die Abfahrtszeit Richtung München bis in den späten Abend hinein perfekt abpassen können.

ROUTE: Schlegldorf – Längental – Benediktenwand – Tutzinger Hütte – Lainbachtal – Benediktbeuern

Von der Bushaltestelle die Teerstraße ein kurzes Stück zu den Seiboldhöfen ansteigen (Ww. Brauneck/ Benediktenwand) > über flache Weiden in das Arzbachtal und links auf der Teerstraße zum großen Wanderparkplatz (778 m) > nach 300 m den Forstweg links auf dem Pfad abkürzen > zurück auf dem Forstweg, moderat ansteigend an der Kirschsteinhütte (1005 m) vorbei in das Längental zur Hinteren Längental-Alm (1035 m) und in den Talschluss > Übergang in einen Steig, der abwechslungsreich zur Probstalm (1370 m) hochführt > im Bergkessel auf steilem Pfad in den Rotohrsattel zwischen Achselköpfe und Benediktenwand empor > über eine drahtseilgesicherte Steilstufe auf den breiten Gratrücken und moderat ansteigend durch Latschen zur Benediktenwand (1801 m) > vom Gipfel auf dem Gratrücken nach W und an der Weggabelung rechts zur Tutzinger Hütte (1327 m) absteigen > Serpentinenweg zur Materialseilbahn (1159 m) und das Hochplateau geradewegs nach N queren > der Forstweg zieht sich um den Brandenberg und mündet in das Lainbachtal > stets entlang des Lainbachs zum Wanderparkplatz > in Benediktbeuern auf dem Mariabrunnweg, der Dorfstraße und Bahnhofstraße zum Bahnhof.

Gehzeit 8 Std.
Strecke 24,5 km
Höhenmeter 1150 Hm ↑ 1200 Hm ↓

ÖPNV

Erste Anfahrt BRB von München HBF (7.04 Uhr) nach Lenggries, Bus 9564 nach Schlegldorf/ Sägewerk (Ankunft 8.33 Uhr)

Letzte Rückfahrt RB 66 von Benediktbeuern (22.22 Uhr) nach München

Zeitfenster vor Ort ca. 13 ¾ Std.

Charakter Bis auf die drahtseilgesicherte Steilstufe beim Anstieg zum Gratrücken eine einfache, wenngleich Ausdauer fordernde Tour! Im Längental und im Lainbachtal sind wir auf breiten Wanderwegen unterwegs, der Gipfelstock der Benediktenwand wird auf kurzweiligen Pfaden überschritten. Fulminante Aussicht!

Wegweiser Die Anstieg zur Benediktenwand und der Abstieg über die Tutzinger Hütte nach Benediktbeuern sind auf gut markierten Wegen bestens beschildert.

Einkehr /Übernachtung Kirchsteinhütte, Längental, Tel. 0172-8527795, www.kirchsteinhütte.de; Hintere Längentalalm; Tutzinger Hütte, Mai bis Oktober, Tel. 0175-1641690, www.tutzinger-huette.de; Klosterbräustüberl Benediktbeuern, Tel. 08857-9407, www.klosterwirt.de

Karte AV-Karte BY11 „Isarwinkel Benediktenwand", 1:25.000

DREI-GIPFEL-TOUR IN DEN TÖLZER HAUSBERGEN

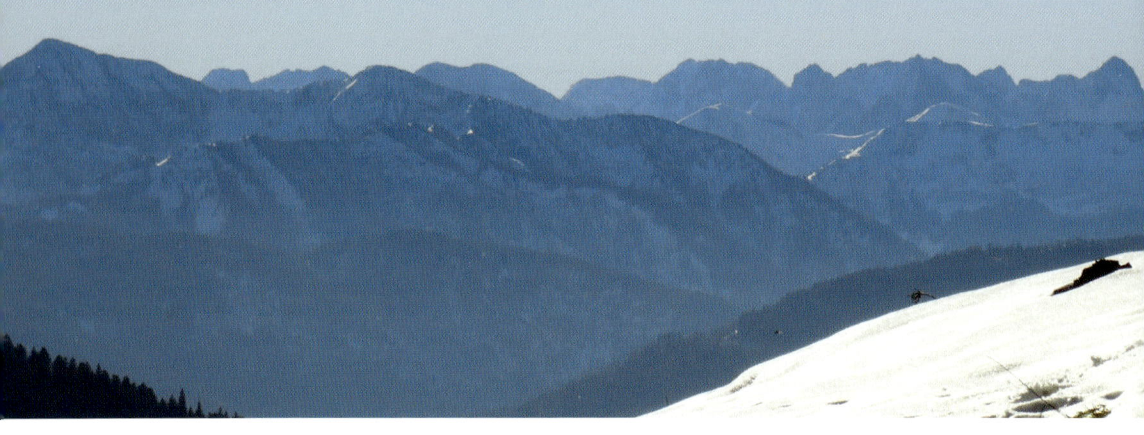

Mit Blick auf die Alpenvereinskarte stellen nicht nur die Einheimischen verwundert fest, dass dort statt der weithin bekannten Sonntratn nur der Schürfenkopf namentlich erfasst ist. Dabei ist der Name Programm – eine treffendere Bezeichnung ist für diesen privilegierten Sonnenberg kaum möglich, was sich auch auf sämtlichen Wanderschildern widerspiegelt. Der unscheinbare Schürfenkopf hingegen versteckt sich fast schüchtern im Wald, aus dem unsere Folgegipfel Rechelkopf und Sulzkopf gerade so hervorlugen.

Apropos AV-Karte: Als kleines Manko erweist sich auch, dass dieser Tölzer Wander-Klassiker weder auf BY11 „Isarwinkel Benediktenwand" noch auf BY13 „Mangfallgebirge West" vollständig nachvollziehbar ist – auch wenn mit dem Rechelkopf und dem Ausgangsort Obergries jeweils nur ein überschaubarer Teil abgeschnitten ist.

Zum Auftakt viel Sonne tanken

Die Sonntratn – das „Tratn" steht übrigens für die Bergwiesen, die oft durch Hecken zwecks Bewirtschaftung in einzelne Parzellen eingeteilt sind – ist mit ihren freien Sonnenhängen vom Bahnhof Obergries bereits gut erkennbar, was unsere Orientierung deutlich erleichtert. Wir wandern vom Bahnhof nach Kellern und auf einer asphaltierten Baumallee nach Grundnern, wo wir auf den großen Wanderparkplatz treffen. Im Gegensatz zu den motorisiert angereisten Sonnenanbetern haben wir dank unserer zurückgelegten Wegstrecke über weitläufige Wiesen bereits eine halbstündige Zufuhr von Sonne und somit Vitamin D hinter uns. Von einem kleinen Waldgürtel auf etwa 1000 Metern Höhe abgesehen bleibt uns die stete Sonnenzufuhr bis zu den Gipfelwiesen auch weitgehend erhalten.

Auf Waldwegen zum Rechelkopf

Spätestens am bewaldeten Schürfenkopf reißt der Wanderstrom abrupt ab. Im Winterhalbjahr

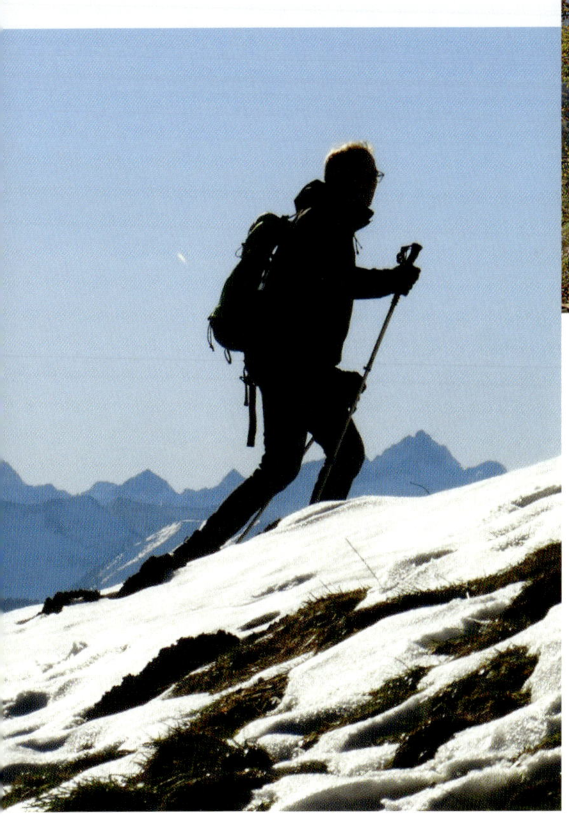

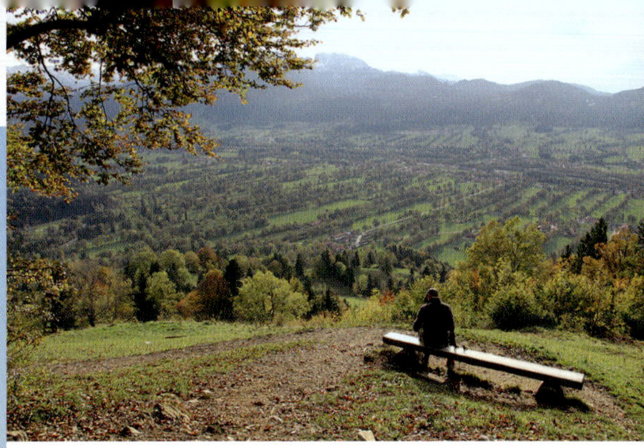

Am Sonntratn sucht sich jeder sein Plätzchen – wahlweise mit Karwendel- oder Isartalblick.

fällt es zugegebenermaßen nicht leicht, sich bei Schönwetter von der besten Sonnenlage in den relativ finsteren Wald zu verabschieden. Aber der abwechslungsreiche Routenverlauf rechtfertigt den Verzicht auf weitere „Dauer-Bestrahlung" in jedem Fall, zumal uns immerhin zwei weitere Gipfel bevorstehen. Mit dem 1140 Meter hohen, an der Strecke liegenden Schwarzköpfel wären es sogar drei; Letzterer ist durch einen kurzen Querfeldein-Abstecher auf bemoostem Waldboden erreichbar und lässt sogar wieder einige Sonnenstrahlen durch die Baumwipfel hindurch.

Am Rechelkopf öffnet sich dann wieder ein echtes Gipfelpanorama. Besonders eindrucksvoll erhebt sich die Hinterautal-Vomper-Kette, auch Karwendelhauptkette genannt, mit der weithin bekannten Birkkarspitze direkt im Süden. Den westlich angrenzenden Ödkarspitzen ist – an seinem langgestreckten Gratrücken gut zu erkennen – der Schafreiter (siehe Tour 25) vorgelagert. Eindrucksvoll ist auch der Blick nach Norden in das Alpenvorland mit Kloster Reutberg und dem benachbarten Kirchsee. Mit etwas Glück ergattern wir am Gipfel einen Platz auf einer der beiden Sitzbänke.

Abstiegsvariante über den Sulzkopf

Als kleine Zugabe gönnen wir uns im Abstieg den Umweg über den Sulzkopf. Die Route ist nicht in der Alpenvereinskarte eingezeichnet, im Wald aber nicht zu verfehlen: Ein handbeschriftetes gelbes Schild (Greiling) leitet uns nordwärts auf einen idyllischen Waldpfad, dem wir recht flach in etwa zehn Minuten zum Gipfel folgen. Nochmals genießen wir freien Blick in Richtung Isartal und Tölzer Berge. Ein nach Westen abdrehender Weg leitet uns zuletzt in Serpentinen zur Hauptroute zurück. Wir passieren die Schwaigeralm und erhaschen an der Riedelwiese abermals Sonnenlicht. Wer am Ende der Wanderung noch über einen Zeitpuffer bis zur Abfahrt des Zuges verfügt kann noch den Landgasthof Zachschuster in Untergries ansteuern, gerade 500 Meter vom Gaißacher Bahnhof entfernt.

17 VON OBERGRIES ÜBER DEN RECHELKOPF NACH GAISSACH

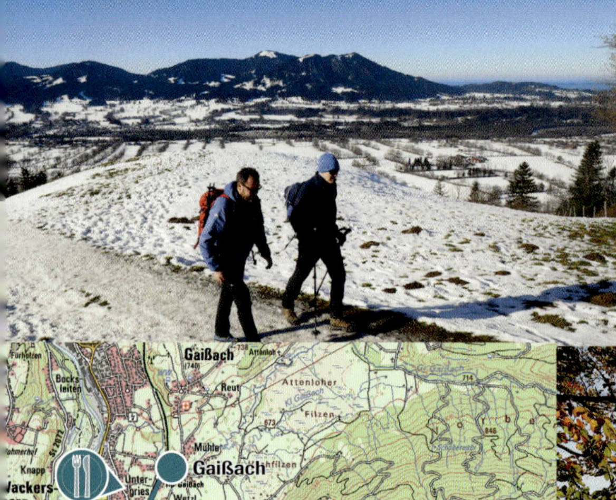

Die Route ist auch im Winter zuverlässig gespurt.

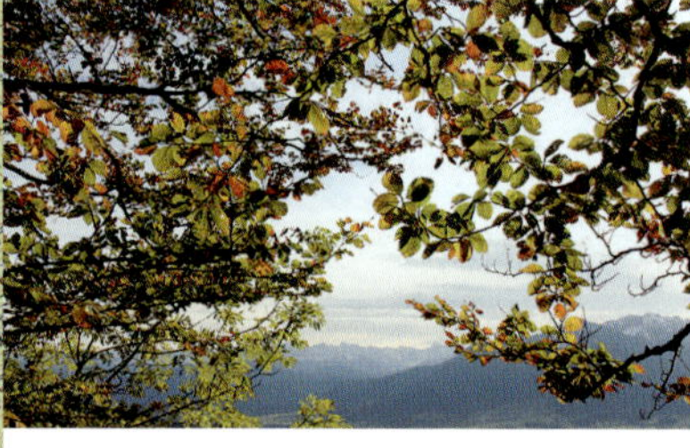

Im Herbst gefallen die bunten Laubblätter.

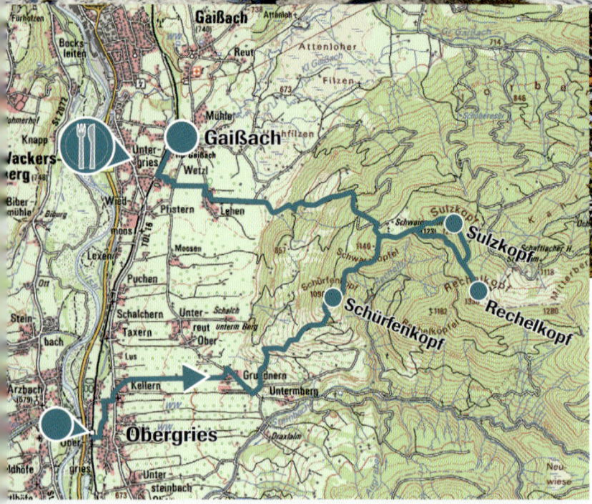

ROUTE: Obergries - Grundnern - Sonntratn (Schürfenkopf) - Rechelkopf - Sulzkopf - Gaißach

Vom Bahnhof Fußweg nach O und links in den Griesweg > an der T-Kreuzung rechts in die Isarstraße, die 300 m nach Kellern ansteigt > am Gasthof Pulverwirt die Lenggrieser Straße überqueren, 50 m nach N und rechts in die Baumallee (Ww. Grundnern) > in Grundnern rechts zum Wanderparkplatz > schräg gegenüber beginnt der beschilderte Wanderweg (Ww. Sonntratnsteig) > an der Apfelbaumwiese links und in Abschnitten steil zum Sonntratn hoch > jenseits der Gipfelwiese in den Wald zum Schürfenkopf (1096 m) > dem Waldsteig nach N folgen (Ww. Rechelkopf) > am Forstweg rechts und am Wiesenplateau der Schwaigeralm vorbei in SO-Richtung zum Rechelkopf (1330 m) empor > vom Gipfel auf gleicher Route zurück > an der Weggabelung im Wald rechts (Ww. Greiling) und auf schönem Pfad zum Sulzkopf (1279 m) > den Gipfel überschreiten und nach W zur beschilderten Hauptroute zurück > an der Weggabelung rechts zum Wiesenplateau mit Schwaigeralm (1123 m) > beschilderter Abstieg über die sog. Riedelwiese zum Wanderparkplatz Lehen > in Lehen erst rechts, dann links über den Weiler Wetzl zur Bahntrasse > vor der Unterführung rechts zum Bahnhof von Gaißach

Gehzeit 4 ½ Std.
Strecke 13,5 km
Höhenmeter 700 Hm ↑ 710 Hm ↓

ÖPNV
Erste Anfahrt BRB von München HBF (6.04 Uhr) nach Obergries (Ankunft 7.07 Uhr)

Letzte Rückfahrt BRB von Gaißach (22.54 Uhr) nach München

Zeitfenster vor Ort 15 ¾ Std.

Charakter Während die freien Hänge am Sonntratn viel Sonnenlicht versprechen, wird es beim Übergang zum Rechelkopf zunehmend schattig. Beim Zustieg von Obergries und Zugang nach Gaißach queren wir jeweils halbstündig das Isartal.

Wegweiser Ab Grundnern folgen wir den Schildern „Sonntratnsteig“, vom Schürfenkopf ist der Rechelkopf beschildert, im Abstieg Schilder „nach Gaißach-Lehen“ (Abzweig Variante Sulzkopf: Schild „Greiling“).

Einkehr Landgasthof Zachschuster, Untergries, Tel. 08041-9211, www.zachschuster.de

Karte AV-Karte BY11 „Isarwinkel Benediktenwand“ und AV-Karte BY13 „Mangfallgebirge West“, je 1:25.000

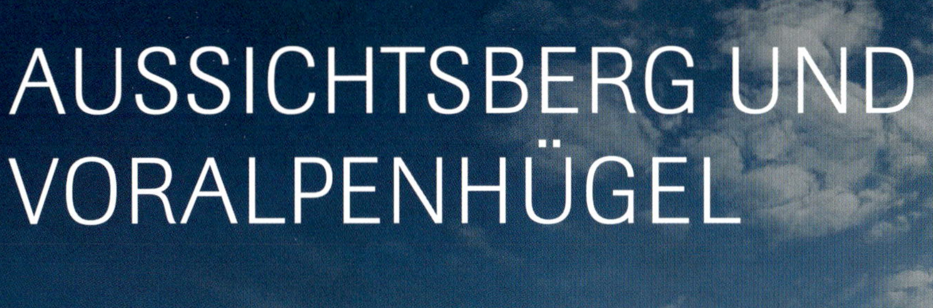

AUSSICHTSBERG UND VORALPENHÜGEL

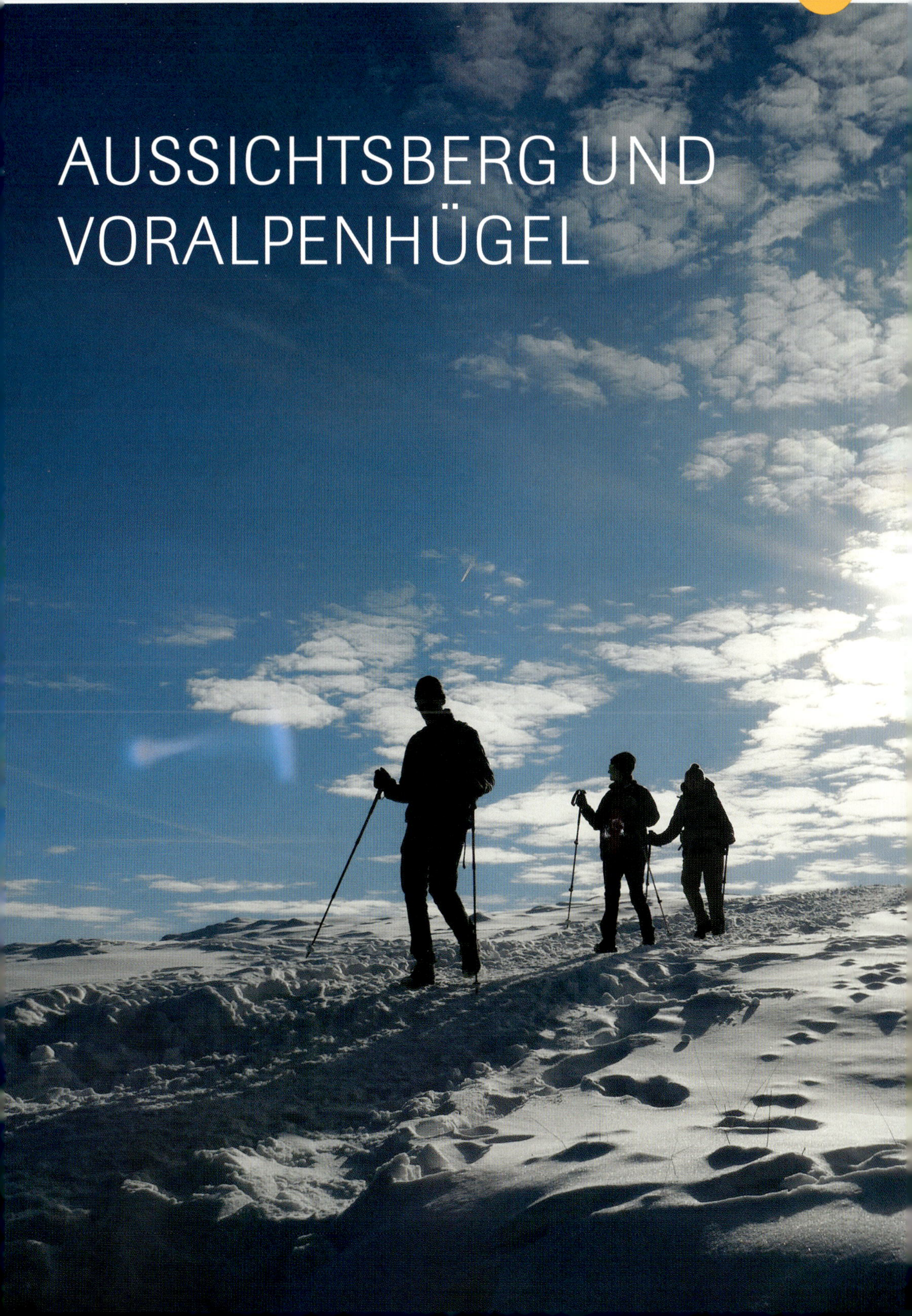

Während der Zwieselberg ein weithin bekannter Tölzer Hausberg ist, überschreiten wir beim Abstieg nach Bad Heilbrunn mit dem Stallauer Eck einen unbekannten Voralpenhügel. Abgesehen vom kurzen Anmarsch von Wackersberg über den Wanderparkplatz durch das Steinbachtal verläuft die Tour zumeist auf kurzweiligen Bergpfaden, die teils sehr wurzelreich sind und daher bei Nässe Trittsicherheit erfordern. Sowohl der Start- als auch der Zielort sind nur mit dem Bus zu erreichen, was eine detaillierte Planung erfordert.

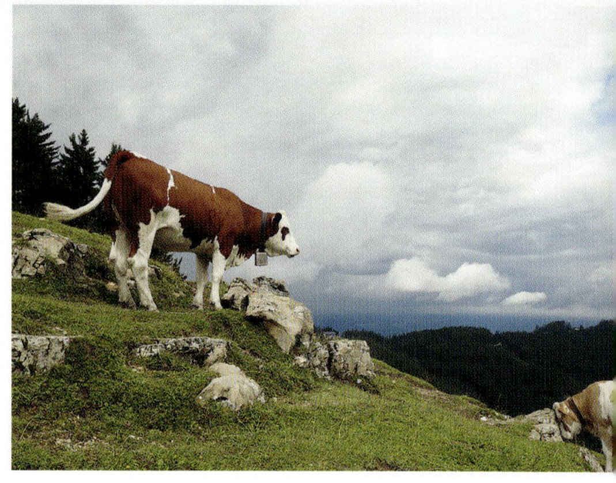

vorige Seite: Wanderer im Hochwinter am Zwiesel

Im Sommer treffen wir auf Kühe. Dann hat auch die Schnaiter Alm geöffnet.

Als kleiner Nachteil erweist sich die relativ lange Umsteigezeit von fast einer Stunde in Bad Tölz, da man für den Bus nach Wackersberg erst einmal vom Bahnhof zum Max-Höfler-Platz umziehen muss. Man kann die 1,7 Kilometer lange Distanz jedoch statt mit dem Bus auch zu Fuß durch die historische Marktstraße zurücklegen, über die der ehemalige Tölzer Bürgermeister Josef Janker mal gesagt hat: „Das Leben ist ein Theaterstück und die Marktstraße die Bühne. Sie ist die oberbayerische Variante der italienischen Piazza, die wir alle lieben." Eine weitere Möglichkeit besteht darin, mit der BRB nach Obergries zu fahren und von dort über Arzbach zum Parkplatz an der Waldherralm zu wandern (+ 3 km).

Standard-Aufstieg auf den Zwieselberg

Der Anstieg zum Zwieselberg erfolgt auf der gut frequentierten Route vom Wanderparkparkplatz unterhalb der Waldherralm, der von der Bushaltestelle nur gut einen Kilometer entfernt ist. Wir wandern in Begleitung des Steinbachs durch das enge Tälchen gemütlich bergan, bevor jenseits des Bachs eine relativ steile Höhenstufe zu überwinden ist. Der Wald lichtet sich, was uns schöne Rückblicke in das Isartal erlaubt. Oberhalb eines weiteren Waldgürtels erreichen wir die freien Wiesen an der Schnaiter Alm, welche während der Weidesaison sporadisch Getränke, Kuchen und Brotzeiten verkauft.

Der Zwieselberg ist von der Alm über den breiten Gratrücken rasch erklommen. Vor Erreichen des großen Gipfelkreuzes mündet von Norden die Wegtrasse vom Blomberg ein, was uns je nach Wetter und Tageszeit einen deutlichen Zuwachs an Bergfreund*innen beschert. Die begehrten Aussichtsbankerl sind dann meistens schon belegt! Für die geringe Höhe ist das Panorama insbesondere in den Isarwinkel mit den Tölzer und Tegernseer Bergen, aber auch in Richtung Guffert, Rofan- und Wettersteingebirge sehr beeindruckend. In einer Entfernung von rund acht Kilometern Luftlinie breitet sich dominant der Gipfelkamm zwischen Brauneck und Benediktenwand (siehe Tour 16) vor uns aus.

Auf steilen Wurzelpfaden nach Bad Heilbrunn

Der Zwieselberg ist auch ein beliebter Winterwanderberg – sofern es in den vorangegangenen Tagen nicht erheblich geschneit hat, ist auch die Wegtrasse Richtung Bad Heilbrunn meist solide gespurt. Das halbseitig baumfreie Stallauer Eck bietet letztmals die Gelegenheit eines freien Bergblicks an der Benediktenwand vorbei zum Karwendelgebirge, das gerade noch über dem bewaldeten Bergrücken des Angerlkopfs hervorlugt. Weiter im Westen erkennen wir hinter dem Herzogstand und Heimgarten die Zugspitze und rechts davon einige Gipfel der Ammergauer Alpen.

Hinter dem Stallauer Eck bricht das Gelände relativ steil ab. Der gut beschilderte Abstieg verläuft kurzweilig auf teils sehr wurzeligen Pfaden, Ausrutschgefahr inklusive. Bei der Zeitplanung sollten wir beachten, dass der Bus nach Wolfratshausen von Bad Heilbrunn etwa im Zwei-Stunden-Rhythmus verkehrt.

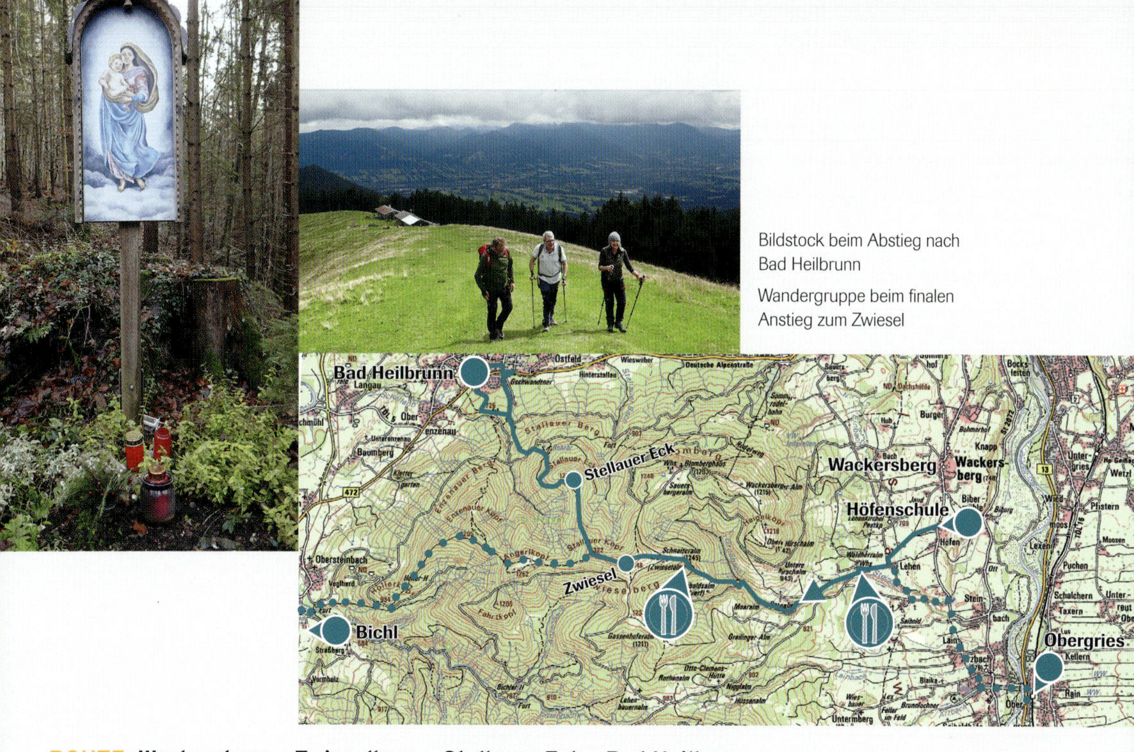

Bildstock beim Abstieg nach Bad Heilbrunn

Wandergruppe beim finalen Anstieg zum Zwiesel

ROUTE: Wackersberg - Zwieselberg - Stallauer Eck - Bad Heilbrunn

Von der Bushaltestelle in die Anliegerstraße südlich der Grundschule nach W (rote Markierung an Laternenpfahl) > der Wanderweg führt über freie Wiesen nach Lehen > Teerstraße zum Wanderparkplatz und halblinks in den Kiesweg > an der Weggabelung rechts dem flachen Forstweg in das Steinbachtal folgen (Ww. „über Schnoader Alm zum Zwiesel") > den 1. Abzweig (Ww. Blomberg) ignorieren und an der 2. Gabelung rechts > nach wenigen Metern (Schild Zwiesel und auffallend rote Markierung) den Steinbach überqueren und auf einer kurzen Stahltreppe steil empor > der Steig flacht im weiteren Verlauf etwas ab und erreicht nach Querung eines Forstwegs die Waldgrenze > an der auftauchenden Schnaiter-Alm (1245 m) vorbei auf dem Grasrücken zum nahen Zwieselberg (1348 m) empor > den Gipfel nach W überqueren und an der folgenden Weggabelung rechts (Ww. Bad Heilbrunn) > moderat an Höhe verlierend auf dem Waldkamm zum Stallauer Eck (1212 m) queren > am großen Kreuz links in den Wald absteigen > 2 Forstwege überqueren und auf steilem Wurzelpfad am Marienbild vorbei hinab > auf dem später asphaltierten Fahrweg nach Bad Heilbrunn > am Ortsrand auf der Straße Am Zwieselhang zur Bushaltestelle am Kreisverkehr an der B472.

Gehzeit 4 Std.
Strecke 10,5 km
Höhenmeter 620 Hm ↑ 680 Hm ↓

ÖPNV
Erste Anfahrt BRB von München HBF (8.03 Uhr) nach Bad Tölz, Bus 9570 nach Bad Tölz/Max-Höflerplatz, Bus 9564 nach Wackersberg/Höfen-Schule (Ankunft 10 Uhr)

Letzte Rückfahrt Bus 376 von Bad Heilbrunn/Birkenallee (18.09 Uhr) nach Wolfratshausen, S7 nach München

Zeitfenster vor Ort 8 Std.

Charakter Die einfache Wanderung führt überwiegend durch bewaldetes Gebiet und bietet nur am Zwieselberg das klassische Gipfelpanorama. Wechsel aus Forstwegen und gut markierten, im Abstieg wurzeligen Steigen, die im Nordschatten des Stallauer Ecks auch schmierig sein können.

Wegweiser Der Zwieselberg ist bestens beschildert („über Schnoaderalm zum Zwiesel"). Beim Abstieg nach Bad Heilbrunn weitgehend der lokalen Wanderroute „Nr. 9 Große Bergrunde über die Hausgipfel" folgen.

Hinweis Eine lohnende Alternative stellt auch die Route nach Bichl dar, von wo stündlich der Zug Richtung München verkehrt. Hierfür zweigt man am Stallauer Kopf nicht rechts zum Stallauer Eck ab, sondern steigt über den Angerlkopf zunächst Richtung Bad Heilbrunn ab, um vor dem Enzenauer Kopf links abzuzweigen (Ww. Obersteinbach; + ca. 1 Std.).

Einkehren Waldherralm, Tel. 08041-9520, Mo./Di. Ruhetag, www.waldherralm.de; Schnaiter Alm (sporadisch während der Weidesaison)

Karte AV-Karte BY11 „Isarwinkel Benediktenwand", 1:25.000

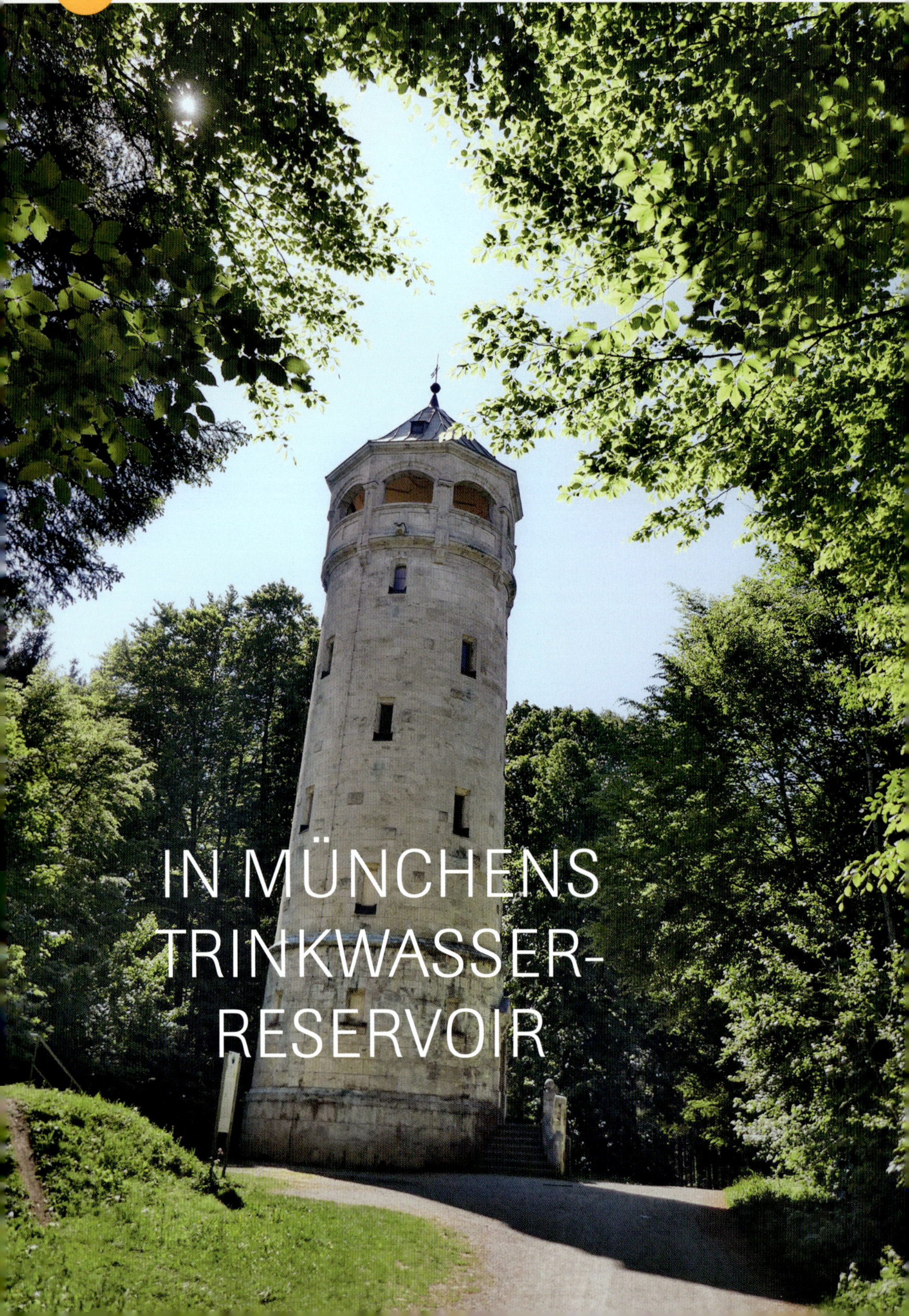

IN MÜNCHENS TRINKWASSER-RESERVOIR

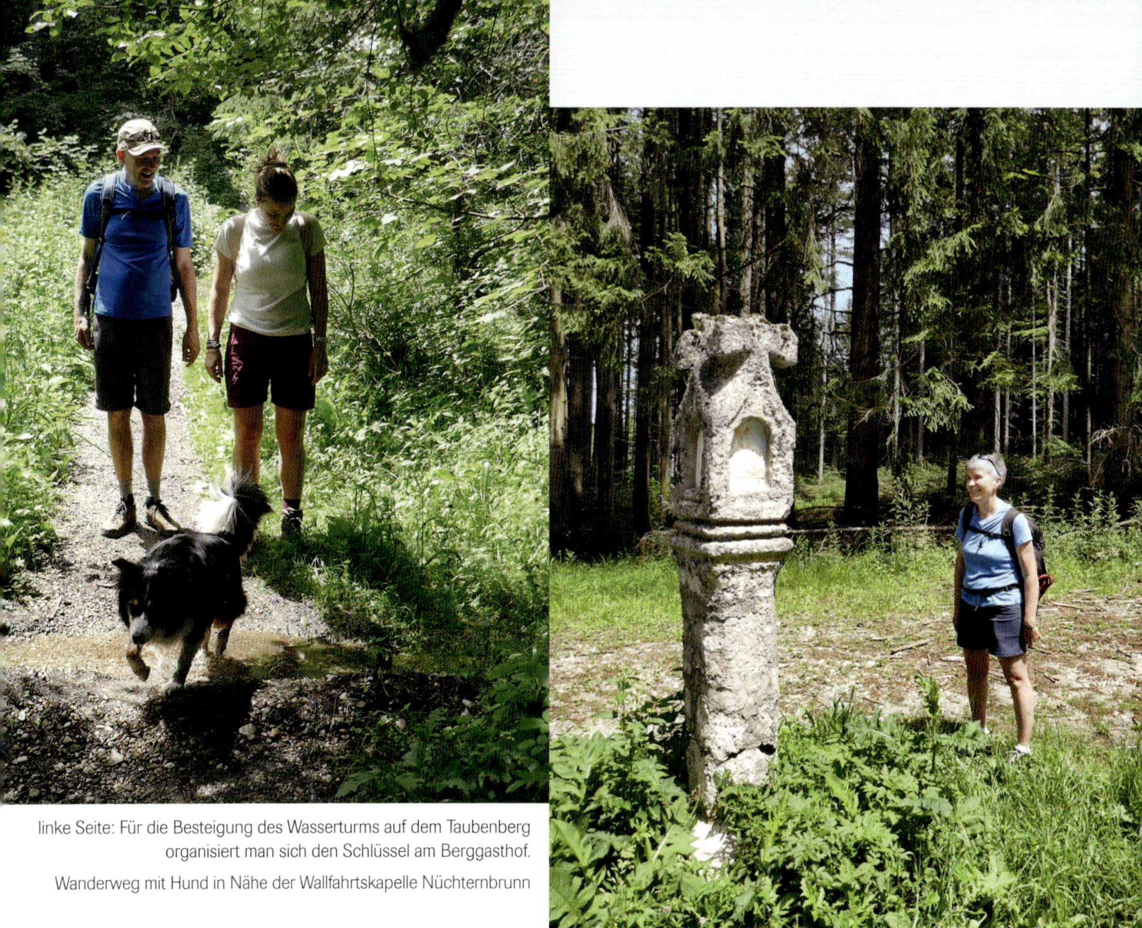

linke Seite: Für die Besteigung des Wasserturms auf dem Taubenberg organisiert man sich den Schlüssel am Berggasthof.

Wanderweg mit Hund in Nähe der Wallfahrtskapelle Nüchternbrunn

Die Grüne Marter ist eine Steinsäule mit vier religiösen Bildmotiven.

Der Taubenberg erstreckt sich in Hufeisenform mit zwei langgezogenen Bergrücken als auffällige Erhebung über dem Alpenvorland. Statt eines Gipfelkreuzes ragt der 30 Meter hohe steinerne Aussichtsturm in die Höhe, der einst als monumentaler Abschluss der Kaltenbach-Quellfassung errichtet wurde. Ursprünglich sollte der Wasserturm am heutigen Standort des „Reisacher Wasserschlösschens“ im Mangfalltal stehen, doch der labile Untergrund erwies sich als untauglich. Wasser gibt es in diesem Quellgebiet, das die Stadt München mit frischem Trinkwasser versorgt, im Überfluss. Durch nachhaltige Forstwirtschaft erweist sich der intakte Mischwald als hervorragender Schneefang und Wasserspeicher.

Durch die gute Anbindung von und nach München ist die Taubenberg-Überschreitung auch eine Option für Kurzentschlossene oder bei schlechterem Wetter. Das Gros der Wanderung verläuft auf schattigen Waldwegen. Eine umfassende Aussicht auf das benachbarte Mangfallgebirge ist vor allem am Fentberg, in Neustadl und am Berggasthof Taubenberg gegeben.

Über Fentberg und Neustadl nach Nüchternbrunn

Der Ausgangsort Mitterdarching liegt abseits der Hauptverkehrsadern und ist somit wenig überlaufen. In der Region stehen einige denkmalgeschützte Gebäude wie der Pfarrhof, ein ehemaliges Kuratenhaus, und das stattliche Bauernhaus in der Oberdarchinger Bergstraße 46, das einen Flachsatteldachbau mit Blockbau-Obergeschoss aufweist.

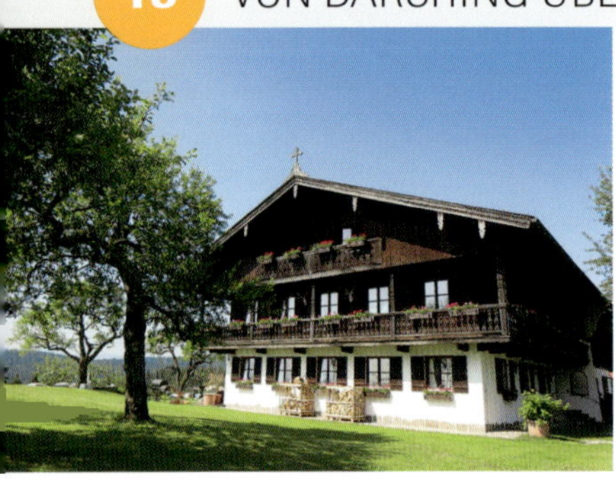

Das Gehöft in Neustadl liegt privilegiert mit Ausblick auf das Mangfallgebirge.

300 Meter weiter südlich teilt sich die Wanderroute: Rechts würde es auf dem Neustadlweg direkt zum Taubenberg gehen (Ww. Nüchternbrunn), wir aber bevorzugen den Umweg über den beschilderten Weiler Fentberg. Auf diese Weise passieren wir die Fentbergkapelle und genießen vom Waldrand einen herrlichen Blick in das Mangfalltal mit einigen Schlierseer und Tegernseer Hausbergen als fotogene Hintergrundkulisse. Nach Durchquerung eines Waldgürtels öffnet sich von den freien Wiesen des Neustadl-Gehöfts abermals ein Blick auf die bekannten Wanderberge Wendelstein, Rotwand, Wallberg und Hirschberg.

Von Neustadl wandern wir stets auf dem bewaldeten Höhenrücken entlang und nehmen dabei kleinere Anstiege in Kauf. Dabei passieren wir die Weiße und die Grüne Marter, die wie viele Bauernhöfe im Tal auf der bayerischen Baudenkmalliste aufgeführt sind. An einer markanten Wegkreuzung lohnt sich abermals eine Abkehr von der direkten Route: Statt direkt auf den Taubenberg nebst Aussichtsturm zuzuwandern, steigen wir links auf dem Kreuzweg zur Wallfahrtskapelle Nüchternbrunn ab. Letztere liegt direkt an der Quelle des Farnbachs und bietet einen schönen Rastplatz. Doch eigentlich ist der ganze Taubenberg eine einzige Quelle – allein bei der schattigen Querung zum Berggasthof trifft man auf vier ganzjährig Wasser führende Quellbäche. Da dem Mischwald seit Jahrzehnten nicht mehr Holz entnommen wird, als nachwachsen kann, entpuppt er sich mit seinem humusreichen Boden gleich einem Schwamm als hervorragender Wasserspeicher. Gut für die Stadt München, die einen erheblichen Teil ihres Trinkwassers aus diesem Quellgebiet bezieht.

Berggasthof und Aussichtsturm am Taubenberg

Von der Nüchternbrunner Kapelle führt ein wurzeliger Steig, der später in einen breiten Kiesweg mutiert, in rund zwanzig Minuten zum Berggasthof Taubenberg. Die weithin bekannte Einkehr lebt von ihrer privilegierten Sonnenlage und ihren hausgemachten Produkten aus eigener landwirtschaftlicher Erzeugung in Bioqualität. Die Schweinderl der vom Aussterben bedrohten Schwäbisch-Hällischen Rasse quieken um die Wette und vermehren sich nach Kräften. Ponys zum Bürsten und Streicheln gibt es auch auf dem Gelände, dazu jede Menge weitere Tiere, was die Kinderherzen höherschlagen lässt. Zu beachten ist allerdings, dass der Berggasthof an einigen Monaten im Jahr betriebs- oder urlaubsbedingt geschlossen ist.

Der Aussichtsturm auf dem Taubenberg ist vom Berggasthof nur rund zwanzig Wanderminuten entfernt. Für den im Jahr 1911 fertiggestellten Bau hat man Tuffstein aus der Region verwendet, der vom heute nicht mehr vorhandenen Bahnhof Unterthalham mit Pferdefuhrwagen mühsam nach oben gekarrt wurde. Wer den Turm auf den gegenläufigen Wendeltreppen besteigen will, muss darauf hoffen, dass sich jemand gegen einen Pfandeinsatz zuvor den Schlüssel vom Wirt besorgt und die Eingangstür aufgesperrt hat. Möglich ist die Besteigung in den Monaten Mai bis Oktober, sofern der Berggasthof geöffnet hat und keine weiteren „Attentate“ verübt werden wie im Jahr 2021, als unbekannte Diebe mit einem Winkelschleifer den Kupferbeschlag von der Holztür lösen wollten.

Vom Taubenberg führt ein angenehmer Waldpfad nach Oberwarngau hinab. Empfehlenswert ist dort die Einkehr im Gasthof Zur Post mit seinem einladenden Wirtsgarten im Schatten der alten Dorflinde. Auf der Speisekarte stehen von der Wirtin Petra Spiegler in Handarbeit selbst zubereitete Hausschmankerl wie Rindsroulade, Schlutzkrapfen oder Windbeutel. Zur Abpassung der Abfahrtszeit des Zuges muss man wissen, dass die Reststrecke zum Bahnhof noch gut einen Kilometer beträgt.

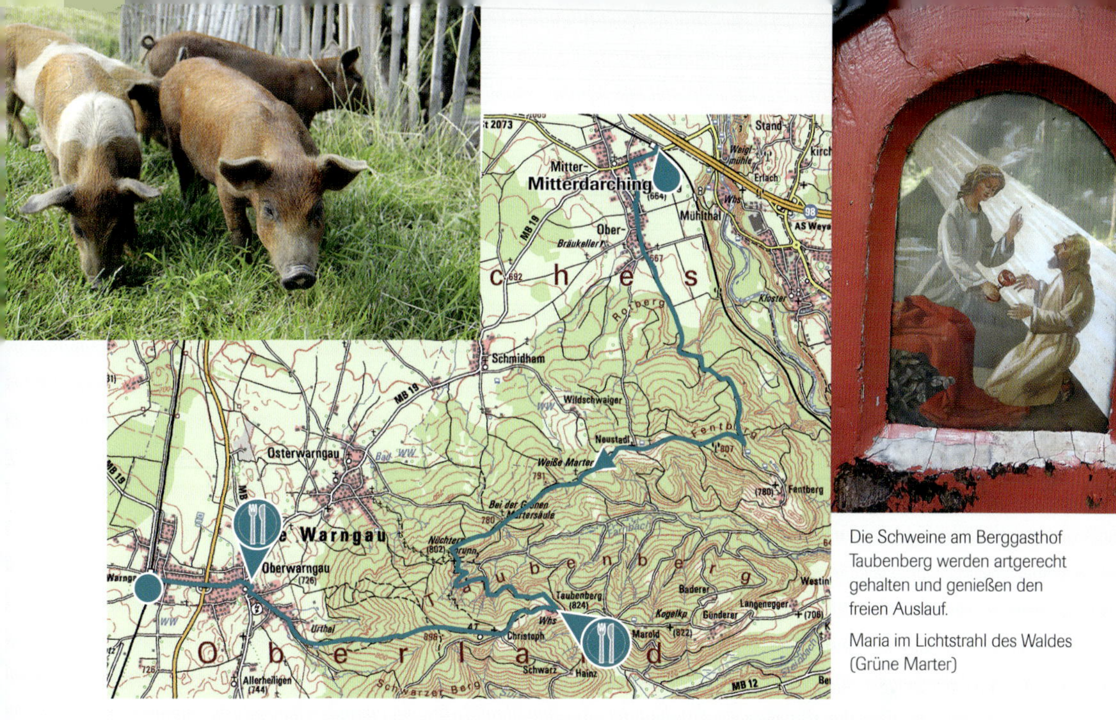

Die Schweine am Berggasthof Taubenberg werden artgerecht gehalten und genießen den freien Auslauf.

Maria im Lichtstrahl des Waldes (Grüne Marter)

ROUTE: Mitterdarching - Fentberg - Neustadl - Nüchternbrunn - Taubenberg - Oberwarngau

Am Bahnhof von Mitterdarching rechts auf der Bahnhofstraße in den Ort, wo man links in die Raiffeisenstraße nach Oberdarching abzweigt > an der T-Kreuzung rechts und links in die Bergstraße > an der Weggabelung am Ortsende geradeaus (Ww. Fentberg) > etwa 3 km auf dem leicht ansteigenden Teer- und Forstweg nach Fentberg und rechts zur sichtbaren Kapelle abzweigen (Ww. Taubenberg) > eine Waldpassage durchqueren und auf schönem Wiesenweg zum Gehöft Neustadl (792 m) > über die Weiße und Grüne Marter nach S abdrehend stets am bewaldeten Höhenrücken entlang > an der markanten Wegkreuzung mit Schilderbaum links auf dem Kreuzweg zur Wallfahrtskapelle Nüchternbrunn absteigen > auf anfangs wurzeligem Steig über mehrere Quellbäche zum Berggasthof Taubenberg queren > auf dem Fahrweg 200 m nach W, dann auf dem abzweigenden Steig zur Anhöhe mit Parkplatz > am Aussichtsturm des Taubenbergs (892 m) vorbei nach W und an der folgenden Kreuzung geradeaus nach Oberwarngau absteigen > im Ort peilt man den Gasthof zur Post an und wandert auf der Taubenberg- und Bahnhofstraße rund 1 km bis zum Warngauer Bahnhof.

Gehzeit 3 ¾ Std.
Strecke 14 km
Höhenmeter 320 Hm ↑
270 Hm ↓

ÖPNV
Erste Anfahrt BRB von München HBF (6.30 Uhr) nach Mitterdarching (Ankunft 7.05 Uhr)
Letzte Rückfahrt BRB von Warngau (23.23 Uhr) nach München

Zeitfenster vor Ort ca. 16 ¼ Std.

Charakter Genussstrecke über den bewaldeten Taubenberg. Einzelne Wegpassagen können in feuchten Wetterperioden recht matschig sein.

Wegweiser Anfangs Richtung Fentberg, von dort sind der Taubenberg und die Wallfahrtskapelle Nüchternbrunn beschildert. Nach dem Schlenker über den Berggasthof Taubenberg den Schildern Richtung Taubenberg und Oberwarngau folgen.

Einkehren Berggasthof Taubenberg, Tel. 0177-4819484, Öffnungszeiten siehe www.taubenberg.de; Gasthof Zur Post, Tel. 08021-269, www.zurpost-warngau.de

Karte UK50-53 „Mangfallgebirge", 1:50 000

LIEBLINGSSTRECKE IM WESTLICHEN MANGFALLGEBIRGE

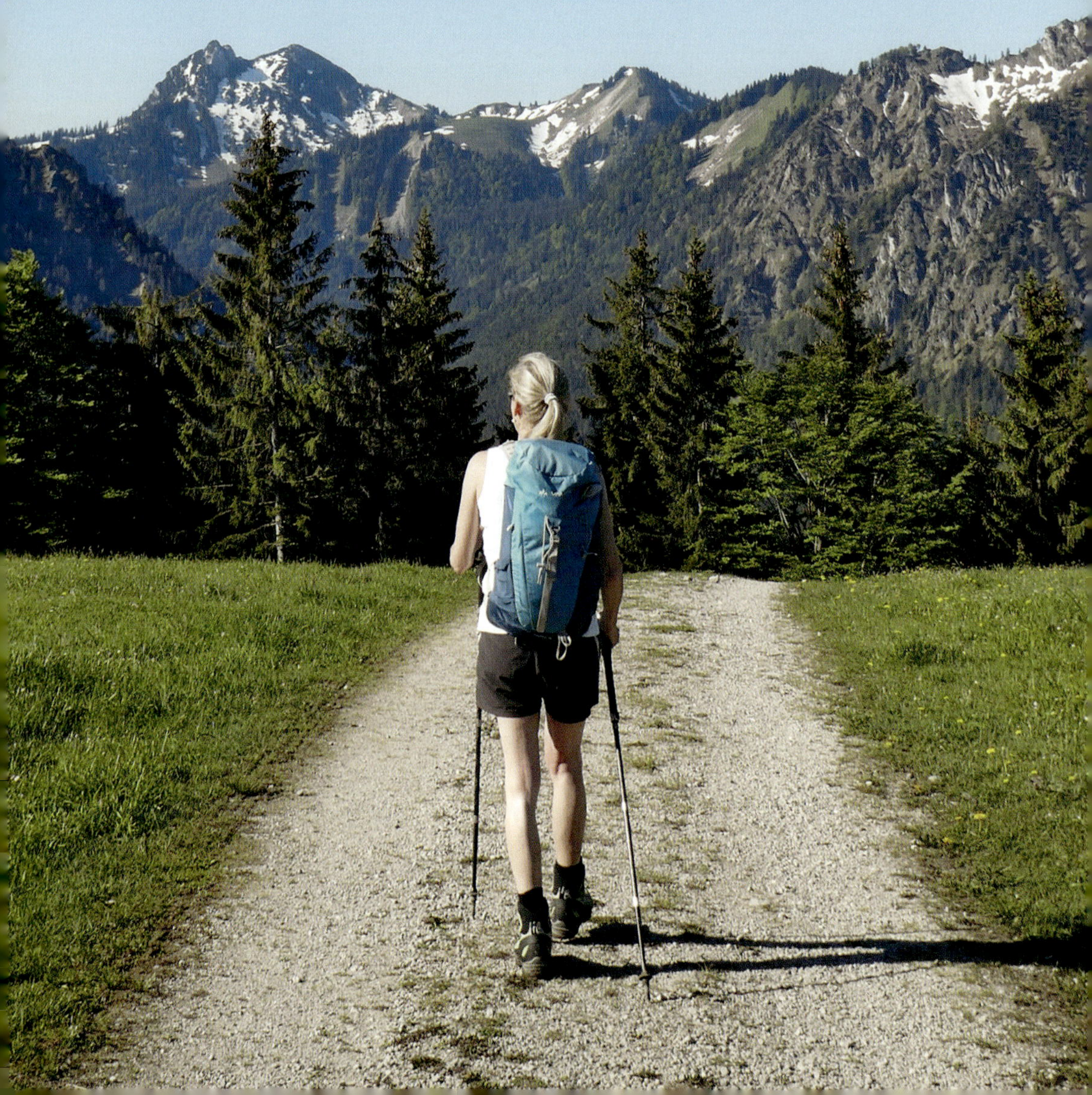

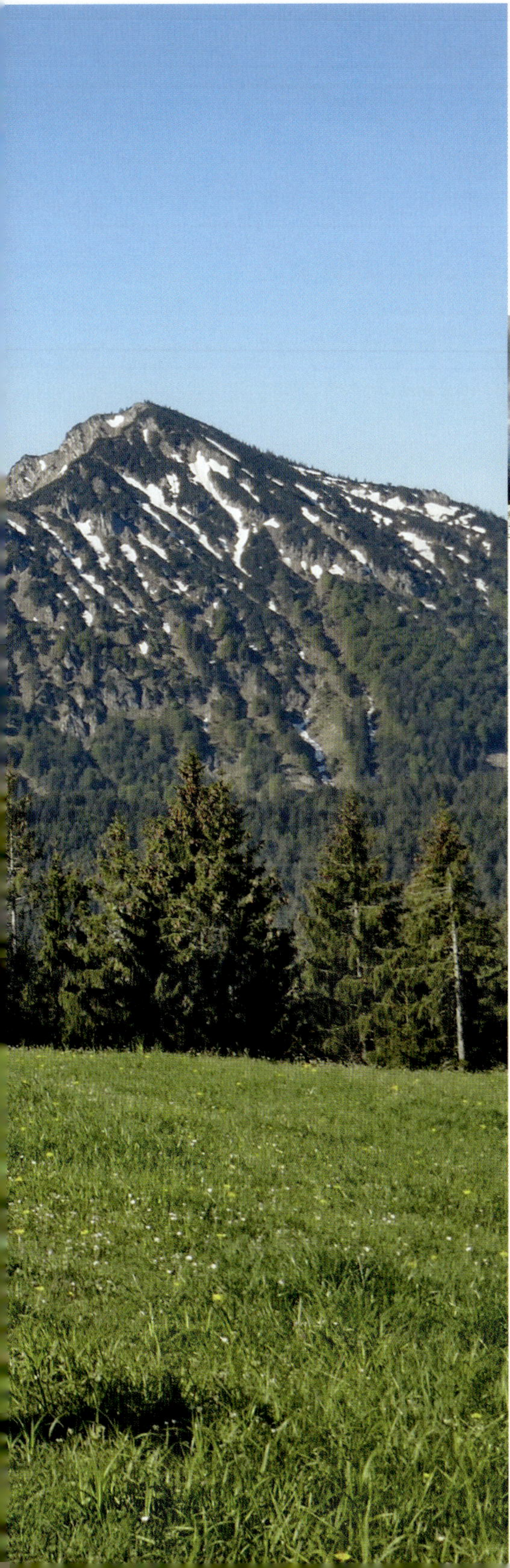

Ebene Wiesenfläche auf dem Weg zur Aueralm mit Blick auf Roß- und Buchstein sowie den Ochsenkamp.

Erster Wintereinbruch Ende Oktober am Fockenstein. Die Wanderer freuen sich mit Erreichen des Gipfels über ein paar Sonnenstrahlen.

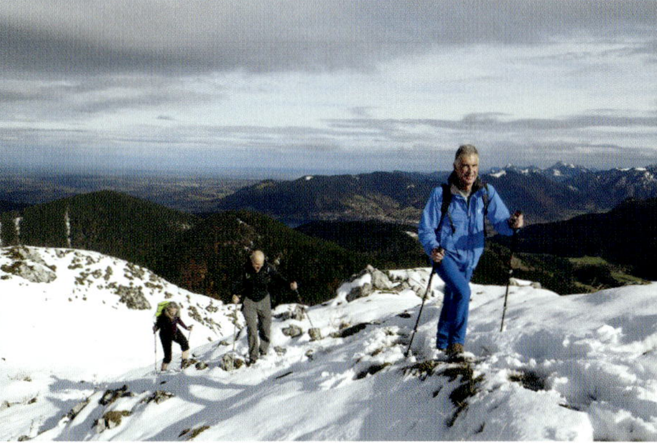

Zwischen dem Tegernsee und dem Isartal gibt es einige Varianten für Streckenwanderungen. Eine der schönsten und aussichtsreichsten Touren ist zweifelsfrei die Gipfelüberschreitung von Fockenstein und Geierstein zwischen Tegernsee und Isartal. Selbstverständlich in Ost-West-Richtung, um quasi mit der Sonne zu wandern – insbesondere im Winterhalbjahr freut man sich über eine maximale Vitamin-D-Zufuhr. Beide Gipfel sind auch nach etwaigen Schneefällen relativ schnell gespurt, nur an wenigen Wochen im Jahr erweist sich die Verbindungstrecke zwischen den Bergen ohne Schneeschuhe als heikel.

Ein halbes Dutzend Mal bin ich diese Tour bereits abgelaufen, davon einmal im Mai und fünfmal zwischen Oktober und März. Damit habe ich mich als Winterwanderfreund geoutet – zumindest was die bayerischen Voralpen betrifft. Das Bergerlebnis ist zur kalten Jahreszeit häufig intensiver, da einerseits im Schnitt weniger Leute unterwegs sind und andererseits verschneite oder gar vereiste Gratpassagen alpine Gelüste wecken.

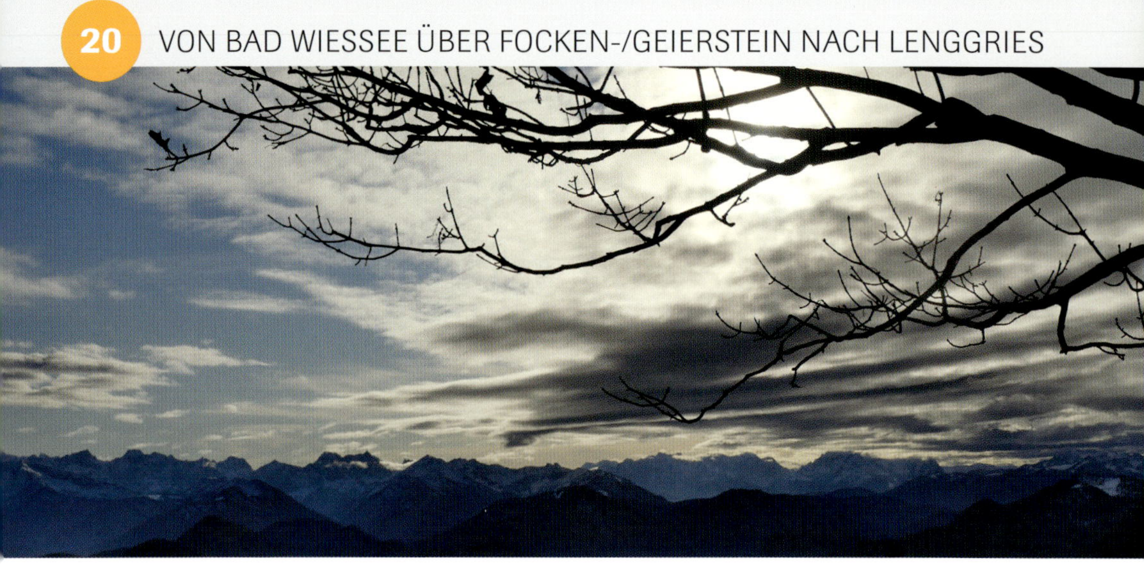

Die Fernsicht ist in der Regel auch besser, und die schräg einfallende Sonne taucht die Bergwelt in ein pittoreskes Licht. Die meisten Aufnahmen stammen von einem Werktag Ende Oktober. Nach einem ersten Wintereinbruch haben wir uns in einer siebenköpfigen Geburtstagsgruppe bei mäßigem Wetter auf den Weg gemacht und unterwegs den ganzen Tag über allenfalls eine Handvoll weiterer Wander*innen getroffen.

Fulminante Aussicht vom Fockenstein

An den klassischen Schönwettertagen, noch dazu am Wochenende, kann es hingegen ganz schön zugehen. Die ganzjährig geöffnete Aueralm ist ein sehr beliebtes Wanderziel. Da die meisten Almwanderer den Anstieg durch das Zeiselbachtal wählen, ist der kleine Umweg über die Skipiste des Sonnenbichls, den Zwergelberg und das Wachselmooseck vorzuziehen. Auf diese Weise stößt man erst kurz vor der Alm auf den Besucherstrom, der häufig erst am späten Nachmittag abreißt. Für die Besteigung des Fockensteins haben wir mit der Route über die Neuhüttenalm und den direkten Anstieg auf dem abkürzenden Steig abermals zwei Möglichkeiten; Letztere ist für Streckentouren deutlich attraktiver, da man dadurch keine Wegpassage zweimal gehen muss.

Das Gipfelpanorama vom Fockenstein wird vielseitig gelobt, und dies vollkommen zu Recht! So klein das eiserne Gipfelkreuz ist, so groß und weit präsentiert sich die umliegende Bergwelt. Den Blick von der Himmelsrichtung Ost über Süd nach West schwenkend, präsentieren sich benachbart und am Horizont das Mangfallgebirge, der Wilde Kaiser, die Hohen Tauern (Großvenediger), das Rofangebirge, die Zillertaler Alpen, das Karwendelgebirge, das Wettersteingebirge, das Estergebirge, die Ammergauer Alpen und die Tölzer Berge. Direkt vor uns sind die drei Kampen-Gipfel zu sehen, von denen ich in der folgenden Tour schwärmen werde. Und unser nächstes Ziel, der benachbarte Geierstein, wird aus unserem Blickwinkel von der Benediktenwand noch überragt.

Alpine Überschreitung der Geierspitze

An der Südwestseite des Fockensteins ist die Landschaft deutlich flacher als entlang der Aufstiegsroute – moderat geht es über teils sumpfige Wiesen nach Westen. An der vorerst letzten Waldlichtung wandern wir leicht absteigend nach Süden, um den Einstieg in den Wald nicht zu verpassen. Nach Überwindung der ersten Steilstufe folgt die Querung zum Geierstein, der an seiner nordwestschattigen Bergflanke umgangen wird. An einer großen Waldlichtung erreichen wir eine Art Passhöhe mit Wegweisern: Geradeaus würde es direkt nach Lenggries hinabgehen, nach links führt unser Steig zum Gipfel des Geiersteins. Kurz vor Erreichen der Gratschneide wird das Gelände nochmals steiler und felsiger, die Schlussquerung zum Kreuz ist sogar leicht exponiert.

Der Gipfel ragt soeben aus der Waldgrenze heraus und bietet somit eine eingeschränktere Fernsicht als der Fockenstein. Doch für seine relativ geringe Höhe von gerade 1491 Metern erweist sich der Abstieg in Richtung Tal als relativ heikel. Während der Steig im oberen Abschnitt abermals steil und leicht felsdurchsetzt ist, verliert er sich unterhalb

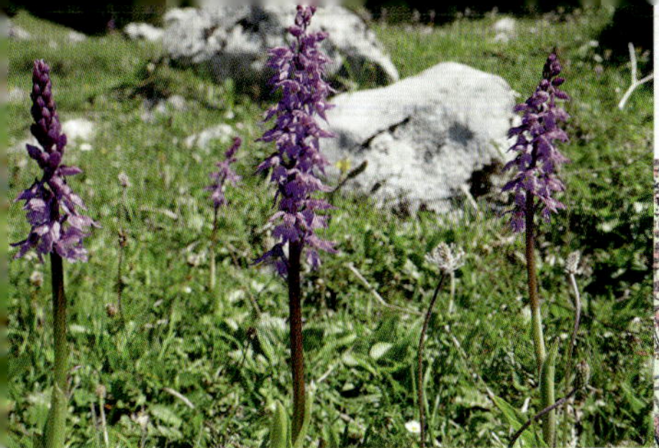

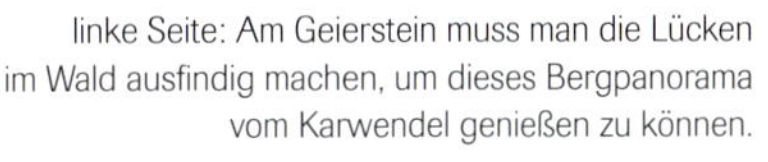

linke Seite: Am Geierstein muss man die Lücken im Wald ausfindig machen, um dieses Bergpanorama vom Karwendel genießen zu können.

Im Mai erblüht das Knabenkraut am Fuß des Fockensteins.

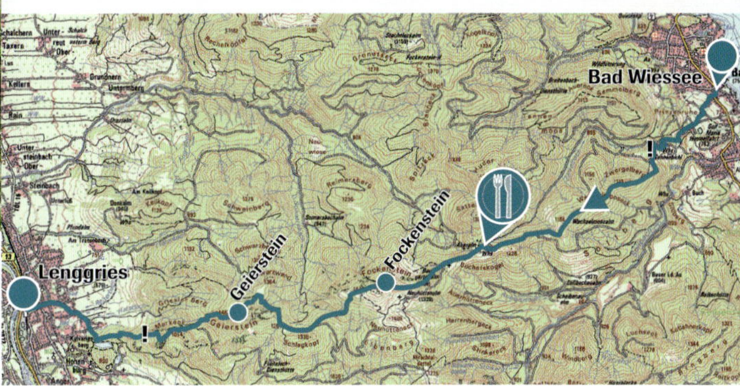

des Markecks, einer markanten Aussichtsplattform, teilweise im Unterholz. Hier haben Sturm und Waldarbeiter deutlich ihre Spuren hinterlassen, es ist kaum auszumachen, ob die Farbmarkierungen an den Bäumen für die Holzfäller oder Wanderer angebracht wurden. Als Orientierung dient der langgezogene Bergrücken, von dem wir uns bis Erreichen des Weihers am Kalvarienberg nicht zu weit entfernen sollten. Ich gebe aber gerne zu, mich in diesem Abschnitt mal verlaufen zu haben, was einen Direttissima-Abstieg durch den glücklicherweise nur mäßig steilen Wald zur Folge hatte.

ROUTE: Bad Wiessee - Aueralm - Fockenstein - Geierstein - Lenggries

Von der Bushaltestelle zur Brücke am Zeiselbach und rechts in den Prinzenruhweg > dem rechts abzweigenden Weg stets in Bachnähe zum Sonnenbichl folgen > ! am Wanderparkplatz links die Bachbrücke überqueren und am unteren Ende des Parkplatzes rechts in den bewaldeten Hang einsteigen (Kein Ww.!) > nach einer Serpentine führt der Weg in das kleine Sonnenbichl-Skigebiet > auf dem gepflasterten Weg steil bis zur oberen Liftstation hinauf und weiter in den Wald > die Wachselmoosalm (1185 m) passieren und über freie Wiesen in eine Geländesenke absteigen > Einmündung in einen Forstweg und an der Aueralm (1270 m) vorbei nach W queren > an der Weggabelung rechts dem gut markierten Steig zum Fockenstein (1564 m) folgen > den Gipfel nach W überschreiten und geradewegs über freie Wiesen in den Wald (gelbes Schild am Waldrand!) > nach Einmündung in einen Forstweg in eine bewaldete Einsattelung (1261 m) absteigen > an der folgenden Weggabelung dem schräg abzweigenden Pfad folgen (Schild erst später sichtbar) und an der NO-Flanke des Geiersteins zu einer Lichtung hochqueren > an der Weggabelung links teilweise über kleine Felsstufen zum Grat empor, der leicht ausgesetzt zum Geierstein (1491 m) führt > vom Gipfelkreuz steil am Markeck (Aussichtsplattform) vorbei über leicht felsiges Gelände nach W absteigen > ! durch unübersichtliches Holzfällergelände bis zuletzt in Nähe des breiten Gratrückens zum Weiher am Kalvarienberg absteigen (Achtung vor Irrwegen) > am W-Ausläufer des Weihers rechts nach Lenggries hinab > im Ort auf dem Oberreiterweg, der Geiersteinstraße und Bahnhofstraße zum Bahnhof

Gehzeit 6 ½ Std.
Strecke 16 km
Höhenmeter 1100 Hm ↑
1150 Hm ↓

ÖPNV
Erste Anfahrt BRB von München HBF (7.04 Uhr) nach Gmund am Tegernsee, Bus 9559 nach Bad Wiessee/Lindenplatz (Ankunft 8.17 Uhr)
Letzte Rückfahrt BRB von Lenggries (22.47 Uhr) nach München

Zeitfenster vor Ort ca. 14 ½ Std.

Charakter Sehr lohnende Tour über einen klassischen Wander- und einen versteckten Waldgipfel mit unterschiedlicher Frequentierung! Die Steige am Fockenstein und vor allem am Geierstein sind in Abschnitten felsig und erfordern etwas Trittsicherheit.

Wegweiser Die Route ist nicht immer gut beschildert bzw. markiert! Beim Einstieg vom Parkplatz im Zeiselbachtal dient die Sonnenbichl-Skipiste als Orientierung, beim Abstieg vom Geierstein verliert sich der Pfad teilweise im Unterholz des sturmgeschädigten Waldes.

Einkehr Aueralm, Tel. 08022-83600, ganzjährig geöffnet, Mo. Ruhetag, www.aueralm.de

Karte AV-Karte BY13 „Mangfallgebirge West", 1:25.000

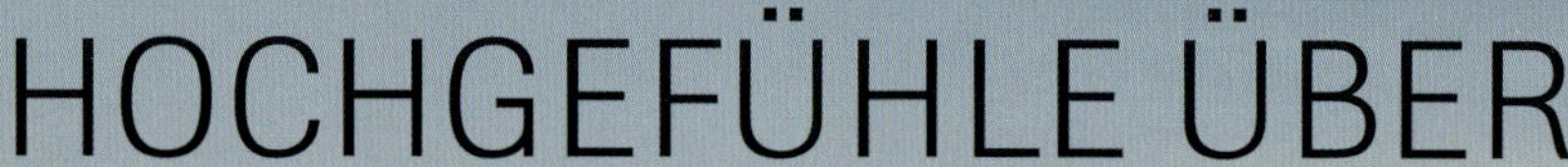

HOCHGEFÜHLE ÜBER

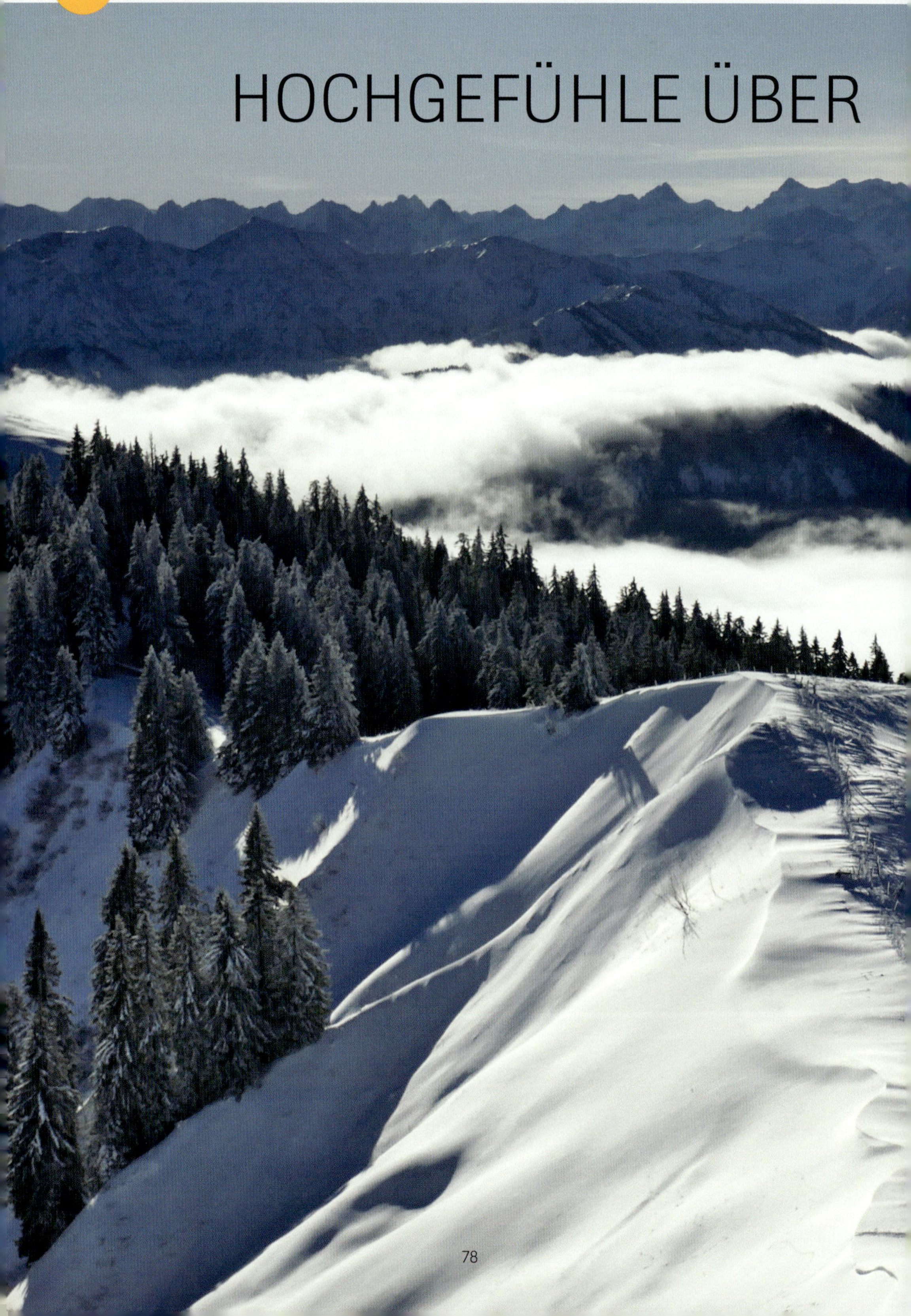

DEM TEGERNSEE

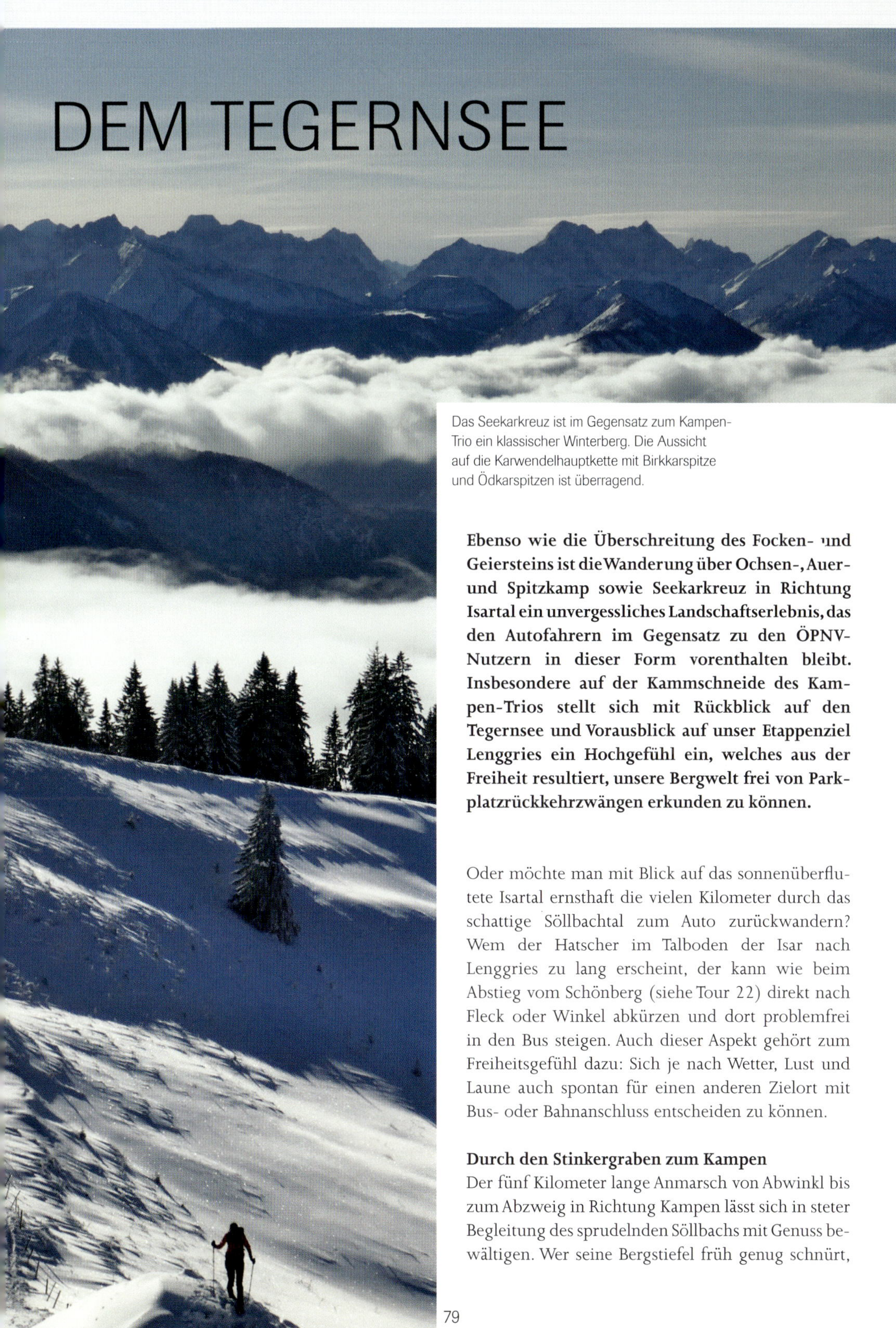

Das Seekarkreuz ist im Gegensatz zum Kampen-Trio ein klassischer Winterberg. Die Aussicht auf die Karwendelhauptkette mit Birkkarspitze und Ödkarspitzen ist überragend.

Ebenso wie die Überschreitung des Focken- und Geiersteins ist die Wanderung über Ochsen-, Auer- und Spitzkamp sowie Seekarkreuz in Richtung Isartal ein unvergessliches Landschaftserlebnis, das den Autofahrern im Gegensatz zu den ÖPNV-Nutzern in dieser Form vorenthalten bleibt. Insbesondere auf der Kammschneide des Kampen-Trios stellt sich mit Rückblick auf den Tegernsee und Vorausblick auf unser Etappenziel Lenggries ein Hochgefühl ein, welches aus der Freiheit resultiert, unsere Bergwelt frei von Parkplatzrückkehrzwängen erkunden zu können.

Oder möchte man mit Blick auf das sonnenüberflutete Isartal ernsthaft die vielen Kilometer durch das schattige Söllbachtal zum Auto zurückwandern? Wem der Hatscher im Talboden der Isar nach Lenggries zu lang erscheint, der kann wie beim Abstieg vom Schönberg (siehe Tour 22) direkt nach Fleck oder Winkel abkürzen und dort problemfrei in den Bus steigen. Auch dieser Aspekt gehört zum Freiheitsgefühl dazu: Sich je nach Wetter, Lust und Laune auch spontan für einen anderen Zielort mit Bus- oder Bahnanschluss entscheiden zu können.

Durch den Stinkergraben zum Kampen

Der fünf Kilometer lange Anmarsch von Abwinkl bis zum Abzweig in Richtung Kampen lässt sich in steter Begleitung des sprudelnden Söllbachs mit Genuss bewältigen. Wer seine Bergstiefel früh genug schnürt,

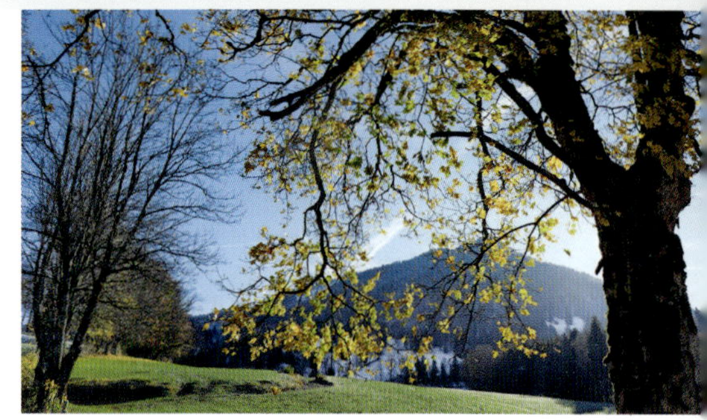

bleibt von jener „Völkerwanderung" verschont, die – unterwegs mit dem Ziel Schwarzentennalm zur Mittagsjause – sich erst am Vormittag in Bewegung setzt. Somit werden wir lediglich von ein paar Mountainbikern überholt, die ihren E-Motor laut Bordcomputer bestimmt nur im Eco-Modus laufen haben.

Der Wegweiser „Kampen" löst in uns eine Vorfreude aus, auch weil die Bergwanderung jetzt eigentlich erst so richtig losgeht; bis dorthin haben wir gerade einmal 170 Höhenmeter bewältigt. Die Wege und Pfade werden ab dem Stinkergraben deutlich kurzweiliger. Letzterer trägt seinen Namen übrigens vollkommen zu Recht – durch Schwefelvorkommen steigen einem in der Tat ungewohnte Gerüche in die Nase. Seltsam nur, dass man bei der Wasserprobe am „verdächtigen" Bach gar nichts mehr riecht, obwohl in der AV-Karte auf 1125 Metern Höhe eine Schwefelwasserquelle verzeichnet ist.

Wir verlassen das Bachbett in einer weit ausholenden Kehre und erreichen den weitläufigen Hirschtalsattel. Ein Schild des DAV weist uns mit der Aufschrift „Alpine Erfahrung, Trittsicherheit und Schwindelfreiheit erforderlich" auf potentielle Gefahren bei der Kampen-Überschreitung hin. Bei unsicheren Verhältnissen oder sollte sich jemand den leichten technischen Anforderungen am Berg nicht gewachsen fühlen, könnte man das Kampen-Massiv auch nordwestlich umwandern und sich mit dem Seekarkreuz (laut Ww. 1 Std. Gehzeit) als Tagesziel begnügen.

Genussabschnitt auf dem Kampengrat

Obwohl wir Anfang April unterwegs sind, präsentieren sich die Tegernseer Berge noch im Winterkleid. Glücklicherweise ist die Wegtrasse durch die steile Bergflanke gespurt, sonst hätte sich das Unternehmen Kampen-Überschreitung rasch von selbst erledigen können. Mühsam stapfen wir nach oben, um zwischendurch immer wieder mal im Schnee einzubrechen. Letztlich erreichen wir den Ochsenkamp ohne Probleme und sind am Gipfel trotz des österlichen Vorzeigewetters vollkommen allein. Bevor wir uns an der wohlverdienten Brotzeit laben, müssen noch ein paar Gipfelbilder her – erfreut stellen wir fest, dass wir uns vom Tegernsee und Bad Wiessee bereits ein gutes Stück entfernt haben.

Die Vorfreude auf das Weiterwandern wächst mit jedem Brothappen – der grandiose Gratabschnitt zwischen dem Ochsenkamp im Norden und dem Spitzkamp im Süden ist der absolute Höhepunkt der Tour. Die Vegetation beschränkt sich auf vereinzelte Latschenkiefern, weshalb wir die überwältigende Ausschicht voll auskosten können: Im Osten tauchen die Hohen Tauern mit dem Großglockner auf und auch die Blicke in Richtung Karwendel-, Mangfall- und Wettersteingebirge lassen keine Wünsche offen. Bei genauerem Hinsehen erspähen wir hinter dem Gipfelkreuz des Spitzkamps die Bergkuppe des Seekarkreuzes und dahinter die unverkennbare Felspyramide der Soiernspitze. Etwas östlich davon können wir jenseits von Roß- und Buchstein bereits den Verlauf der Folgetour 22 über die Hochplatte und den Schönberg nachvollziehen, welcher Karwendels höchstem Gipfel, der Birkkarspitze, unmittelbar vorgelagert ist.

Über das Seekarkreuz Richtung Isartal

Dank des trittfesten Schnees ist die Wanderung entlang des Kampengrats ein Hochgenuss. Beim Abstieg vom Spitzkamp stellen wir erleichtert fest, dass die weiße Pracht an den wenigen ausgesetzten Stellen durch intensive Sonneneinstrahlung bereits weggeschmolzen ist. Eine Holztreppe und Eisenklammern helfen uns über die Steilstufe hinweg. Anschließend tauchen wir in den Wald ein und nehmen den kurzen Gegenanstieg von 100 Höhenmetern zum Seekarkreuz in Angriff. Vom Gipfel genießen wir abermals das imposante Bergpanorama.

Nächstes Ziel ist die Lenggrieser Hütte, die einzige Einkehr an unserer Strecke. Von hier steigen wir auf dem Grasleitensteig in das Isartal ab. In den letzten Jahren ist der Steig jedoch im mittleren Abschnitt durch Forstarbeiten in Mitleidenschaft gezogen worden, weshalb orientierungssichere Wanderer nördlich der Hütte den kurzen Gegenanstieg Richtung Grasleitenkopf in Kauf nehmen und auf unmarkiertem Pfad über den Grasleitenstein in den Unteren Bichl absteigen. In Mühlbach trifft der kaum zu verfehlende Jägersteig wieder auf die offizielle Route.

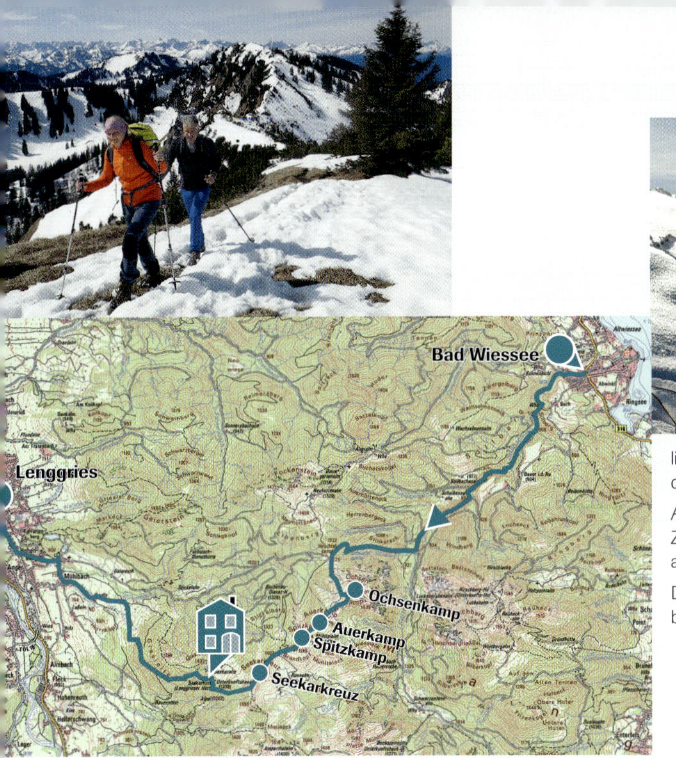

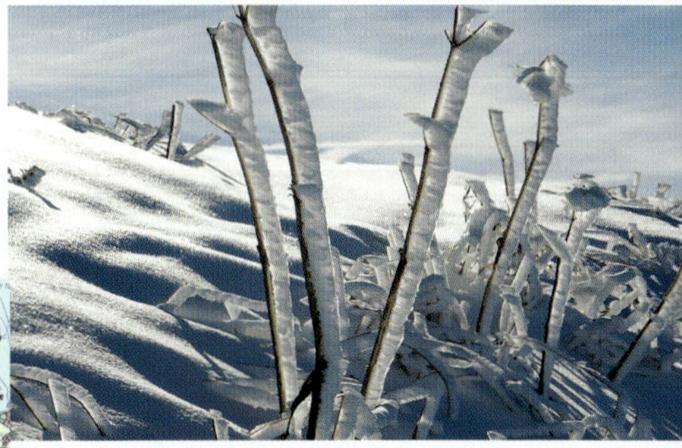

linke Seite: Vor dem Weiler Tradln flacht das Abstiegsgelände deutlich ab.

Anfang April noch soviel Schnee! Zur Belohnung des mühsamen Anstiegs allein am Ochsenkamp unterwegs!

Der Wind formt an der Gratschneide bei Frost bizarre Eisgebilde.

ROUTE: Bad Wiessee - Söllbachtal - Ochsenkamp - Auerkamp - Spitzkamp - Seekarkreuz - Lenggrieser Hütte - Mühlbach - Lenggries

Von der Bushaltestelle in Abwinkl auf der Söllbachstraße zu den großen Wanderparkplätzen und weiter gut 4 km in das Söllbachtal > an einer Lichtung mit kleinen Hütten (950 m) rechts dem beschilderten Weg folgen (Ww. Kampen) > teils im Bachtobel, teils ausweichend durch den sog. Stinkergraben in den flachen Hirschtalsattel (1229 m) wandern > auf teils rutschigem Pfad durch die steile Nordflanke des Kampenmassivs empor > auf der Kammhöhe links in wenigen Minuten zum Ochsenkamp (1594 m) > zurück zur Weggabelung und in aussichtsreicher Gratwanderung über den Auerkamp (1607 m) zum Spitzkamp (1603 m) queren > einige abschüssige Felspassagen passierend, teils ausgesetzt über eine Holztreppe und einzelne Eisenklammern in die Waldsenke hinab (hier Trittsicherheit und Schwindelfreiheit erforderlich) > an der Weggabelung im Wald (1501 m) in südwestlicher Richtung zum Seekarkreuz (1601 m) queren > kurzer Abstieg entlang der Kammhöhe, dann rechts im Bogen durch den Wald zur Lenggrieser Hütte (1338 m) > Abstieg auf dem Grasleitensteig über den Weiler Tradln nach Mühlbach zum Parkplatz Schloss Hohenburg > Hohenburgstraße nach W und rechts auf der Karwendel- und Bahnhofstraße zum Bahnhof von Lenggries

Gehzeit 7 Std.
Strecke 19,5 km
Höhenmeter 1010 Hm ↑
1060 Hm ↓

ÖPNV
Erste Anfahrt BRB von München HBF (7.04 Uhr) nach Gmund am Tegernsee, Bus 9559 nach Abwinkl/Söllbach (Ankunft 8.23 Uhr)
Letzte Rückfahrt BRB von Lenggries (22.47 Uhr) nach München

Zeitfenster vor Ort ca. 14 ½ Std.

Charakter Grandiose Vier-Gipfel-Tour mit überragender Aussicht! Die Kampenüberschreitung – insbesondere der Abstieg vom Spitzkamp – erfordert Trittsicherheit und Schwindelfreiheit, die Länge der Wanderung entsprechende Ausdauer.

Wegweiser Im Söllbachtal Richtung Schwarzentennalm, mit Abzweig in den Stinkergraben (Ww. Kampen) sind all unsere Wegziele bestens beschildert.

Einkehr /Übernachtung Lenggrieser Hütte, Tel. 08042-5633096, ganzjährig geöffnet, Mo./Di. Ruhetag, www.lenggrieserhuette.de

Karte AV-Karte BY13 „Mangfallgebirge West", 1:25.000

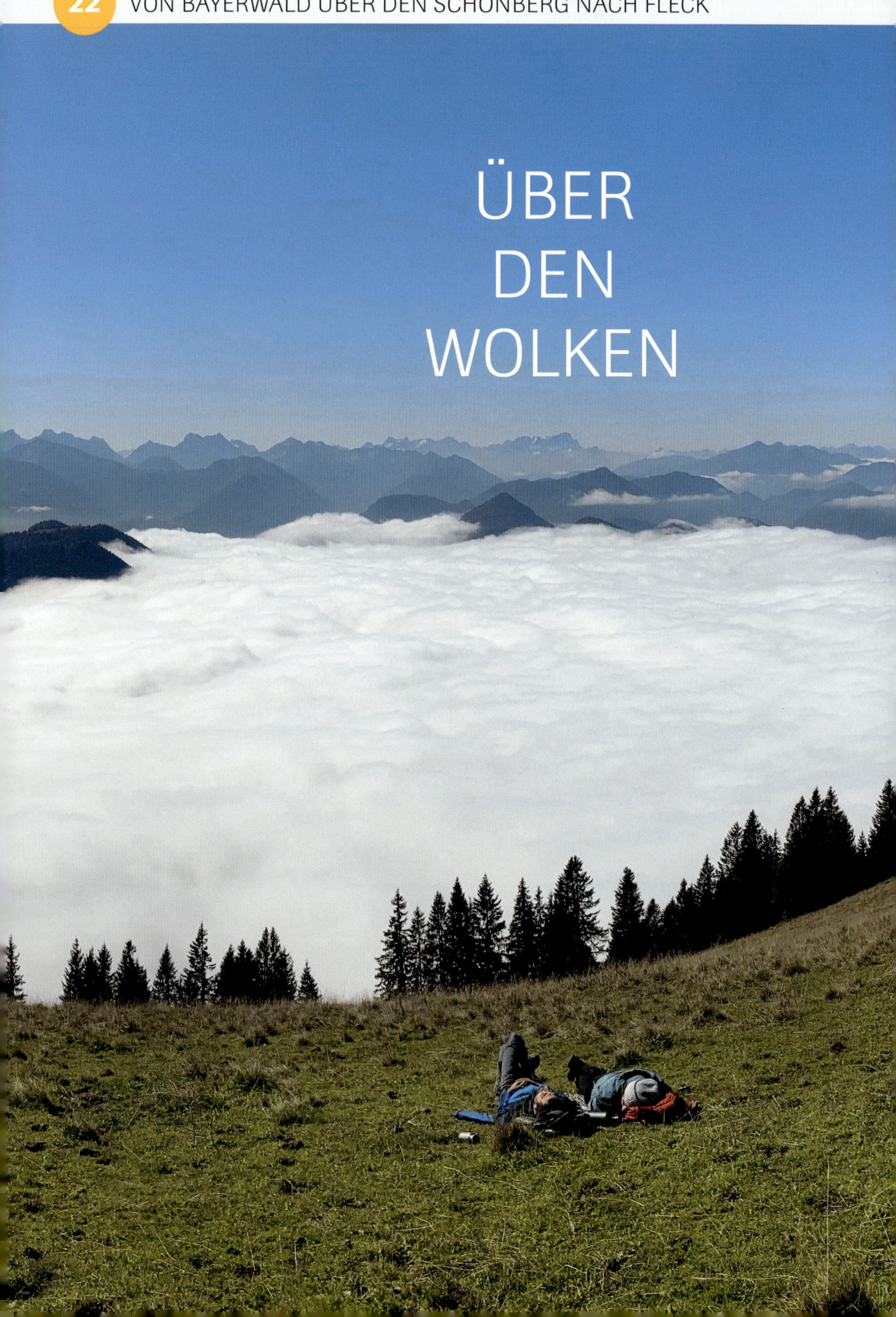

ÜBER DEN WOLKEN

Da es mich in den Sommermonaten meist in höhere Gefilde zieht, bleibt für die geschätzten bayerischen Hausberge meist das Winterhalbjahr übrig. Damit die Bebilderung der Touren nicht zu „winterlastig“ wird, organisierte ich für die Wanderung über die Hochplatte und den Schönberg eigens eine kleine Gruppe im Freundeskreis mit großer Vorfreude auf einen wie gemalten Über-den-Wolken-Tag Anfang Oktober. Doch einen Tag vor der Tour verletzte ich mich beim Volleyball und musste passen. Nun muss ich – von einer Ausnahme abgesehen! – also wieder auf Schneebilder zurückgreifen, obwohl die Tour natürlich auch im Sommer ihren Reiz hat.

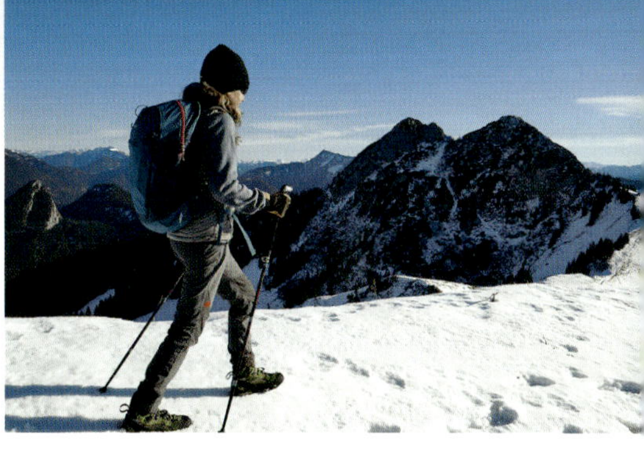

linke Seite: Weitläufige Gipfelwiesen am Schönberg und über dem Nebelmeer – Herz, was willst du mehr!

Im Gegensatz zum benachbarten Roß- und Buchstein ist die Hochplatte kaum besucht.

Der Bergsteigerbus in die Eng verkehrt nur zwischen Ende Mai und Mitte Oktober, was für unsere Rückfahrt von Fleck nach Lenggries von Relevanz ist. Wer am Ende der Tour vom Bus unabhängig sein möchte oder wie ich jahreszeitenbedingt zu spät dran ist, wandert von der Weggabelung im Almbachgraben nicht nach Fleck, sondern gut beschildert über Lasseln nach Lenggries; in Mühlbach mündet der Weg in die Abstiegsroute vom Seekarkreuz (siehe Tour 21).

Perfekter Auftakt im Weißachtal

Diese Wanderung hat im Vergleich zu den meisten ÖPNV-Touren den großen Vorteil, dass sie unmittelbar von der Bushaltestelle ohne jeglichen Anmarsch gleich furios mit einer satten Steigung loslegt. Und zwar auf jenem abwechslungsreichen Steig, der bestens markiert zur Tegernseer Hütte – nach der auch die Bushaltestelle benannt ist – sowie zu Roß- und Buchstein hochführt. Im Frühjahr habe ich unterhalb des Sonnenberg Niederlegers vor Jahren eine blühende Frauenschuh-Kolonie entdeckt – eine Rarität, die Königin der Orchideen in den bayerischen Hausbergen anzutreffen. Am Sonnenberg Hochleger, wo wir das Gros der Steigung bereits erfüllt haben, entfliehen wir dem Wald und genießen fortan das Maximum an Sonne.

Die meisten Wanderer peilen von hier auf gesichertem Felssteig die Tegernseer Hütte an, die in der Einsattelung zwischen dem Respekt einflößenden Gipfelduo Roß- und Buchstein liegt. Für die nordöstlich gelegene Hochplatte interessiert sich hingegen so gut wie niemand, obwohl sie mit einer Höhe von 1591 Metern gleichfalls eine hervorragende Aussicht bietet. Es führt auch kein markierter Steig auf den kreuzlosen Gipfel, was den Ruhe suchenden Wanderer ganz gelegen kommt. Von der Einsattelung oberhalb der Roßstein-Almen haben wir den weiteren Tourenverlauf mit dem nach Westen querenden Almweg und der sich darüber aufbauenden Hochplatte bestens im Blick: Die Pfadspuren verlaufen über allenfalls mäßig steiles Wiesengelände stets auf dem breiten Gratrücken.

Genussreicher Übergang zum Schönberg

Im Gegensatz zur baumfreien Hochplatte ragt der Schönberg gerade noch aus dem Wald heraus. Um die herkömmliche Anstiegsroute vom Mariaeck nicht zweimal gehen zu müssen, besteigen wir den Gipfel über die sonnige Südseite. Hierfür queren wir fast höhengleich über das sanfte Weidegelände der Amperthalalm und Schönbergalm, an welcher der Almweg in einen Wiesenpfad übergeht. Das Gipfelkreuz liegt deutlich unterhalb des höchsten Punkts des Schönbergs, den wir für den Abstieg jedoch anvisieren müssen. Die Fernsicht ist überwältigend: Hinter der langgezogenen Blaubergkette und dem markanten Guffert lugen mit Großem Wiesbachhorn, Großglockner und Großvenediger markante Gipfel der Hohen Tauern hervor.

Wenige Wochen nach der erwähnten Absage der Gruppentour wollte ich das verpasste „Über-den Wolken-Panorama“ übrigens nachholen. Nach morgendlichem Webcam-Check – Wolkenobergrenze in 1300 Metern Höhe – musste ich am Schönberg jedoch enttäuscht feststellen, dass die Wolken gleich 300 Höhenmeter „mitgewandert“ waren und den Gipfel somit „geschluckt“ hatten. Irgendwie fühlte ich mich an Wolfgang Ambros legendäres Watz-

22 VON BAYERWALD ÜBER DEN SCHÖNBERG NACH FLECK

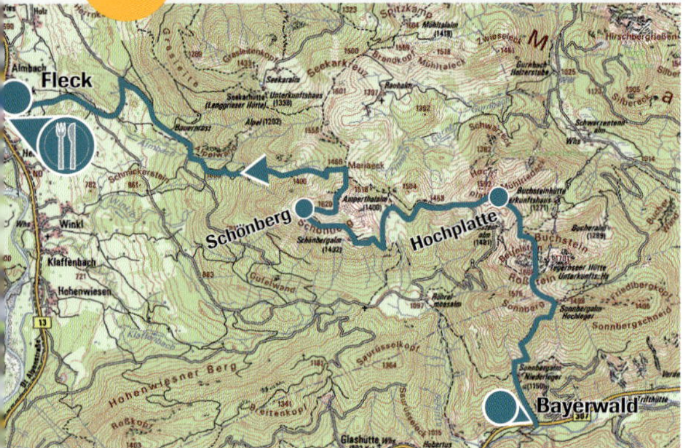

mannlied erinnert, das wie folgt beginnt: „Groß und mächtig, schicksalsträchtig. Um seinen Gipfel jagen Nebelschwaden." Mächtig ist der Schönberg nun gerade nicht, aber die Stimmung so knapp über der Nebelgrenze wäre schon die Krönung gewesen. Wir lernen daraus, dass die Berge nicht berechenbar sind und man sich den Launen der Natur mit Humor stellen sollte. Und Martin sei Dank für das Überlassen des Gipfelpanoramas von Anfang Oktober! Der Nebel war an jenem Tag bis tief in das Tegernseer Tal und bis zum Sylvensteinspeicher hereingezogen, um sich Richtung Loisachtal und Karwendelgebirge aufzulösen.

Abstieg über Mariaeck nach Fleck

Vom Schönberg wandern wir nach Norden direkt auf das benachbarte Seekarkreuz zu. Mit raschem Eintauchen in den Wald ist der Bergblick hinfällig. Am Mariaeck wendet sich der Steig nach Westen, der Wald lichtet sich, und von der westlichen Isarseite grüßen Benediktenwand, Achselköpfe und Brauneck zu uns herüber. Nach Einmündung in den Forstweg können wir mit kleinem Abstecher eine stattliche Tanne bewundern (Schild Naturdenkmal). Dann passieren wir eine Weide mit Ungarischen Zackelschafen, die scheuer als andere Schafarten sind und uns Wanderern aus gebührender Entfernung gerne nur ihr Hinterteil zeigen.

ROUTE: Bayerwald - Sonnbergalm - Hochplatte - Schönberg - Fleck

Direkt an der Bushaltestelle nebst Parkplatz (855 m) beginnt der beschilderte Steig durch lichten Wald über den Sonnbergalm Niederleger (1150 m) zum Sonnbergalm Hochleger (1498 m; Ww. Tegernseer Hütte) > nach Passieren des „Brotzeitfelsens" an der Weggabelung links (Ww. Schönberg/Seekarkreuz) > den Roßstein westlich umwandern und zur Roßsteinalm (1481 m) absteigen > hier nicht dem nach NW führenden Almweg folgen, sondern geradeaus auf Pfadspuren den Grasrücken zur Hochplatte (1591 m) empor (kein Ww.!) > den flachen W-Grat zum sichtbaren Almweg absteigen (keine Markierungen!) > am Wegabzweig Seekarkreuz links über die Amperthalalm (1400 m) zur Schönbergalm (1432 m) > oberhalb der Alm dem Wiesenweg zum Kreuz des Schönbergs folgen > vom Kreuz nach O zum höchsten Punkt (1620 m) auf- und nach NO absteigen > an der Weggabelung Mariaeck (1469 m) links absteigen (Ww. Fleck) > unterhalb der Waldlichtung mündet der Steig in einen Karrenweg > am Forstweg rechts an der Zackelschafwiese vorbei nach NW > an der Weggabelung links durch den Almbachgraben nach Fleck (Ww. Fleck/Röhrlmoosalm; geradeaus würde es nach Lenggries gehen) > im Ort rechts zum Landgasthof Zum Papyrer.

Gehzeit 6 Std.
Strecke 15 km
Höhenmeter 1000 Hm ↑ 1160 Hm ↓

ÖPNV
Erste Anfahrt BRB von München HBF (7.30 Uhr) nach Tegernsee, Bus 9550 Richtung Achensee bis Haltestelle Tegernseer Hütte (Ankunft 9.22 Uhr)

Letzte Rückfahrt Bergsteigerbus 9569 von Fleck/Papyrer (19.28 Uhr; nur Ende Mai bis Mitte Oktober), BRB von Lenggries nach München

Zeitfenster vor Ort ca. 10 Std.

Charakter Bis zur Hochplatte wandern wir ausschließlich auf kurzweiligen Steigen, dann geht es auf Almwegen genussreich zum Schönberg. Der Abstieg verläuft eher schattig, im unteren Abschnitt auf Forstwegen.

Wegweiser Bis zum Sonnenberg Hochleger der direkten Route zur Tegernseer Hütte folgen, anschließend sind mit Ausnahme der Hochplatte (hier klare Orientierung) die Wegziele Schönberg und Fleck gut beschildert.

Einkehr Landgasthof Zum Papyrer, Fleck, Tel. 08042-5633077, www.zum-papyrer.de

Karte AV-Karte BY13 „Mangfallgebirge West", 1:25.000

HART AN DER GRENZE

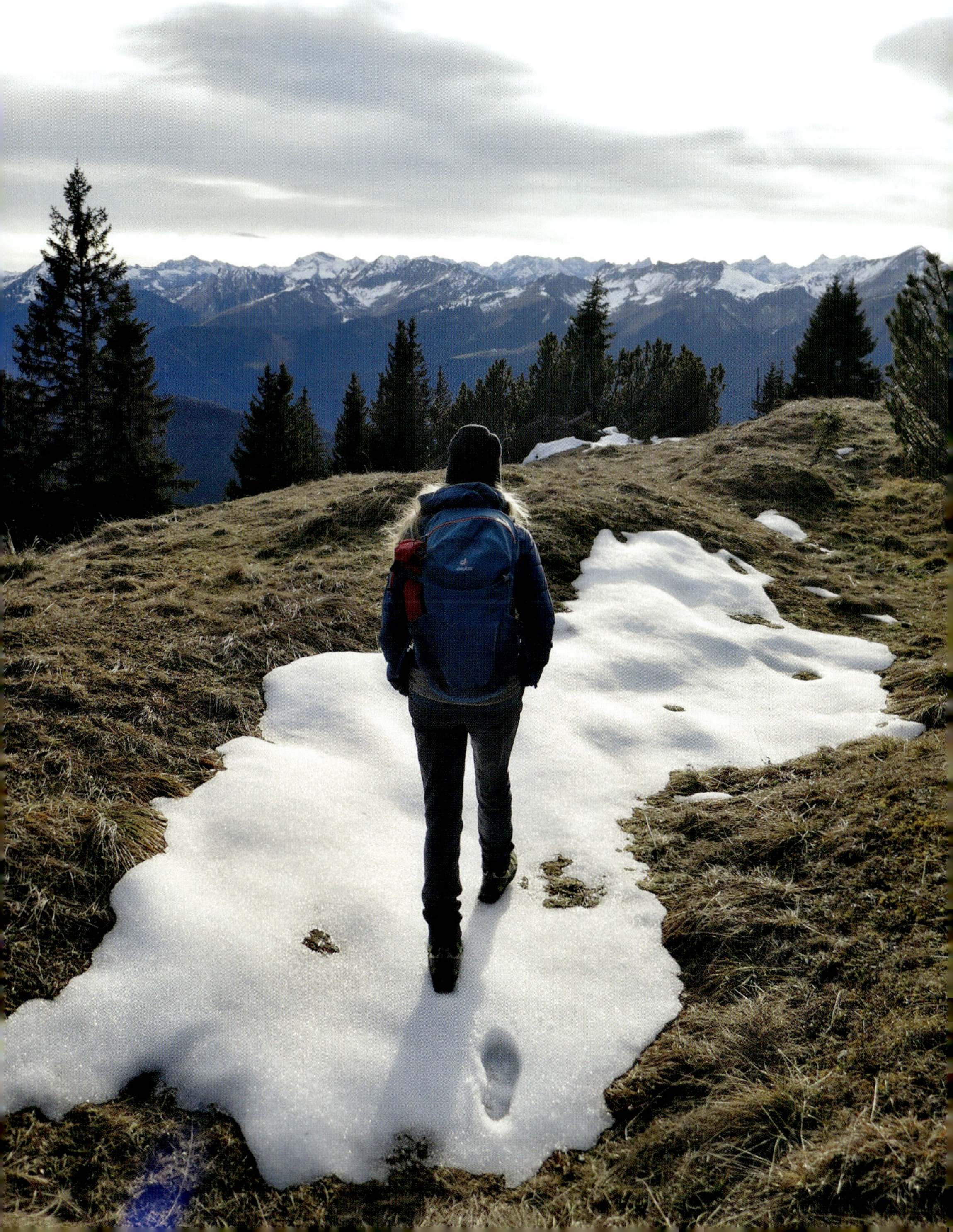

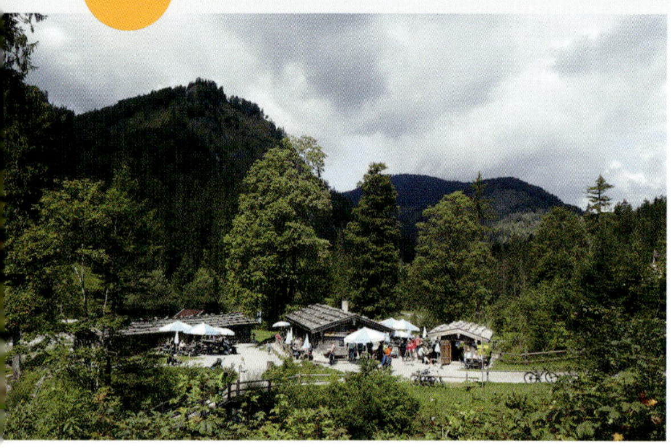

vorige Seite: Der flache Bergkamm am Platteneck verläuft exakt an der Grenze nach Tirol.

Nach dem Abstieg in das Tal der Hofbauernweißach lohnt im Sommerhalbjahr der kurze Abstecher zu den Siebenhütten.

Mal ehrlich – wer hat schon einmal vom Platteneck gehört? Der teils latschenbewachsene Bergkamm erstreckt sich westlich der bekannten Blauberge „hart an der Grenze zwischen Bayern und Tirol“, wie bei Wikipedia nachzulesen ist. Wer den Einstiegspfad in Nähe der Königsalm gefunden hat, stößt orientierungsmäßig mit ein wenig Bergerfahrung kaum an seine Grenzen. Die Aussicht von unserem Pioniergipfel ist durch die partielle Bewaldung zwar etwas eingeschränkter als vom benachbarten Vorzeige-Hausberg Schildenstein, dafür hat er stolze fünf Höhenmeter mehr auf seinem Buckel.

Es ist erfreulich und verwunderlich zugleich, dass es in den überlaufenen Tegernseer Bergen derart einsame, technisch leichte Gipfelziele gibt. Nach zwischenzeitlicher Begegnung mit dem „Mainstream“ am Schildenstein tauchen wir mit dem Abstieg vom Graseck durch den unbekannten Gerlosgraben abermals in einsame Gefilde ab.

Teils wegloser Anstieg zum Platteneck

Unser Ausgangsort Klamm liegt nur drei Kilometer vom Zielort Wildbad Kreuth entfernt, wodurch wir streng genommen eher eine Rund- als eine Streckentour machen. Zu beachten ist, dass der RVO-Bus 9550 nicht sehr häufig verkehrt, was eine entsprechende Zeitplanung erfordert. Am Wanderparkplatz informiert uns ein zweisprachiges Schild über die landschaftliche Schönheit der Klamm, in der sich die Weißach wild schäumend und geräuschvoll ihren Weg durch das „Bett aus Stein“ bahnt. Unser Weg verläuft auf einer Länge von drei Kilometern erst einmal auf dem beschilderten Forstweg in Richtung Königsalm.

Um den Einstieg zum Platteneck zu finden, peilen wir die bereits von Weitem klar erkennbare baumfreie Bergwiese westlich der versteckt liegenden Königsalm an. Je näher wir kommen, desto klarer zeichnet sich der Pfad ab, der unterhalb des markanten Felskopfs entlang der Gratschneide steil nach oben führt. Erst bei der Querung in die nordschattigen Hänge flacht das Gehgelände deutlich ab. Wir erreichen eine auffällige Mulde, an der wir den Pfad weglos in östliche Richtung verlassen. Die Sonnenseite des Plattenecks ist recht flach – das Erreichen des höchsten Punkts sollte somit Formsache sein. Auf den großzügigen Wiesen findet man zwischen den Latschen mit schönem Panoramablick auf den Achensee, das Karwendel und die Zugspitze zahlreiche lauschige Brotzeit- und Ruhenischen.

Abstecher zum Schildenstein

Auf dem Weg zum benachbarten Schildenstein geben die Blauberge klar die Richtung vor. Dabei sucht man sich anfangs seinen Weg durch die Latschen selbst. Im Zweifel besser umkehren und etwas unterhalb der mit Grenzsteinen markierten Kammhöhe einen zweiten Versuch starten! Am höchsten Geländepunkt fällt das Gelände deutlich nach Osten ab, und rasch taucht klar erkennbar unser Abstiegspfad auf. Nach Einmündung in den markierten Steig dauert der Abstecher zum Schildenstein rund eine halbe Stunde. Der Abstieg vom Graseck in das Tal der Hofbauernweißach verläuft auf einem gleichfalls unbekannten „Schleichweg“ durch den Gerlosgraben. Wer Zeit und Muße mitbringt, ist mit der Bestimmung der alpinen Flora, darunter Alpen-Fettkraut, Schwarze Akelei und einige Orchideenarten, bestens beschäftigt. Im Talboden haben wir an schönen Bachgumpen nicht nur die Gelegenheit für ein erfrischendes Bad, sondern mit den Siebenhütten und der Herzoglichen Forellenzucht gleich zwei Optionen für die den Tag krönende Einkehr.

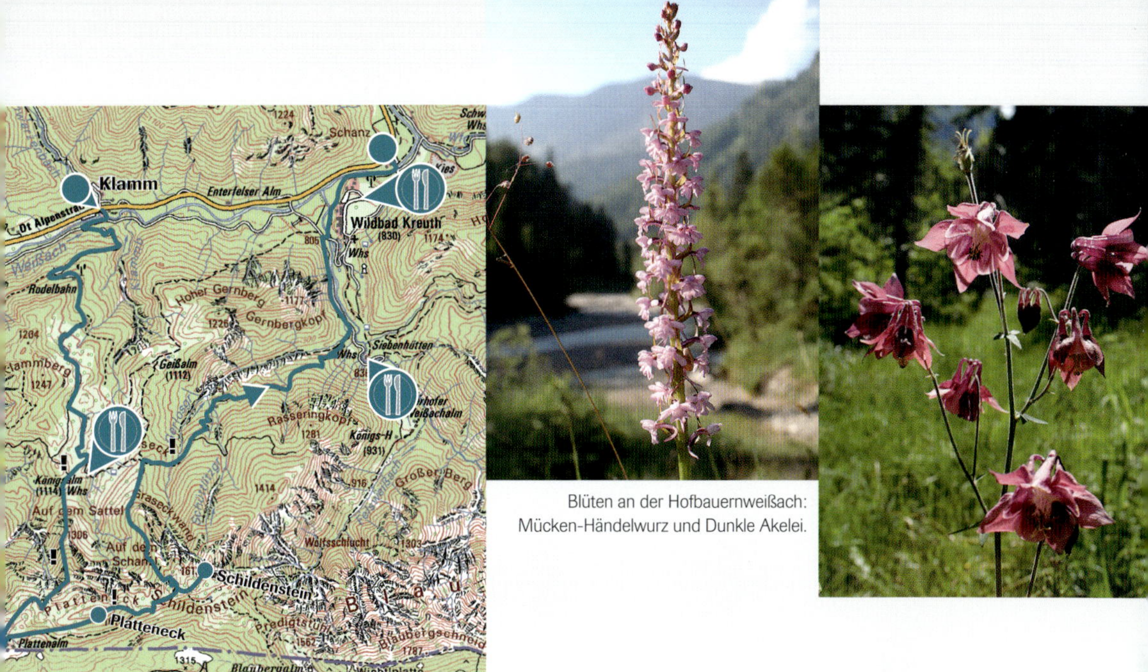

Blüten an der Hofbauernweißach:
Mücken-Händelwurz und Dunkle Akelei.

ROUTE: Klamm - (Königsalm) - Platteneck - Schildenstein - Gerlosgraben - (Siebenhütten) - Wildbad Kreuth

Von der Bushaltestelle zum Parkplatz, die Weißach überqueren und rechts dem Forstweg 3 km weit ansteigen (Ww. Königsalm) > an der Weggabelung in der baumfreien Hochebene links > **!** wir wandern in einen Geländeeinschnitt: den Weg in der scharfen Linkskurve nach S verlassen (Graspfad) > **!** den Fahrweg etwas westlich der verdeckten Königsalm (1114 m) geradeaus überqueren und über eine Haflinger-Weide direkt den freien Hang ansteuern > **!** sobald das Gelände deutlich ansteigt, erkennen wir einen klar ersichtlichen Pfad > **!** der Pfad führt unterhalb eines markanten Felskopfs vorbei entlang der Geländekante steil in die Höhe (die links abzweigenden Pfadspuren verlaufen sich) > **!** nach Querung der NW-Hänge in der auffallenden Mulde den Pfad links verlassen und weglos auf der begrasten Südseite des Plattenecks in angenehmer Steigung zum höchsten Punkt (1616 m; Grenzstein) > **!** ca. 50 m wieder zurück und zwischen Latschen hindurch zum Geländepunkt 1618 m queren > **!** am Gratrücken stoßen wir auf einen Pfad, auf dem wir nach O absteigen > nach kurzem Gegenanstieg Einmündung in den markierten Steig zum Schildenstein (1613 m) > wieder zurück zur Einmündung und zum Graseck (1205 m) absteigen > **!** an der Weggabelung hinter der Brotzeitbank rechts dem Steig in den Gerlosgraben folgen (kein Wegweiser!) > Einmündung in einen breiteren Weg, der in das Hofbauernweißachtal hinabführt > an der Weggabelung links (rechts Abstecher zu den Siebenhütten, 836 m) > rechts über die Bachbrücke, an der Herzoglichen Fischzucht vorbei und entlang der Weißach zum großen Wanderparkplatz in Wildbad Kreuth.

Gehzeit 4 ½ Std.
Strecke 14,5 km
Höhenmeter 900 Hm ↑ 930 Hm ↓

ÖPNV
Erste Anfahrt BRB von München HBF (7.30 Uhr) nach Tegernsee, Bus 9550 Richtung Achensee bis Haltestelle Kreuth/Klamm (Ankunft 9.20 Uhr)

Letzte Rückfahrt Bus 9550 von Wildbad Kreuth (18.47 Uhr) nach Tegernsee, BRB nach München

Zeitfenster vor Ort ca. 9 ½ Std.

Charakter Das Platteneck überrascht mit einer einsamen Route durch eine schöne, wilde Berglandschaft, und auch der Abstieg durch den Staffelgraben ist wenig begangen. Im Gegensatz dazu hohe Frequentierung am Schildenstein!

Wegweiser Während die Wege Richtung Königsalm sowie zum Schildenstein und Graseck nicht zu verfehlen sind, erfordert die unmarkierte und teils weglose Route über das Platteneck Orientierungssinn!

Einkehren Königsalm, Di. Ruhetag, Tel. 0151-50112686; Siebenhütten, Tel. 0151-12043909, jeweils Mai bis Oktober; Herzogliche Fischzucht Wildbad Kreuth, Tel. 08029-997460, www.fischerei-kreuth.de

Karte AV-Karte BY13 „Mangfallgebirge West", 1:25.000

DIE BLAUBERGE ALS MAMMUT-OPTION

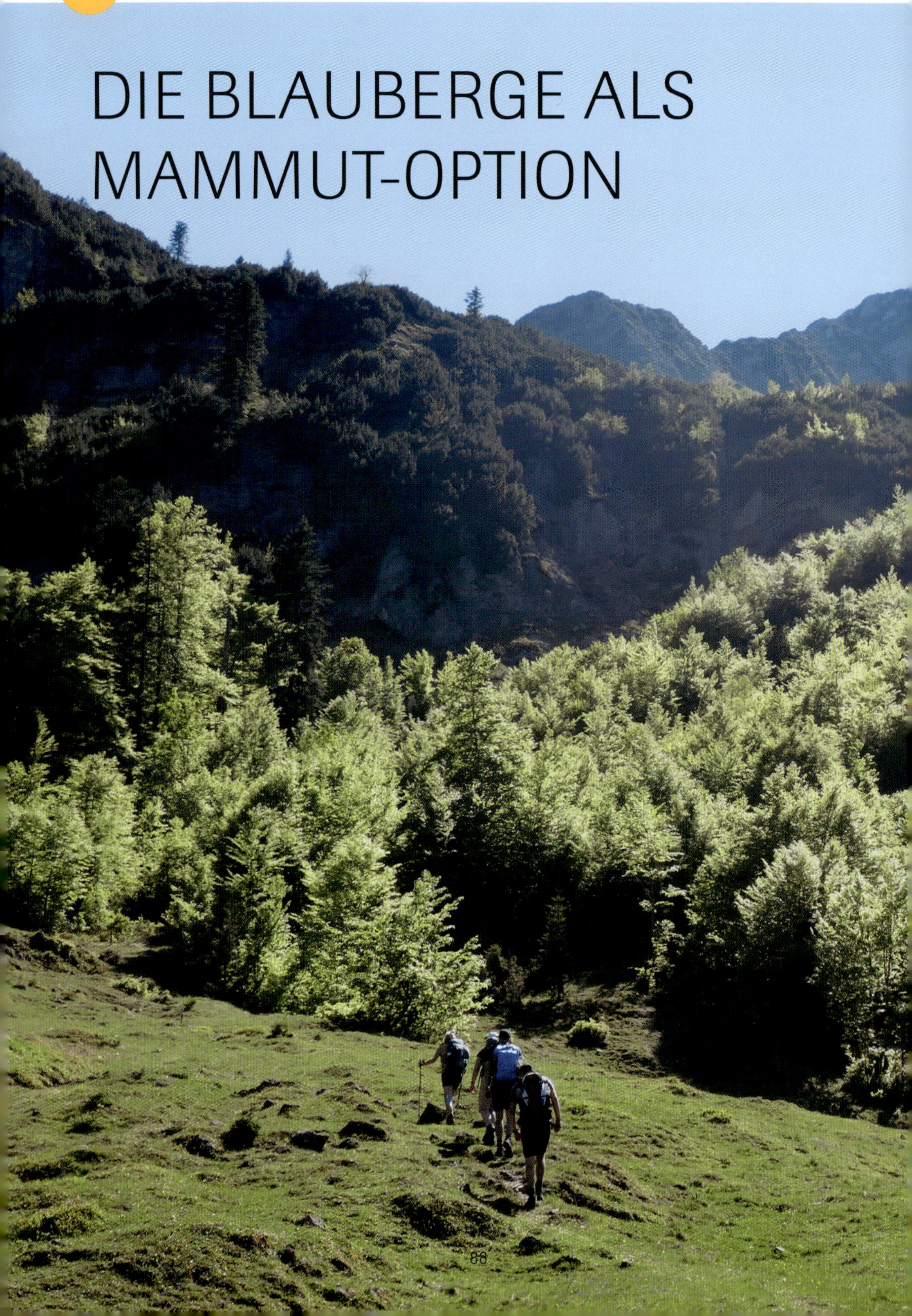

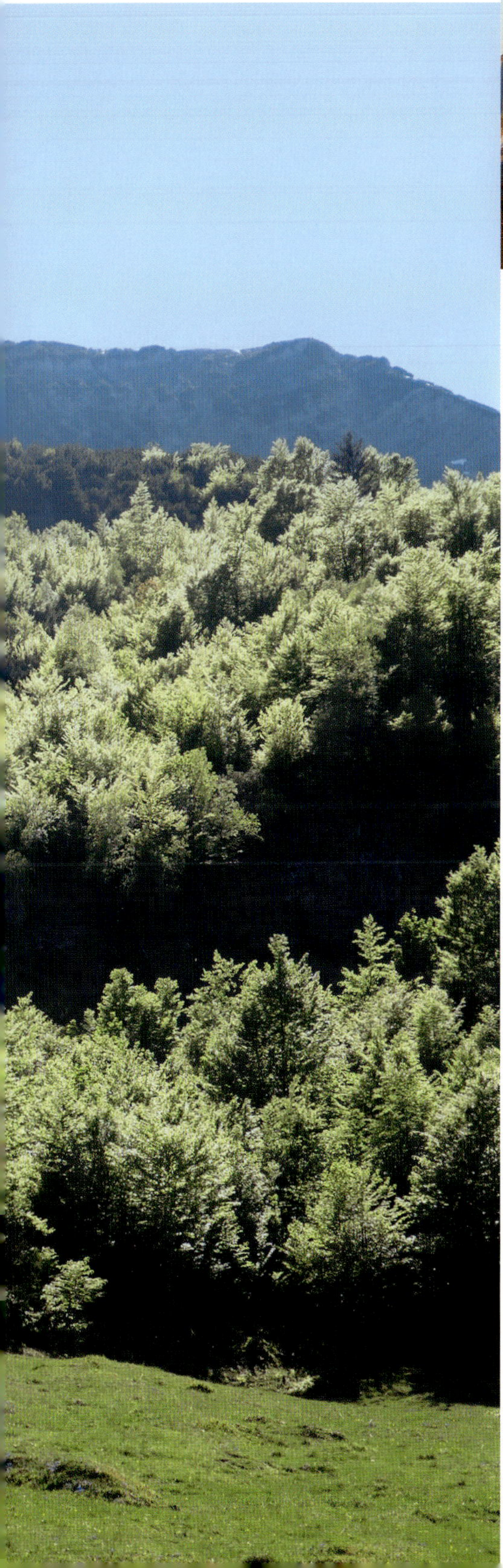

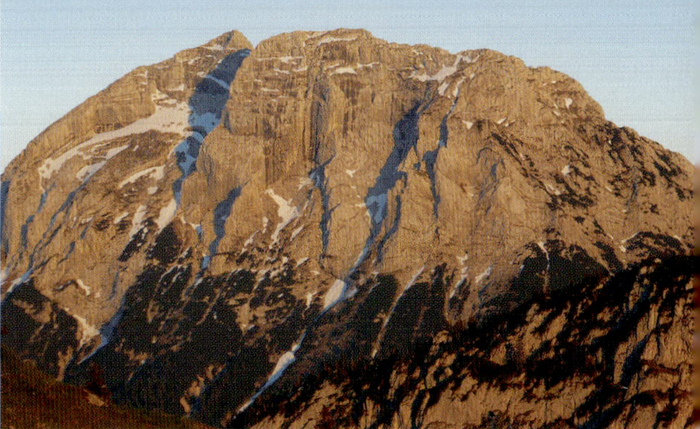

links: Sportliche Zugabe: der Anstieg in Richtung Blaubergkamm nach dem Abstieg vom Schinder und einer Forstwegpassage …

Der Guffert im Abendlicht von der Hüttenterrasse der Blaubergalm

An Pfingsten bekamen wir Besuch von drei Studenten aus NRW. Wir hatten das sportliche Trio auf dem mallorquinischen Fernwanderweg kennen gelernt, und nun wollte es einen Experten-Tipp für eine Hüttentour in den bayerischen Alpen. Ehrensache, dass wir bei der Königsetappe von der Valepp über den Schinder und die Blauberge bis Wildbad Kreuth mit von der Partie waren! Ohne Übernachtung auf der Blaubergalm ist das Pensum von rund zehn Stunden Gehzeit sowie 25 zu bewältigenden Kilometern nebst 2000 Höhenmetern jedoch kaum zu schaffen. „Normalwanderer“ lassen die Blauberge links liegen und begnügen sich mit dem direkten Abstieg nach Wildbad Kreuth.

Der Österreichische Schinder und der Blauberggrat stellen jeweils für sich schon eine fordernde Tour dar. Während wir bei unserer Mammut-Tour sogar von Spitzing aus losgewandert sind, empfehlen wir für den höheren Genuss am Berg ein Umsteigen in den in die Valepp fahrenden Bus; dabei müssen wir bei der Planung die seltenen Abfahrtszeiten beachten!

Von der Valepp auf den Österreichischen Schinder
Um uns den Anstieg durch das Schinderkar zu ersparen – von dem der Berg zurecht seinen Namen erhalten hat –, beginnen wir unsere Tour an der Johannesbrücke. Unterwegs erspähen wir mit et-

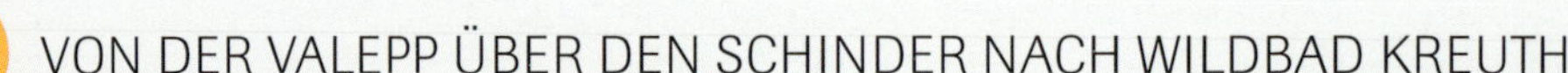

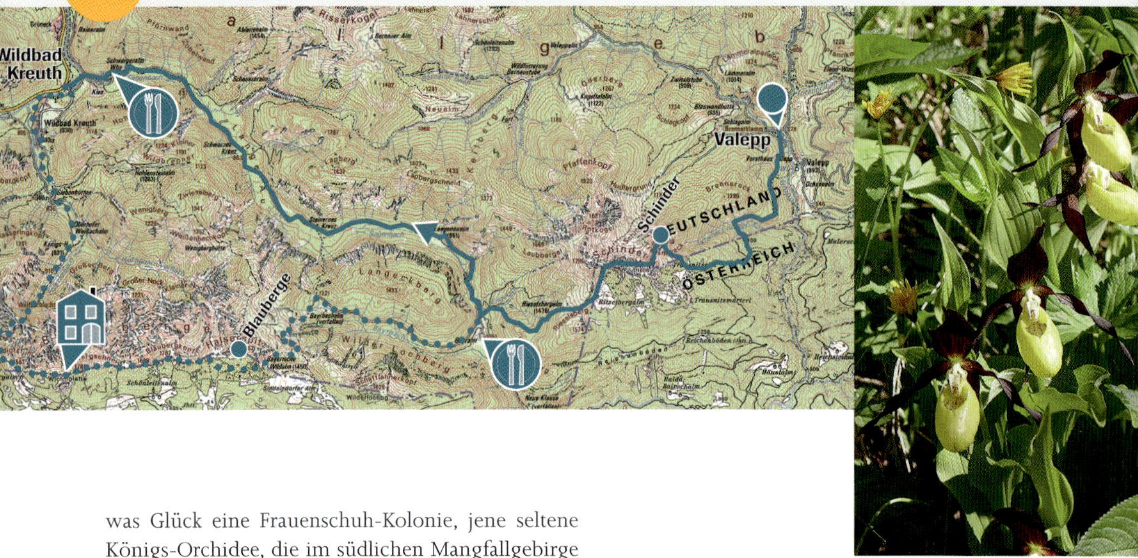

was Glück eine Frauenschuh-Kolonie, jene seltene Königs-Orchidee, die im südlichen Mangfallgebirge häufiger als in anderen Regionen anzutreffen ist. Wir durchqueren drei schöne Bachseitentäler und erreichen die Trausnitzalm, wo sich der Wald lichtet und der Schlussanstieg zum Österreichischen Schinder langsam absehbar wird.

Am Gipfel öffnet sich ein weitreichendes Bergpanorama bis zum Alpenhauptkamm – allein die Zillertaler Alpen präsentieren sich mit bekannten Bergen wie Reichenspitze, Ahornspitze, Großer Löffler, Schwarzenstein, Großer Mösler, Hochfeiler, Hoher Riffler und Olperer in voller Schönheit. Mit Blick über die nach Norden steil abfallenden Felswände registrieren wir den alpinen Charakter des Schinders und bereuen es nicht, nicht durch das Schinderkar aufgestiegen zu sein. Das steile Schuttkar hatte in der Vergangenheit einige Murenabgänge zu verkraften, weshalb die ursprüngliche Wegtrasse in Abschnitten durch eine neu markierte Direttissima – Motto: ein Schritt vor, zwei zurück! – ersetzt wurde. Außerdem liegt nach schneereichen Wintern zuweilen bis in den Frühsommer hinein noch Altschnee unter dem Felstor, was nach kalten Nächten den Einsatz von Grödeln erfordern könnte.

Auch beim Abstieg an der Südseite des Berges in Richtung Schindertor müssen wir zuweilen die Hände zu Hilfe nehmen. Einer unserer NRW-Freunde bat uns ob der Tiefblicke um moralische Unterstützung – wer die Felsen überhaupt nicht gewohnt ist, kann schon einmal „Fracksausen" bekommen! Der geübte Wanderer hat die Schlüsselstellen im ersten Schwierigkeitsgrad hingegen bestens unter Kontrolle. Gigantisch der Blick auf die Felsnadel, die im Lauf des Abstiegs am Grat auftaucht.

Wer die steilen Felsrinnen scheut, kann vom Gipfel auch auf dem bequemen Graspfad durch sanftes Latschengebiet zur beschilderten Ritzelbergalm absteigen. Die Wege in das Sagenbachtal sind wenig begangen, da sich der Anmarsch von Kreuth bis zur Einsattelung an der Bayralm (500 m abseits der Route) rund neun Kilometer lang hinzieht; diese Strecke gleich zweimal zu absolvieren, nehmen in der Regel allenfalls Bike & Hike-Freunde in Kauf.

Über die Blauberge in das Tegernseer Tal

Doch auch für den möglichen Anmarsch in Richtung Blauberge müssen wir zunächst drei Kilometer auf einem Forstweg zurücklegen, bevor der Anstieg zu der am Fuß der Halserspitze gelegenen Bayerischen Wildalm erfolgt. Von hier geht es in knapp einer Stunde auf den Blauberggrat, den wir etwas unterhalb der Halserspitze erreichen. Das stete Auf und Ab über den Blaubergkopf und die Blaubergschneid ist mit Blick auf den Alpenhauptkamm ein absoluter Hochgenuss. Unser NRW-Trio jedenfalls war mit Blick in die untergehende Sonne mehr als begeistert, wohlwissend, dass die Wanderstrapazen des Tages mit einem schmackhaften Essen in der am Ausläufer des Kammes gelegenen Blaubergalm enden würden. Am Folgetag hat man beim Abstieg die Wahl zwischen der wilden Wolfsschlucht und der Route über das Graseck. Unterwegs kann man noch bequem den Schildenstein oder das Platteneck mitnehmen (siehe Tour 23).

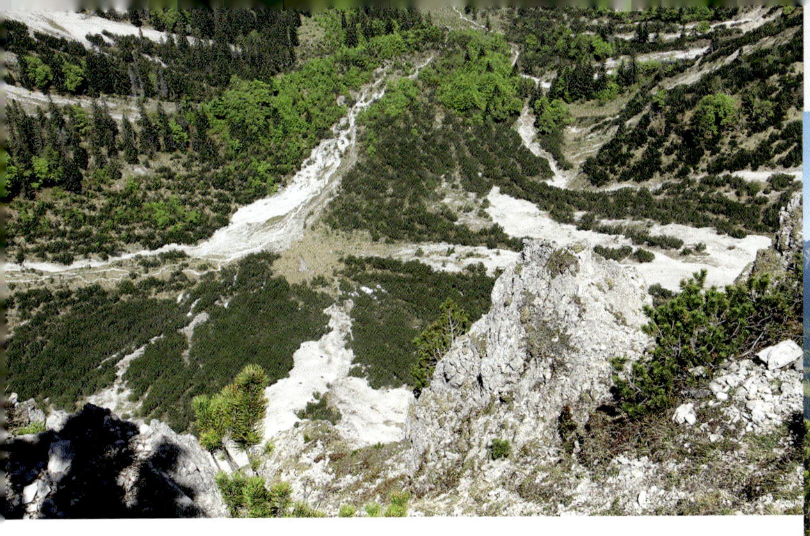

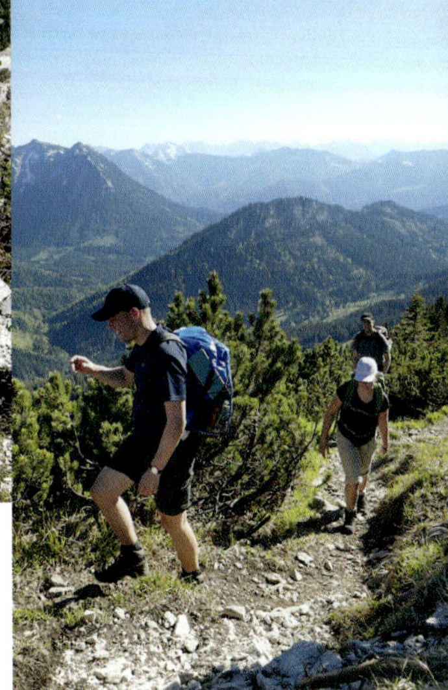

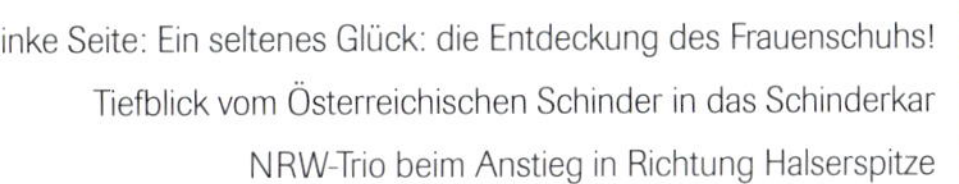

linke Seite: Ein seltenes Glück: die Entdeckung des Frauenschuhs!
Tiefblick vom Österreichischen Schinder in das Schinderkar
NRW-Trio beim Anstieg in Richtung Halserspitze

ROUTE: Valepp - Trausnitzalm - Österr. Schinder - Bayralm - (Blauberge) - Wildbad Kreuth

Die Johannesbrücke überqueren und auf dem Forstweg steil bergan > in der Wegkehre Übergang in einen Steig (Ww. Zum Schinder) > im Wald drei Bachgräben queren und moderat zur Trausnitzalm (1450 m) ansteigen > über die steile NO-Flanke, zuletzt durch Latschen in Gratnähe zum Österreichischen Schinder (1808 m) > am Grat entlang nach W und durch die steile Felsrinne bergab (Drahtseile!) > das Schindertor (Abstieg Schinderkar) passieren und links dem steilen Abstiegspfad durch eine Schotterrinne zur Ritzelbergalm (1476 m) folgen > kurzer Anstieg zur Rieselbergscharte (1516 m) und durch lichten Wald in die Einsattelung oberhalb der Bayralm (Abstecher) > Abstieg auf dem Forstweg durch das Sagenbachtal, wobei unterhalb der Langenaualm bei wenig Betrieb auch auf den MTB-Parcours ausgewichen werden kann > an der Schwaigeralm vorbei und an der folgenden Weggabelung links nach Wildbad Kreuth.

Gehzeit 5 ½ Std.
Strecke 18 km
Höhenmeter 950 Hm ↑
1100 Hm ↓

ÖPNV
Erste Anfahrt BRB von München HBF (7.30 Uhr) nach Fischhausen-Neuhaus, Bus 9562 nach Spitzingsee Kirche, Bus 9560 nach Johannesbrücke Valepp (Ankunft 9.20 Uhr)

Letzte Rückfahrt Bus 9550 von Wildbad Kreuth (18.47 Uhr) nach Tegernsee, BRB nach München

Zeitfenster vor Ort ca. 9 ½ Std.

Charakter Die Überschreitung des Schinders ist eine grandiose Tour, die mit Einbezug der Blauberge nicht nur wegen des überragenden Panoramas zu einem unvergesslichen Erlebnis wird! Am Schinder und in der Wolfsschlucht (Variante) sind Trittsicherheit erforderlich.

Wegweiser Aufstieg zum Schinder bestens markiert und beschildert, Abstieg Richtung Gufferthütte bzw. ab der Einsattelung Bayralm Richtung Kreuth

Einkehr/Übernachtung
Bayralm (Brotzeiten und Getränke während der Almsaison), Mo. Ruhetag, Juni bis September; Schwaigeralm, Tel. 08029-272, Mi. Ruhetag, www.schwaigeralm.de; Blaubergalm, Tel. +43/664-2306719, Pfingsten bis Oktober

Karte AV-Karte BY14 „Mangfallgebirge Süd“, 1:25.000

DEM KARWENDEL VORGELAGERT

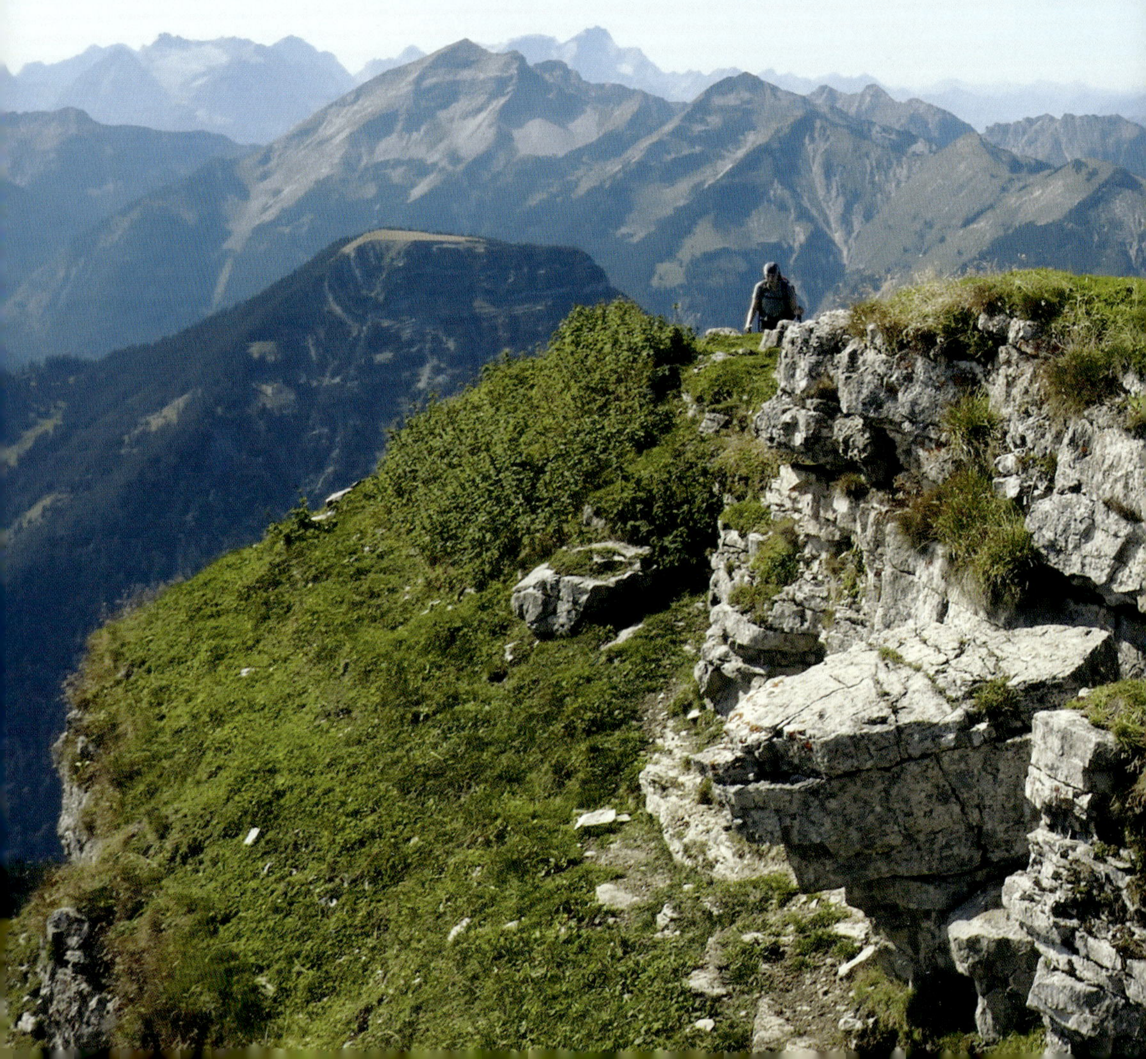

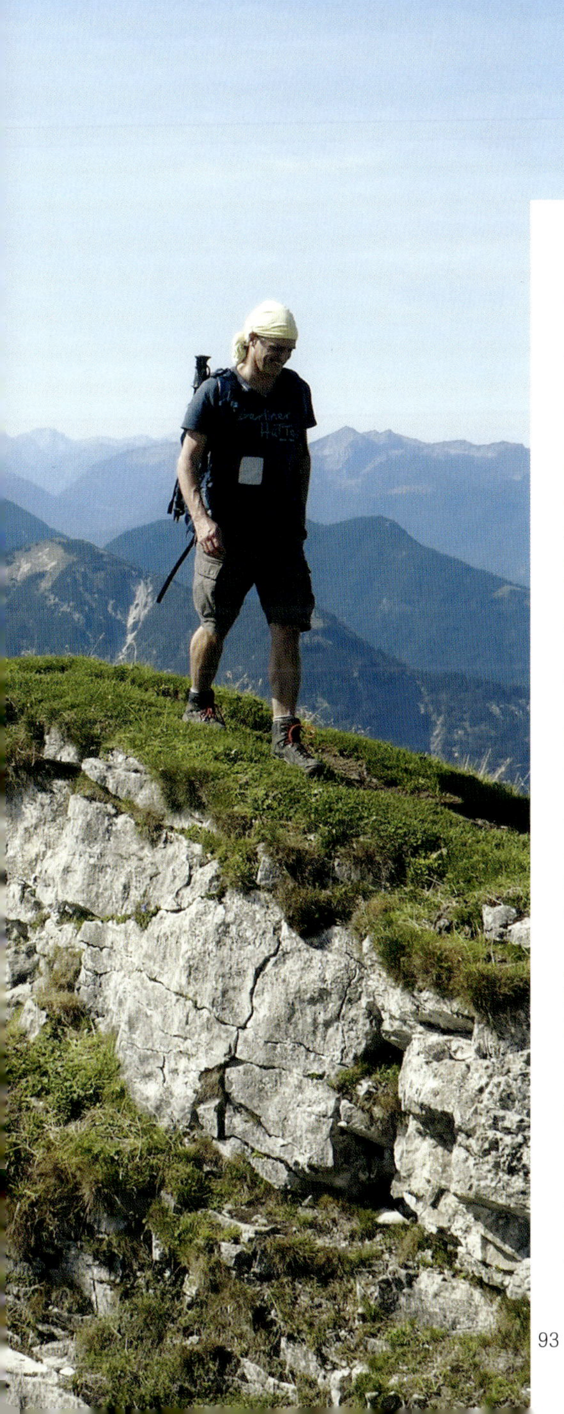

Der Schafreiter hat mit seinem langgezogenen Nordwestgrat ein charakteristisches Aussehen und lässt sich deshalb aus der Ferne, beispielsweise vom Heimgarten (siehe Tour 8), von der Benediktenwand (Tour 16) oder vom Seekarkreuz (Tour 21) relativ einfach bestimmen. Sein felsiger Gipfel ist der Nördlichen Karwendelkette sowie der Hinterautal-Vomper-Kette vorgelagert und zählt somit wie seine benachbarten Zweitausender zum Vorkarwendel. Von der Tölzer Hütte lässt sich der Berg mit ein wenig Bergerfahrung genussvoll überschreiten.

Für ÖPNV-Nutzer ist die Wanderung nur zur Betriebszeit des Bergsteigerbusses in die Eng zwischen Ende Mai und Mitte Oktober möglich. Um vor Ort ausreichend Zeit zu haben, nehmen wir am besten gleich die erste Verbindung. Unser Gipfelziel liegt übrigens unmittelbar im Grenzbereich, was auch die unterschiedliche Namensgebung erklärt: Die Bayern nennen den Berg Schafreiter, die Österreicher Schafreuter.

Auf dem Leckbachweg zur Tölzer Hütte

Der Leckbachweg ist der direkteste Anstieg vom Rißtal zur Tölzer Hütte. Durch die südliche Hangausrichtung der Aufstiegstrasse wird uns bereits in den Vormittagsstunden recht warm. Nach kurzer Forstwegpassage zu Beginn gleich in einen durchgängigen Steig wechseln zu können, ist ein seltener Luxus für die Freunde des öffentlichen Nahverkehrs, da die meisten Bahn- und Busstationen ja nicht gerade am Einstieg liegen. Auch später beim Abstieg werden wir in den Genuss eines kurzweiligen

vorige Seite: Der Schafreiter ist ein privilegierter Aussichtsberg. Hinter der formschönen Pyramide der Soiernspitze erhebt sich die Zugspitze.

Beim Anstieg zum Schafreiter durchwandern wir einen „Steinmandl-Park“.

rechte Seite: Nebelschwaden ziehen von der Ostseite des Berges zum Grat hinauf.

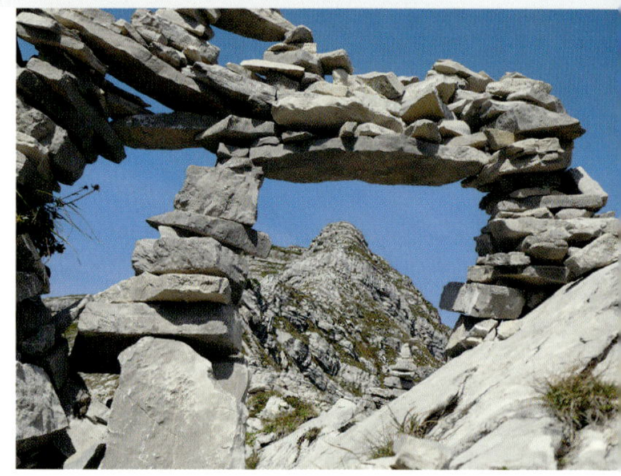

Pfades kommen. Über den schönen Pfandlochgraben erreichen wir die aussichtsreich in einer Einsattelung gelegene Tölzer Hütte. Sie ist mit den Alpenvereinssiegeln „So schmecken die Berge“ und „Mit Kindern auf Hütten“ ausgezeichnet worden.

Schafreiter-Überschreitung mit alpiner Note

Der weitere Anstieg von der Tölzer Hütte zum Schafreiter ist zwar recht steil, doch selten wirklich heiß, da meist ein erfrischendes Lüfterl über die Gratschneide weht. Bevor wir in den felsigen Gipfelaufbau queren, passieren wir eine respektvolle Ansammlung an kunstvoll errichteten Steinmandl – gelungene Land Art in 2000 Metern Höhe! Das plattige Gestein erweist sich auch als hervorragendes Baumaterial für Torbögen, die mit den Felsgipfeln im Hintergrund ein starkes Fotomotiv abgeben. Sollten Unwetter die Kunstwerke zerstören, animiert dies alte und neue „Architekten“, abermals Steine zu sammeln und Hand anzulegen. Auch der Nachwuchs ist gefordert: „Kinder suchen spannende Abenteuer und Geheimnisvolles in den Bergen. Hinter jedem Stein lauern Fabelwesen“, steht in der DAV-Broschüre „Mit Kindern auf Hütten“, und wie erwähnt, verfügt die Tölzer Hütte auch aufgrund ihrer besonderen landschaftlichen Umgebung ja über ein entsprechendes Gütesiegel.

Die kleine Kraxeleinheit im Gipfelbereich macht den Kindern mit Sicherheit auch Spaß. Um das Gipfelkreuz herum passieren merkwürdige Dinge. Erst wurde es im August 2016 von einem Unbekannten mit der Axt zerstört, dann stellte eine vermutlich rechtsextreme Burschenschaft ein neues Kreuz an derselben Stelle wieder auf, welches wenige Wochen später durch ein offizielles Kreuz ersetzt und daraufhin abermals angesägt wurde. Diese seltsamen Attentate trüben jedoch keinesfalls die großartige Aussicht, die sich vom Gipfel in alle Richtungen auftut. Im Norden erkennt man beispielsweise die bayerischen Voralpen. Wie ein norwegischer Fjord zwängt sich der Sylvensteinspeicher in das enge Isartal. Auch der malerisch gelegene Walchensee ist gut einsehbar. Im Osten grüßen der Wilde Kaiser, das Rofangebirge und entfernte Gletscherberge der Hohen Tauern. Und direkt vor uns bauen sich die imposanten Karwendelketten auf – genau im Süden identifizieren wir mit der Birkkarspitze den höchsten Karwendelgipfel.

Abstieg über die Moosenalm in das Rißtal

Das Gelände am langgezogenen Nordwestgrat des Schafreiters ist deutlich flacher als jenes der Aufstiegsroute, sodass wir mangels steter Konzentration auf den Weg die Aussicht noch lange Zeit genießen können. Richtungsmäßig wandern wir genau auf den Walchensee zu, neben dem sich Herzogstand, Heimgarten und Jochberg aufbauen. Bei klarer Sicht sind in der Ebene auch der Ammersee und Starnberger See zu erkennen. Am Fuß des Grates stoßen wir auf jenen Querweg, der an der Südwestseite des Berges zur Tölzer Hütte führt – eine mögliche Abkürzungs-Alternative unserer Route an Tagen ohne Gipfelambition oder mit Schlechtwettertendenz.

Wir erreichen das flache Wiesengelände der Moosenalm und entscheiden uns dort, nicht auf dem ausgeschilderten 6,5 Kilometer langen Forstweg in das Rißtal abzusteigen, sondern weiter nördlich auf dem nur mit blassen Markierungen versehenen alten Steig. Doch hat man den Einstieg in Nähe der ersten

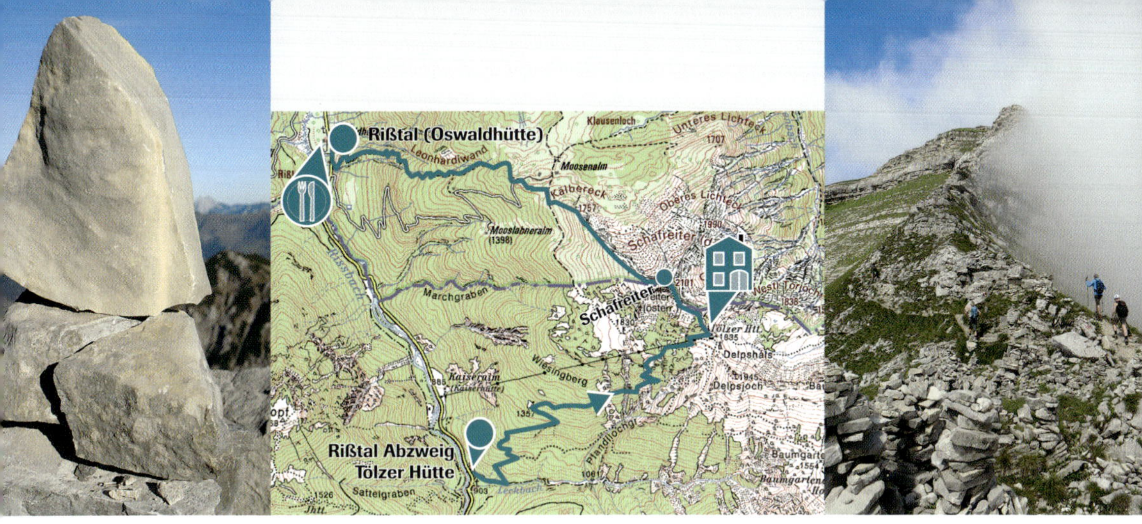

scharfen Linkskurve des Forstwegs einmal gefunden, kann man sich im weiteren Verlauf kaum verlaufen. Und im Spätsommer wird man im lichten Wald mit etwas Glück mit einem Steinpilzfund belohnt.

Im Talboden wartet vis-à-vis der Bushaltestelle die Oswaldhütte als Einkehrtipp. Alternativ kann man sich auch noch im Rißbach nebst kleinem Speichersee zumindest frei nach Kneipp ein Fußbad gönnen.

ROUTE: Rißtal Abzweig Tölzer Hütte - Tölzer Hütte - Schafreiter - Moosenalm - Rißtal (Oswaldhütte)

300 m auf dem Forstweg in das Leckbachtal, dann auf dem abzweigenden Steig in zahlreichen Kehren zu einer Holzhütte (1357 m) und weiter nun deutlich flacher in den Pfandlochgraben queren > am oberen Rand des Grabens (Ww. „beide Wege") wahlweise nach rechts über den steilen Wiesenhang oder links auf dem leicht schrofigen Steig zur Tölzer Hütte (1835 m) > oberhalb der Hütte geht es steil über plattige Rampen, durch Latschengassen und in Gipfelnähe felsdurchsetztes Steilgelände (Drahtseile) zum Schafreiter (2101 m) empor > dem leicht ausgesetzten Grat nach W folgen, dann über die breite NW-Schulter in Nähe der Abbruchkante absteigen > an der T-Kreuzung am Kälbereck (1650 m) rechts > nach 200 m links abzweigen und in Sichtweite der Moosenalm durch lichten Wald hinab > Einmündung in den Forstweg, der in vielen Serpentinen in das Rißtal führt > **!** nach wenigen Metern zweigt vor der ersten scharfen Linkskurve ein klar erkennbarer Pfad nach rechts ab > der Pfad quert erst mit wenig Höhenverlust nach N, um dann zunehmend steil nach W abzudrehen > Abstieg im steilen lichten Wald mit stetem Talblick > an der Teerstraße rechts zur Bushaltestelle an der Oswaldhütte (844 m).

Gehzeit 5 ½ Std.
Strecke 10,5 km
Höhenmeter 1200 Hm ↑
1260 Hm ↓

ÖPNV
Erste Anfahrt BRB von München HBF (6.04 Uhr) nach Lenggries, Bus 9569 in das Rißtal, Haltestelle „Aufstieg Tölzer Hütte" (Ankunft 7.51 Uhr)

Letzte Rückfahrt Bus 9569 von Rißtal Oswaldhütte (19.03 Uhr) nach Lenggries, BRB nach München

Zeitfenster vor Ort ca. 11 ¼ Std.

Charakter Anspruchsvolle Wanderung fast ohne Forstweganteil hoch über dem Rißtal, die im Gipfelbereich (Drahtseile) Trittsicherheit und im Abstieg etwas Orientierungssinn erfordert.

Wegweiser Beim Anstieg sind die Tölzer Hütte und der Schafreiter bestens beschildert, beim Abstieg müssen wir am Wiesensattel unterhalb der Moosenalm den Einstieg in den zur Oswaldhütte führenden alten Steig (Markierungen verblasst) finden!

Einkehr/Übernachtung
Tölzer Hütte, Tel. +43/6764519850, Mitte Mai bis Mitte Oktober, www.toelzer-huette.at; Oswaldhütte, April bis Ende Oktober, Mo. Ruhetag, Tel. 0162-8732448

Karte AV-Karte BY12, „Karwendelgebirge Nord, Schafreiter", 1:25.000

BLÜTENPARADIES UND HERBSTLAUBMAGIE

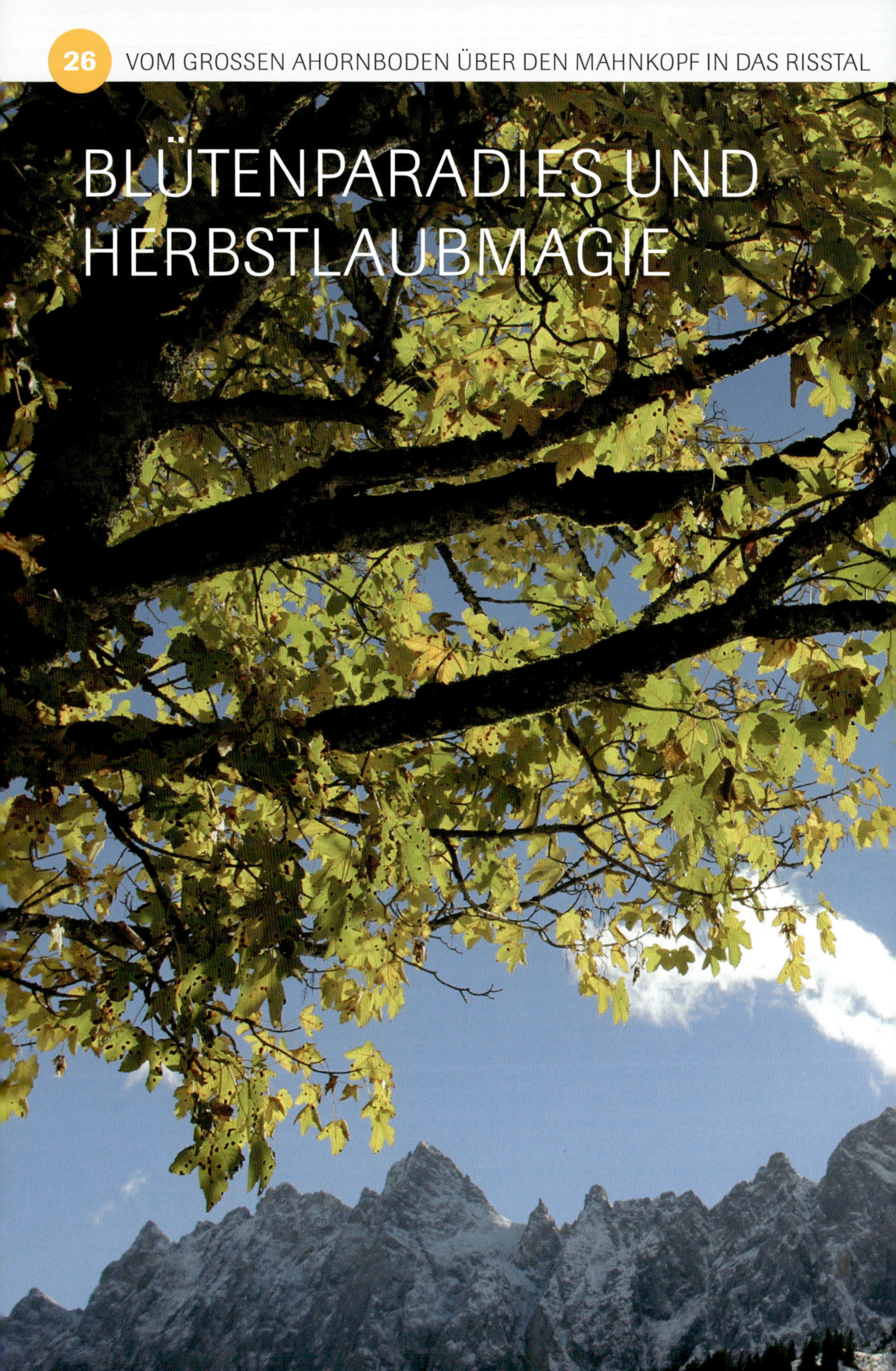

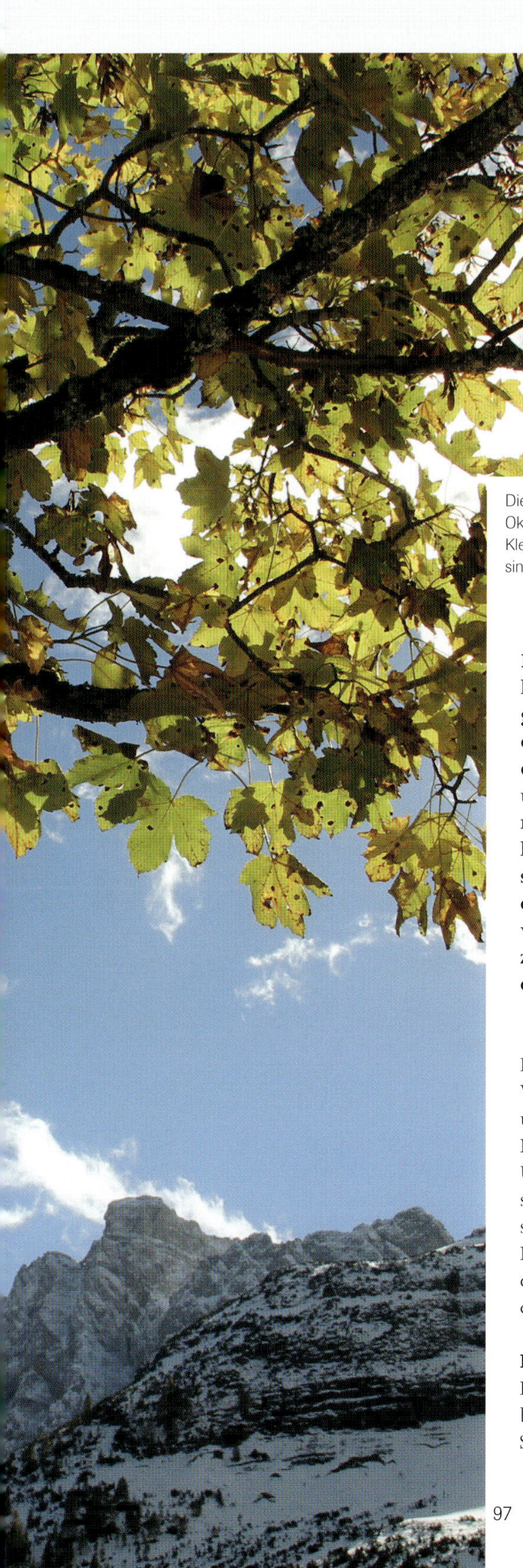

Die Blattfärbung der Ahornbäume ist im „Goldenen Oktober“ am schönsten. Wenn dann – wie hier im Kleinen Ahornboden – auch noch Schnee hinzukommt, sind die Farbkontraste kaum zu toppen!

Eine Wanderung im Nordschatten der Karwendelhauptkette – auch Hinterautal-Vomper-Bergkette genannt – ist vor allem im Frühsommer dank des Blütenreichtums ein besonderes Landschaftserlebnis. Zum Saisonfinale im Oktober wiederum übt die Blattfärbung der Ahornbäume einen magischen Zauber aus. Beim Anstieg zur Falkenhütte, die nach dreijähriger Sanierungs-Auszeit seit Sommer 2021 wieder geöffnet hat, beeindrucken die senkrecht abfallenden Lalidererwände. Von der Hütte lohnt sich ein Abstecher zum Mahnkopf, und beim Abstieg in das Rißtal in den Kleinen Ahornboden.

Das Tagespensum ist mit über 20 Kilometern Wegstrecke und 1170 Höhenmetern anspruchsvoll und nicht zu unterschätzen. Mit Besteigung des Mahnkopfs von der Falkenhütte ist der zusätzliche Umweg in den Kleinen Ahornboden unter Umständen zeitlich nicht zu schaffen. In jedem Fall sollten wir für diese grandiose Tour die früheste Morgen- und die späteste Abendverbindung des in die Eng fahrenden Bergsteigerbusses wählen und dann vor Ort Prioritäten setzen.

Faszination Großer Ahornboden

Im zum Naturdenkmal erhobenen Großen Ahornboden stehen noch über 2200 Bäume; rund ein Sechstel davon ist jedoch bereits abgestorben. Eine

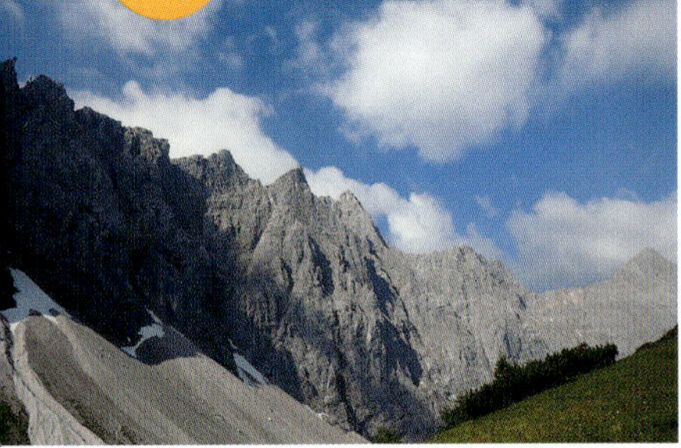

Blick vom Hohljoch in Richtung Falkenhütte und der steil abfallenden Lalidererwände

Edelweißfund beim Anstieg zum Mahnkopf

rechte Seite: Blütenparadies im Frühsommer: Die gelb blühenden Trollblumen heben sich vom Karwendelfels im Hintergrund ab.

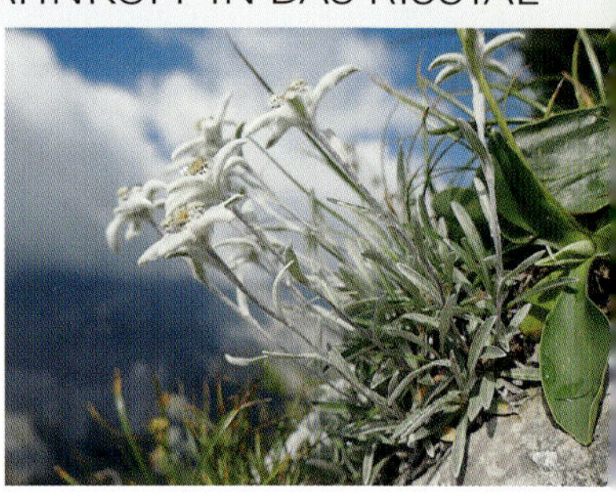

Vielzahl der Bäume stammt aus dem Dreißigjährigen Krieg (1618-1648), in dem keine Beweidung stattfand und die jungen Bäume sich in Ruhe entwickeln konnten. Als Problem erwiesen sich später Muren- und Lawinenabgänge, die zu einer Überschotterung des Wurzelbereichs und somit zum langsamen Absterben einiger Bäume führten. Bei der Erhaltung des wertvollen Landschaftsschutzgebietes versucht man heute, die Interessen des Naturschutzes, des Tourismus und der Almbauern unter einen Hut zu bekommen. Den optimalen Zeitpunkt für die gelbgoldene Ahorn-Laubfärbung abzupassen, ist eine Kunst für sich. In einem kalten Oktober mit reichlich Neuschnee und Frost können die Blätter binnen weniger Tage halbgrün und „schockgefroren" auf die Erde fallen. Auch etwaige Trockenheit ist für die klassische Herbstfärbung nicht förderlich.

Zwischen dem riesigen Wanderparkplatz und den Engalmen herrscht bei schönem Wetter am Themenweg „Großer Ahornboden – Engalm" großer Trubel, immerhin gehört dieses landschaftliche Kleinod nicht nur dank seiner urwüchsigen Bergahorn-Bäume zu den schönsten Orten in den nördlichen Kalkalpen. „Der Himmel strahlend blau, die hohen Berge noch verschneit, die Felswände abweisend dunkel, die Wiesen saftig grün mit vielen bunten Farbtupfern von den um die Wette sprießenden Frühsommerblumen – stärker kann der Kontrast in freier Wildbahn kaum sein", habe ich in meinem vor Jahren verfassten Blüten-Wanderführer geschwärmt. Beim Anblick der geballten Trollblumen-Blüten-Orgie, die wenige Wochen nach der Schneeschmelze einsetzt, sind selbst etwaige Menschentrauben leicht zu verkraften.

Hüttencharme im Herzen des Karwendels

Oberhalb der Engalmen mit Hofladen und Einkehrmöglichkeit (für unser Vorhaben jedoch zu früh) nimmt die Dichte an Ausflüglern dann rasch ab. Auf dem Hohljoch weiden Kühe, und im Gegensatz zu meinem Onkel, der auf der Falkenhütte ob der geballten Felskraft einst Alpträume hatte, vermögen die fast senkrechten Karwendelwände die Tiere nicht zu beunruhigen. „Spektakulär gelegen vor den Lalidererwänden, traditionell holzvertäfelt, ausgestattet mit einer gemütlichen Stube – die Falkenhütte im Karwendel hat alles, was eine Traum-Berghütte braucht", ist auf der Hütten-Homepage nachzulesen. In der frisch renovierten AV-Unterkunft eine Nacht zu verbringen, steigert den Berggenuss um mindestens eine Stufe.

Der Abstecher zum Mahnkopf nimmt gut eineinhalb Stunden in Anspruch. Aus nun deutlich größerer Entfernung zur Hinterautal-Vomper-Bergkette wirken die Felsabstürze nicht minder spektakulär. Auf dem Weg zum Gipfel passieren wir Bergwiesen mit einer bis Mitte Juli unglaublichen Blütenpracht. Insbesondere die purpurfarbene Blüte des seltenen Ungarischen Enzians gefällt als Kontrast zum saftigen Wiesengrün. In Gratnähe des Gipfelaufschwungs entdecken wir mit ein wenig Glück den gleichermaßen begehrten wie geschützten Edelweiß.

Umweg über den Kleinen Ahornboden

Der Abstieg durch das Johannestal zieht sich ein wenig hin. Nach Einmündung in den Fahrweg passieren wir die schön gelegene Ladizalm und können an einer Wegkehre auf bezeichnetem Steig durch den sogenannten Sauisswald zum Kleinen Ahornboden absteigen. Dieser etwa halbstündige Umweg lohnt sich, denn es gilt die Faustregel: Je höher der Berg-Ahorn wächst, desto majestätischer ist sein Habitus. Somit werden wir auf dem 1400 Meter hohen Plateau des Kleinen Ahornbodens mit wahren Prachtexemplaren verwöhnt. Zartes Blattgrün

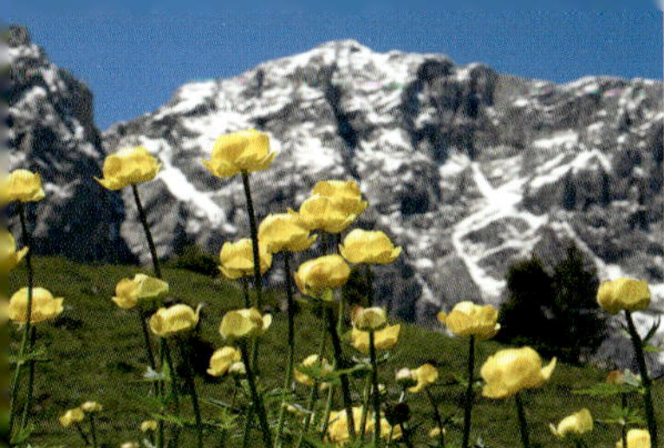

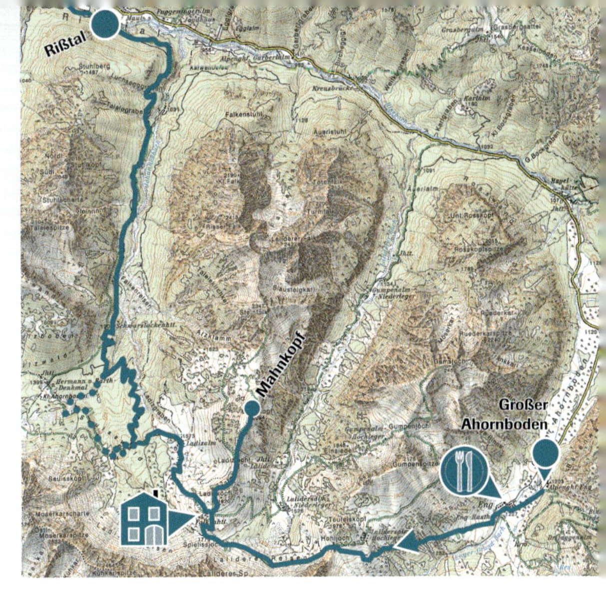

mit Blüte im Frühjahr oder die goldene Belaubung im Oktober bilden herrliche Farbkontraste zu den dunklen Felswänden, zum blauen Himmel und zu etwaigen Schneefeldern im Hintergrund. Das Problem ist die Überalterung der Bäume – viele haben ihre natürliche Altersgrenze von rund 500 Jahren bereits erreicht –, ein Verlust des wertvollen Bestands scheint mittelfristig kaum abwendbar.

Wir steigen in den Talboden ab und gelangen dort direkt an das Ufer des reißenden Johannesbachs. Sein Rauschen wird uns bis in jene Schlucht begleiten, welche am Talausgang liegt und das etwa viertelstündige Wegfinale bis zur Bushaltestelle im Rißtal einleitet.

ROUTE: Großer Ahornboden - Hohljoch - Falkenhütte - Mahnkopf - (Kleiner Ahornboden) - Rißtal

Vom Alpengasthof am Ausgangsort entlang des Themenwegs knapp 1 km südostlich zur Engalm (1250 m) > hinter der letzten Almhütte beginnt der Anstieg über freie Wiesen und durch lichten Wald zum Hohljoch (1794 m; Ww. Falkenhütte) > kurzer Abstieg nebst Querung des weiten Schuttkessels unterhalb der kühn aufragenden Lalidererwände > am Spielissjoch (1773 m) münden wir in den Fahrweg zur Falkenhütte (1846 m) > für den Gipfel-Abstecher zum beschilderten Mahnkopf (2094 m) nehmen wir nördlich der Hütte den Pfad am Ladizköpfl vorbei zum Ladizjöchl nebst steilem Schlussanstieg > zurück zur Falkenhütte und nordwestwärts in Richtung Johannestal absteigen > etwas oberhalb der Ladizalm (1573 m) Einmündung in den Fahrweg und Abstieg in das Johannestal (Abzweig Kleiner Ahornboden in einer Kehre) > nach Überqueren des Johannesbachs rechts haltend auf einem soliden Steig abkürzen (Ww. Hinterriss) > auch im weiteren Verlauf können wir im Johannestal einige Male auf schönen Pfaden vom Hauptweg abweichen > am Talausgang geht es oberhalb einer imposanten Schlucht in das Rißtal zur Bushaltestelle.

Gehzeit 7 ½ Std.
Strecke 20,5 km
Höhenmeter 1170 Hm ↑ 1420 Hm ↓

ÖPNV
Erste Anfahrt BRB von München HBF (6.04 Uhr) nach Lenggries, Bus 9569 in das Rißtal, Haltestelle „Eng Tirol Gasthaus“ (Ankunft 8.20 Uhr)
Letzte Rückfahrt Bus 9569 von Rißtal Haltestelle „Einstieg Johannestal“ (18.51 Uhr) nach Lenggries, BRB nach München

Zeitfenster vor Ort ca. 10 ½ Std.

Charakter Der Anstieg zur Falkenhütte verläuft in prächtiger Karwendel-Kulisse ab den Engalmen auf solidem Bergsteig, im Abstieg relativ hoher Forstweganteil. Abstecher zum Mahnkopf wegen Gipfelpanorama lohnend! Lange Tour, daher gute Kondition vonnöten!

Wegweiser Aufstieg Hohljoch Wanderweg E4 Richtung Falkenhütte (Adlerweg), im Abstieg den Schildern Richtung Hinterriß folgen

Einkehr/Übernachtung Falkenhütte, Tel. +43/5245-245, Juni bis Anfang/Mitte Oktober

Karte AV-Karte 5/2 „Karwendelgebirge Mitte“, 1:25 000

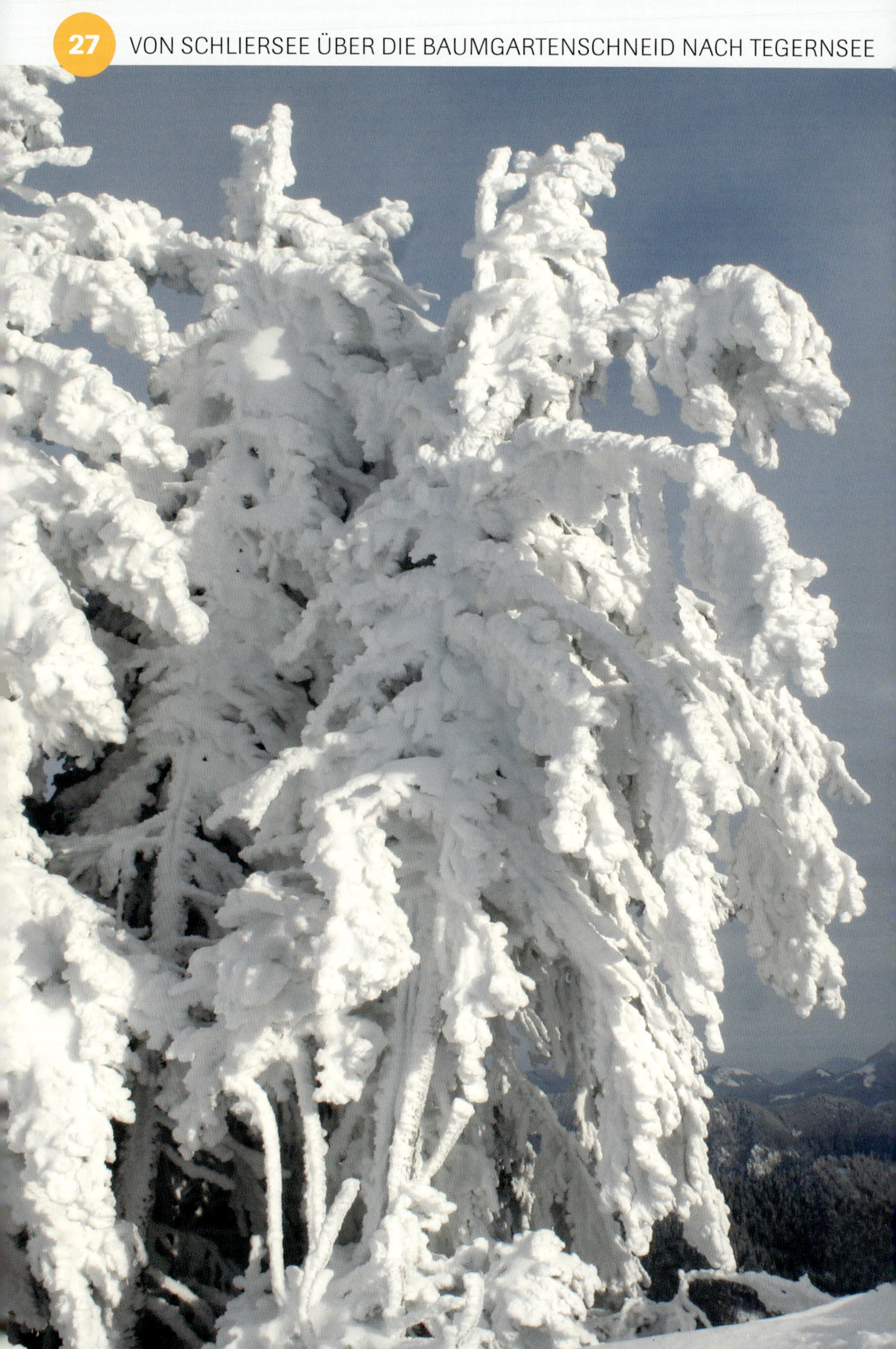

TRAUM-TOUR FÜR LANG-SCHLÄFER

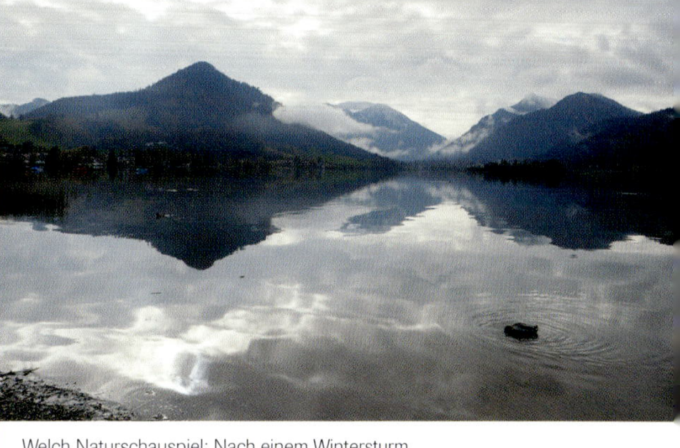

Welch Naturschauspiel: Nach einem Wintersturm sind die Bäume an der Baumgartenschneid in Eis gepanzert.

Der erste Abschnitt der Wanderung verläuft am Ufer des Schliersees.

Die Streckentour zwischen Schliersee und Tegernsee ist zwar kein Geheimtipp, darf aber in einem ÖPNV-Wanderführer keinesfalls fehlen! Durch die bequeme An- und Abreise mit der Bayerischen Regiobahn (BRB) haben wir vor Ort ein immenses Zeitfenster, weshalb selbst im Winter kein allzu früher Aufbruch vonnöten ist. Bedingt durch die klare Wegführung brauchen wir auch eine etwaige Dämmerung nicht zu fürchten. Um der frequentierten Route über die Gindelalmschneid und den Berggasthof Neureuth auszuweichen, ziehen wir den gut einen Kilometer langen Umweg über die Baumgartenschneid vor. Am Riederstein können wir dann sogar noch den Sonnenuntergang abwarten.

Die Wanderung ist zu jeder Jahreszeit ein lohnendes Unternehmen. Während man sie im Sommer sogar als After-Work-Tour angehen oder bei Bedarf final im Tegernsee baden kann, übt sie im Winterhalbjahr vor allem bei Inversionswetterlagen einen besonderen Reiz aus.

Moderater Anstieg zur Baumgartenschneid

Die Wanderung beginnt an der Uferpromenade des Schliersees, die nur 300 Meter vom Bahnhof entfernt ist. Es folgt eine gemütliche Eingehstrecke über den Ortsteil Breitenbach bis zum Hennererhof. Das empfehlenswerte Bauernhof-Café mit integriertem Hofladen öffnet erst gegen Mittag und kommt somit nur für die Langschläfer in Frage. Wir folgen dem Forstweg in das Breitenbachtal und stoßen im Talschluss auf eine Weggabelung, an welcher der Prinzenweg nach rechts Richtung Tegernsee abzweigt. Diese Route wird häufiger begangen als unsere und ist im Winter somit zuverlässiger gespurt. Eine noch direktere Variante wäre der am Hennererhof abzweigende direkte Übergang über Gindelalmschneid und Neureuth zum Tegernsee.

Der Anstieg zur Baumgartenschneid ist oberhalb des Sagfleckls sehr abwechslungsreich. Nach einer schönen Waldpassage – der Ausstieg aus der steilen Nordflanke erfolgt an einem markanten Felsen – erreichen wir die Baumgartenalm, von der wir erstmals freien Blick auf die umliegende Bergwelt genießen. Von hier ist der über einen kurzen Steilhang erreichbare Gipfel nur noch 76 Höhenmeter entfernt. Falls im Winter dort zu viel Schnee für den direkten Anstieg liegt, kann man bequem auf die Westseite des Berges ausweichen und den Berg entlang der Gratschneide bezwingen. Bei Schlechtwetter bläst der Wind oft kräftig über den Kamm und verwandelt die wenigen Bäume in faszinierende Eisskulpturen.

Am Gipfel genießen wir den Rundblick auf die Tegernseer und Schlierseer Hausberge. Der Schliersee selbst ist zwar vom vorgelagerten Brunstkogel versperrt, doch dafür zeigt sich der Tegernsee von seiner schönsten Seite; ein Teil des Sees wird vom Pflegeleck verdeckt, das wir später im Abstieg überschreiten werden. Über dem südlichen Seeausläufer reihen sich der Fockenstein (siehe Tour 20), die Benediktenwand (Tour 16) und der Heimgarten (Tour 8) wie an einer Perlenkette aneinander. Zwischen dem südlich gelegenen Wallberg und dem Hirschberg blicken wir über Kreuth und das Tegernseer Tal hinaus auf den Karwendelhauptkamm mit Kaltwasserkarspitze, Birkkarspitze, Ödkarspitzen und Östlicher Karwendelspitze. Und Richtung Norden erhebt sich jenseits der benachbarten Gindelalmschneid der Taubenberg (Tour 19) in der Ebene.

Abstieg über den Riederstein

Auch der Riederstein, der erhaben auf einer Felskanzel thront, ist mit Blick Richtung Tegernsee klar zu erkennen. Die Abweichung vom direkten Abstieg Richtung Tegernsee ist so gering, dass wir den kleinen Umweg zur exponierten Gipfelkapelle gerne in Kauf nehmen. Beim Gedanken an Andreas Föhrs Alpenkrimi „Schafkopf", bei dem der Mörder sein Opfer die Felswand des Riedersteins hinabstößt, nehmen wir den Schutz des soliden Geländers dankbar an. Im Gegensatz zur Gruselvorstellung Mord zeigt der Trailer des Berggasthauses Galaun mit entspannten Kühen, einem gut gelaunten Familienvater und harmonischen Landschaftsbildern eher die Sonnenseite des Standorts auf.

Manchmal ist es an der Riedersteinkapelle so voll, dass an den letzten Treppenstufen zum höchsten Punkt eine kleine Warteschlange entsteht. „Jeder hat maximal fünf Minuten", hörte ich mal einen Wanderer scherzen. Die Ankömmlinge bewegen sich dann im Zeitlupentempo gegen den Uhrzeigersinn um die Kapelle herum, um vom Geländer über die imposante Felswand in die Tiefe zu blicken. Solchen potentiellen Staus entgeht man, wenn man den Ort Richtung Sonnenuntergang erreicht. Durch seine geringe Höhe von 1207 Metern wird der Riederstein bei den klassischen Inversionswetterlagen mit Nebel im Tal und Sonne am Berg zuweilen von der Nebelsuppe geschluckt. Unvergesslich bleibt der Moment hingegen, wenn man über den Wolken bleibt und sich die Sonne direkt hinter dem Brauneck verabschiedet.

An warmen Sommertagen lässt sich der Tag auch sehr schön direkt am Tegernsee ausklingen. Für den kurzen Sprung ins Wasser reicht es vollkommen aus, im Ort das bekannte Bräustüberl mit der Nebenoption Biergarten anzuvisieren. Verlockender sind jedoch die Liegewiese südlich und das kostenfreie Strandbad westlich von Gmund, die man bequem vom Bahnhof Gmund erreichen kann. Hierfür müsste man die Heimfahrt dort einfach nur für eine oder zwei Stunden unterbrechen.

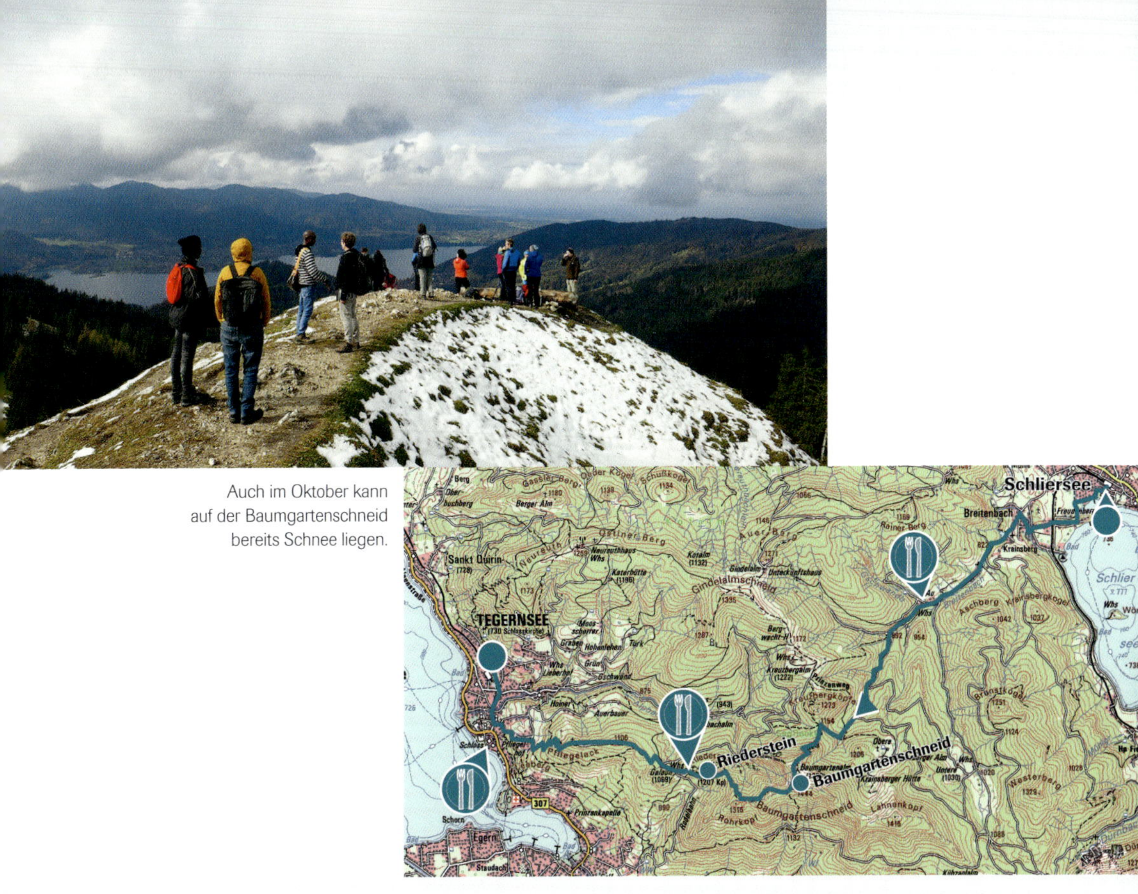

Auch im Oktober kann auf der Baumgartenschneid bereits Schnee liegen.

ROUTE: Schliersee - Baumgartenschneid - Riederstein - Galaun - Tegernsee

Vom Schlierseer Bahnhof direkt zum See (Ww. Vitalwelt) und am Ufer nach W > an der T-Kreuzung links und gut beschildert, zuletzt auf der Breitensteinstraße, zum Gasthof Hennerer (860 m) > an der Weggabelung geradeaus in das Breitenbachtal > am Wegabzweig Prinzenweg (1054 m) geradeaus (Steigbeginn) > am Sagfleckl (1178 m) links teils steil durch den Wald zur Baumgartenalm (1367 m) empor > durch die Nordflanke zum Gipfel der Baumgartenschneid (1444 m) > Abstieg nach W auf schönem Wiesen- und Waldsteig Richtung Tegernsee > kurzer Gegenanstieg zum Riederstein (1209 m) und auf dem Kreuzweg zum Berggasthof Galaun (1068 m) absteigen > auf breitem Wanderweg nach N in den Wald und an der Weggabelung links (Ww. Tegernsee über Pfliegeleck) > kurzer Gegenanstieg auf dem Forstweg zu einer Anhöhe und abwärts zum großen Kreuz am Pfliegeleck (1063 m) > Abstieg auf dem Serpentinensteig > am Tegernseer Höhenweg rechts und Einmündung in den asphaltierten Sonnleitenweg > die Kleinbergstraße links hinab und an der Bahnhofstraße rechts zum Bahnhof.

Gehzeit 4 ½ Std.
Strecke 13,5 km
Höhenmeter 750 Hm ↑
780 Hm ↓

ÖPNV
Erste Anfahrt BRB von München HBF (6.30 Uhr) nach Schliersee (Ankunft 7.26 Uhr)

Letzte Rückfahrt BRB von Tegernsee (22.52 Uhr) nach München

Zeitfenster vor Ort ca. 15 ½ Std.

Charakter Die einfache Wanderung mit hohem Waldanteil und herrlichem Gipfelblick von der Baumgartenschneid ist in der Regel auch im Winter bequem durchführbar.

Wegweiser Die Baumgartenschneid ist vom Schlierseer Bahnhof ebenso durchgehend beschildert wie der Abstieg nach Tegernsee vom Gipfel (über Riederstein bzw. Pfliegeleck)

Einkehren Bauernhof-Café Hennerer, Tel. 08026-9229964, November bis Ende März nur Fr. – So., www.hennerer.com; Berggasthaus Galaun, Tel. 08022-273022, Di./Mi. Ruhetag, www.berggasthaus-riederstein-am-galaun.de

Karte AV-Karte BY15 „Mangfallgebirge Mitte“, 1:25.000

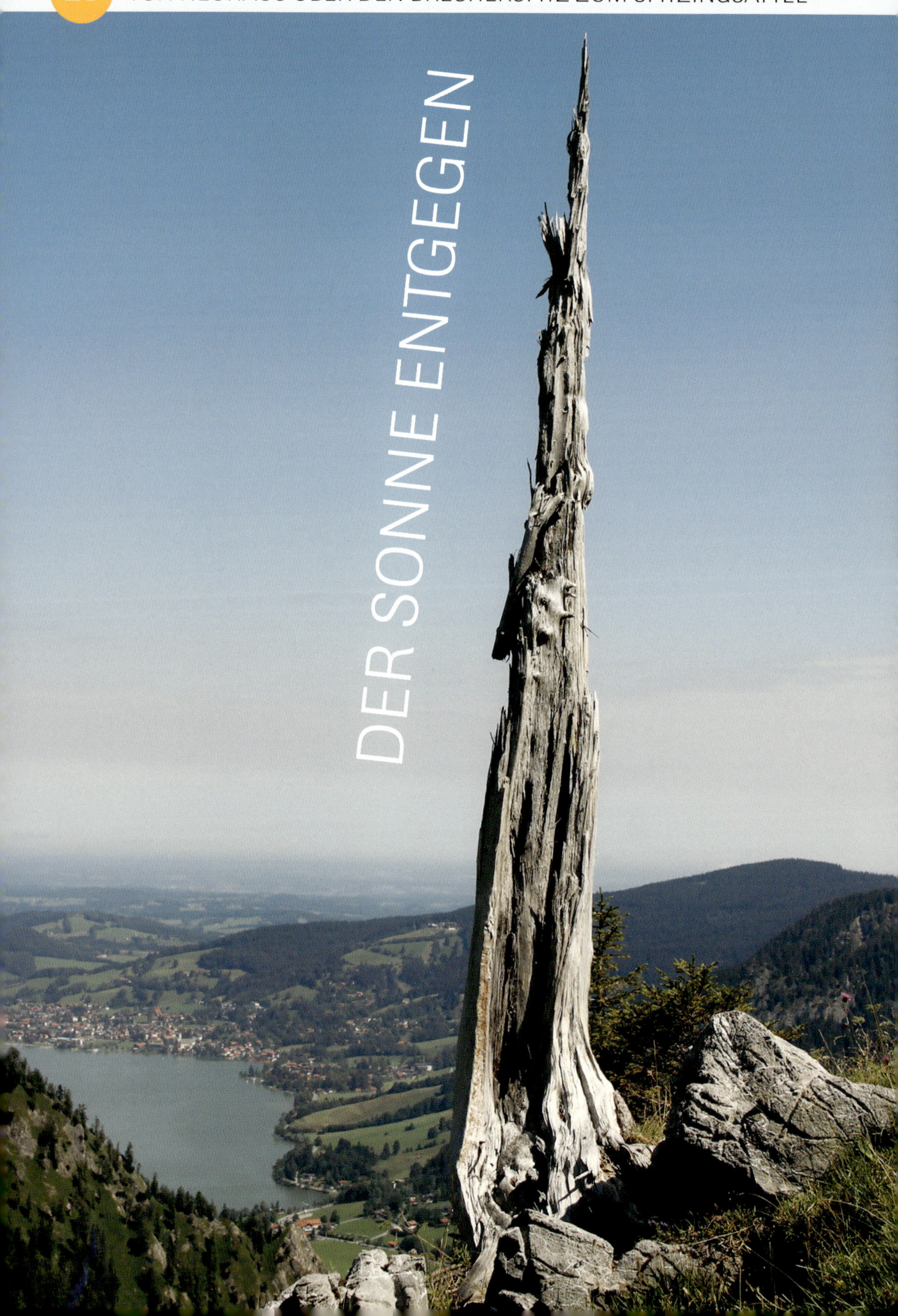

DER SONNE ENTGEGEN

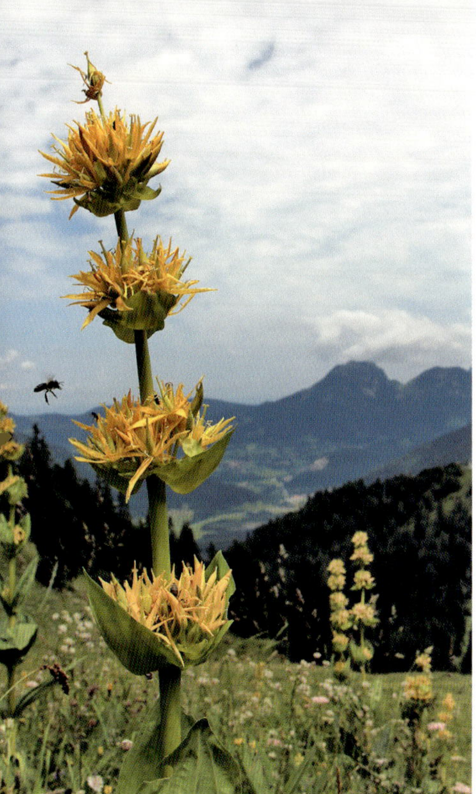

Dem Himmel entgegen: Dieser abgestorbene Baumstamm ragt mit Blick auf den Schliersee ebenso in die Höhe wie die Blütenkerzen der Gelben Enziane im Bergkessel der Ankelalm.

Die Überschreitung des Brecherspitz ist die einzige Tagestour in diesem Buch, die in Nord-Süd-Richtung verläuft. Nach der schattigen Waldpassage beim Anmarsch zur Ankelalm öffnet sich ein weiter Bergkessel, den wir ostwärts auf dem Brecherspitz-Grat umwandern. Spätestens auf dem Gipfel liegt uns eine sonnenüberflutete sanfte Berglandschaft mit dem Spitzingsee zu Füßen. Nach Überwindung leichter Kraxelstellen können wir den Tag mit einer möglichen Einkehr in der Oberen Firstalm genussvoll ausklingen lassen.

Wer zeitlich unabhängiger sein will, sollte die Tour in umgekehrter Richtung zurücklegen, da der letzte Bus vom Spitzingsattel deutlich früher fährt als die BRB von Fischhausen-Neuhaus. Für diese Variante verkehrt die erste BRB-Verbindung von München mit Busanschluss zwar eine Stunde später (7.30 Uhr), der letzte Zug hingegen nach Einbruch der Dunkelheit. Vom „Spannungsaufbau" ist der beschriebene Vorschlag in Nord-Süd-Richtung jedoch attraktiver.

Wohlfühlambiente rund um die Ankelalm

Vom Bahnhof wandern wir auf Anliegerstraßen auf den sogenannten Dürnbachschluss zu und queren den Berghang auf dem sanft ansteigenden Waldweg in Richtung Südosten. Dieser Abschnitt ist mit dem Bockerlbahnweg identisch, der über die Josefsthaler Wasserfälle zum Spitzingsee führt. Mit dem Abzweig in das Ankelbachtal kommen wir auf dem steilen Forstweg rasch auf Betriebstemperatur. Nach Passieren einer Jagdhütte lichtet sich der Wald zunehmend. Wir erreichen freies Wiesengelände und kurz darauf die Ankelalm, die 2019 im Sinne der Nachhaltigkeit komplett neu aufgebaut wurde und schmackhafte Almbrotzeiten anbietet. Auf den umliegenden Wiesen grasen Jungvieh und Schafe, und die Hühner scheuen sich nicht, auf der Terrasse auf Brotkrümelsuche zu gehen.

Mit Blick nach Süden öffnet sich der hufeisenförmige Bergkessel des Brecherspitz. Man könnte den gesamten Kammverlauf oberhalb des Kessels in einer Rundtour abwandern und somit nach der Brecherspitz-Überschreitung über die Freudenreichkapelle wieder zur Ankelalm zurückkehren. Als Streckenwanderer bevorzugen wir jedoch den Übergang zum Spitzingsee. Erwähnenswert ist das Überangebot an alpiner Flora in diesem Gebiet: Während im Frühjahr die Wiesen mit unzähligen blauen Enzianen, Wundklee, Silberwurz und Sumpfdotterblumen übersät sind, blühen ab Frühsommer die Kugelblume, der Alpen-Steinquendel, die Kreuzblume, die Türkenbund-Lilie und der Gelbe Enzian um die Wette.

Anregende Überschreitung des Brecherspitz

Ähnlich wie der benachbarte Aiplspitz (siehe Tour 29) ragt der Brecherspitz mit Blickwinkel vom Schliersee und aus dem Leitzachtal als formschöne Bergspitze in den Himmel. Der Name „Spitz" impliziert bereits, dass bei der Überschreitung manchmal auch Hand angelegt werden muss. Sowohl beim Anstieg über den latschenbewachsenen Nordkamm als auch beim Abstieg am Westgrat sind einige schrofige Passagen dabei, die mit etwas

28 VON NEUHAUS ÜBER DEN BRECHERSPITZ ZUM SPITZINGSATTEL

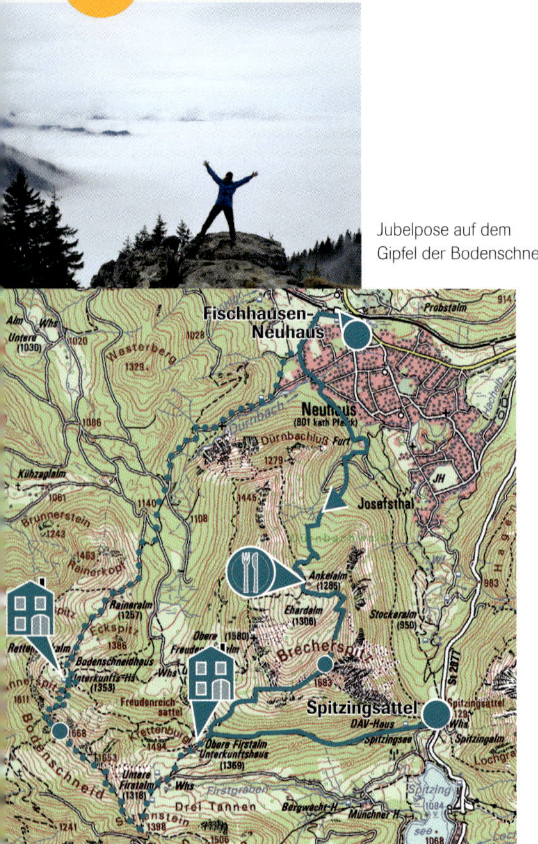

Jubelpose auf dem Gipfel der Bodenschneid

Trittsicherheit jedoch problemfrei zu bewältigen sind. Vom Gipfel öffnet sich ein weitreichendes Panorama – bei klarer Sicht grüßen zwischen Rotwand- und Sonnwendjochmassiv der Großvenediger und Großglockner aus der Ferne!

Der Abstieg vom Brecherspitz zum Spitzingsattel ist streckenmäßig recht überschaubar, sodass ausreichend Zeit für eine Einkehr in der Oberen Firstalm oder für einen Abstecher an das Spitzingseeufer bleiben sollte.

Alternativroute über die Bodenschneid

Zwischen Fischhausen-Neuhaus und dem Spitzingsattel gibt es noch eine nur unwesentlich längere Alternativroute über die Bodenschneid. Hierfür wandern wir von der Dürnbachstraße nicht in Richtung Brecherspitz, sondern geradeaus durch das Dürnbachtal auf das Bodenschneidhaus. Von der AV-Hütte geht es in etwa einer Stunde durch die steile Nordflanke auf die Bodenschneid. Der Abstieg führt auf dem bewaldeten Südostrücken zum Suttenstein hinab und dort links haltend über die Untere mit kleinem Gegenanstieg zur Oberen Firstalm.

ROUTE: Fischhausen-Neuhaus - Ankelalm - Brecherspitz - Obere Firstalm - Spitzingsattel

Vom Bahnhof Wendelsteinstraße nach W und Bodenseestraße nach S > an der Dürnbachstraße wenige Meter nach links und rechts die Bachbrücke überqueren (Ww. Brecherspitz) > den bewaldeten Berghang fast eben nach SO queren > nach Überqueren des Ankelbachs an der Weggabelung rechts und auf dem Fahrweg zunehmend steil zur Ankelalm (1311 m) empor > im flachen Almboden links auf schönem Steig zum breiten Gratrücken und auf oder in Nähe des Kamms, teils etwas schrofig durch Latschengassen zum Brecherspitz (1683 m) empor > den Westgrat hinab und am Wegabzweig links > am Hütten-Fahrweg rechts Abstecher zur Oberen Firstalm (1369 m) und links rund 2,5 km zum Spitzingsattel (1127 m).

Gehzeit 4 Std.
Strecke 10 km
Höhenmeter 890 Hm ↑
560 Hm ↓

ÖPNV
Erste Anfahrt BRB von München HBF (6.30 Uhr) nach Fischhausen-Neuhaus (Ankunft 7.38 Uhr)

Letzte Rückfahrt Bus 9562 vom Spitzingsattel (18.22 Uhr) nach Fischhausen-Neuhaus oder Schliersee, BRB nach München

Zeitfenster vor Ort ca. 10 ¾ Std.

Charakter Anstieg zur Ankel-Alm auf einem teils steilen Forstweg. Die Brecherspitz-Überschreitung erfolgt auf aussichtsreichem Steig hoch über dem Almkessel. An manchen Stellen ist etwas Trittsicherheit erforderlich (Drahtseile). Ab der Firstalm einfacher Fahrweg

Wegweiser Der Abschnitt zwischen Bahnhof Neuhaus und Ankelbachtal ist mit dem „Bockerlbahnweg" identisch. Die Wegziele Brecherspitz, Obere Firstalm und Spitzingsattel sind bestens beschildert.

Einkehr/Übernachtung Ankelalm, Juni bis September, Mo. Ruhetag; Obere Firstalm, Tel. 08026-7302, ganzjährig, www.firstalm.de

Karte AV-Karte BY15 „Mangfallgebirge Mitte", 1:25.000

FORMSCHÖNE FELSPYRAMIDE

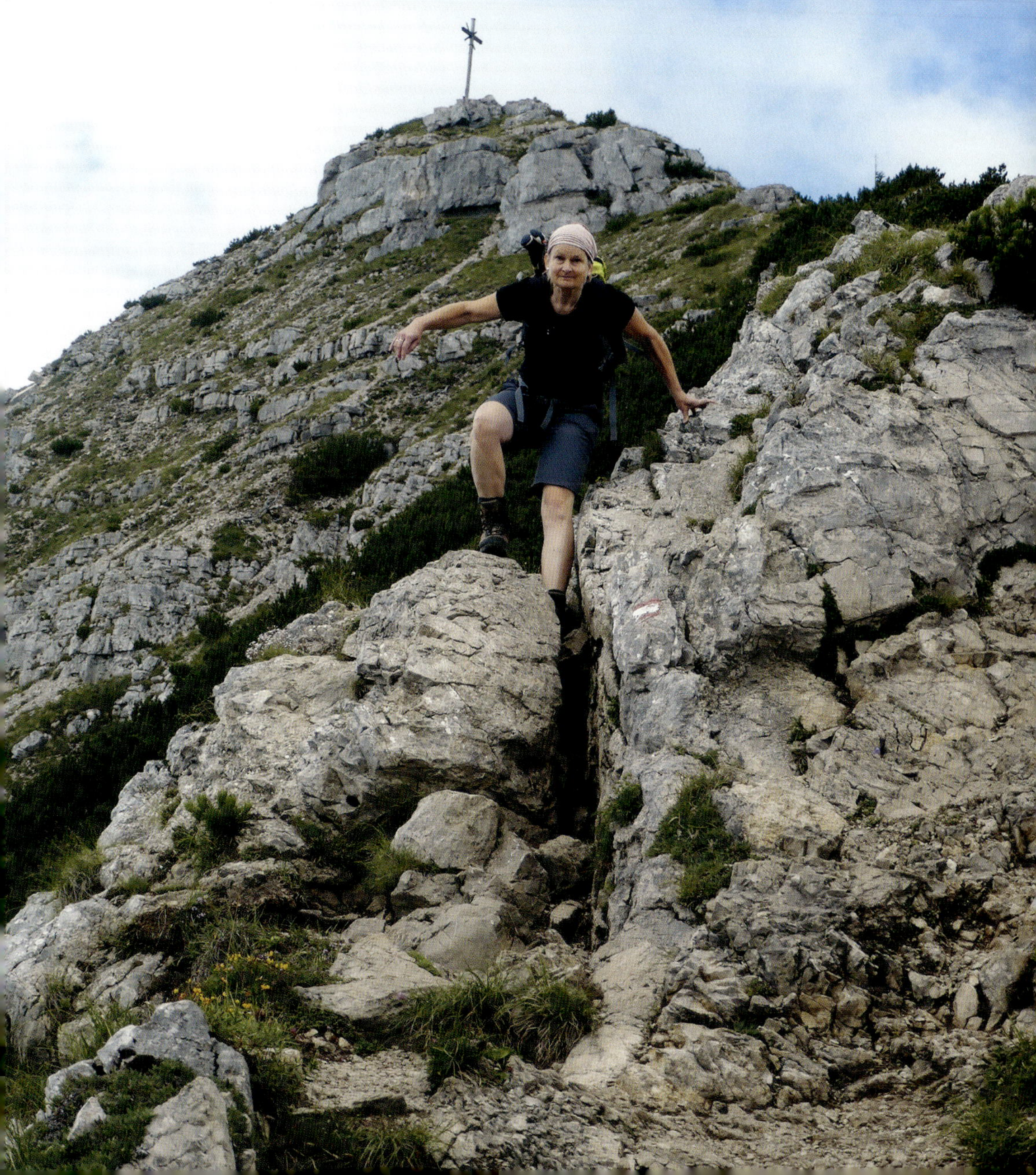

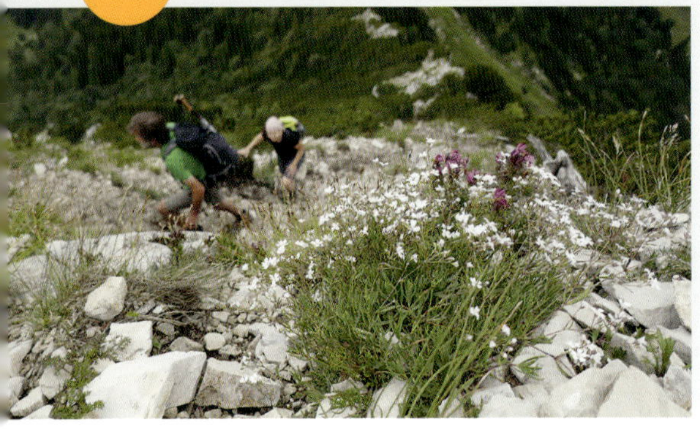

vorige Seite: Der Abstieg vom Aiplspitz Richtung Jägerkamp verläuft auf dem felsdurchsetzten Südostgrat.

Etwas steiler verläuft der Anstieg über den abschüssigen, aber gut gestuften Nordgrat.

rechte Seite: An der Geitauer Alm springen neugierige Ziegen auf die Sitzbänke und der selbstgemachte Käse ist allemal eine Probe wert.

Der Aiplspitz könnte ein Geschwister vom Brecherspitz sein – so sehr ähneln sich die spitz zulaufenden Felspyramiden aus Plattenkalk. Wobei der Aiplspitz noch vollendeter wirkt! Das Bayerische Landesamt für Umwelt hat den Berg als wertvolles Geotop ausgewiesen, wozu auch die beiden Kare unterhalb des Gipfels beitragen. Bei der Anfahrt zur BRB-Station Fischbachau ist das unterhalb von Aiplspitz und Benzingspitz verlaufende Kar sehr schön zu sehen. Wir überschreiten den Berg von Nordost nach Südwest und krönen den Tag mit der Besteigung des Jägerkamps.

Die Felspyramide des Aiplspitz ragte mit ihren Graten während der letzten Eiszeit gerade noch aus dem Leitzach- und Valeppgletscher heraus. Durch fortschreitende Erosion sind dann die heutigen Bilderbuch-Kare entstanden. Eine weitere Besonderheit: Mit der Geitauer Alm und Jägerbauernalm liegen gleich zwei Almen auf der Strecke, die von Juni bis September noch eigenen Käse produzieren.

Über die Geitauer Käserei zum Aiplspitz

Wir besteigen den Alpspitz von Geitau aus und erreichen die Geitauer Alm knapp oberhalb der Waldgrenze. Dort verarbeitet die Sennerin Lisi die täglich anfallende frische Kuhmilch – „so Gott will und nichts dazwischenkommt" – noch zu würzigem und aromatischem Almkäse, was in Oberbayern am Berg selten geworden ist. Die Energie für die Melkmaschine und andere Geräte erzeugt die Alm mittels einer eigenen kleinen Wasserturbine. Es besteht eine enge Verbindung zum Kloster Scheyern, da die Alm bis zur Säkularisation im Jahr 1803 zum klösterlichen Hab und Gut gezählt hatte. Die mit Holzschindeln abgedeckten Hütten sind denkmalgeschützt.

Oberhalb der Geitauer Alm wird das Gelände zunehmend alpiner. Der Steig führt uns am Rand des gelobten Kares in vielen Kehren in die Einsattelung zwischen Heißenplatte und Aiplspitz hinauf. Unterwegs erspähen wir an diesem Julitag mit dem Brandknabenkraut eine sehr seltene Orchidee. Dann folgt der finale Anstieg über den Nordgrat, der leichte Kraxeleinheiten und exponierte Tiefblicke in die Kare beinhaltet. Zwischen den anregenden Felspassagen liegt immer wieder Gehgelände.

Vom Gipfel ist gut zu erkennen, dass der nahe Parade-Hausberg Rotwand im Vergleich zum benachbarten Hochmiesing (siehe Tour 30) beinahe schmächtig wirkt. Mit Blickrichtung Süden erspähen wir das Rofangebirge und die entfernten Zillertaler Alpen. Und mit frontalem Blick auf die beiden Schinder und den westlich angrenzenden Blaubergkamm können wir erahnen, dass es sich bei der Besteigung beider Bergketten an einem Tag um einen Kraftakt handelt (siehe Tour 24). Wir genießen das Panorama nebst Aufenthalt am Gipfel so sehr, dass wir der obligaten Brotzeit gar noch eine Kartenpartie anhängen.

Almbrotzeit vor dem finalen Abstieg

Richtung Westen können wir den weiteren Wegverlauf über den Grat und das Tanzeck zum Jägerkamp hinüber gut nachvollziehen. Und wenn wir Letztere erreicht haben, öffnet sich ein herrlicher Blick über die Waldscharte auf den Zielort Fischhausen-Neuhaus mit dem Schliersee als fotogenen Hintergrund. Die Jägerbauernalm liegt zu nahe am Berg, als dass wir sie jenseits der Latschen sehen könnten. Sie bietet gleichfalls Brotzeiten aus selbsterzeugtem Käse an; außerdem gibt es – solang

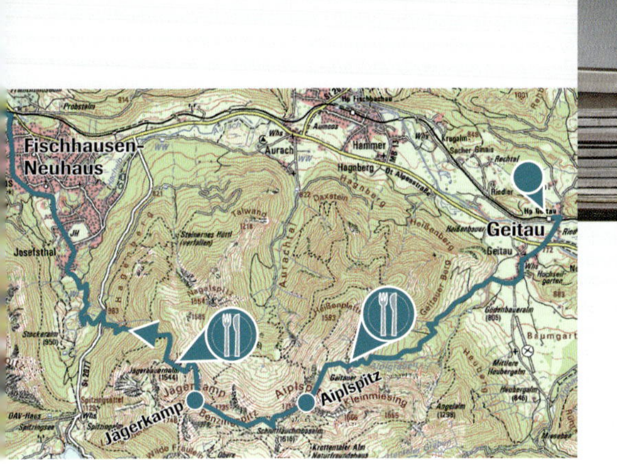

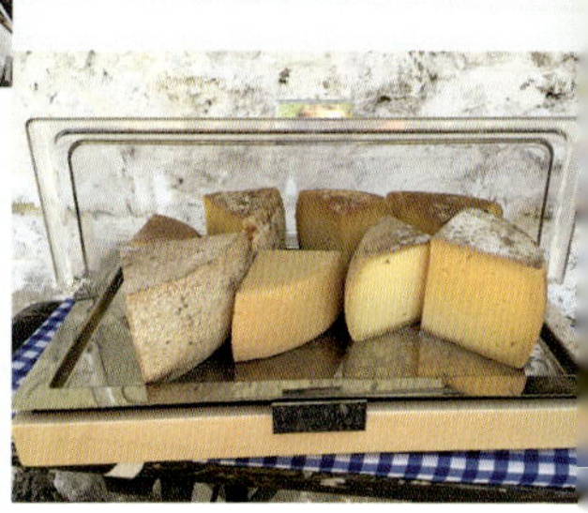

der Vorrat reicht – Joghurt, Butter, Topfen und Frischkäse. Im Gegensatz zur Geitauer Alm ist sie nur auf Pfaden erreichbar, was die Versorgung deutlich erschwert. Dies tut der guten Stimmung auf der Alm mit den frei umherlaufenden Ziegen, Hühnern und Hasen jedoch keinen Abbruch.

Bemerkenswert ist der tiefe kraterähnliche Kessel, der sich unterhalb der Hofbauernalm auftut. Würde es keinen unterirdischen Wasserablauf geben, hätte sich hier längst ein malerischer Bergsee gebildet. Wir queren den Kessel an seinem nördlichen Ausläufer und tauchen jenseits der Einsattelung in den Wald ein. Der Steig wendet sich nach Westen. Falls jemand abkürzen mag: Auf einer Höhe von 1360 Metern zweigt nach links ein aufgelassener Pfad zum Spitzingsattel ab. Wir bevorzugen jedoch die Bahnverbindung von Fischhausen-Neuhaus, das wir auf der Alten Spitzingseestraße erreichen.

ROUTE: Geitau - Geitauer Alm - Aiplspitz - Jägerkamp - Jägerbauernalm - Fischhausen-Neuhaus

Am O-Ende des Geitauer Bahnhofs auf dem Teersträßchen über die B 307 nach Geitau > rechts am Postgasthof Rote Wand vorbei > an der Weggabelung rechts (Ww. Geitauer Alm/Aiplspitz) – der breite Kiesweg führt meist durch Wald zuletzt in einer weiten Kehre zur Geitauer Alm (1330 m) > oberhalb der Alm Übergang in einen Steig, der uns in die Einsattelung zwischen Heißenplatte und Aiplspitz leitet > steil über Schotter und leichte Felskraxelstellen am Nordgrat zum Gipfel (1759 m) empor > auf dem SW-Grat zum Tanzeck und an der folgenden Weggabelung beschildert zum Jägerkamp (1746 m) queren > Abstieg am latschenbewachsenen N-Rücken zur Jägerbauernalm (1544 m) > am Bergkessel entlang in den Wald > durch einen Bachgraben nach W zur Spitzingseestraße hinab > 200 m entlang der Straße bergab, dann Abzweig Alte Spitzingseestraße (984 m) mit Abstieg nach Josefsthal > Josefsthaler Straße 1 km nach N, links in den Buchenweg, nach 300 m rechts den Ankelbach überqueren und auf der Waldschmidtstraße zum Bahnhof von Neuhaus

Gehzeit 5 ½ Std.
Strecke 14 km
Höhenmeter 1130 Hm ↑
1100 Hm ↓

ÖPNV
Erste Anfahrt BRB von München HBF (6.30 Uhr) nach Geitau (Ankunft 7.49 Uhr)

Letzte Rückfahrt BRB von Fischhausen-Neuhaus (22.49 Uhr) nach München

Zeitfenster vor Ort 15 Std.

Charakter Teerwege beim An- und Abmarsch zum/vom Berg, Kiesweg zur Geitauer Alm. Die Überschreitung von Aiplspitz und Jägerkamp verläuft auf schönen Steigen und erfordert neben Trittsicherheit gute Wetterverhältnisse.

Wegweiser Aiplspitz (über Geitauer Alm) vom Tal weg beschildert, dann halten wir uns in Richtung Jägerkamp und Fischhausen-Neuhaus.

Einkehr Geitauer Alm, Tel. 08023-402 (Tal) und Jägerbauernalm, Tel. 0160-76100904, geöffnet jeweils Mitte Juni bis September

Karte AV-Karte BY15 „Mangfallgebirge Mitte", 1:25.000

KOLOSSALE ERSCHEINUNG

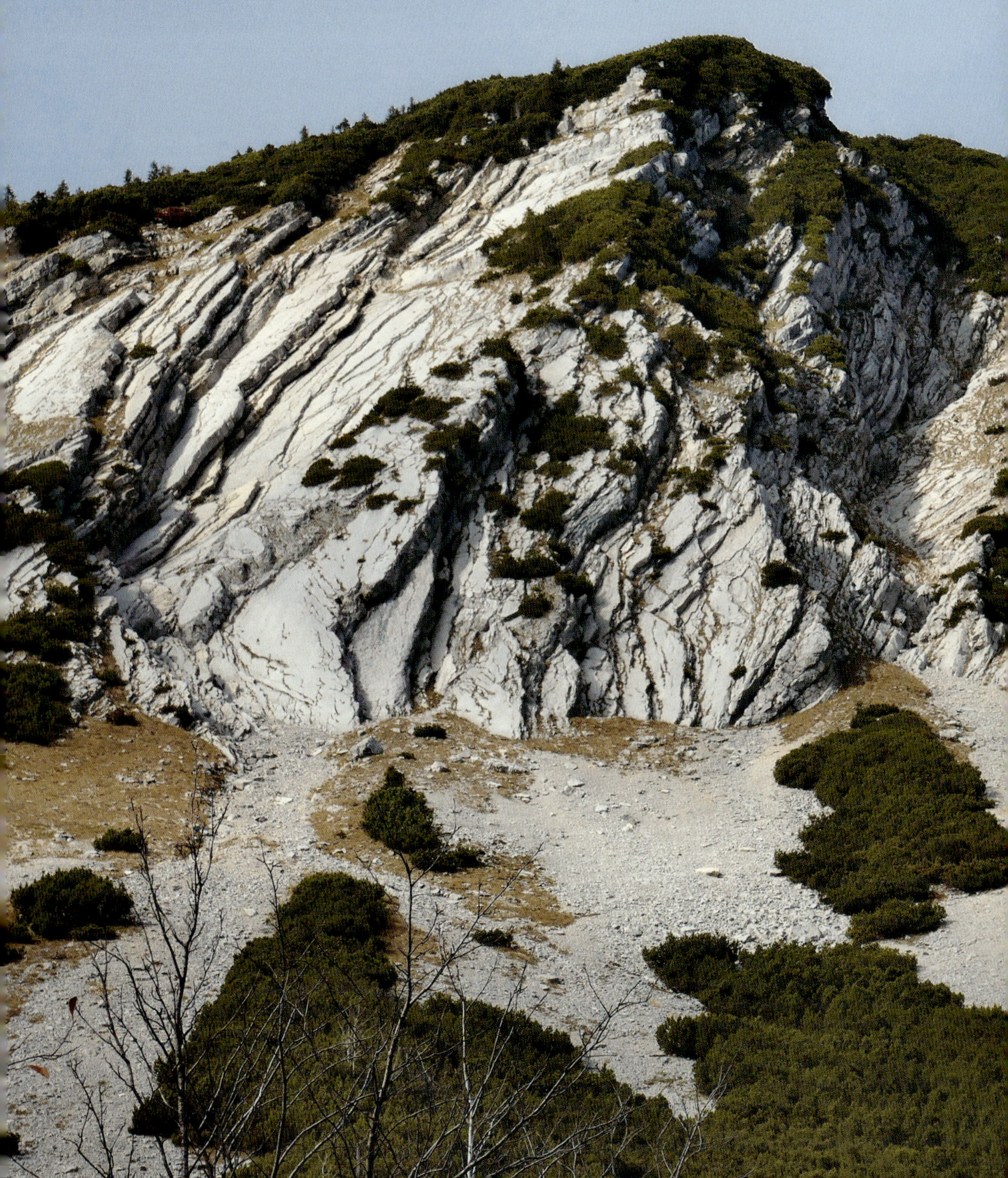

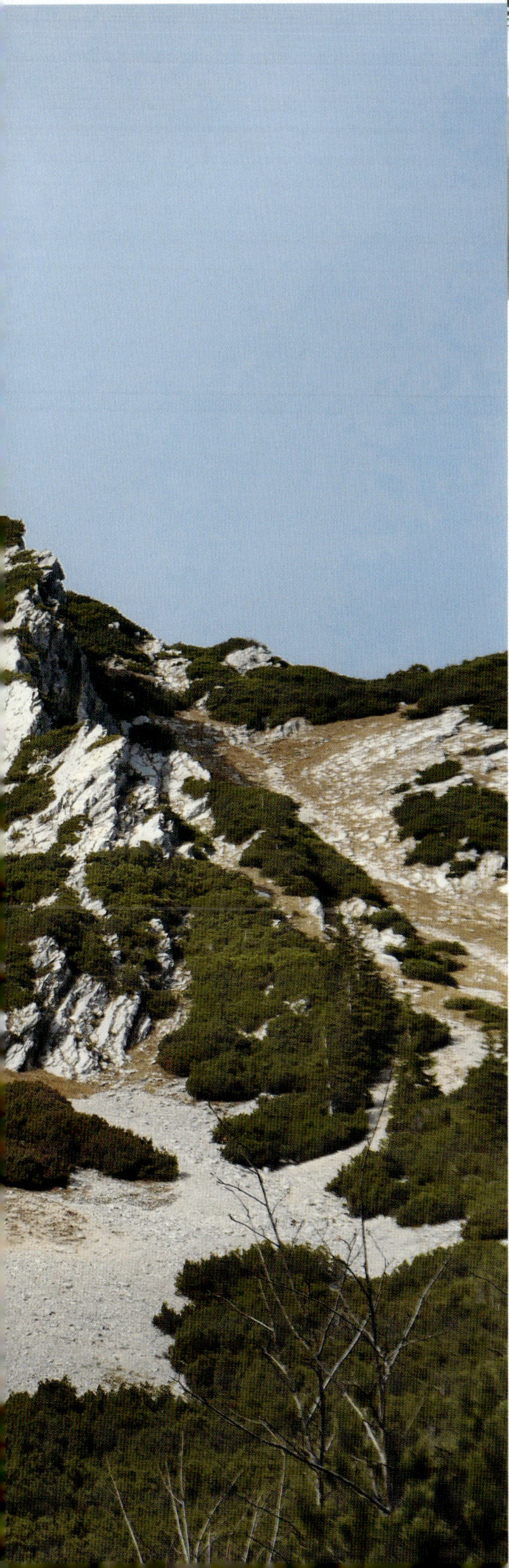

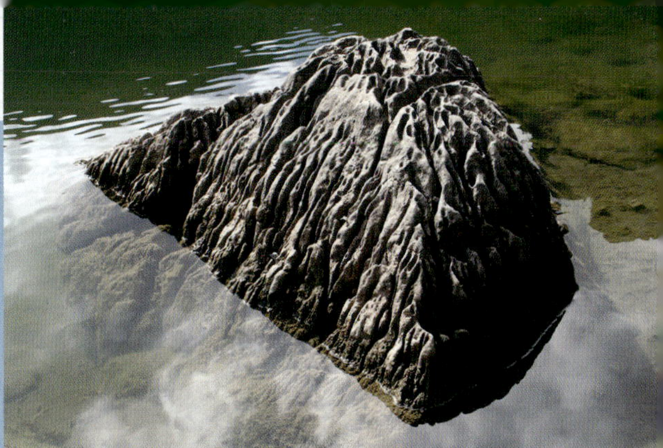

Auf dem Weg vom Soinsee zur Großtiefentalalm zeigt sich das mächtige Miesingmassiv von seiner ganzen Breite.

Eindrucksvolle Felsrliefs im Soinsee

Vom Leitzachtal führen einige interessante Routen westwärts in Richtung Spitzingsee. Eine besonders schöne krönen wir mit der Besteigung des Hochmiesings, der mit seinem benachbarten Bruder Dürrmiesing eines der auffälligsten Bergmassive des Mangfallgebirges bildet. Die immense Flächenausdehnung zwischen beiden Gipfeln sucht ihresgleichen. Mit 17 Kilometern ist unsere Route relativ lang, doch durch die überwiegend gut ausgebauten Wege – die Hälfte verläuft auf Forst- oder Fahrwegen – kommen wir relativ schnell voran. Unterwegs passieren wir den malerisch in einer Senke gelegenen Soinsee.

Dem Hochmiesing fehlt mit einer Höhe von 1883 Metern im Vergleich zur Rotwand nur ein Meter für den Titel „höchster Gipfel des Mangfallgebirges auf bayerischem Gebiet". Dieses Mini-Manko lässt sich insofern gut verschmerzen, als die Aussicht durchaus ebenbürtig ist und der „Vizemeister" auch bedingt durch die längeren Anmarschwege deutlich weniger Besucher anzieht.

Langer Anmarsch zum Soinsee

Der erste Teilabschnitt der Strecke nach Geitau und am örtlichen Segelflugplatz vorbei Richtung

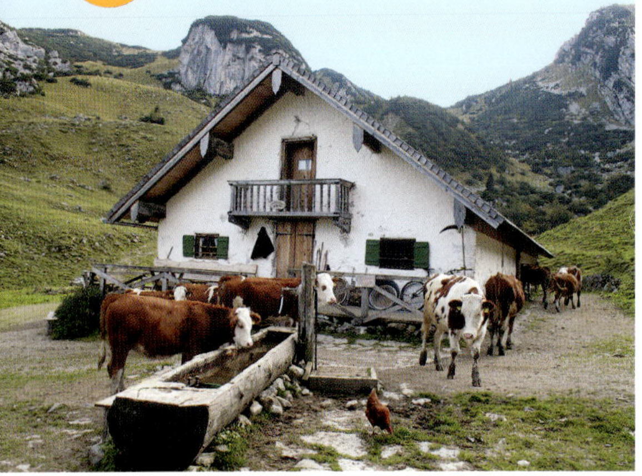

Landschaftsschutzgebiet Rotwand zieht sich etwas in die Länge. Das offene Wiesengelände darf nicht betreten werden, erfahren wir auf einem Warnschild – auch wenn von Segelfliegern weit und breit nichts zu sehen ist. Auf der Homepage des LSC Schliersee erfahren wir, dass die einheimischen Segelflieger von der Wiener Neustadt bis nach Südfrankreich den gesamten Alpenbogen anvisieren. Ehrenamtliche Fluglehrer bieten eine kostengünstige Ausbildung für Möchte-gerne-Piloten ab 14 Jahren an!

Beim Passieren des Flugplatzes haben wir den mächtigen Gebirgsstock des Hochmiesings bestens im Blick. Es gibt zwei Gründe, nicht den direkteren Anstieg durch den Krottenthaler Graben zu wählen: Einerseits würde uns somit der malerisch gelegene Soinsee entgehen, andererseits müssten wir den Teilabschnitt zwischen der Kleintiefentalalm und der Einsattelung am Hochmiesing zweimal abwandern. Nach einer etwas steileren Wegpassage im Steilenbachtal passieren wir mit Rückblick zum Wendelstein die Schellenbergalm und erreichen den Soinsee nach insgesamt rund sieben Kilometern. Zeit für eine Brozeit- und Ruhepause – der See liegt herrlich eingebettet am Fuß der markanten Ruchenköpfe und lädt zum Verweilen ein. Wer seinen Kreislauf in Schwung halten will, schiebt eine kleine Schwimmeinlage im meist eiskalten Wasser ein.

Schöner Berganstieg zum Hochmiesing

Es folgt ein Genussabschnitt am Nordufer des Sees entlang und durch ein malerisches Hochplateau zur bereits sichtbaren Großtiefentalalm mit der landschaftsprägenden Rotwand im Hintergrund. An der Alm geht der Almweg in einen gut markierten Steig über. Wir ignorieren den Abzweig zum Rotwandhaus und peilen die Einsattelung zwischen Rotwand und Hochmiesing an. Bevor wir unsere Streckentour in Richtung Spitzingsee fortführen, erklimmen wir den überaus breiten und aussichtsreichen Gipfel über den südwestlich ausgerichteten Latschenhang. Besonders beeindruckend ist der Blick zu den Hohen Tauern mit Großglockner und Großvenediger. Jenseits der Rotwand bauen sich das Rofan- und Karwendelgebirge auf, und im Osten sind neben dem Kaisergebirge die Berchtesgadener Alpen mit Watzmann und Hochkönig zu erkennen.

Über zwei Berghütten zum Spitzingsattel

Der Hochmiesing-Gipfel ist so breit, dass uns der Blick in unsere Abstiegsroute auch dank des dichten Latschenbewuchses verborgen bleibt. Wir wandern zur Einsattelung zurück und steigen in nördlicher Richtung zur Kleintiefentalalm ab. Etwas unterhalb der Alm kürzen wir die Route zum bereits sichtbaren Taubensteinhaus auf dem links abzweigenden Steig ab; bei Nässe ist jedoch der etwa 15 Minuten länger dauernde Umweg auf den breiten Almwegen eventuell vorzuziehen (beide Routen sind beschildert).

Das Taubensteinhaus liegt auf einem Geländeabsatz unweit des Rauhkopfs und des Taubensteins. Die Sektion München des Alpenvereins hatte beabsichtigt, die Unterkunftshütte zu kaufen und im Sommer 2021 mit neuem Pächter wiederzueröffnen. Doch da die für den Hüttenbetrieb erforderlichen Nutzungs- und Wegerechte nicht geklärt werden konnten, konnte das Vorhaben nicht umgesetzt werden. Deutlich unkomplizierter ist die Lage auf der eine Wanderstunde entfernten Schönfeldhütte, die gemäß dem Gütesiegel „So schmecken die Berge" gesunde regionale Kost auftischt. Die Hüttenleute sind stolz darauf, dass der Bundespräsident Frank Walter Steinmeier hier anlässlich des 150-jährigen Jubiläums an einer Wanderung nebst Einkehr teilgenommen hat. „Es geht nicht nur um Wander- und Bergsport, sondern auch um die Bewahrung der Natur", betonte der prominente Gast mit Blick auf den Spitzingsee zu diesem Anlass. „Ich freue mich auf die Wanderung, eine schönere Art, Glückwünsche zu überbringen, gibt es nicht."

Oberhalb der Hütte beginnt der etwa 45-minütige Abstieg auf einem teils wurzeligen Waldpfad zum Spitzingsattel, der bei Nässe erhöhte Vorsicht erfordert.

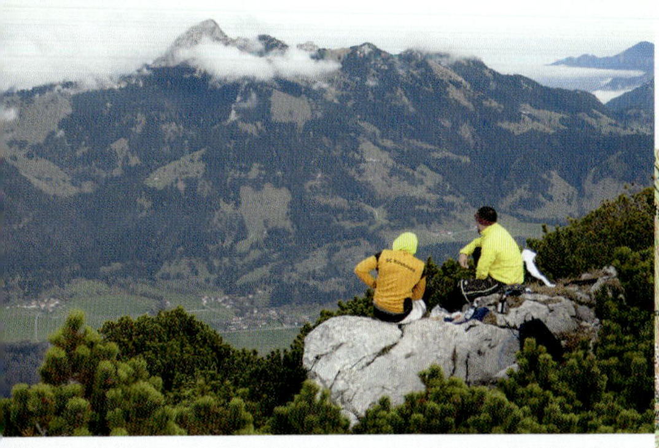

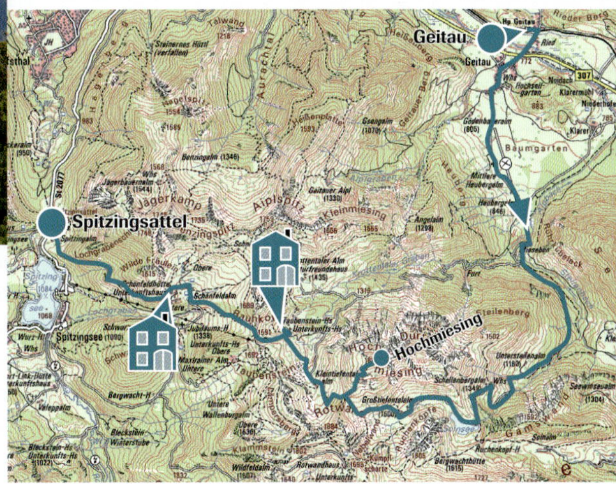

linke Seite: Kuhtränke an der Großtiefentalalm

Ausblick vom Hochmiesing zum Wendelstein

ROUTE: Geitau - Soinsee - Hochmiesing - Taubensteinhaus - Spitzingsattel

Am O-Ende des Geitauer Bahnhofs auf dem Teersträßchen über die B 307 nach Geitau > rechts am Postgasthof Rote Wand vorbei und dem Teerweg über den Segelflugplatz nach S folgen > nach Passieren der Heubergalm (846 m) im LSG Rotwand Übergang in einen Forstweg > an der Weggabelung überschreiten wir den Steilenbach auf einer Brücke (Ww. Miesing) > an der folgenden Weggabelung nicht dem Schild nach rechts Richtung Miesing und Taubensteinhaus folgen, sondern geradeaus um das mächtige Massiv von Stellenberg und Hochmiesing herumwandern (Ww. Soinsee/Rotwandhaus) > nach einer Wegkehre die Schellenbergalm (1348 m) passieren und steil zum Soinsee (1459 m) empor > am N-Ufer des Soinsees flach zur Großtiefentalalm (1500 m) ansteigen > Übergang in einen Wiesensteig zum Sattel zwischen Rotwand und Hochmiesing (1740 m) > Abstecher auf mäßig ansteigendem Pfad zwischen Latschen hindurch zum Hochmiesing (1883 m) und wieder zurück zum Sattel > Abstieg zur Kleintiefentalalm (Ww. Taubensteinhaus) > etwas unterhalb der Alm links auf dem beschilderten Pfad kleiner Gegenanstieg zum Taubensteinhaus (1567 m) > Querung zur Einsattelung nördlich des Taubensteins und etwas oberhalb der aufgelassenen Skipiste Abstieg durch lichten Wald (Ww. Schönfeldhütte) > an der Abzweigung rechts halten, nach W in den Geländegraben zur Schönfeldalm und kurzer Gegenanstieg auf dem Teerweg zur Schönfeldhütte (1410 m) > oberhalb der Hütte beginnt der Abstieg auf teils wurzeligem Waldpfad zum Spitzingsattel.

Gehzeit 6 ½ Std.
Strecke 17 km
Höhenmeter 1300 Hm ↑
910 Hm ↓

ÖPNV
Erste Anfahrt BRB von München HBF (6.30 Uhr) nach Geitau (Ankunft 7.49 Uhr)
Letzte Rückfahrt Bus 9562 vom Spitzingsattel (18.22 Uhr) nach Fischhausen-Neuhaus oder Schliersee, BRB nach München

Zeitfenster vor Ort ca. 10 ½ Std.

Charakter Einfache, aber relativ lange Wanderung mit einem respektablen Höhenunterschied. Unterwegs ein malerischer See, ein mächtiger Voralpengipfel und zwei Berghütten. Bei Nässe sind die Steige zum Taubensteinhaus und Spitzingsattel mitunter sehr rutschig.

Wegweiser Von Geitau Schilder Richtung Soinsee, erst dann Richtung Miesing. Im Abstieg orientieren wir uns Richtung Taubensteinhaus, Schönfeldhütte und Spitzingsattel.

Einkehr/Übernachtung
Taubensteinhaus, Tel. 08026-7070, Ende Mai bis Allerheiligen; Schönfeldhütte, Tel. 08026-7496, ganzjährig geöffnet

Karte AV-Karte BY15 „Mangfallgebirge Mitte“, 1:25.000

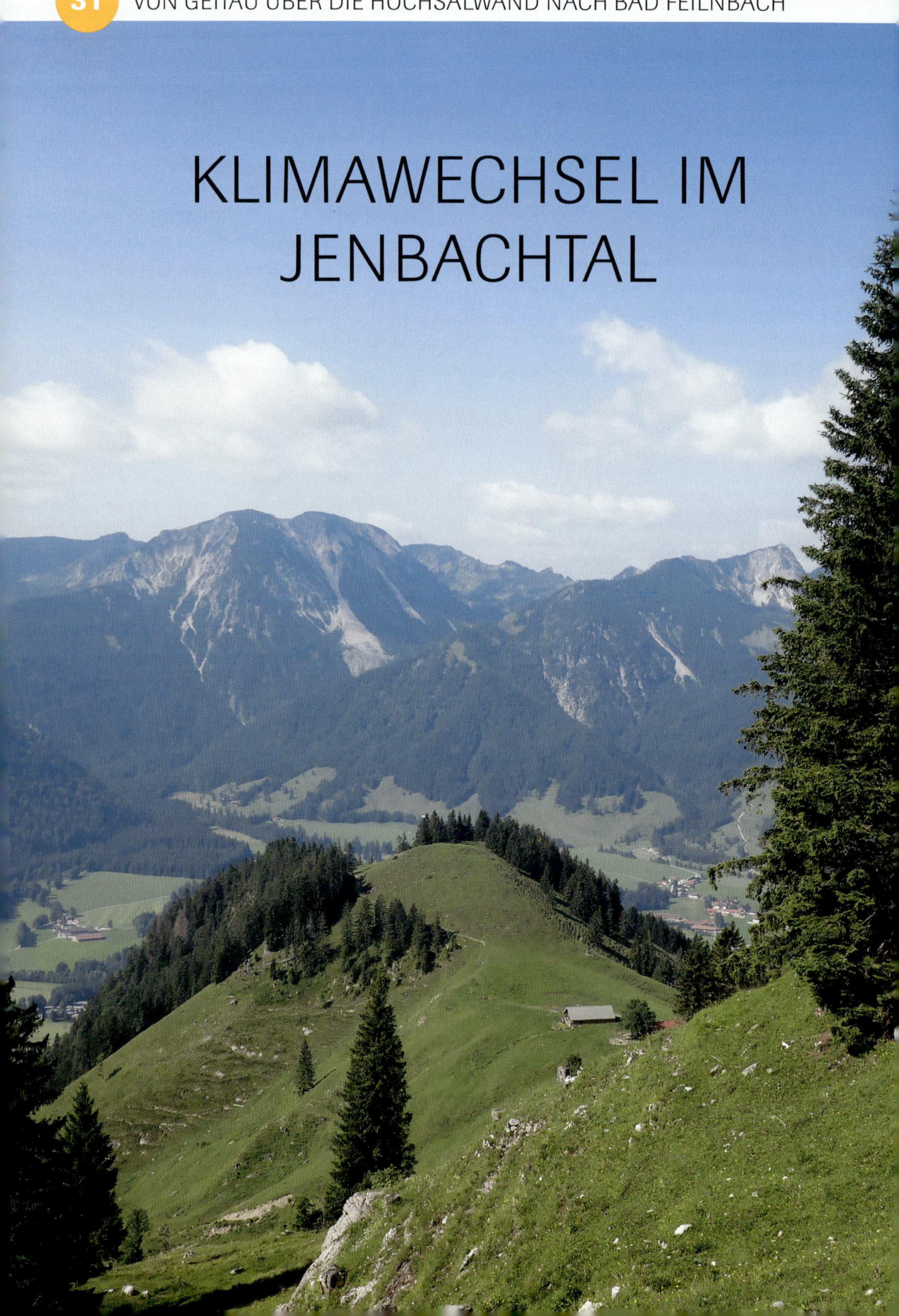

KLIMAWECHSEL IM JENBACHTAL

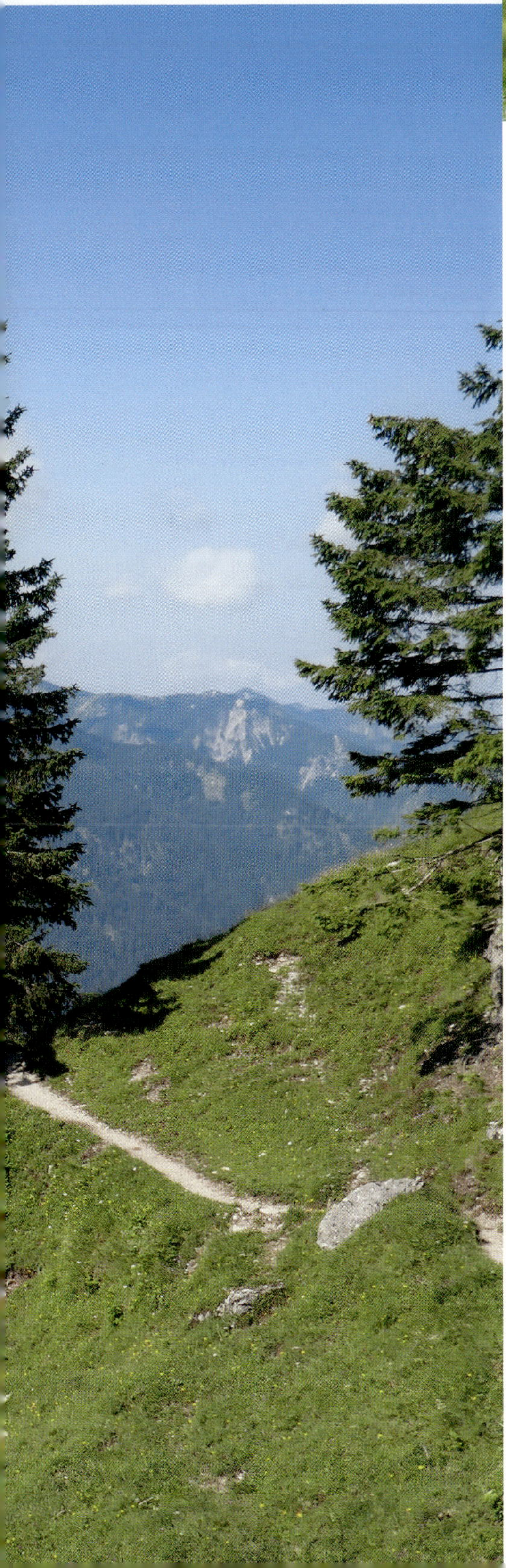

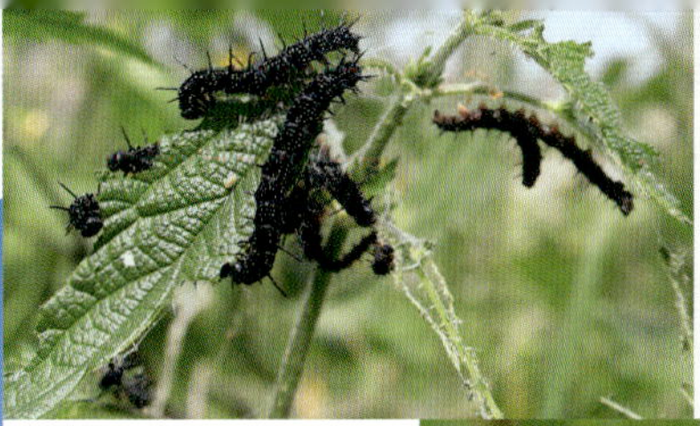

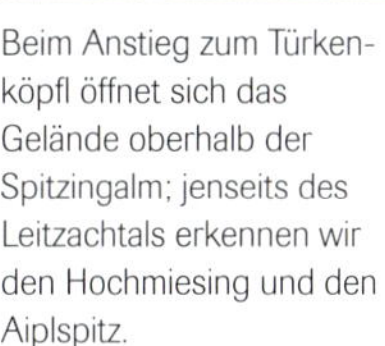

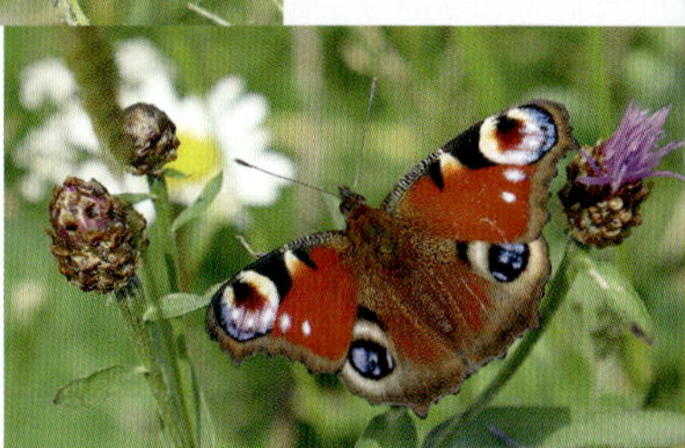

Beim Anstieg zum Türkenköpfl öffnet sich das Gelände oberhalb der Spitzingalm; jenseits des Leitzachtals erkennen wir den Hochmiesing und den Aiplspitz.

Faszination Metamorphose: Das Tagpfauenauge entwickelt sich von einer schwarzen Raupe in einen bunten Schmetterling.

Mal ganz ehrlich: Wer von Euch ist bereits vom Leitzachtal über die Hochsalwand und die Rampoldplatte nach Bad Feilnbach gewandert? Auch ich hätte diese unglaublich abwechslungsreiche und schöne Wanderung ohne das ÖPNV-Projekt nie entdeckt! Nachdem das Gros der Höhenmeter nach einem Viertel der Strecke an der Elbachalm bereits geschafft ist, folgt eine äußerst genussreiche Querung über die beiden Gipfel in das obere Jenbachtal. Ein Tipp für heiße Sommertage: Genießt beim Abstieg noch die Frische am Fluss, denn mit Einmarsch in Bad Feilnbach spüren wir einen markanten Klimawechsel!

Neben der Streckenbewältigung ist auch das Timing hinsichtlich der Rückfahrt eine gewisse Herausforderung, da der Bus von Bad Feilnbach Richtung Bad Aibling vor allem am Wochenende relativ selten verkehrt. Gegenüber von der Busstation am Rathausplatz gibt es mit dem Café Pichler zur Überbrückung eine willkommene Einkehrmöglichkeit.

Der Wendelstein als Orientierung

Im Gegensatz zu den Touren Richtung Hochmiesing und Aiplspitz wenden wir uns am Geitauer Bahnhof dieses Mal direkt nach Norden; der Wegeinstieg erfolgt unmittelbar nach Überqueren der Gleise. Nicht nur die Wegweiser leiten uns im ersten Wanderabschnitt stets in Richtung Wendelstein – der

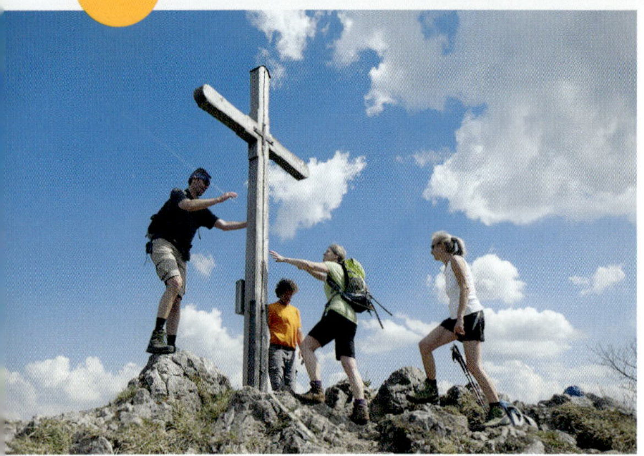

das Tal dominierende Berg ist auch immer wieder im Blickfang unserer Route. Nach Passieren des Kuttenraingrabens biegen wir an der Wegkreuzung in den Forstweg, der mit dem Meditationsbergweg „Der Frieden beginnt in Dir“ identisch ist. Ob jedoch Zeit und Muße vorhanden sind, Entspannung in der Himmelsliege zu suchen, sei dahingestellt. Bei Station 5 haben wir den Forstweg und den Wald bereits verlassen und blicken über offene Fluren in Richtung Mangfallgebirge. „Die grandiose Aussicht auf das wunderbare Panorama weckt in mir Gefühle der Weite, Freiheit, Verbundenheit und Demut“, lesen wir auf der Wegetafel. Dieses befreiende Gefühl wird sich im Lauf der Wanderung noch häufiger einstellen.

Nach dieser Station verlassen wir den Meditationsbergweg, indem wir bei einem Auseinanderdriften des Steiges die bergwärts führende Variante wählen; die rechte Trasse führt eben direkt auf den Wendelstein zu. Als Orientierung dient die Felsnase des Türkenköpfls, an dessen Fuß der Steig eine Kehre legt. Wir erreichen eine Anhöhe und wechseln mit Anpeilen der nahen Elbachalm auf die Nordschattenseite des Verbindungskamms zwischen Schweinsberg und Wendelstein. Hier führt die Route direkt an die beeindruckende Felsbastion des Wendelsteins heran und wendet sich dort nach Norden. Im Juli stoßen wir auf die seltene Türkenbundlilie, auch einige Orchideen blühen noch im feuchten Gras.

Wenig Betrieb an der Hochsalwand

An zwei Weggabelungen könnten wir bereits direkt in das Jenbachtal absteigen. Wir bevorzugen jedoch den „Gipfelstürmerweg“ zur Hochsalwand, die mit Erreichen des weitläufigen Wiesenplateaus an der Reindleralm auftaucht. Auf dem Weg zur Alm begegne ich einer gesprächigen Bäuerin, die ein wenig verblüfft wirkt, hier mal einen Wanderer anzutreffen. Schon erstaunlich – sie ist an diesem sommerlichen Julitag, wenngleich unter der Woche, die erste Menschenseele, auf die ich treffe.

Die Einsamkeit wird sich später reduzieren, soviel vorneweg. Weniger an der Hochsalwand, an der ich zwei Gleichgesinnte zähle. Die Route dorthin ist entlang des langgezogenen Grats nicht zu verfehlen. „Über Hochsalwand, Schuhbräu-Alm und weiter nach Brannenburg oder Bad Feilnbach“ ist dem an der Alm befestigten Wegweiser zu entnehmen. Noch immer beherrscht das Wendelsteinmassiv das Landschaftsbild – schön zu beobachten, wie sich die 1912 in Betrieb genommene und unter Denkmalschutz stehende Zahnradbahn zeitlupenartig unterhalb der Soinwand in Richtung Bergkessel hochbewegt. Beim Gipfelpanorama gibt es im Vergleich zu vielen anderen bayerischen Hausbergen einen kleinen „Punktabzug“, weil der dominante Wendelstein den Fernblick nach Süden versperrt. Für den Großvenediger-Blick reicht es dennoch, und bedingt durch die östliche Lage sind auch das Kaisergebirge und die Chiemgauer Alpen gut zu sehen.

Über die Rampoldplatte in das Jenbachtal

Auf der tiefer gelegenen Rampoldplatte wird das Panorama zwar nicht besser. Doch dafür ist der Weg dorthin sehr kurzweilig, einige durch Latschengassen führende Felsstufen sind mit Drahtseilen gesichert. Am Fuß des auch im Winter begangenen Berges liegt die Schuhbräu-Alm, in der man von Mai bis Oktober nach Voranmeldung übernachten kann. Von Brannenburg steuern im Sommerhalbjahr zahlreiche Mountainbiker die Alm an. Gipfelsammler überschreiten anschließend noch den Mitterberg, der direkte Weg quert jedoch unterhalb des Südhangs. Dann leitet uns der Nigglsteig direkt in das Jenbachtal.

Es bleibt zu hoffen, dass die Spuren des schweren Sommerunwetters von 2021 beseitigt sind, als Muren und die Kraft des Wassers Teile des Jenbach-Weges wegspült hatten. Anfang 2022 war zwar der wildromantische Wasserfallweg wieder zugänglich, der untere Teil der Schlucht jedoch nach wie vor gesperrt. Mit Austritt aus der Schlucht macht sich in Bad Feilnbach häufig ein spürbarer Temperaturanstieg bemerkbar.

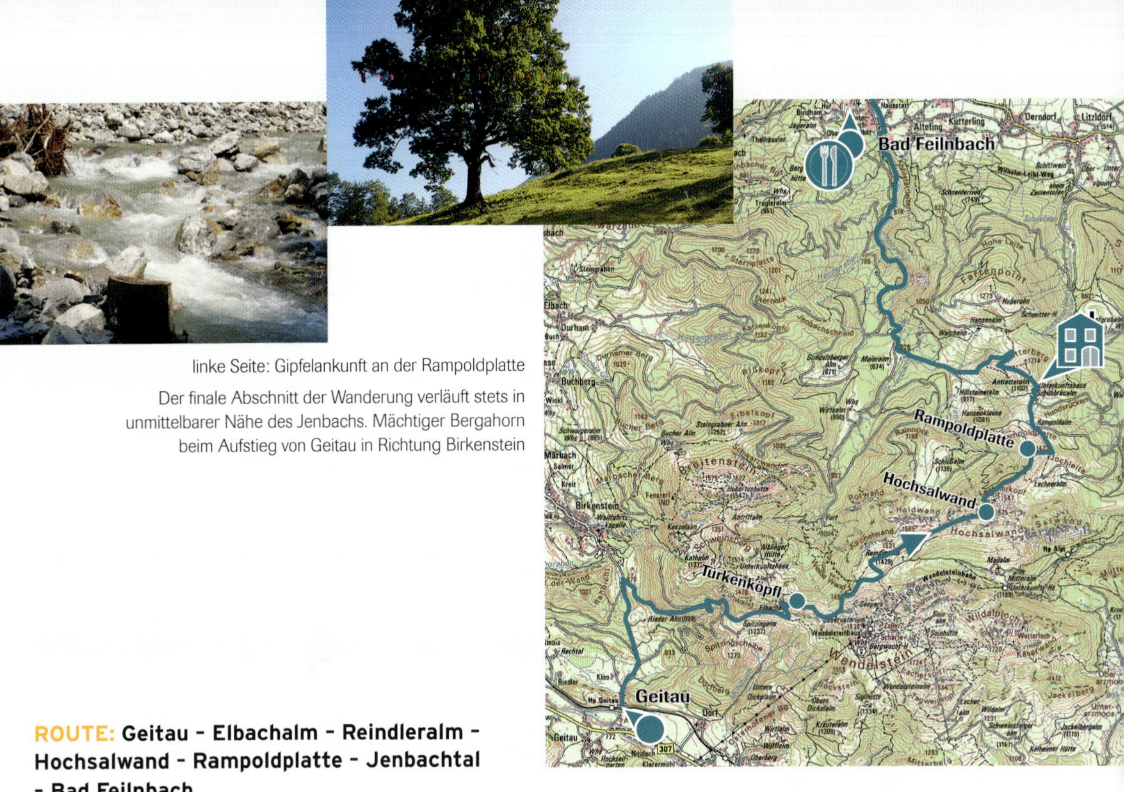

linke Seite: Gipfelankunft an der Rampoldplatte

Der finale Abschnitt der Wanderung verläuft stets in unmittelbarer Nähe des Jenbachs. Mächtiger Bergahorn beim Aufstieg von Geitau in Richtung Birkenstein

ROUTE: Geitau - Elbachalm - Reindleralm - Hochsalwand - Rampoldplatte - Jenbachtal - Bad Feilnbach

An der T-Kreuzung östlich des Bahnsteigs links (Ww. Wendelstein über Spitzingalmen) - dem breiten Wanderweg 2 km leicht ansteigend nach N folgen - an der Weggabelung (878 m) scharf rechts in den Forstweg (Meditationsbergweg) - an der folgenden Weggabelung geradeaus (kein Wegweiser), dann links dem abzweigenden Steig folgen (Ww. Wendelstein) - der Steig führt oberhalb der Spitzalm aus dem Wald heraus und über die Wiese bergan - **!** der Steig flacht ab und teilt sich: hier die linke (obere) Variante wählen, die auf das felsige Türkenköpfl zuführt - nach einer Kehre Erreichen des Höhenrückens und Abstieg zur nahen Elbachalm (Ww. Über Aiblinger Alm …) - an der Alm dem Steig nach W folgen (Ww. Wendelstein) - an der Weggabelung unterhalb des Wendelsteins links (Ww. Hochsalwand) - an der Reindleralm (1429 m) vorbei und beschildert zur Hochsalwand empor (1625 m) - wenige Minuten zur Weggabelung unterhalb des Gipfels zurück und rechts auf dem steinigen Weg (Vorsicht bei Nässe) Richtung Rampoldplatte - den Gipfel (1392 m) nach NW überschreiten und über die Rampoldalm zur Schuhbräu-Alm (1157 m) absteigen - an der Alm links auf dem breiten Wanderweg unterhalb des Mitterbergs queren - nach der markanten Rechtskurve links in den Nigglsteig abzweigen - in Talnähe Übergang in einen Forstweg - am Wanderparkplatz rechts in das Jenbachtal (Ww. Wasserfälle) - zurück auf den Fahrweg und abermals rechts abzweigen (Ww. Bad Feilnbach über Jenbachsteig) - am Talausgang (Parkplatz) die Brücke überqueren und links entlang des Jenbachs nach Bad Feilnbach –nach gut 1 km links über die Bachbrücke zum Rathausplatz

Gehzeit 7 Std.
Strecke 20 km
Höhenmeter 1000 Hm ↑
1260 Hm ↓

ÖPNV
Erste Anfahrt BRB von München HBF (6.30 Uhr) nach Geitau (Ankunft 7.49 Uhr)

Letzte Rückfahrt Bad Feilnbach Rathausplatz Bus 9580 (17.45 Uhr) nach Bad Aibling Bahnhof, BRB nach München

Zeitfenster vor Ort 10 Std.

Charakter Lange Wanderung mit fundamentalem Landschafts- und Klimawechsel! Der steinige Pfad zwischen Hochsalwand und Rampoldplatte sowie der Steig am Jenbachwasserfall sind oft glitschig und erfordern somit Trittsicherheit.

Wegweiser Bis oberhalb der Spitzingalm Richtung Wendelstein halten (Teilabschnitt Meditationsbergweg), anschließend sind Hochsalwand, Rampoldplatte sowie Jenbachtal und Bad Feilnbach durchgehend beschildert.

Einkehr/Übernachtung
Schuhbräu-Alm, Tel. 08034-2391, Mitte Mai bis Ende Oktober, Mo./Di. Ruhetag, www.schuhbräu-alm.de; Café Pichler, Bad Feilnbach, Tel. 08066-8843990, www.baeckerei-pichler.de.

Karte AV-Karte BY16 „Mangfallgebirge Ost“, 1:25.000

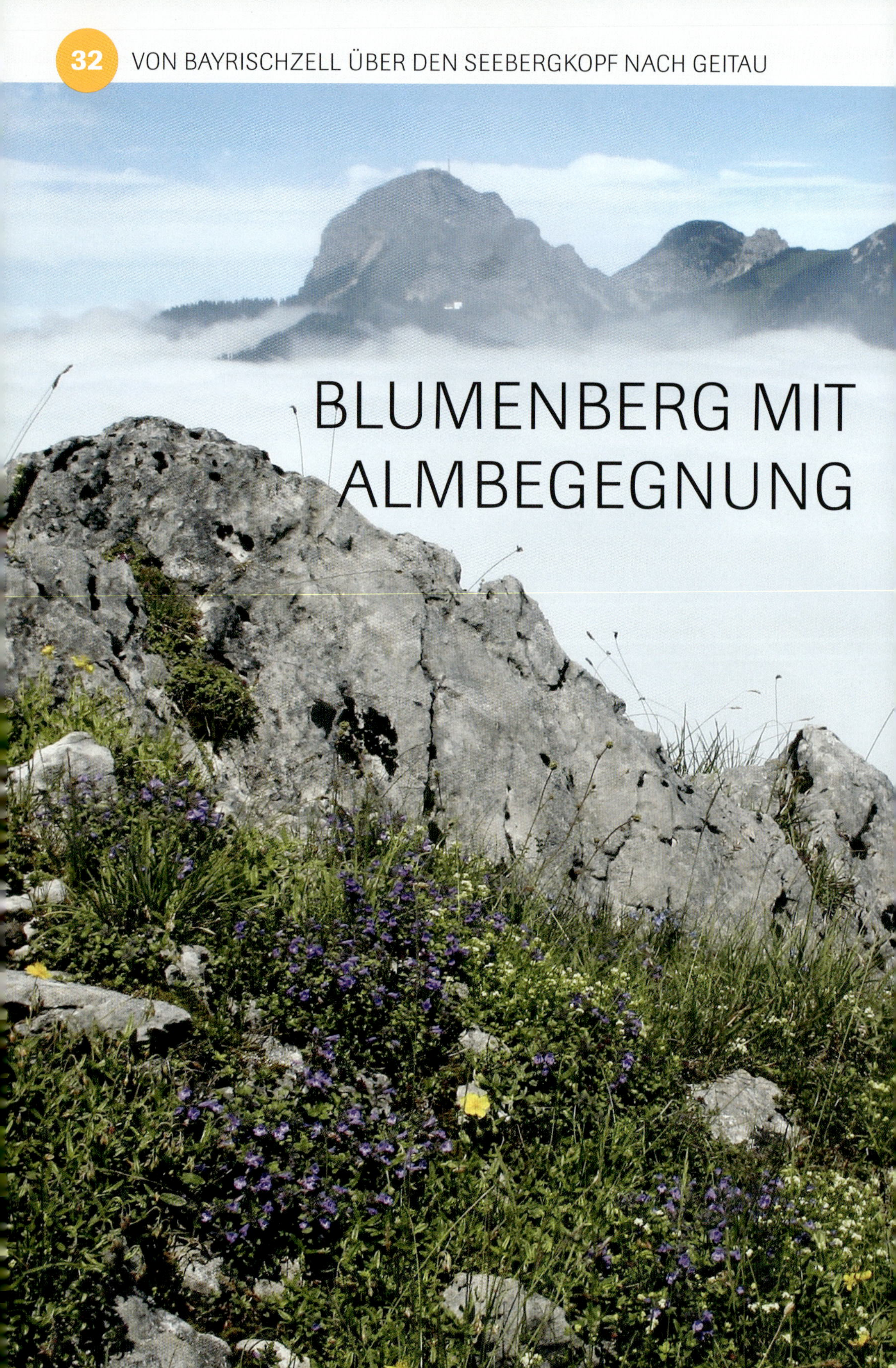

BLUMENBERG MIT ALMBEGEGNUNG

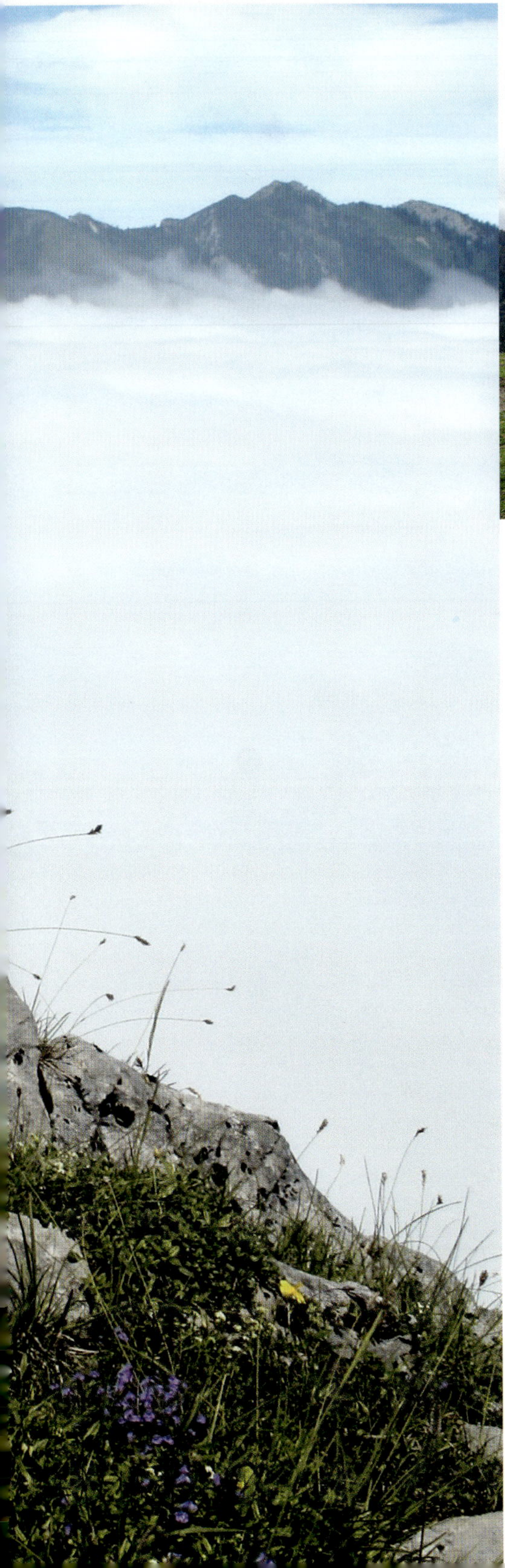

Vom Seebergkopf blicken wir in Richtung Wendelstein, der fotogen aus dem Nebelmeer herausragt.

An der Neuhütte wechselt der Steig auf die sonnige Südseite des Berges.

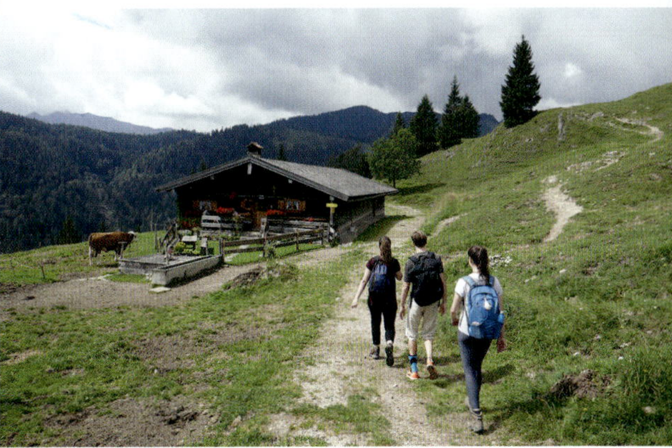

Der Seebergkopf zählt zu meinen Lieblingsbergen: Nach kurzem Anmarsch vom Bayrischzeller Bahnhof wird er auf einem kurzweiligen Pfad erklommen, der sich elegant um den Berg herumwindet und ihn dann von Süden anvisiert. Außerdem erweist er sich im Frühsommer als wunderschöner Blumenberg! Bereits im unteren Bereich sprießen die Dunkle Akelei und Knabenkräuter um die Wette, und in den Gipfelwiesen gesellen sich weitere Orchideen wie die Zweiblättrige Waldhyazinthe und das Schwertblättrige Waldvöglein hinzu. Oder besteigen wir den Seebergkopf doch lieber bei Schnee? Die Route ist jedenfalls auch im Winter meist zuverlässig gespurt.

„Nette Wanderung auf schönen Pfaden – für die ganze Familie geeignet. Allein wird man selten sein, dafür entschädigt die tolle Aussicht“, fasst die Plattform „Bergtour-Online.de“ diese Tour treffend zusammen. Und „Höhenrausch“ charakterisiert die Route als „unschwierige Bergwanderung mit überschaubarem Höhenunterschied, die über komfortable Bergpfade führt“.

Bequemer Aufstieg zur Neuhütte

Dass der Seebergkopf auch jugendtauglich ist, haben mir Pia, Sophia und Jonas im Verlauf der Wanderung

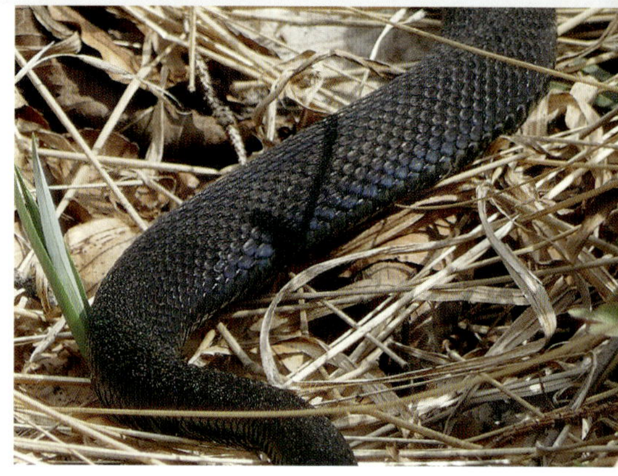

mehrmals bestätigt. Natürlich macht es Freude, wenn der Start am Berg nicht auf einem langweiligen Forstweg, sondern einem Steig verläuft, der sich in vielen Kehren aus dem Talboden verabschiedet. Der halbschattige und kalkreiche Boden schafft das ideale Klima für die Dunkle Akelei, die am Fuß des Steilhangs im Frühsommer zu Hunderten blüht. Nach Passieren einer Sitzbank mit Blick auf Bayrischzell zieht der Steig zur Ostseite des Berges hinüber. Wie stumme Zeitzeugen stehen abgesägte Baumstümpfe im Hang – eine Maßnahme gegen die Lawinengefahr. Die Baumrinden werden eingeritzt, damit sie sich von selbst lösen und dem Borkenkäfer keine Nischen für die Fortpflanzung bieten. Um die Stämme herum wächst durch die größere Lichteinwirkung eine üppige Strauchvegetation heran.

An der Sankt Josephs Deliciousquelle können wir mit Blick in das Ursprungtal bestes Trinkwasser fassen. Die Quelle ist nach einem ehemaligen Pächter der Neuhütte benannt, der die Fassung angebracht hatte, um den Wanderern das Trinken zu erleichtern. An der Neuhütte wechseln wir auf die sonnigen Südhänge des Seebergs. Pia mag Kühe, der nächste Pluspunkt für die Tour ist somit gesichert. Wäre der Durst durch das Quellwasser nicht bereits gestillt gewesen, hätten wir uns in der Alm Getränke besorgen können. Im 19. Jahrhundert diente sie übrigens als militärischer Beobachtungpunkt (Gedenkstein „Auf der Wacht") gegen die aus dem Ursprungtal einfallenden Tiroler Gebirgsschützen – sobald Gefahr in Verzug war, wurden der leidgeprüften Bayrischzeller Bevölkerung Warnsignale gesendet.

Über die Seebergalm auf den Seebergkopf

Auch die benachbarte Seebergalm hat es seinerzeit bereits gegeben. Der 1760 errichtete Erdgeschossbau mit Flachsatteldach steht wie das Trockenmauerwerk, von dem noch Reste vorhanden sind, unter Denkmalschutz. Die im Umfeld weidenden Kühe, die von der Neuhüttenalm – wie es in der Almbauernsprache so schön heißt – „bestoßen" werden, laben sich an den hier besonders schmackhaften Weidegräsern, Kleearten und Kräutern, darunter Löwenzahn, Alpen-Mutterwurz und Frauenmantel. Der ehemalige Stall wurde vom Pächter teilweise in einen Wohnraum umgebaut.

Von der Seebergalm sind es laut Wegweiser noch 20 Minuten bis zum Gipfel. Anfangs geht es über freie Wiesen, dann etwas steiler und felsdurchsetzt durch einen Waldgürtel auf den breiten Gratrücken des Seebergkopfs empor, dessen Gipfelkreuz nach kurzer Querung auftaucht. Der Tiefblick auf die Dächer von Bayrischzell ist von der nach Norden abfallenden Gratkante aus beeindruckend, jenseits des Leitzachtals rückt der dominante Wendelstein in unser Blickfeld und hinter der Sudelfeldstraße taucht der Chiemsee in der Ebene auf. Je nach Standort versperren uns einzelne Fichten den Hohe-Tauern-Blick mit dem Großvenediger, doch das ist Jammern auf hohem Niveau. Fast uneingeschränkt zu sehen sind die Chiemgauer Berge im Osten und bekannte Gipfelnachbarn wie Rotwand, Miesing und Aiplspitz.

Abstieg über die Klareralm nach Osterhofen

Nach dem Gipfelgenuss wandern wir wieder zur Seebergalm zurück und entlang der licht bewaldeten Südhänge zur Klareralm hinab, die auf einem Hochplateau zwischen Seeberg und Gamswand liegt. Während der Weidesaison, die um Kirchweih herum endet, bietet die Alm Brotzeiten und Getränke an, was man ihr aus der Ferne kaum ansieht – auch weil der abgezäunte Vorgarten den Hang zur Privatsphäre vermuten lässt. Zudem ist sie in den meisten Wanderkarten und -führern auch nicht als Einkehr vermerkt. Umso mehr freut sich der durstige Wanderer über eine zuweilen spontane Entdeckung. Die Almwirtin zeigt sich in ruhigen Momenten gerne gesprächig und hat bei Interesse auch einiges zu erzählen. So outet sie sich als Fan des grazilen Roten Waldvögleins, nachdem wir ihr von zahlreichen Funden des Schwertblättrigen Waldvögleins erzählt haben.

Die weitläufigen Almwiesen bilden eine Art Wasserscheide: Während sich das kostbare Nass Richtung Osten im Wackbach sammelt, fließt es

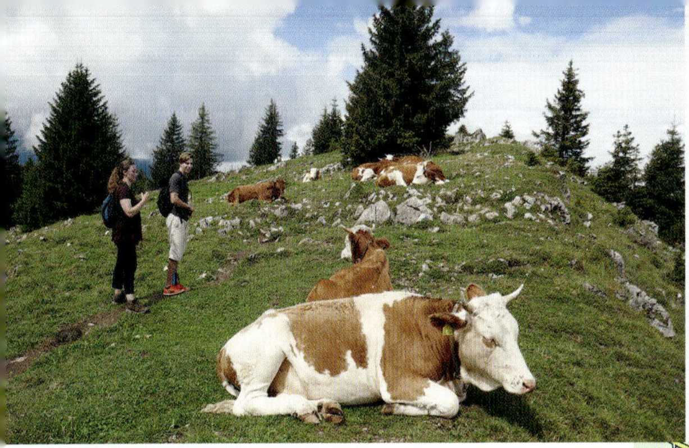

Vorsicht, Schlange! Eine aufgeschreckte Höllenotter auf der Flucht …

Diese Kühe an der Neuhütte genießen den Tag.

an der Westseite in den Steilenbach ab. Letzterer begleitet uns beim Abstieg in den Talboden, nachdem Pia, Sophia und Jonas noch ein letztes Fotoshooting absolviert haben. An der Alpbachbrücke haben wir für die Rückfahrt mit der BRB die Wahl, entweder Geitau oder Osterhofen anzusteuern. Der Weg nach Osterhofen entlang der Alpbach ist schöner und kürzer, für die Variante Geitau über den Segelflugplatz würde allenfalls eine etwaige Einkehr im Biergarten des Postgasthofs Rote Wand sprechen.

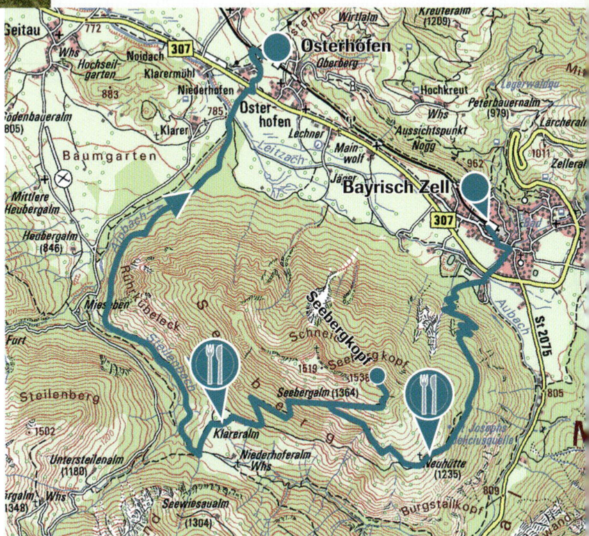

ROUTE: Bayrischzell - Neuhütte - Seebergalm - Seebergkopf - Klareralm - Osterhofen

Auf der Bahnhofstraße, Schlierseestraße und Seebergstraße vom Bahnhof, zuletzt die B 307 durch eine Unterführung passierend, zum Wanderparkpatz > Steigbeginn an der Minigolfanlage (Ww. Seeberg) > im Nordschatten des Berges empor und über die Ost- auf die Südseite des Berges wechseln > nach Passieren der Neuhütte (1235 m) führt der Steig zur Seebergalm (1364 m) > Schlussanstieg durch lichten Wald erst Richtung O, zuletzt nach W zum Seebergkopf (1538 m) > wieder zurück zur Seebergalm und geradeaus dem Wiesenpfad in den Wald folgen (kein Ww.) > an der T-Kreuzung rechts (Ww. Niederhoferalm) und nach wenigen Metern den Forstweg halblinks verlassen (Wiesenpfad) > die Klareralm (1050 m) passieren und an der Weggabelung rechts > Abstieg oberhalb des Steilenbachs auf dem Forstweg > nach Überqueren des Alpbachs im Talboden an der Weggabelung rechts und stets am Bachufer entlang talaus > die Leitzach überqueren, an der B 307 leicht versetzt zum Mühlbach und rechts zum Bahnhof von Osterhofen.

Gehzeit 4 Std.
Strecke 12,5 km
Höhenmeter 750 Hm ↑ 760 Hm ↓

ÖPNV
Erste Anfahrt BRB von München HBF (6.30 Uhr) nach Bayrischzell (Ankunft 7.56 Uhr)
Letzte Rückfahrt BRB von Osterhofen (22.35 Uhr) nach München

Zeitfenster vor Ort 16 Std.

Charakter Bei der kurzweiligen Bergwanderung wird der Seebergkopf auf bequemen Wegen fast komplett umrundet. Von der Klareralm führt ein Forstweg in den Talboden.

Wegweiser Der Seeberg ist sehr gut beschildert, der Abstieg zur Klareralm weniger; wer den Wegeinstieg an der Seebergalm findet, ist aber auf der sicheren Seite! Abstieg Richtung Osterhofen/Geitau orientierungsmäßig wieder einfach.

Einkehr/Übernachtung Neuhütte und Klareralm bieten während der Almsaison jeweils Getränke und kleine Brotzeiten an.

Karte AV-Karte BY16 „Mangfallgebirge Ost", 1:25.000

IM RAUFUSSHUHN- UND ALPENFLORA-PARADIES

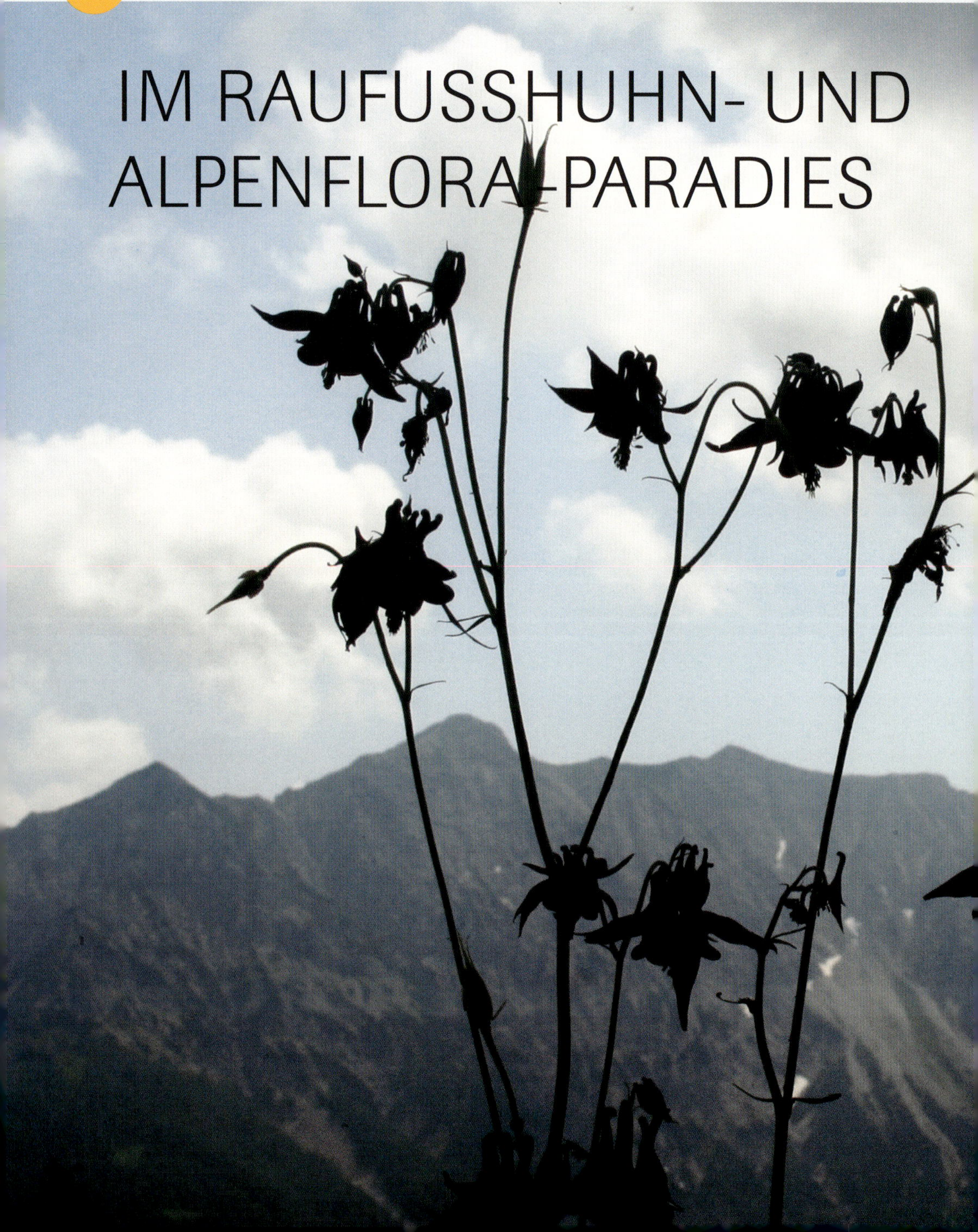

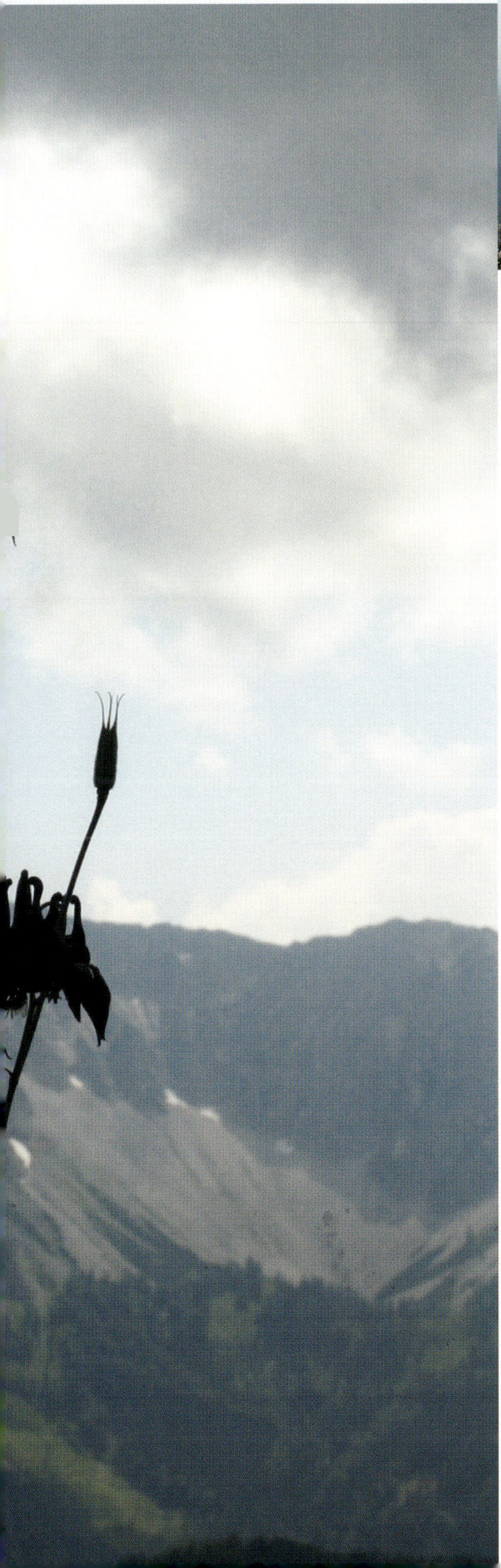

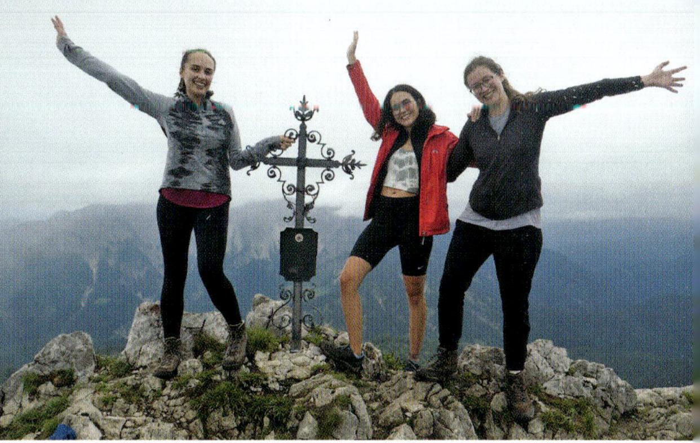

Dunkle Akeleien vor dem Bergpanorama des Hinteren Sonnwendjochs

Gipfelposing der Jugend auf dem Auerspitz

Um die Population der Birk- und Auerhähne nicht zu gefährden, hat das Landratsamt Miesbach im Rotwandgebiet ein ausgedehntes Wildschutzgebiet erlassen, das von Anfang Dezember bis Mitte Juli nicht betreten werden darf. Auch die Südhänge der Maroldschneid, die wir beim Anstieg zum Auerspitz queren, sind von der Regelung betroffen – wenngleich nur bis Mitte Juni. Durch die monatelange Schonfrist kann sich auch die alpine Flora erholen – die Südflanken von Auerspitz und Rotwand sind ein wahres Blumenparadies! Doch unterwegs begeistern nicht nur die vielen Blüten am Wegesrand, sondern auch der ausdauernde De-Luxe-Panorama-Blick.

Unsere Route verläuft teilweise auf dem „Via Alpina"-Fernwanderweg (Weg 642), weshalb das Betretungsverbot hier um einen Monat verkürzt worden ist. Das ist für alle Blütenfreunde eine gute Nachricht, denn im Frühsommer herrscht bei den Alpenblumen Hochkonjunktur! Alternativ gibt es auch eine neue „Via Alpina", welche die Maroldschneid und somit das Wildschutzgebiet über die Soinalm und die Bergwachthütte unterhalb der Ruchenköpfe nördlich umgeht. An den Grenzen der Schutzgebiete werben Schilder mit großen Übersichtskarten und Informationen über die Bedrohung der Raufußhühner für das Verständnis der getroffenen Maßnahmen.

Auf der alten „Via Alpina" Richtung Rotwandhaus

Für die Anfahrt zum Ausgangsort Parkplatz Stillberghaus müssen wir den um 7.58 Uhr in Bayrischzell Richtung Landl abfahrenden RVO-Bus erwischen.

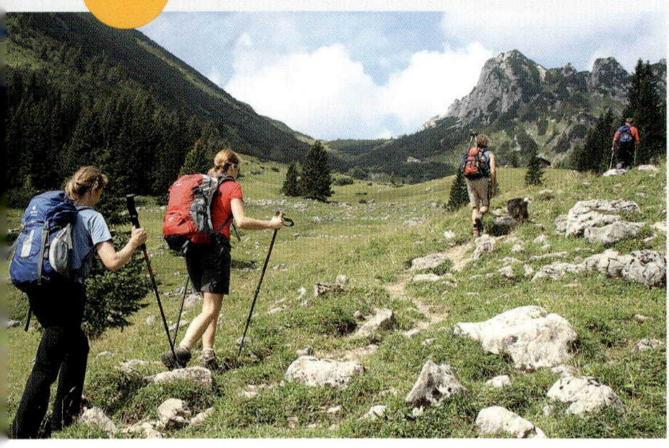

Wenn die Hauptroute entlang der Maroldschneid-Südflanke saisonbedingt noch nicht zugänglich ist, können wir alternativ über die Ruchenkopfhütte zum Auerspitz wandern.

Wem das halbstündige Warten auf den Bus zu umständlich ist oder wer zu einer anderen Zeit starten möchte, muss die vier Kilometer lange Strecke vom Bahnhof bis zum Wandereinstieg auf dem Rad- und Wanderweg T4 zu Fuß zurücklegen. Vom Wanderparkpatz im Ursprungtal führt ein Fahrweg direkt zum privaten Almbad Stillerhaus hinauf, das für Eventveranstaltungen gebucht werden kann. Wanderer können hier jeden ersten und dritten Sonntag im Monat von 12 bis 17 Uhr einkehren, doch dieses limitierte Zeitfenster dürfte in der Praxis für uns eher weniger in Frage kommen.

An der Wirthsalm lichtet sich das Gelände, das für die auf der Roten Liste bedrohter Tierarten geführten Birkhühner wie geschaffen ist. Insgesamt leben im Rotwandgebiet etwa 25 Exemplare, obwohl es die sechsfache Menge vertragen könnte. Das Problem ist der Störfaktor Mensch vor allem während der Brutzeit in den Frühlingsmonaten, weshalb die Schutzgebiete Sinn ergeben. Die Tiere ernähren sich von Samen und Knospen, Beeren und Baumnadeln, die sie am oberen Waldrand noch ausreichend finden. Warme und trockene Sommer erhöhen die Überlebenschancen der im Frühjahr geschlüpften Küken.

Die Südhänge der Maroldschneid sind für ihr Blütenreichtum bekannt – die Dunkle Akelei etwa blüht hier ähnlich üppig wie am benachbarten Seebergkopf. Und im Verlauf der Querung entdecken wir mit dem Stattlichen Knabenkraut, dem Gefleckten Knabenkraut, dem Großen Zweiblatt, der Braunroten Stendelwurz, dem Roten Waldvögelein, dem Schwertblättrigen Waldvögelein, der Zweiblättrigen Waldhyazinthe, dem Vogel-Nestwurz, der Kugelorchis, dem Brand-Knabenkraut, dem Schwarzen Kohlröschen und der Mücken-Händelwurz ein Dutzend verschiedener Orchideenarten.

Donnergrollen am Auerspitz

Wer sich zu ausgiebig mit den Orchideen am Wegesrand befasst, der kann schon einmal das Zeitgefühl verlieren oder sogar ein „unauffällig" heranziehendes Gewitter übersehen. So ist es uns einst im Juli ergangen. Im Schutz der Latschen, von denen es beim Schlussanstieg zum Auerspitz ausreichend gibt, warteten wir das Ende eines Hagelschauers ab und setzten die Tour nach Abzug des Gewitters fort. Mit Aufklaren des Himmels konnten wir dann das erstaunlich weitreichende Panorama genießen. Zwischen Kaisergebirge und Hinterem Sonnwendjoch ist der Blick nach Südosten fast unversperrt, sodass die gesamte Hohe-Tauern-Kette vom Großen Wiesbachhorn über den Großglockner bis zum Großvenediger bestens einsehbar ist. Nur leicht eingeschränkt hätten wir ähnliche Blicke bereits bei der Querung der Maroldschneid-Südhänge genießen können.

Der Abstieg nebst Querung zum Rotwandhaus, das vom Gipfel bereits sichtbar ist, erfolgt an einem langgezogenen Höhenrücken. Nach einem Gewitterregen ist dieser Wegabschnitt angesichts rutschiger Steine und schmieriger Hohlgassen durchaus fordernd. Die Lage der Rotwandhütte auf einem Geländeabsatz ist einzigartig – von der Terrasse bietet sich ein gipfelwürdiger Panoramablick in Richtung Rofan- und Karwendelgebirge. Dank der Energiegewinnung mittels einer Photovoltaikanlage, eines Rapsöl-Blockheizwerks und der Inbetriebnahme einer biologischen Kläranlage hat das Unterkunftshaus in einer Art Vorreiterrolle bereits 1997 das Umweltgütesiegel des DAV erhalten.

Option Rotwand vor dem Abstieg nach Spitzing

Bis zum Gipfel der Rotwand fehlen nur rund 150

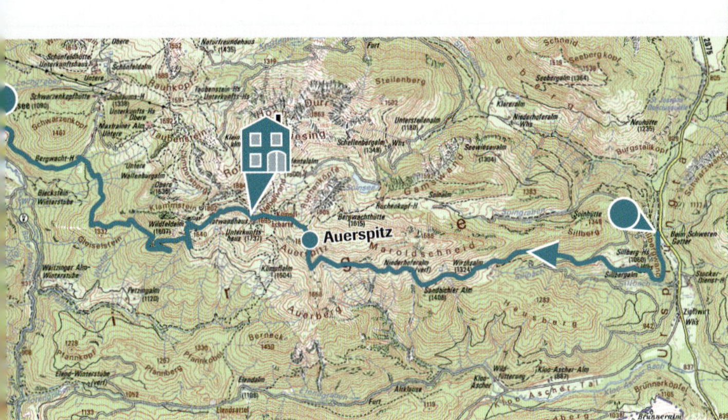

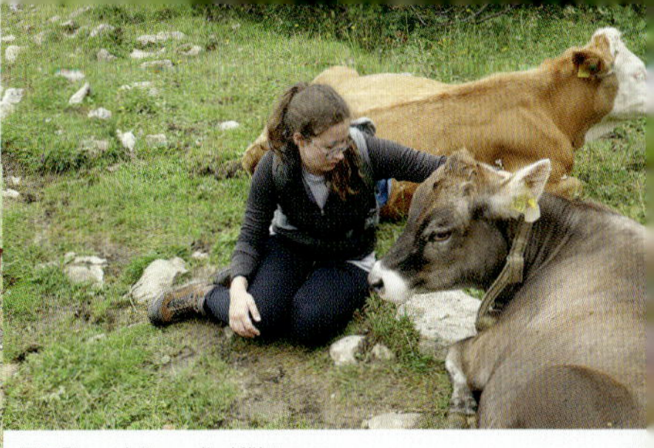

Für Pia gehören die Kühe zum Erlebnis Berg dazu.

Höhenmeter, deren Bewältigung mit einem überragenden Panoramablick belohnt wird. Von der Aufstiegsroute zweigen Stichpfade in Richtung der Felswände ab. Blumenfreunde sollten sich diesen Abstecher nicht entgehen lassen, denn am Fuß der Wände blüht im Frühsommer mit der Strauß-Glockenblume eine der schönsten Alpenpflanzen, die noch dazu sehr selten ist; der Anblick der blassgelben Blütenähre lässt auch die Herzen von Nicht-Blumen-Freunden höherschlagen. Bei diesem botanischen Juwel handelt es sich um die einzig gelb blühende Glockenblumen-Art.

Wer die zusätzliche Höhe einmal erklommen hat, kann als Variante den Höhenweg entlang des Lampersbergs zum Taubenstein anvisieren und anschließend über die Maxlrainer Almen nach Spitzing absteigen. Diese Route ist etwa eine halbe Stunde länger als der direkte Abstieg vom Rotwandhaus auf dem Fahrweg, der im Winter gerne als Rodelbahn genutzt wird.

ROUTE: Ursprungtal - Stillberghaus - Auerspitz - Rotwandhaus (Rotwand) - Spitzing

Vom Wanderparkplatz nahe der Bushaltestelle etwa halbstündiger Forstweg-Aufstieg zum Sillberghaus (1060 m) > nicht zur Hütte abzweigen, sondern geradeaus an der Sillbergalm vorbei nach W (Ww. Rotwandhaus über Auerspitz) > der Wanderweg überquert einen Forstweg und verlässt kurz vor der Wirthsalm (1324 m) die Waldzone > auf der Südseite der Maroldschneid an der Sandbichler Alm und der verfallenen Niederhofeneralm vorbei zum Auerspitz, dessen Gipfel (1811 m) auf dem mit Latschen bewachsenen Südgrat erreicht wird > den Gipfel nach N überschreiten und steil in die Kümpflscharte (1695 m) absteigen > in stetem Auf und Ab entlang des Höhenrückens zum Rotwandhaus queren (1737 m) > auf dem Fahrweg Richtung Spitzingsee absteigen > an der T-Kreuzung (Bergwachthütte) links 2 km auf dem Teerweg nach Spitzing (1090 m; Bushaltestelle an der Kirche).

Gehzeit 6 Std.
Strecke 14 km
Höhenmeter 1060 Hm ↑
800 Hm ↓

ÖPNV

Erste Anfahrt BRB von München HBF (7.30 Uhr) nach Bayrischzell, Bus 9588 nach Ursprungtal/Abzweig Sillberghaus (Ankunft 9.32 Uhr)

Letzte Rückfahrt Bus 9562 von Spitzing/Kirche nach Schliersee (18.50 Uhr), BRB nach München

Zeitfenster vor Ort 9 ¼ Std.

Charakter Landschaftlich großartige Streckentour mit anhaltendem Panoramablick, vielen Blüten und zwei Gipfeln! Durchwegs einfache Wege, doch die Tour ist wegen der Länge und der bei Hitze unangenehmen Sonneneinstrahlung nicht zu unterschätzen.

Wegweiser Alle Etappenziele sind gut beschildert; zwischen Sillberghaus und Rotwandhaus Fernwanderweg Via Alpina.

Einkehr/Übernachtung Sillberghaus, Tel. 0179-5430060, Fr./Sa. geöffnet; Rotwandhaus, Tel. 08026-3959880, www.rotwandhaus.de.

Hinweis Die Wanderung durchquert das Wildschutzgebiet Maroldschneid und ist von Dezember bis Mitte Juni für Wanderer gesperrt.

Karte AV-Karte BY16 „Mangfallgebirge Ost", 1:25.000

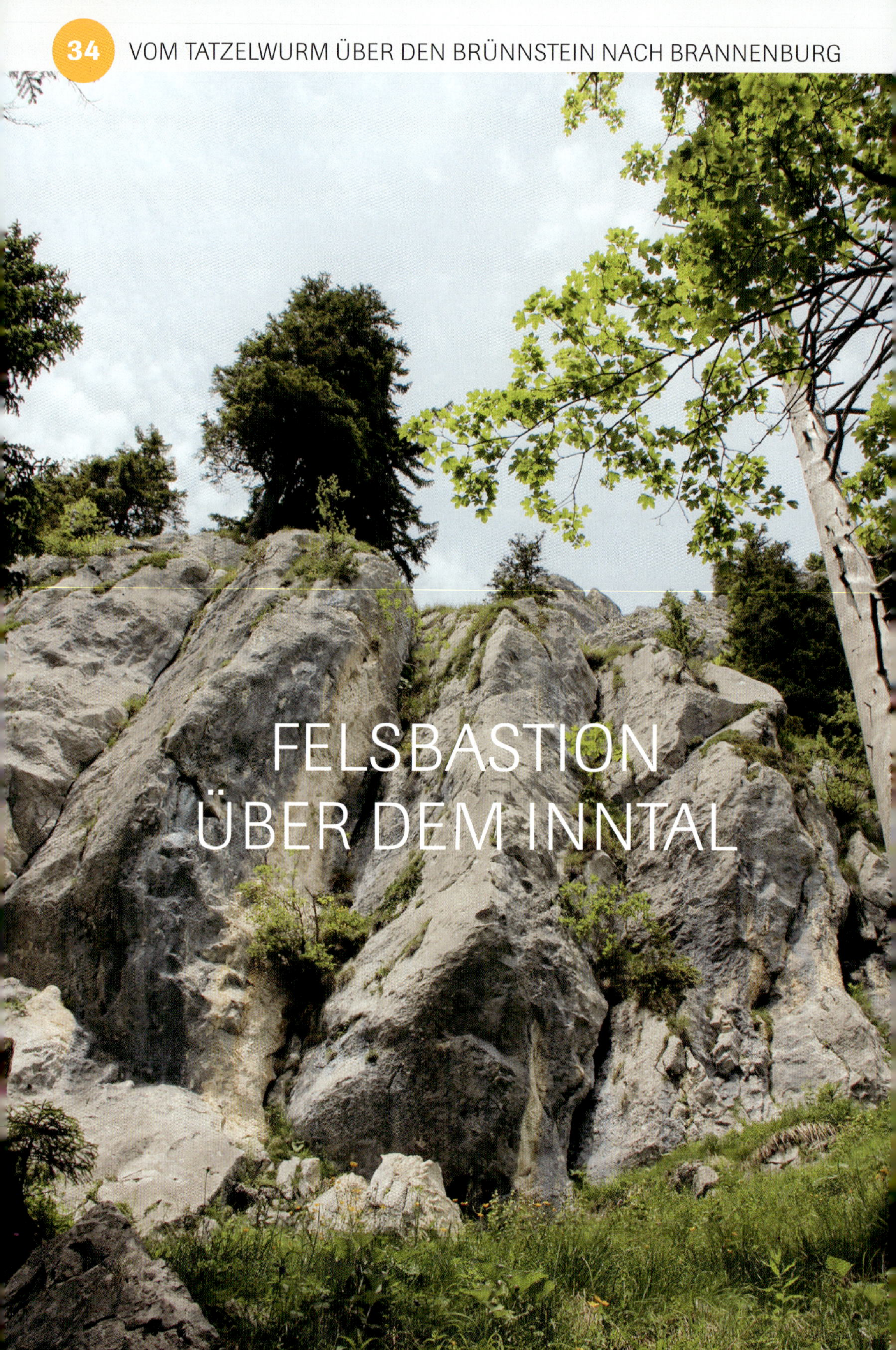

FELSBASTION ÜBER DEM INNTAL

Der Brünnstein markiert den östlichen Ausläufer des Mangfallgebirges mit einem markanten Felsriff, das nach fast allen Seiten jäh abbricht. Bei der Gipfelüberschreitung führt der mit Stufen, Treppen und elf Drahtseilen bestens gesicherte Dr.-Julius-Mayr-Weg atemberaubend schön durch einen Felsspalt zur Brünnsteinhütte hinab. Wer die Tiefblicke scheut, peilt die Hütte auf alternativen Wanderwegen an. Nach ausgiebigem Panoramagenuss tauchen wir in die romantische Brünntalschlucht ein und wandern auf abwechslungsreicher Strecke nach Wall, um von dort mit der Wendelstein-Ringlinie nach Oberaudorf zu fahren.

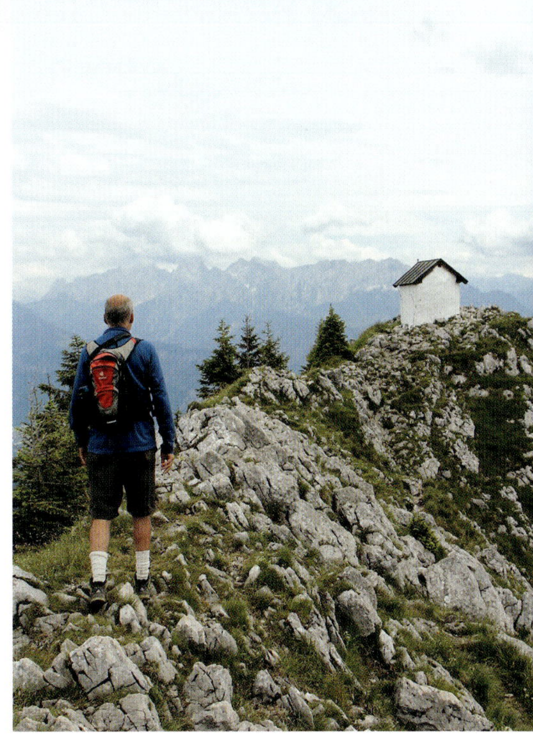

linke Seite: Der Dr.-Julius-Mayr-Weg windet sich elegant um die Südwand des Brünnsteins herum.

Auf dem Brünnstein-Gipfel steht eine kleine Kapelle.

Die Wendelstein-Ringlinie offenbart einige Tourenmöglichkeiten mit dem ÖPNV im Wendelstein- und Sudelfeldgebiet. Leider ist der Fahrplan mit jenem der BRB wenig kompatibel: Vier Minuten nach Ankunft in Bayrischzell (8.56 Uhr) hat der einzige bis Mittag verkehrende Bus (8.52 Uhr) den Bahnhof bereits verlassen. Konsequenz: Wir müssen eine Stunde früher (also um 6.30 Uhr) in München losfahren und die Zeit vor Ort – vielleicht in der Bäckerei Butz bei einem zweiten Frühstückskaffee? – überbrücken. Es sei denn, meine freundliche Anregung bei der örtlichen Tourist-Info, den Fahrplan anzupassen, wird noch in die Tat umgesetzt …

Bachschlucht, Almwiesen und Felsterrain

Trotz der Wartezeit in den Startlöchern ist die Streckenwanderung vom Leitzach- in das Inntal nachhaltig zu empfehlen. Erster Höhepunkt sind die Wasserfälle am „Feurigen" Tatzelwurm, die in der tiefeingeschnittenen Schlucht des Auerbachs in mehreren Felsstufen zu Tale stürzen. Ein gut ausgebauter Weg führt uns durch dieses Naturspektakel zum Waldparkplatz hin. Den Auerbach werden wir vier Kilometer flussabwärts vor dem Schlussanstieg nach Wall übrigens abermals überqueren.

Der weitere Anstieg über die Schoißeralm und Seelacheralm zur Himmelmoosalm ist weniger spektakulär. Letztere liegt bereits auf der Südseite des Rotwandlspitz, der im Gegensatz zur nördlich angrenzenden Brünnsteinschanze bereits mit einem felsigen Kamm aufwarten kann. Die Kühe laben sich hier an den saftigen Kräuterwiesen, und an den Feuchtbiotopen wuchert das Wollgras. Zwar wäre das Brünnsteinhaus von diesem Naturidyll nur rund eine Viertelstunde entfernt, doch die Besteigung des Brünnsteins ist fast obligatorisch. Der abzweigende Steig überwindet die letzten Höhenmeter über schrofige Felsen mit vereinzelten Drahtseilsicherungen. Wir erreichen den engen Grat zwischen Kapelle und Gipfelkreuz und genießen die überragende Aussicht auf das Inntal mit dem Kaisergebirge, den Kitzbüheler Alpen und den Hohen Tauern.

Anregender Abstieg zum Brünnsteinhaus

Unmittelbar unter der südlich abbrechenden Felskante liegt das Brünnsteinhaus. Wer den Tiefblick bei der Querung eines Felsbandes und die bestens gesicherten Drahtseilpassagen nicht scheut, sollte die Wanderung mit dem Abstieg auf dem Dr.-Julius-

34 VOM TATZELWURM ÜBER DEN BRÜNNSTEIN NACH BRANNENBURG

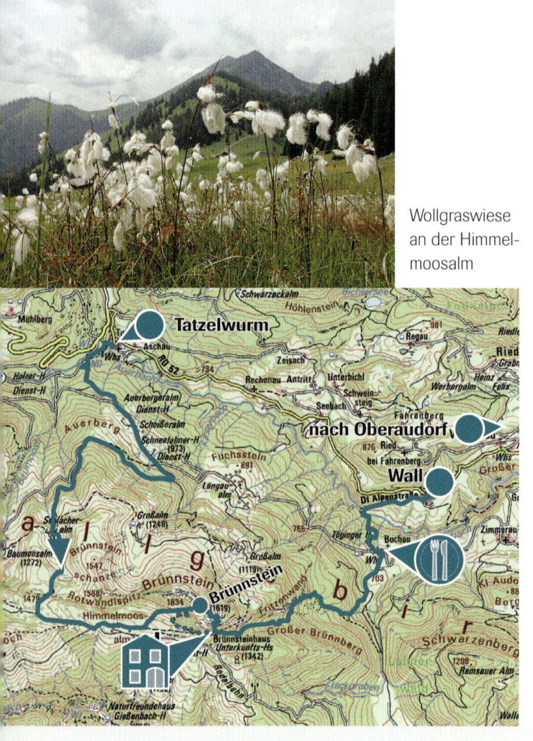

Wollgraswiese an der Himmelmoosalm

Mayr-Weg krönen. Nach Durchschlupf durch einen engen Felsspalt führt eine steile Treppe in die Tiefe, wenig später erreichen wir die Hütte am Fuß des Berges. Auf einer Anstiegsskizze können wir die Highlights des „Klettersteigs" nachvollziehen. Er wurde im Jahr 1898 zu Ehren des beliebten königlichen Bezirksarztes erbaut, der sich in seiner Funktion als Vorsitzender der AV-Sektion Rosenheim für den Bau des Brünnsteinhauses stark gemacht hatte.

Für den restlichen Abstieg durch das Brünntal nach Wall müssen wir etwa zwei Stunden einplanen. Bestimmt bleibt noch ein wenig Zeit, um das „Biergartenflair" an der Hütte mit Bergblick unter dem markanten Ahornbaum genießen zu können. Alternativ können wir auch noch im Buchauer Berggasthof einkehren. Und wenn das Abpassen der Busabfahrtszeit zu stressig sein sollte – vom rund fünf Kilometer entfernten Oberaudorfer Bahnhof verkehren bis Mitternacht Züge im Stundenrhythmus.

ROUTE: Tatzelwurm - Seelacheralm - Himmelmoosalm - Brünnstein - Brünnsteinhaus - Buchau - Wall

Vom Tatzelwurm Wasserfallweg bis zum Waldparkplatz (800 m) > moderater Anstieg durch den Wald zur Schoißeralm > oberhalb der benachbarten Schneelahnerhütte (973 m) rechts abbiegen (Ww. Brünnsteinhaus über Seelacheralm) > auf dem Forstweg in weitem Bogen zur Seelacheralm (1300 m) > entlang der Westhänge der Brünnsteinschanze zu einer bewaldeten Einsattelung und kurzer Abstieg nach S > an der T-Kreuzung links zur Himmelmoosalm queren (1328 m) und kurz darauf dem links abzweigenden Steig über schrofiges Gelände (Drahtseile) auf den Brünnstein (1619 m) folgen > wahlweise direkt auf dem Dr.-Julius-Mayr-Weg (leichter Klettersteig) oder einen kurzen Abschnitt entlang der Anstiegsroute zurück und dann links abzweigend zum Brünnsteinhaus (1342 m) > an der Weggabelung östlich der Hütte rechts (Ww. Buchau; nicht geradeaus „Buchau über Großalm") durch das Brünntal nach Buchau absteigen > am Berggasthof Buchau 100 m nach links und rechts in das Auerbachtal absteigen > jenseits der Bachbrücke Gegenanstieg nach Wall

Gehzeit 5 Std.
Strecke 13 km
Höhenmeter 950 Hm ↑, 930 Hm ↓

ÖPNV
Erste Anfahrt BRB von München HBF (6.30 Uhr) nach Bayrischzell, Bus 9583 (Wendelstein-Ringlinie) nach Tatzelwurm (Ankunft 9.12 Uhr)

Letzte Rückfahrt Bus 9583 (Wendelstein-Ringlinie) von Wall (16.31 Uhr) nach Oberaudorf, BRB nach München

Zeitfenster vor Ort 7 ¼ Std.

Charakter Die Brünnstein-Überschreitung erfordert Trittsicherheit und Schwindelfreiheit, ansonsten sind die Wege wenig fordernd. Herrliche Zwei-Täler-Tour mit abwechslungsreicher Landschaft!

Wegweiser Im Anstieg den Schildern „Brünnsteinhaus über Seelacheralm" folgen. Der Weg zum Brünnstein ist nicht zu verfehlen, und der Abstieg nach Buchau ist von der Hütte aus beschildert.

Einkehr/Übernachtung Brünnsteinhaus, Tel. 08033-1431, ganzjährig geöffnet, www.bruennsteinhaus.de; Berggasthof Buchau, Tel. 08033-3089061, www.berggasthof-buchau.net

Hinweis Die Wendelstein-Ringlinie verkehrt nur zwischen Mitte Mai und Ende Oktober.

Karte AV-Karten BY16 „Mangfallgebirge Ost", 1:25.000

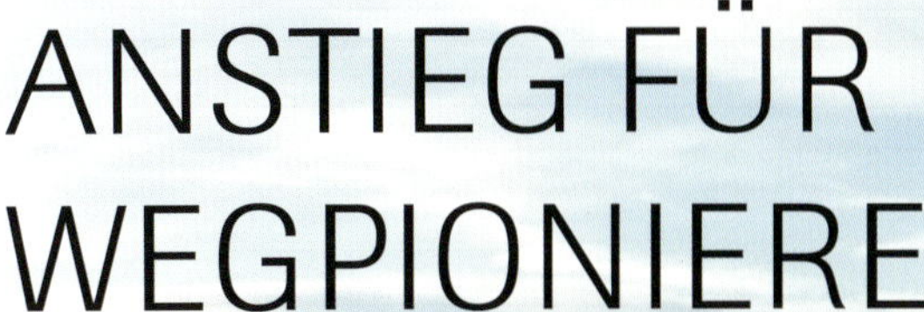

ANSTIEG FÜR WEGPIONIERE

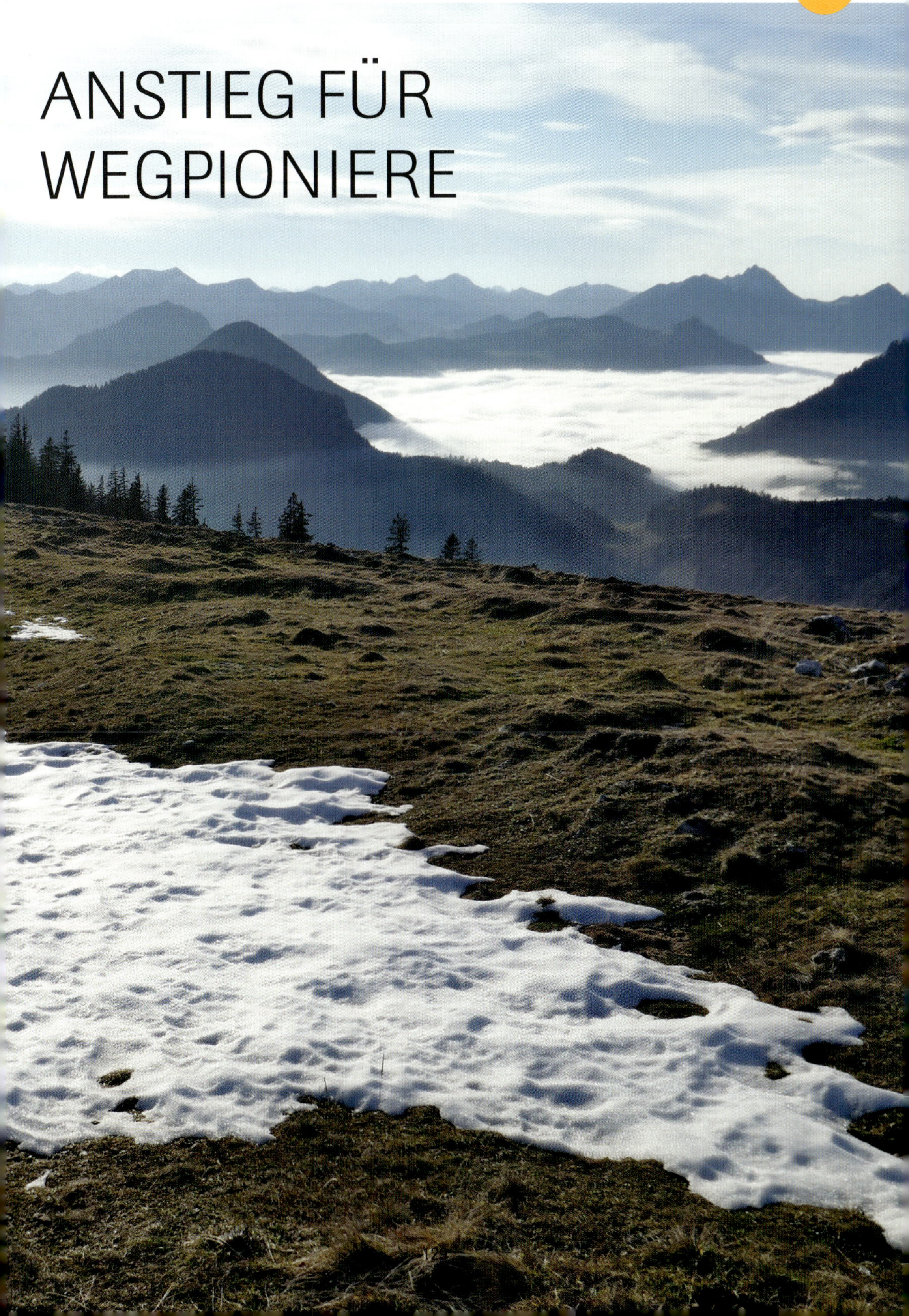

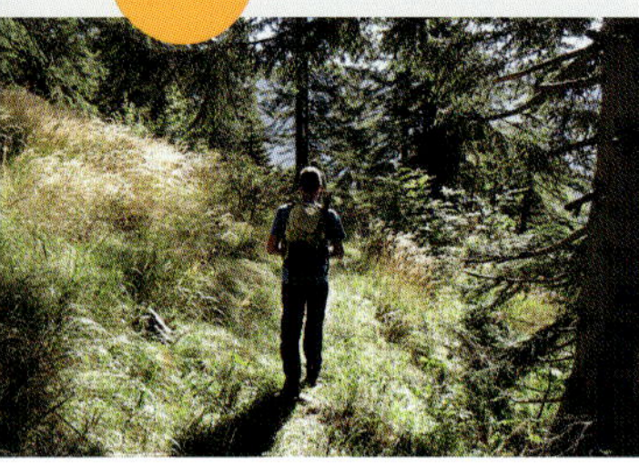

vorige Seite: Vom weitläufigen Wiesengelände am Zinnenberg genießen wir das Alpenpanorama mit dem Mangfallgebirge.

Idyllischer Pfadabschnitt beim Anstieg zur Schoßrinn-Alm

Es gibt nur wenige Gipfel in den bayerischen Alpen, die man fast durchwegs auf versteckten Pfaden besteigen kann. Weder Wegweiser noch Markierungen helfen uns beim abenteuerlichen Bachschlucht- und Gratrücken-Anstieg zum Zinnenberg. Doch mit ein wenig Geländespürsinn und Orientierungsgabe ist dieser teils weglose Geheimtipp problemlos zu meistern. Nach der Besteigung durch die Hintertür erfolgt die aussichtsreiche Querung zum Spitzsteinhaus dann auf offiziellen Wanderwegen.

Da das 2021 gestartete Pilotprojekt „Münchner Bergbus“ mit der besseren ÖPNV-Erschließung des Prientals großen Anklang gefunden hat, ist die Wahrscheinlichkeit hoch, dass es auch in Zukunft erhalten bleibt. Somit steuern wir vom Münchner Ostbahnhof direkt den Weiler Grattenbach an und lassen uns achteinhalb Stunden später in Sachrang wieder „abholen“. Alternativ, aber weniger komfortabel kann man aber auch mit der BRB nach Bernau fahren und dort in den RVO-Bus 9502 nach Grattenbach umsteigen.

Auf einsamen Pfaden zum Zinnenberg

Der Einstieg der Wanderung erweist sich als etwas ungewöhnlich: Etwa 200 Meter nördlich der Bushaltestelle übersteigen wir die Leitplanke an der Straßenbrücke, um am rechten Bachufer dem kleinen Pfad die Böschung hinauf zu folgen. Nach Einmündung in einen etwas breiteren Weg ist die durch das gumpenreiche Weißenbachtal führende Route kaum mehr zu verfehlen. Wir überqueren einen Seitenbach und wandern tiefer in das schluchtartige Bachtal hinein. Mit Blick auf zwei Wasserfälle windet sich der Pfad in zahlreichen Kehren über den grasigen Sonnenhang empor. An der folgenden Weggabelung halten wir uns rechts und gelangen über einen Geländerücken zu den freien Wiesen der Schoßrinnalm. Oberhalb der Alm queren wir weglos auf Kuhtrittspuren zum Geländekopf, der quasi am Fuß des vom Zinnenberg herabführenden Nordostgrates liegt. In der kleinen Einsattelung halten wir uns links und folgen jenseits eines Zaunüberstiegs jenem Pfad, der sich zuweilen etwas verliert. Wichtig ist, sich stets in Nähe der Geländekante zu orientieren. Oberhalb der Waldzone dominieren Latschenfelder das steiler werdende Gelände. Wir halten uns mit Blick auf den benachbarten Klausen rechts der Gratkante und folgen dem nun wieder klar erkennbaren Pfad leicht absteigend entlang der Nordseite des Zinnenbergs. Dann geht es durch Latschengassen direkt dem Gipfel entgegen.

Hinter dem schmiedeeisernen Kreuz öffnet sich eine Plateaulandschaft mit herrlichem Blick auf den Wilden Kaiser, die Kitzbüheler Alpen und das Mangfallgebirge sowie die Hohen Tauern im fernen Südosten. Das Gelände ist hier so weitläufig und flach, dass jeder zwischen den Latschen seine individuelle Brotzeitnische findet. Der unfassbar bequeme und aussichtsreiche Wiesenweg zur schön gelegenen Feichtenalm ist absolut einzigartig!

Spitzstein-Überschreitung als alpine Zugabe

Mit Annäherung an den Brandelberg-Kamm wird die Wanderung dank rutschiger Steine und Wurzeln wieder etwas anspruchsvoller. Der Gipfel selbst kann in einem kurzen Abstecher erklommen werden. Auch der nach Norden steil abfallende Spitzstein rückt nun immer näher in unser Blickfeld. An einer Weggabelung auf etwa 1460 m Höhe gibt es die Möglichkeit, den Berg über den frisch markierten Nordwandsteig mit leichten Kletterpassagen (Drahtseilsicherungen) zu überschreiten. Diese Gipfelzugabe belohnt uns mit einer überragenden Aussicht, ist streckenmäßig fast ebenbürtig und dauert nur unwesentlich näher als die bequemere südöstliche Umgehung des Berges unterhalb der spektakulären Spitzsteinwände. Am Fuß der Wände sind wir im Juni auf die giftige Höllenotter und die in alpinen Regionen äußerst selten vorkommende Pfingstrose gestoßen.

Am Spitzsteinhaus, die laut eigener Webseite „Hütte mit den besten Aussichten“ – nach einer etwaigen Spitzsteinbesteigung können es allenfalls die zweitbesten sein –, können wir ausgiebig rasten und von der schmackhaften regionalen Küche probieren. Eineinhalb Stunden vor Abfahrt des Bergbusses sollten wir uns, dann immer noch mit ausreichend Zeitpuffer, an den bestens beschilderten Abstieg nach Sachrang machen.

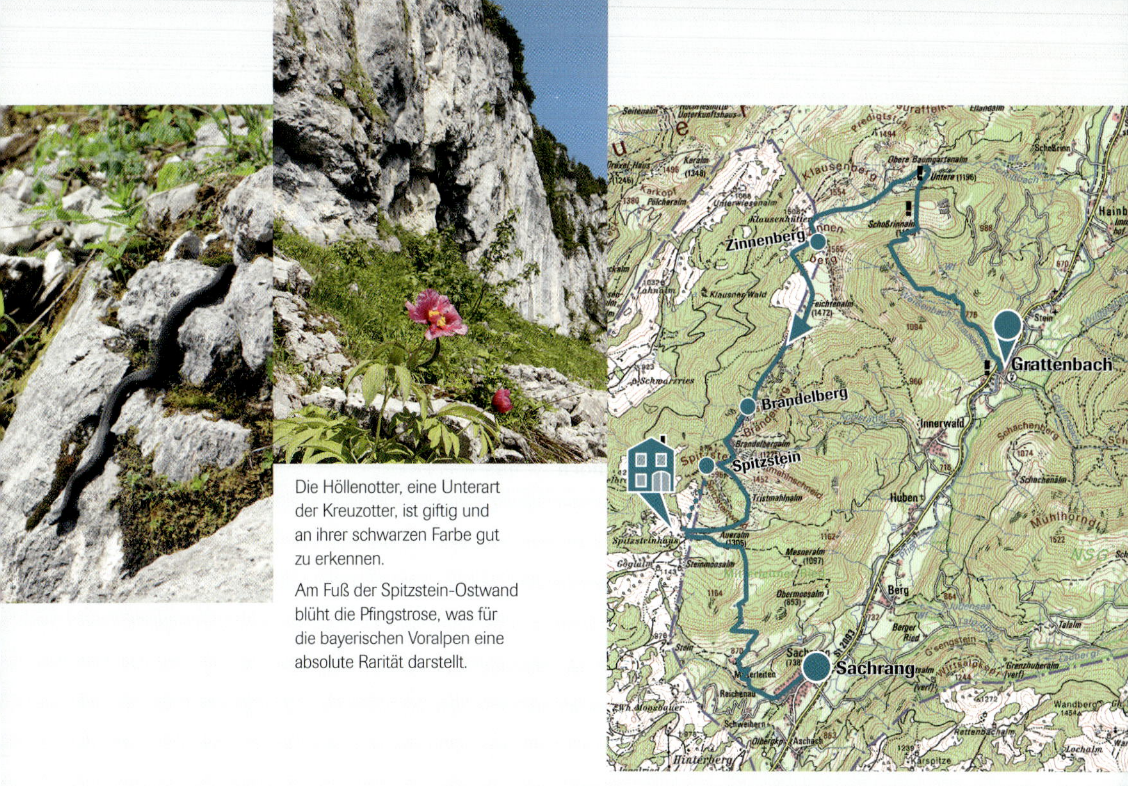

Die Höllenotter, eine Unterart der Kreuzotter, ist giftig und an ihrer schwarzen Farbe gut zu erkennen.

Am Fuß der Spitzstein-Ostwand blüht die Pfingstrose, was für die bayerischen Voralpen eine absolute Rarität darstellt.

ROUTE: Grattenbach - Zinnenberg - Brandelberg - (Spitzstein) - Spitzsteinhaus - Sachrang

! Von der Bushaltestelle 200 m an der Straße zurück zur Bachbrücke > **!** die Leitplanke übersteigen und rechts der Bachschlucht auf dem Pfad steil in Kehren empor > nach wenigen Minuten an der Weggabelung links den Steig in die Schlucht wandern > nach Überqueren eines Seitenbachs (800 m) führt der Steig steil aus dem Talboden heraus und dann flacher talein in den Wald > am Schluchtende (Blick auf Wasserfälle!) in Kehren den steilen Wiesenhang empor > **!** an der T-Kreuzung rechts zu einem Geländerücken und leicht nach N ansteigend zur Almwiese > **!** oberhalb der Schoßrinn-Alm (1180 m) den Wiesenhang zum ausgeprägten Geländekopf queren > **!** am Gratansatz links, hinter dem Zaunüberstieg Pfadspuren durch flaches Waldgelände > am Gipfelaufbau quert der Pfad leicht absteigend die Nordseite des Berges und führt durch Latschengassen zum Zinnenberg (1565 m) empor > vom Gipfel fast eben über freie Wiesen nach SW und links auf schwach markiertem Pfad zur Feichtenalm (1472 m) > leichter Gegenanstieg durch lichten Wald und Latschen > an der Weggabelung links zum Brandelberg (1516 m) und wieder zurück zum Hauptweg > am Abzweig Innerwald geradeaus und unterhalb der Spitzsteinwände zur Aueralm (1305 m) absteigen > schöner Wald- und Wiesenweg zum Spitzsteinhaus (1252 m) > markierter Abstieg nach S über Mitterleiten nach Sachrang

Gehzeit 5 ½ Std.
Strecke 13 km
Höhenmeter 1020 Hm ↑
970 Hm ↓

ÖPNV

Erste Anfahrt Münchner Bergbus von München Ost (8.30 Uhr) nach Grattenbach (Ankunft 9.45 Uhr)

Letzte Rückfahrt Münchner Bergbus von Sachrang/Ortsmitte (18.15 Uhr) nach München

Zeitfenster vor Ort 8 ½ Std.

Charakter Der technisch einfache Anstieg zum Zinnenberg erfordert vor allem in den kurzen weglosen Passagen Orientierungssinn. Nach dem aussichtsreichen Übergang zum Spitzsteinhaus (mit Spitzstein-Überschreitung anspruchsvoll) folgt der bewaldete Abstieg nach Sachrang.

Wegweiser Der komplette Anstieg zum Zinnenberg ist im Gegensatz zur folgenden Route Richtung Spitzsteinhaus und Sachrang Richtung weder beschildert noch markiert.

Einkehr/Übernachtung
Spitzsteinhaus, Tel. +43/5373-8330, ganzjährig geöffnet, www.spitzsteinhaus.info

Hinweis Falls der Münchner Bergbus seinen Betrieb einstellen sollte, gibt es auch eine Bahnverbindung nach Bernau, wo in den Bus 9502 umgestiegen wird.

Karte AV-Karte BY16 „Chiemgauer Alpen West", 1:25.000

36 VON GRATTENBACH ÜBER DEN GEIGELSTEIN NACH ETTENHAUSEN

ÜBERSCHREITUNG DES CHIEMGAUER BLUMENBERGES

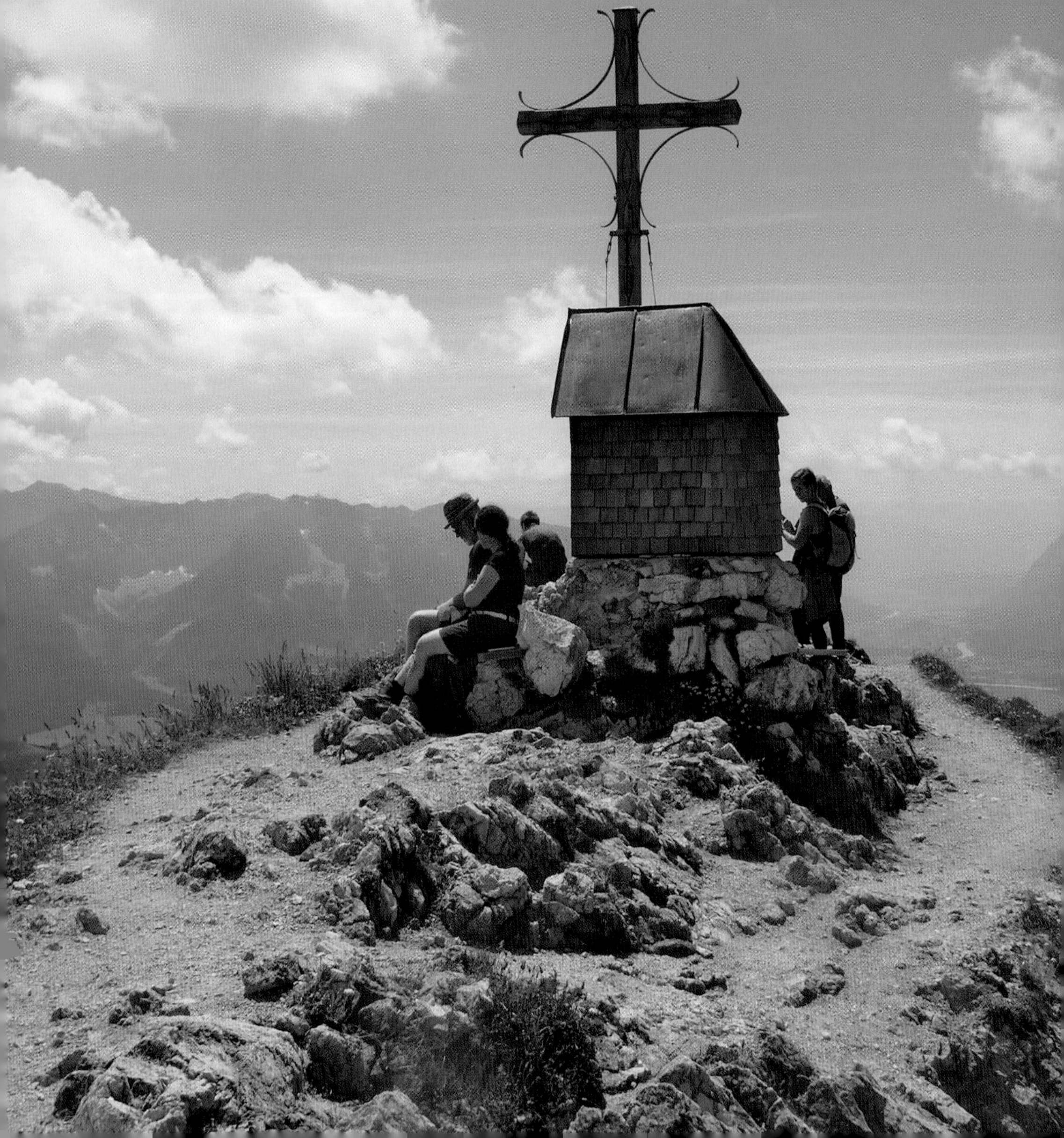

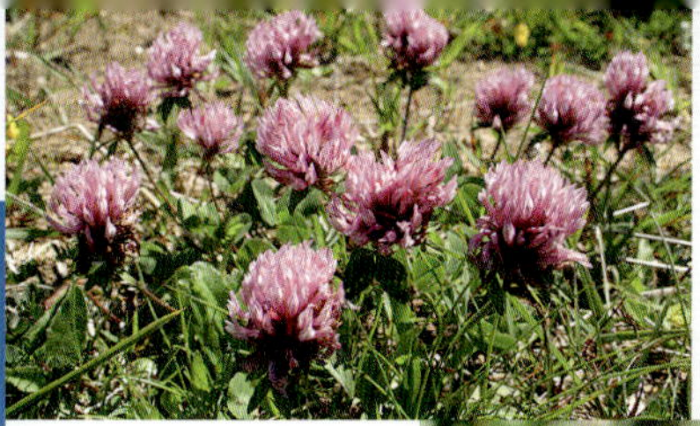

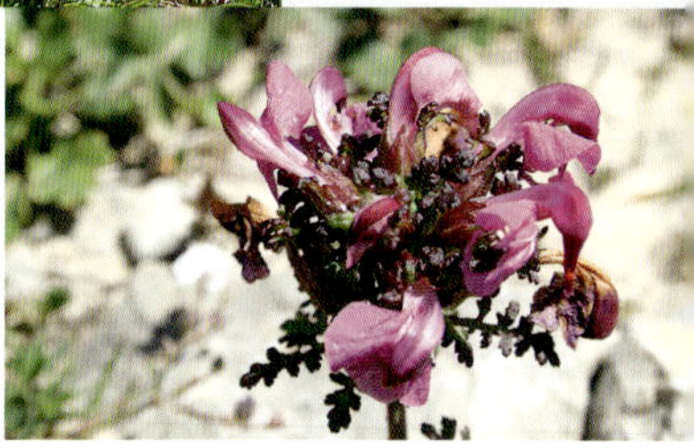

Der Geigelstein ist einer der schönsten Aussichtsberge der bayerischen Alpen. Im Bild sind links des Gipfelkreuzes der Zahme und der Wilde Kaiser zu erkennen, rechts jenseits des Inntals das Mangfallgebirge.

Zwei Farben Blütenrot: Kopfiges Läusekraut und Grasnelke

Wenn man sich aus Klimaschutzgründen für die Nutzung der öffentlichen Verkehrsmittel entscheidet, bedeutet dies zuweilen auch die Akzeptanz eines stringenten „Zeitmanagements" am Berg. Die Überschreitung des Chiemgauer Blumenbergs Geigelstein vom Priental in das Tal der Tiroler Achen stellt nicht nur Ansprüche an die Kondition, sondern auch an die Disziplin hinsichtlich Wanderrhythmus und Pausen unterwegs. Denn wer den 17-Uhr-Bus in Ettenhausen verpasst, muss für die Rückkehr Organisationstalent aufbringen. Ich habe die Wanderung mit Martina und Martin, beide überzeugte ÖPNV-Nutzer, dennoch mit viel Freude und Genuss durchgeführt.

Der Münchner Bergbus verlässt den Münchner Ostbahnhof samstags um 8.30 Uhr, um uns 75 Minuten später in Grattenbach südlich von Aschau abzusetzen. Bis zur Talstation der Geigelsteinbahn haben wir als reine Gehzeit maximal sechs Stunden eingeplant, womit uns in der Summe knapp eineinhalb Stunden für die Trink- und Brotzeitpausen bleiben.

Die Roßalm als erstes Etappenziel

Am „Grenzenlos-Wanderweg" stoßen wir auf die DAV-Infotafel „NSG Geigelstein", auf der wir unsere Route nachvollziehen können. Der Anstieg zur Roßalm leitet uns in ein Wald-Wild-Schongebiet, das von November bis Mai nicht betreten werden darf. Unsere Route durch das Grattenbachtal ist weder beschildert noch markiert, und da es in Grattenbach

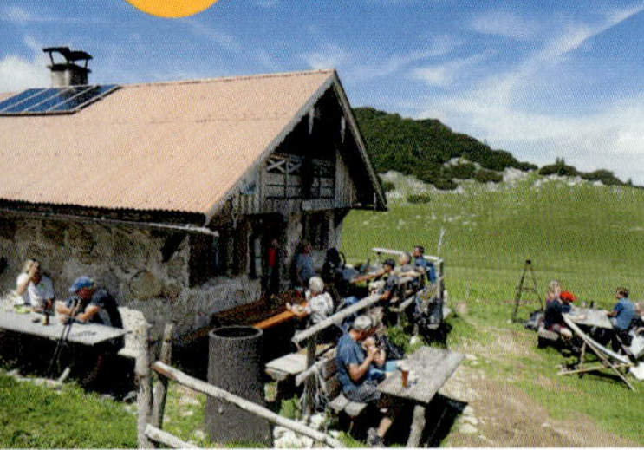

Eine Einkehr in der schön gelegenen Roßalm ist beinahe Pflicht.

rechte Seite: Der Anstieg zur Roßalm verläuft im unteren Bereich durch schönen Bergwald und zuletzt über die freien Almwiesen.

auch an Parkmöglichkeiten mangelt, sind wir bis zur Roßalm fast allein unterwegs. In Begleitung des munteren Grattenbachs wandern wir auf einem Karrenweg an bemoosten „Hinkelsteinen" vorbei in die Schlucht, die wir später auf einem nicht zu verfehlenden Steig verlassen. Der Grattenbach ist hier längst versickert. Nach dem Serpentinenanstieg im Wald erreichen wir eine Jagdhütte mit Sitzgelegenheit. „Dürfen wir hier eine Trinkpause einlegen?" fragt Martina schmunzelnd in die Runde. Aber klar, selbst für diverse Fotoselbstauslöser bleibt ausreichend Zeit.

Mit Verlassen der Waldzone öffnet sich zwischen den Achentaler Wänden, dem Weitlahnerkopf und dem Roßalpenkopf erst schüchtern, dann weitblickend das Wiesen-Hochplateau der Roßalm. Hier haben sich bemerkenswerte Trichter gebildet, welche die tiefgründige, aus Kieselkalken bestehende Erdschicht freilegen. Auf dem sauren Boden wachsen seltene Alpenblumen wie der Tüpfel-Enzian im Überfluss. Kein Wunder, dass die sympathischen Almleute ihre Tische mit frischen Blumensträußchen dekorieren und bisweilen Arnikablüten aus ihren Taschen heraushängen lassen. Die „Speisekarte" ist stilvoll in ein Holzbrett eingraviert und findet in einem Fensterrahmen Schutz. Zur Wahl stehen einfache Brotzeiten mit Butter und Käse aus eigener Herstellung. Eine Einkehr in der gemütlichen Alm, in der man sich auf Anhieb wohlfühlt, ist obligatorisch – so viel Zeit muss sein.

Hochgenuss am Chiemgauer Paradegipfel

Apropos Zeit, die man an diesem herrlichen Fleckchen Erde schon mal vergessen kann: Gegen 13.15 Uhr animiere ich unser Berg-Trio zum Aufbruch Richtung Geigelstein, der bereits während des Anstiegs wie eine Haifischflosse hinter dem Wandspitz-Grat aufgetaucht war. Mit dem Übergang zur Einsattelung am Fuß des Berges folgt eine überaus schöne Wegpassage über nur sanft geneigte Wiesenhänge mit einem unglaublichen Blumenreichtum aus Alpenrose, Kopfigem Läusekraut, Türkenbundlilie und Dunklem Mauerpfeffer. Der erwähnte Tüpfel-Enzian wirkt aus der Ferne schmutzig und verwelkt, doch bei näherer Betrachtung erkennen wir die Schönheit der glockenartigen Blüten. Da sich die Kelchzipfel bei Regen eng zusammenschließen, bleiben die Staubblätter trotz aufrechter Blütenstellung vor Feuchtigkeit verschont.

Nicht minder eindrucksvoll ist der weitreichende Ausblick, der sich vom Geigelstein aus offenbart. Für mein Buchprojekt „Faszination Alpenpanorama" bin ich nach einem Wintereinbruch Anfang Oktober mit Spiegelreflexkamera und Stativ noch vor dem Frühstück auf den Gipfel gestürmt, um die Berchtesgadener Alpen, das Steinerne Meer, die Loferer Steinberge, die Hohen Tauern, den Wilden Kaiser, die Tuxer Alpen, die Zillertaler Alpen, die Stubaier Alpen sowie das Karwendel- und Manfgallgebirge im besten Licht einzufangen. Derart starke Kontraste aus verschneiten Gipfeln und noch herbstbunten Tälern bei bester Fernsicht sind an einem normalen Sommertag nicht zu erwarten. Das Gipfelquiz mit Martina, die über ausgeprägte Topographiekenntnisse verfügt, macht aber dennoch Spaß.

Abstieg über die Wuhrsteinalm

Um 14.30 Uhr machen wir uns an den Abstieg. An der Wuhrsteinalm erreichen wir einen Fahrweg, auf dem wir die letzten 3,6 Kilometer Wegstrecke bis zur Talstation des Geigelsteinlifts zurücklegen werden. Laut Wegweiser benötigen wir noch eine Stunde bis zum Ziel, was sehr großzügig berechnet ist; sollte Eile geboten sein, können wir hier bei Bedarf – zuletzt im Schneiderhanggraben mit Bach-

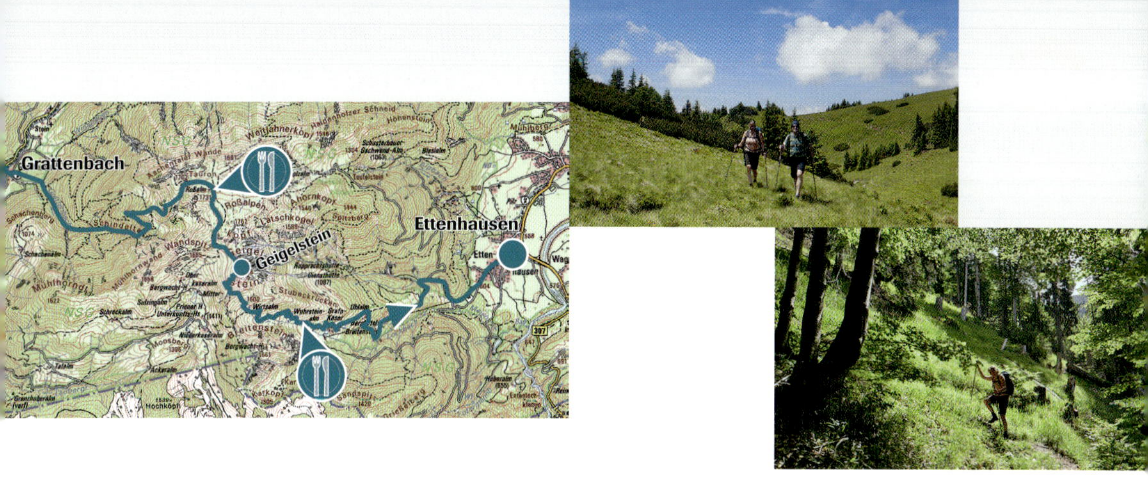

begleitung – ein wenig Zeit „gutmachen". Am Ende der Tour haben wir sogar noch ein wenig Zeit, um uns in Ettenhausen für die Rückfahrt mit „Belohnungsbieren" zu versorgen. Der Wanderbus bringt uns jedoch nicht auf direktem Weg zurück nach München, sondern über den Umweg Priental, Sachrang inklusive. Und als ob mir Martin meine leichte Skepsis hinsichtlich der 2 ½-Stunden-Fahrt ansehen würde, bricht er eine Lanze für die Nutzung des komfortablen Bergbusses: „Du musst den gesamten Tag inklusive der Fahrt als Urlaub ansehen. Anstatt dich auf der A8 in die Blechlawine der Autos zu begeben, schaust du gemütlich zum Fenster raus. Nebenbei bietet die längere Fahrzeit die perfekte Möglichkeit, die Tour nochmals auf der Wanderkarte Revue passieren zu lassen und unsere Fotos abzugleichen – ein echter Nachgenuss, der das Gesamterlebnis abrundet. Und außerdem kannst du dank WLAN im Wanderbus sogar das Abendspiel der Bundesliga verfolgen."

ROUTE: Grattenbach - Roßalm - Geigelstein - Wuhrsteinalm - Ettenhausen

! Von der Bushaltestelle die Fahrstraße wenige Meter zurück und rechts (nach O) abbiegen > **!** am „Grenzenlos-Wanderweg" links den Bach überqueren und nach 200 m wieder rechts > der unmarkierte Karrenweg führt erst oberhalb, dann in Begleitung des Grattenbachs 2 km weit in das schluchtartige Tal > Übergang in einen Steig, der nach der Bachbettüberquerung in einer scharfen Kehre links aus dem Tal herausführt > oberhalb einer Jagdhütte (1430 m) lichtet sich der Wald, nach einer letzten Steilstufe erreichen wir die Hochebene der Roßalm (1681 m) > von der Alm beschilderter Steig entlang der W-Seite des Roßalpenkopfs nach S zur Einsattelung am Fuß des Geigelsteins > über den steilen Latschenhang zum Geigelstein (1808 m) empor > den Gipfel überschreiten, steil nach SO in die Scharte „Saurer Boden" (1633 m) und an der Wirtsalm vorbei zur Wuhrsteinalm (1150 m) absteigen > Übergang in einen Fahr- und Forstweg, der uns in max. 1 Std. zur Talstation der Geigelsteinlifts führt.

Gehzeit 5 ¾ Std.
Strecke 14 km
Höhenmeter 1150 Hm ↑
1210 Hm ↓

ÖPNV
Erste Anfahrt Münchner Bergbus von München Ost (8.30 Uhr) nach Grattenbach (Ankunft 9.45 Uhr)
Letzte Rückfahrt Münchner Bergbus von Ettenhausen/Schleching (17 Uhr) nach München

Zeitfenster vor Ort 7 ¼ Std.

Charakter Nach dem einsamen Anstieg durch das wilde Grattenbachtal begeistern die Weitläufigkeit an der Roßalm sowie die Blumenvielfalt und Panoramablicke am Geigelstein. Unterhalb der Wuhrsteinalm geht es auf dem Fahrweg nach Ettenhausen.

Wegweiser Der Anstieg zur Roßalm ist weder beschildert noch markiert, nach Auffinden des Karrenwegs im Grattenbachtal jedoch nicht zu verfehlen. Geigelstein und Ettenhausen sind hingegen bestens beschildert.

Einkehren Roßalm, Juni bis September; Wuhrsteinalm, Mai bis Oktober, Tel. 08649-986384, www.wuhrsteinalm.de

Hinweis Falls der Münchner Bergbus seinen Betrieb einstellen sollte, gibt es auch eine Bahnverbindung nach Bernau, wo in den Bus 9502 umgestiegen wird. Der letzte Bus von Ettenhausen fährt um 17.05 Uhr über Unterwössen nach Übersee mit BRB-Anschluss nach München

Karte AV-Karte BY16 „Chiemgauer Alpen West", 1:25.000

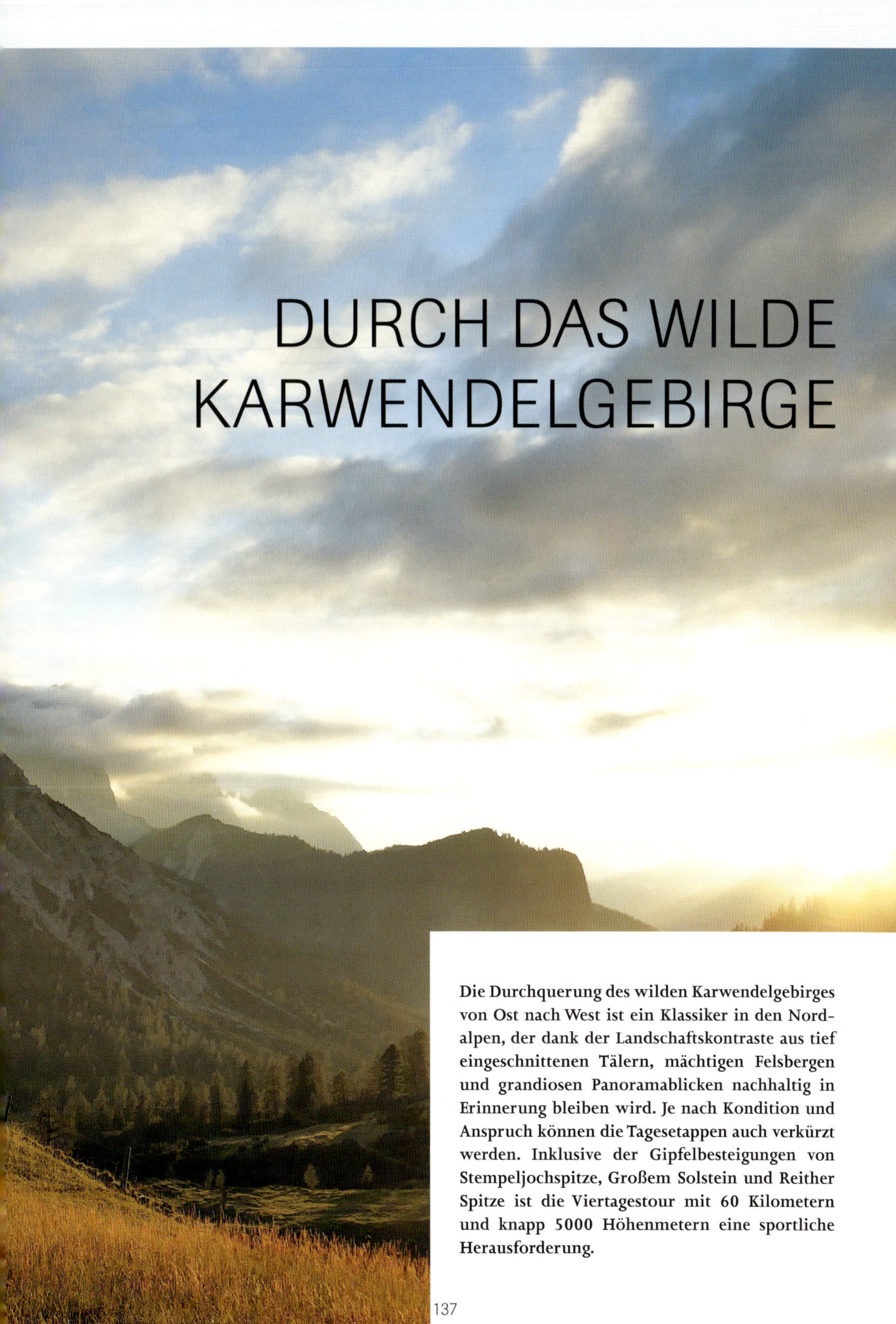

DURCH DAS WILDE KARWENDELGEBIRGE

Die Durchquerung des wilden Karwendelgebirges von Ost nach West ist ein Klassiker in den Nordalpen, der dank der Landschaftskontraste aus tief eingeschnittenen Tälern, mächtigen Felsbergen und grandiosen Panoramablicken nachhaltig in Erinnerung bleiben wird. Je nach Kondition und Anspruch können die Tagesetappen auch verkürzt werden. Inklusive der Gipfelbesteigungen von Stempeljochspitze, Großem Solstein und Reither Spitze ist die Viertagestour mit 60 Kilometern und knapp 5000 Höhenmetern eine sportliche Herausforderung.

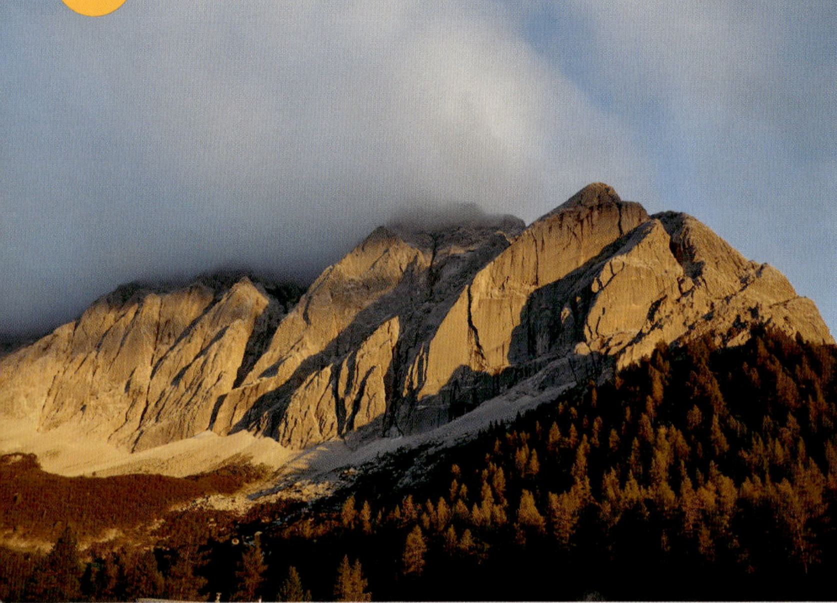

Die imposante Nordwand der Speckkarspitze im Abendlicht

Mangels Brücke muss der tosende Vomper Bach vor Erreichen der „Triefenden Wand" zu Fuß überquert werden.

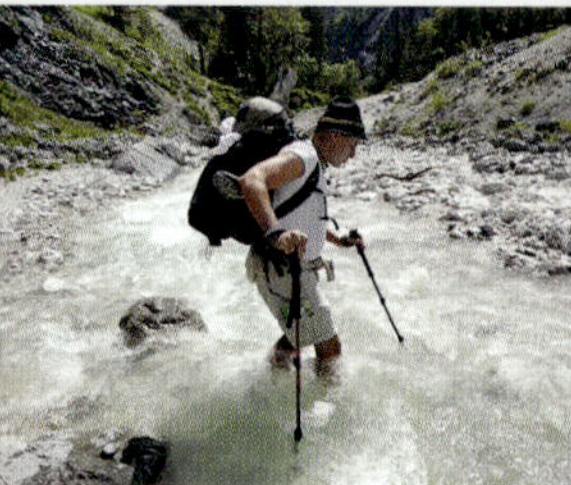

vorige Seite: Starker Landschaftskontrast an der Halleranger Alm zwischen den grünen Almwiesen mit Kapelle und der schroffen Nordostwand des Lafatscher Roßkopfs

Die Nutzung des ÖPNV ist bei dieser langen Streckentour obligatorisch. Wir reisen bequem in das Inntal an, um von Terfens im Idealfall ein Taxi zum Ausgangspunkt zu bestellen. Und am Zielort Seefeld können wir direkt nach München zurückfahren.

Tag 1: Bachwildnis im Vomper Loch

„Ein Gewitter im Vomper Loch kann noch immer den Schauder erregen, den es vor 80 Jahren in Hermann von Barth, dem ersten großen Erschließer des Gebirges, geweckt hatte", schreibt Dr. Heinrich Klier im Vorwort eines im Jahr 1974 erschienenen Karwendelführers (Bergverlag Rother). Wiederum knapp 50 Jahre später hat das entlegene Tal noch immer seinen einsamen und rauen Charakter bewahrt, da die steilen Felsflanken keine Almwirtschaft zulassen und sich der Steig zur Hallerangeralm durch das V-förmige Tal in die Länge zieht. Nach heftigen Regenfällen schwellen die Bäche an und können Brücken wegreißen. Zum Ausgleich für die Anstiegsmühen werden wir mit einer wunderschönen Schlucht- und Bachgumpen-Landschaft verwöhnt. Nach dem Durchstieg durch die Klamm öffnet sich das Tal, wir müssen den tosenden Bach knietief überqueren und erreichen mit der Jagdhütte In der Au einen idyllischen Rastplatz. Wir bewundern die Wasserfälle an der „Triefenden Wand" und steigen in Bachnähe durch den großartigen Talkessel, zuletzt eine Sumpfwiese überquerend, zum Überschalljoch hinauf. Der Abstieg zur Hallerangeralm ist mit Blick in die spektakulären Nordabstürze von Speckkarspitze und Lafatscher nur noch Formsache.

Tag 2: Steinböcke an der Stempeljochspitze

An der sympathisch geführten Hallerangeralm könnte man allein mehrere Tage verbringen. Wir verabschieden uns in Richtung Lafatscher Joch, das wir in der Morgenkühle nach rund einer Stunde erreichen. Mit dem Wilde-Bande-Steig hoch über dem Halltal folgt ein Parade-Höhenweg zum Stempeljoch. Vor dem Abstieg zur Pfeishütte empfiehlt sich als Abstecher die Besteigung der Stempeljochspitze. Der Gipfel liegt am Ausläufer der eindrücklichen Gleirsch-Halltal-Kette. Mit etwas Glück treffen wir dabei auf Steinböcke, die wir Jahre zuvor bereits im benachbarten Sonntagkar entdeckt hatten. Die Pfeishütte ist häufig überbucht, sodass wir als Übernachtungsziel die Möslalm anvisieren. Hier legt

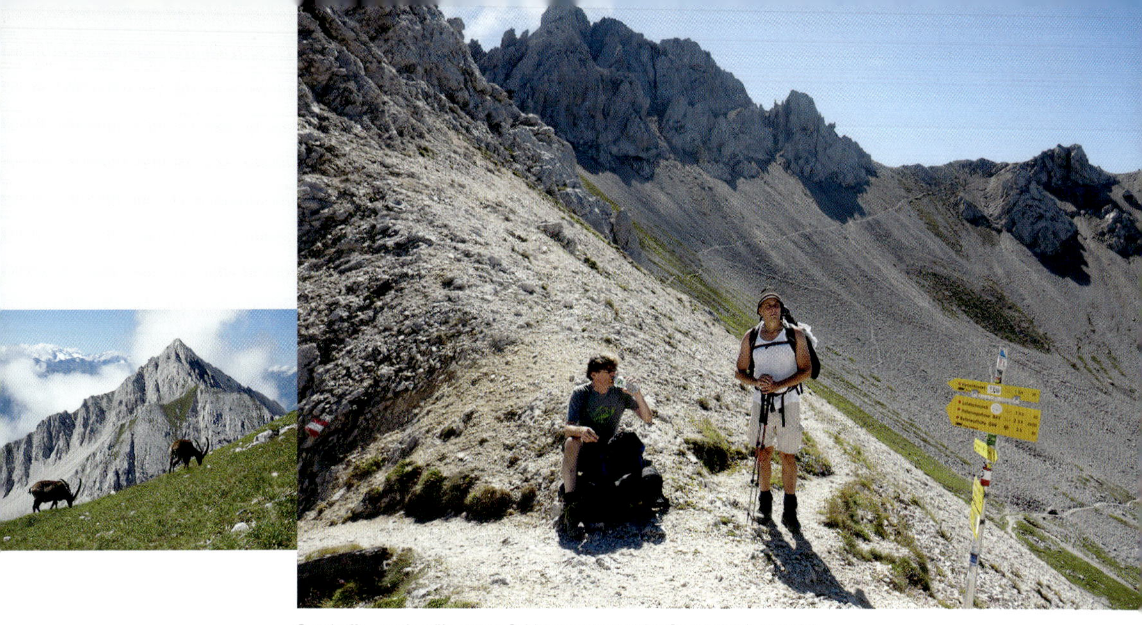

Geschafft – nach mühsamem Schlussanstieg ist das Stempeljoch erreicht! Wer die Zugabe auf die Stempeljochspitze angeht, hat Chancen auf eine Steinbock-Sichtung (im Hintergrund die Rumer Spitze).

sich die Wirtin nach einer letzten Bestellrunde vor der Hüttenruhe schlafen, da sie am Folgetag zum Melken ihrer Kühe aufstehen muss. Kulinarisches Highlight ist der selbstgemachte Graukäse.

3. Tag: Stubai-Blick vom Solstein-Gipfel

Bevor der Anstieg beginnt, verlieren wir im oberen Gleirschtal, die Amtssäge passierend, ein paar Höhenmeter. Der Fahrweg im Großkristental steigt moderat an und führt an der bewirtschafteten Kristenalm vorbei in den oberen Talschluss. Hier geht der Weg in einen schönen Steig über. Unterwegs genießen wir Einblicke in die imposanten Nordwände der beiden Solsteine. Der Erlsattel liegt bereits in Sichtweite des Solsteinhauses – eine herrliche Aussichtskanzel mit Blick auf den Alpenhauptkamm. Für den Nachmittag nehmen wir uns mit leichtem Gepäck den Großen Solstein vor. Zwar ist der Anstieg im Bereich der Latschenhänge relativ steil, mangels Felspassagen aber technisch unschwierig. Mit abschüssigen Felsbändern deutlich alpiner ist die Besteigung des benachbarten Kleinen Solsteins, der weniger mächtig, aber höher als sein „kleiner Bruder" ist. Von beiden Gipfeln genießen wir unvergessliche Blicke in die Stuabaier Alpen mit Tribulaun, Habicht, Wildem Freiger, Zückerhütl, Schrankogel und Lüsener Fernerkogel.

4. Tag: Erlebnis Freiungen-Höhenweg

Die Erlspitze, an deren Südhang wir Richtung Eppzirler Scharte entlangwandern, wäre für eine Bergbesteigung gleichfalls in Frage gekommen. Unser Tagesziel, der hoch über dem Inntal verlaufende Freiungen-Höhenweg, zählt zu den schönsten Höhenwegen der Ostalpen. „Nur für trittsichere, schwindelfreie und alpin erfahrende Bergsteiger", warnt ein Hinweisschild vor etwaigen Gefahren. Erster Höhepunkt ist eine Seitenschlucht, die auf luftigen Felsbändern gequert wird. In der Folge werden abschüssige Gratpassagen gemeistert und steile Kamine erklommen; bei Bedarf ist der Abstecher zur Kuhlochspitze möglich. Jenseits der Freiungspitzen und Wimmertürme bricht der Grat nach Westen zum Ursprungsattel ab. Von hier muss ein längerer Gegenanstieg zur Nördlinger Hütte bewältigt werden. Die Reither Spitze ist nur den berühmten Katzensprung entfernt, bevor der Schlussabstieg nach Seefeld erfolgt.

37 VIER-TAGE-HÜTTENTOUR VON TERFENS NACH SEEFELD

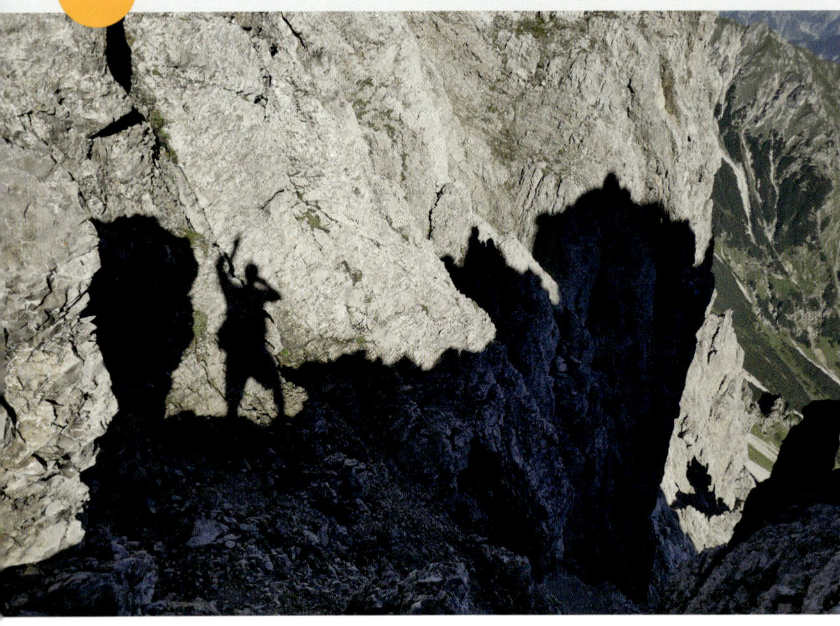

Schattenspiel an bizarren Felsköpfen westlich der Kuhljochspitze.

Unterwegs sind immer wieder kurze Kletterfelspassagen zu meistern.

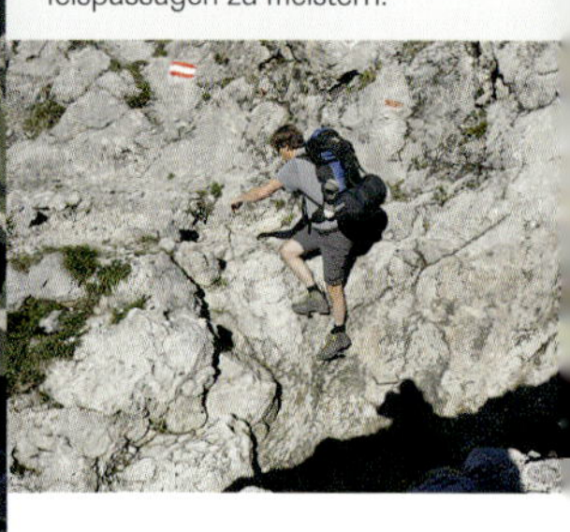

ROUTE

Tag 1: Terfens - Ganalm - Vomperloch - Überschalljoch - Halleranger Alm

Tag 2: Lafatscher Joch - Stempeljoch - Stempeljochspitze - Pfeishütte - Möslalm

Tag 3: Solsteinhaus - Großer Solstein - Solsteinhaus

Tag 4: Freiungen-Höhenweg - Nördlinger Hütte - Reither Spitze - Seefeld

Tag 1: Vom Bahnhof in Terfens per Taxi oder zu Fuß (4 km) zum Wanderparkplatz am Umlberg (890 m) > flach ansteigender Forstweg um die Anhöhe Walder Joch herum zur Ganalm (1190 m) > nach 800 m rechts dem abzweigenden Steig folgen und entlang steiler Abhänge (Drahtseile) in die Schlucht absteigen > die Bachbrücke überqueren und Gegenanstieg durch den Wald > an der T-Kreuzung „Knappenwald“ (1120 m) links (Ww. Halleranger Alm) > ein atemberaubender Steig führt an Gumpen vorbei in das sich öffnende Bachtal hinab („Triefende Wand“; 1050 m; Achtung: Bachüberquerung!) > erst flach an der Jagdhütte In der Au vorbei, oberhalb des Lochhüttels (1278 m) steiler entlang des Vomper Bachs, zuletzt über eine grasige Senke, zum Überschalljoch (1912 m) > Abstieg zur Halleranger Alm (1768 m)

Tag 2: Zum benachbarten Hallerangerhaus hinüberqueren und durch ein schönes Felskar zum Lafatscher Joch (2076 m) > erst dem Abstiegsweg Richtung Halltal folgen, dann rechts auf dem Wilde-Bande-Steig nach SW; das letzte Stück zum Stempeljoch (2215 m) wird auf einem sehr steilen, in Stufen angelegten Serpentinenweg zurückgelegt > von der Scharte Abstecher (gut 1 Std.) über den steilen Grashang zur Stempeljochspitze (2529 m) > Abstieg durch ein Hochkar zur Pfeishütte (1922 m) > unterhalb der Hütte führt ein Steig in das Samertal > auf dem Fahrweg talaus und an der folgenden Weggabelung rechts auf dem Steig abkürzen > zuletzt fast eben auf dem Fahrweg zur Möslalm (1263 m)

Tag 3: Abstieg an der Amtssäge vorbei in das Gleirschtal > im Talboden links in das Großkristental mit der bewirtschafteten Kristenalm (1348 m) > im Talschluss Übergang in den mäßig ansteigenden Steig zum Solsteinhaus (1806 m) > der Abzweig zum Großen Solstein erfolgt kurz vor der Hütte: Der Steig führt in vielen Kehren durch den Latschengürtel und leicht schrofiges Gelände, zuletzt entlang des breiten Gratrückens zum Gipfel (2541 m)

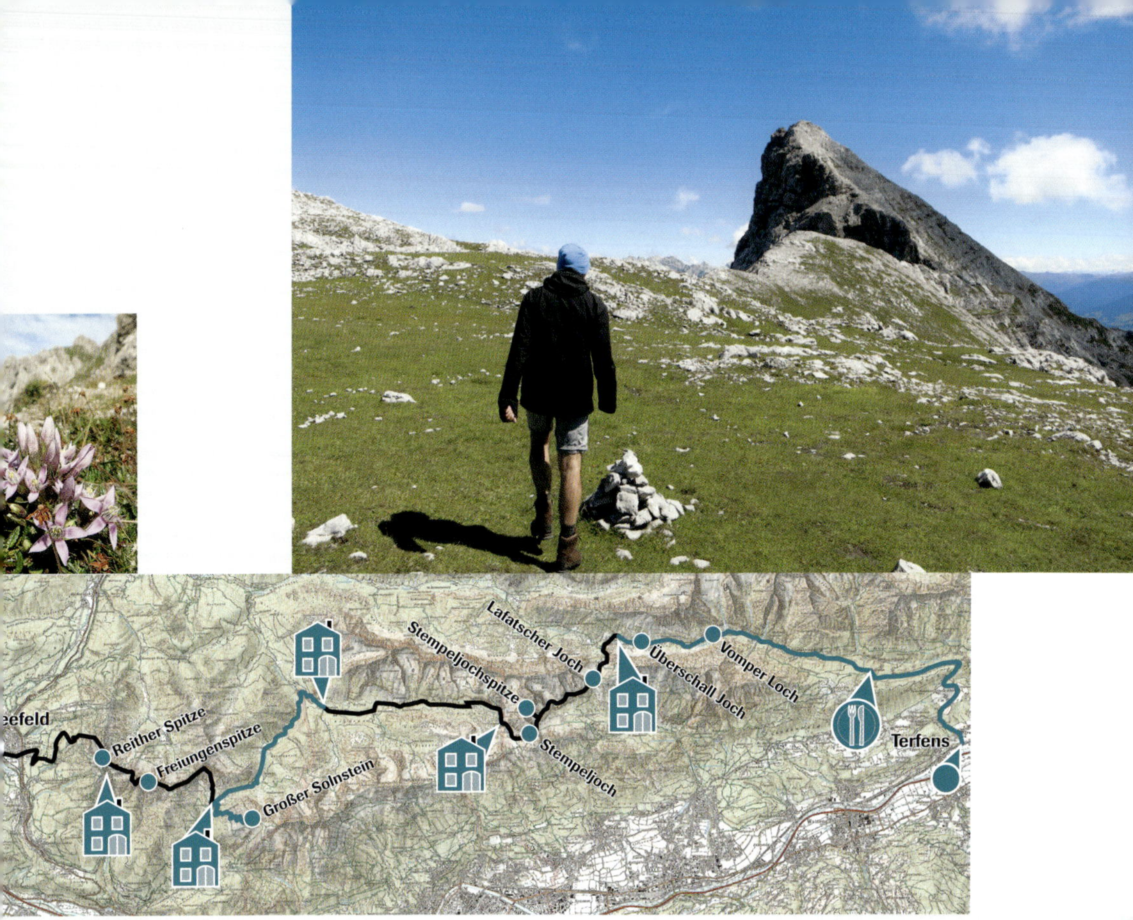

Tag 4: An der W-Seite des Solsteinhauses in ein Latschenfeld queren und Richtung Ettaler Scharte ansteigen > unterhalb der Scharte zweigt der Freiungen-Höhenweg ab, der mit einfachen, teils luftigen Kletterstellen mehrere Gratköpfe umgeht und jenseits der Freiungspitzen in den Ursprungsattel (2096 m) hinabführt > Anstieg zur Nördlinger Hütte (2239 m) und über den Südhang zur Reither Spitze (2374 m) > beim direkten Abstieg nach N leichter Klettersteig (Leiter) > nach Einmündung in den Hauptweg an der Geländekante links entlang des Schlepplifts Richtung Seefeld absteigen > die Reitherjochalm (1505 m) passieren, im Tal die Hauptstraße überqueren und auf dem Lobaweg nach N > im Ort Reitherspitzstraße und Riehlweg zum Bahnhof

Gehzeit Strecke Höhenmeter

Tag 1: 7 Std. 15 km
1440 Hm ↑ 560 Hm ↓

Tag 2: 7 Std. 17 km
1120 Hm ↑ 1620 Hm ↓

Tag 3: 6 Std. 14 km
1320 Hm ↑ 780 Hm ↓

Tag 4: 7 ½ Std. 14 km
1040 Hm ↑ 1670 Hm ↓

ÖPNV
Erste Anfahrt BRB RB54 von München HBF (6.40 Uhr) nach Kufstein, S 4 nach Terfens-Weer (Ankunft 9.04 Uhr)
Letzte Rückfahrt RB 6 von Seefeld (21.15 Uhr) nach München

Zeitfenster vor Ort 4 Tage

Charakter Großartige Ost-West-Traverse ohne die berüchtigten „Talhatscher" im südlichen Karwendel! Die Etappen sind sportlich, können aber ohne die Gipfelbesteigungen abgekürzt werden. Im Vomper Loch, am Wilde-Bande-Steig, am Freiungen-Höhenweg und an der Reither Spitze sind Trittsicherheit und Schwindelfreiheit erforderlich.

Wegweiser Sämtliche Hütten- und Bergziele sind bestens ausgeschildert. Im Vomper Loch ist Orientierungssinn von Vorteil.

Einkehr/Übernachtung
Hallerangeralm, Tel. +43/664-1055955, www.halleranger-alm.at; Möslalm, Tel. +43/512-275783, www.moeslalm.tirol; Solsteinhaus, Tel. +43/664-3336531, www.solsteinhaus.at; Nördlinger Hütte, www.noerdlinger-huette.at, geöffnet Juni bis Anfang Oktober (Schnittmenge). Außerdem liegen das Hallerangerhaus und die Pfeishütte auf der Strecke.

Karte AV-Karte 05/3 „Karwendelgebirge Ost" und 05/1 „Karwendelgebirge West", 1:25.000

STUBAIER HÖHENWEG MIT GLETSCHERBLICK

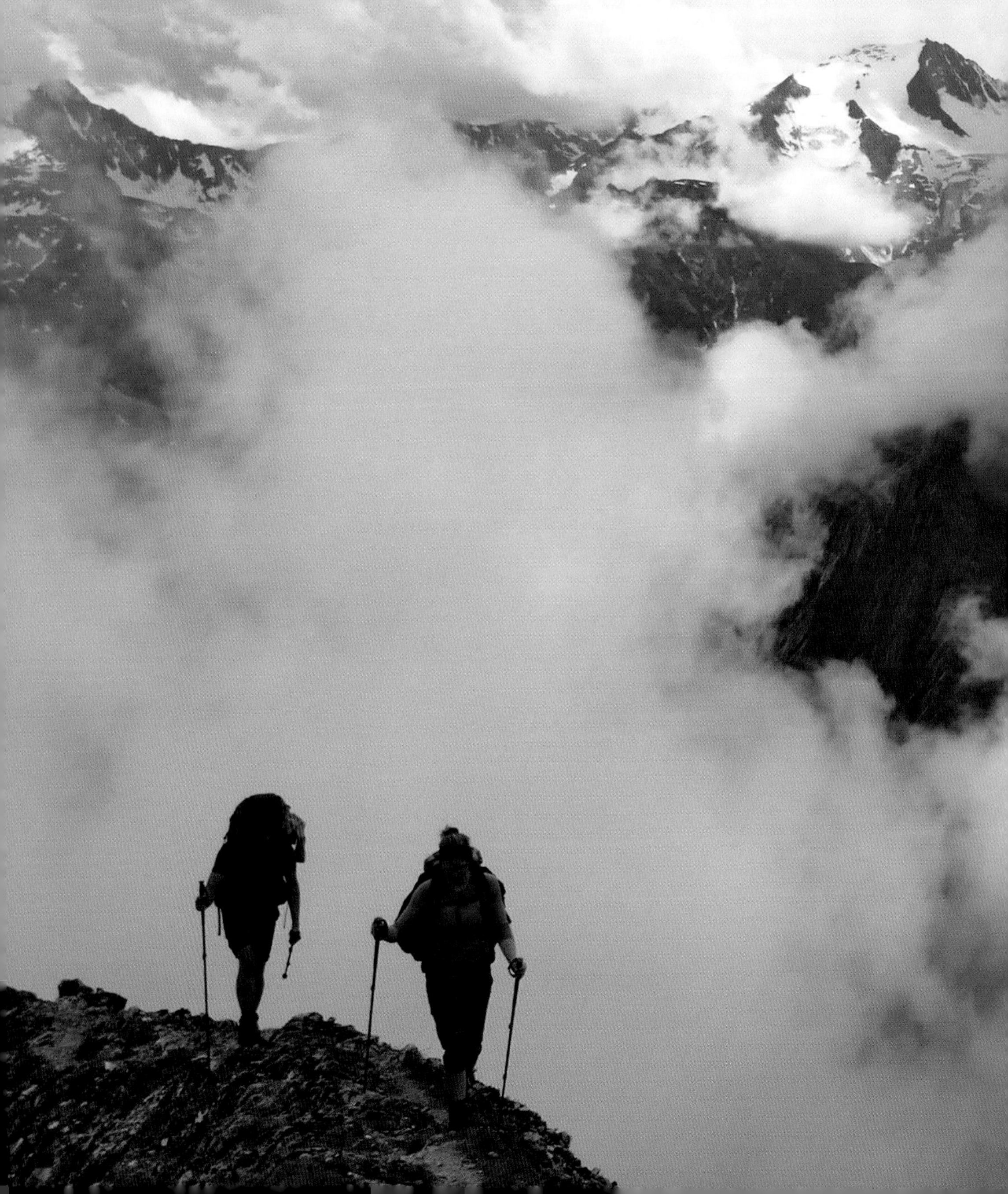

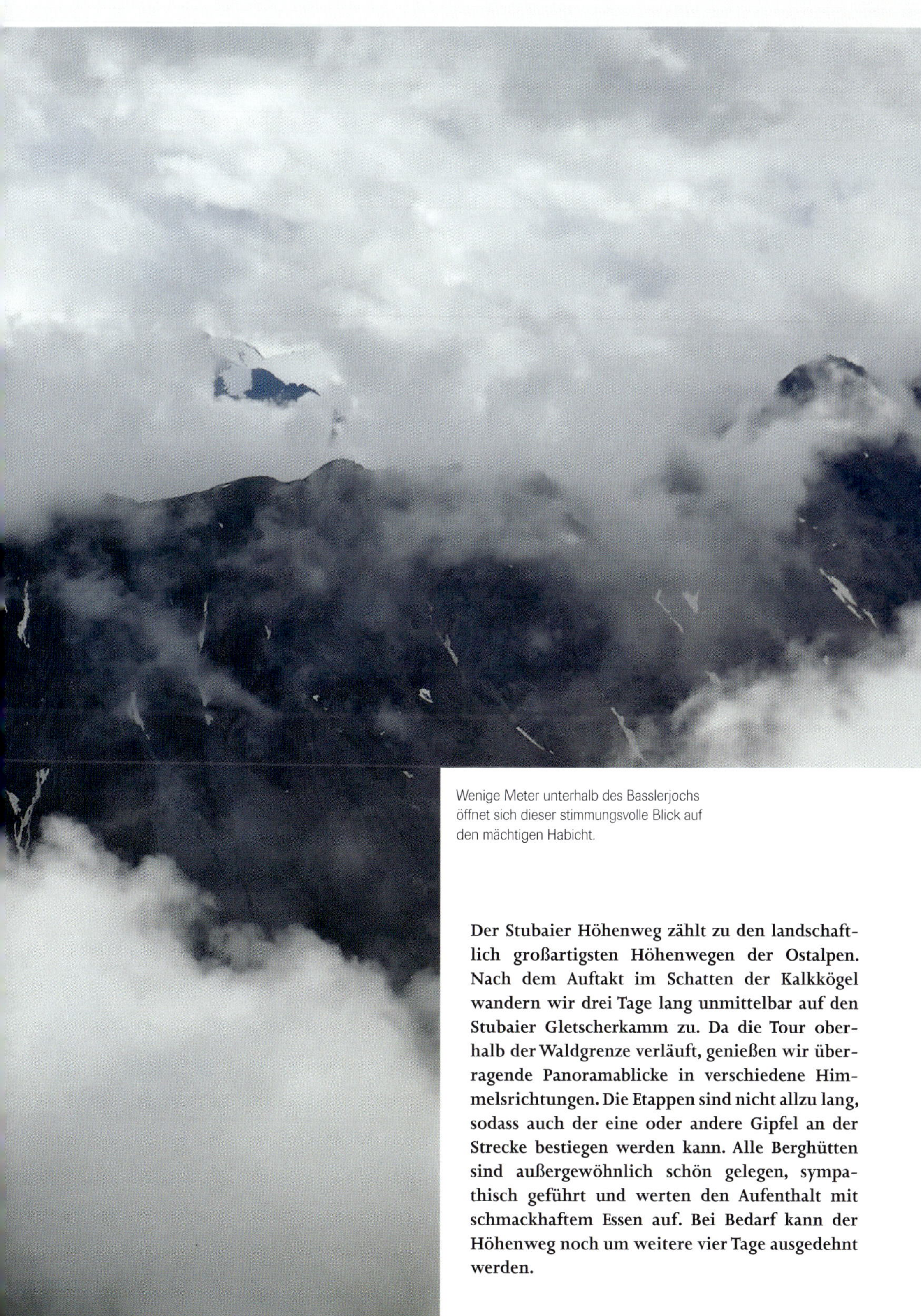

Wenige Meter unterhalb des Basslerjochs öffnet sich dieser stimmungsvolle Blick auf den mächtigen Habicht.

Der Stubaier Höhenweg zählt zu den landschaftlich großartigsten Höhenwegen der Ostalpen. Nach dem Auftakt im Schatten der Kalkkögel wandern wir drei Tage lang unmittelbar auf den Stubaier Gletscherkamm zu. Da die Tour oberhalb der Waldgrenze verläuft, genießen wir überragende Panoramablicke in verschiedene Himmelsrichtungen. Die Etappen sind nicht allzu lang, sodass auch der eine oder andere Gipfel an der Strecke bestiegen werden kann. Alle Berghütten sind außergewöhnlich schön gelegen, sympathisch geführt und werten den Aufenthalt mit schmackhaftem Essen auf. Bei Bedarf kann der Höhenweg noch um weitere vier Tage ausgedehnt werden.

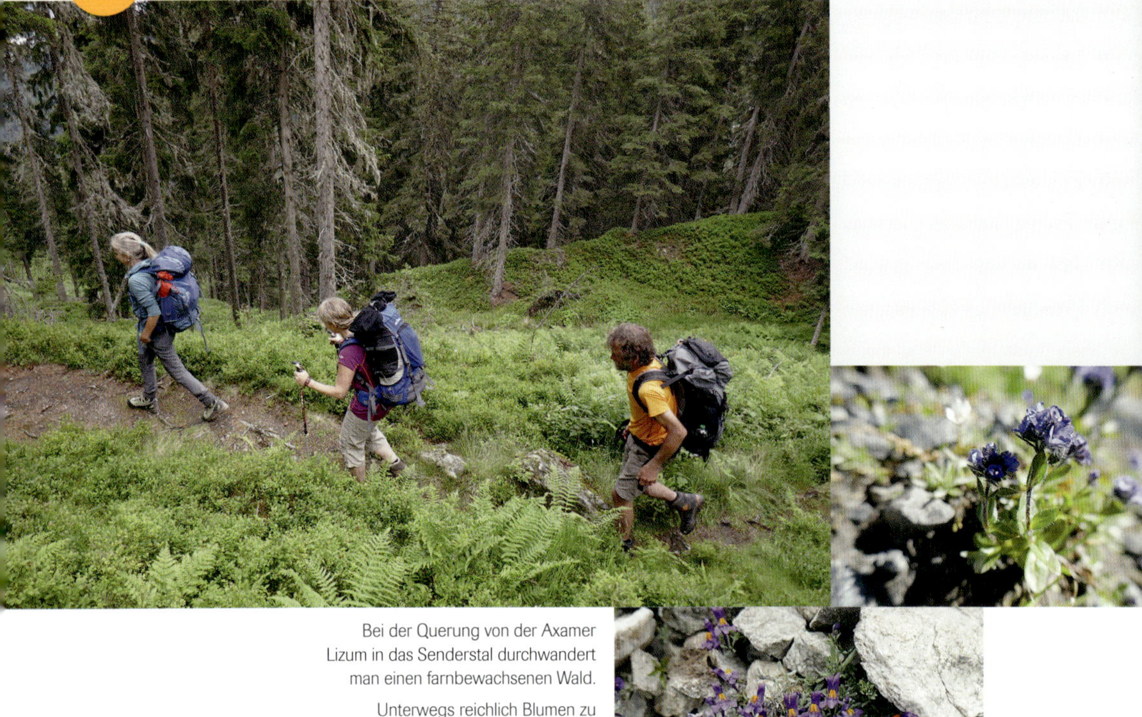

Bei der Querung von der Axamer Lizum in das Senderstal durchwandert man einen farnbewachsenen Wald.

Unterwegs reichlich Blumen zu entdecken: Alpen-Ehrenpreis (oben) und Alpen-Leinkraut (unten)

Tag 1: Im Bann der mächtigen Kalkkögel

Abweichend von der offiziellen Route des Stubaier Höhenwegs visieren wir am ersten Tag nicht die Starkenburger Hütte, sondern die Adolf-Pichler-Hütte an. Die Unterkunft wird von Andrea und Karin sympathisch geführt, jeder Gast fühlt sich hier auf Anhieb integriert. Das Leitmotiv „Ihr sollt das Lebensgefühl Berg in unserem Essen schmecken" setzen die beiden mit schmackhaften hausgemachten Speisen um. Da die unterhalb gelegene Kemater Alm auch über eine Fahrstraße erreichbar ist, bevorzugen wir den Anstieg von Axamer Lizum. Somit wandern wir um das Axamer Kögele herum und in den hinteren Talschluss des Senderstals. Noch vor Erreichen der Kemater Alm genießen wir den Postkartenblick auf die Kalkkögel: Die grünen Almwiesen bieten einen starken Kontrast zu den schroffen Felswänden – das Gebirge wird nicht umsonst als die „Dolomiten Nordtirols" bezeichnet.

Tag 2: Famose Fernblicke

Die Kalkkögel sind das einzige Kalksteingebirge der Nordalpen. Beim Anstieg zum Seejöchl wandern wir nahe an die steil abfallenden Felswände heran. Vom Joch führt ein anspruchsvoller Steig auf die Schlicker Seespitze, doch für den alpinen Gipfel-Abstecher bleibt angesichts der langen Etappe kaum Zeit. Dafür überschreiten wir – statt dem beschilderten Höhenweg zu folgen – auf dem Weg zum Sendersjöchl Gamskogel und Steinkogel und genießen von dort die famose Aussicht auf die Stubaier Alpen. Im Verlauf der Etappe rücken wir an

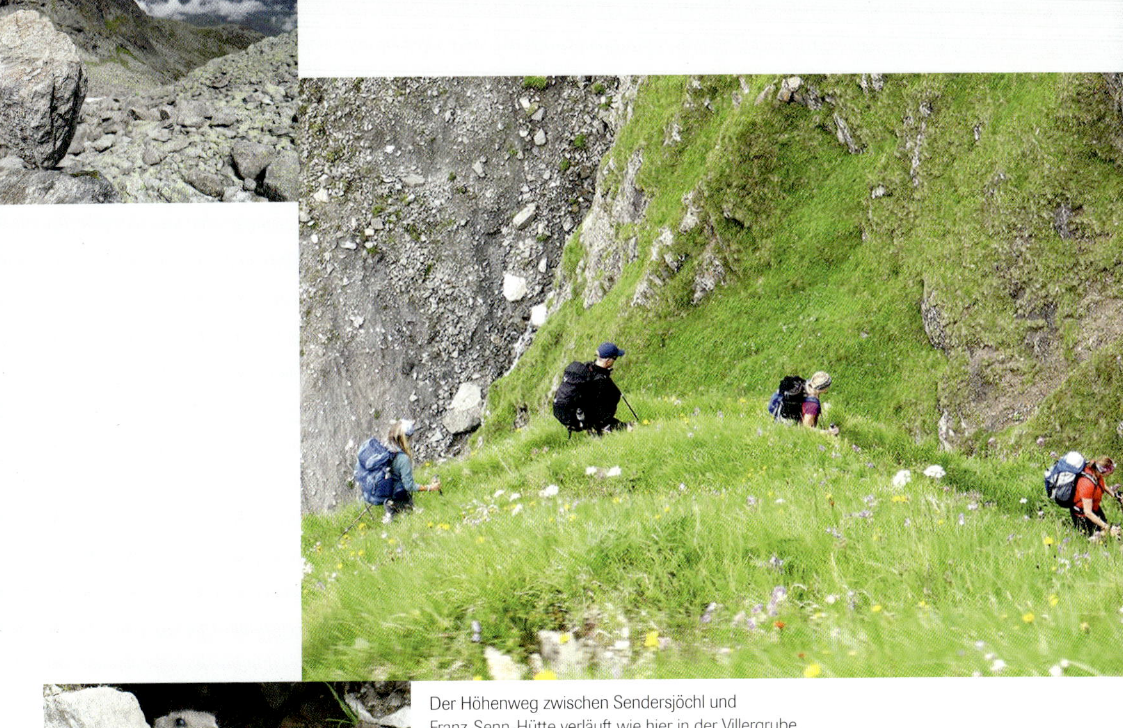

Der Höhenweg zwischen Sendersjöchl und Franz-Senn-Hütte verläuft wie hier in der Villergrube teilweise durch steilgrasiges Gelände.

Diese verspielten Murmeltiere haben sich am Schrimmennieder auch durch unsere Anwesenheit nicht aus der Ruhe bringen lassen.

bekannte Stubaier Gipfelgrößen wie Schrankogel und Ruderhofspitze immer näher heran. Auf der anderen Talseite ragt der alleinstehende Habicht stolz in die Höhe. Beim Abstieg zur Roten Wand helfen uns Drahtseile über plattige Felspassagen hinweg. An der bewirtschafteten Seeducker Hochalm laben sich Schafherden an den frischen Kräutern. Die Beweidung kommt der Blumenvielfalt zugute – wenngleich nicht im selben Maß wie die früher betriebene Bergmahd, die sich heute als nicht mehr rentabel erweist. Bevor nach Überwindung der Villergrube der finale Abstieg erfolgt, ist die Franz-Senn-Hütte bereits in unserem Blickfeld.

Tag 3: Basslerjoch als lohnende Gipfelzugabe

Streckenmäßig ist die dritte Etappe überschaubar, sodass sich bei gutem Wetter eine Gipfelbesteigung als Zugabe anbietet. Am einfachsten zu erklimmen ist das 2830 Meter hohe Basslerjoch vom Schrimmennieder aus. Beide Ziele sind vorbildlich beschildert und nicht zu verfehlen. Im unteren Abschnitt quert der Pfad von der Franz-Senn-Hütte in das sogenannte Kuhgschwez, bevor er bis zum Platzenturm eine steile Höhenstufe überwindet. Vor uns öffnet sich mit der oberen Platzengrube ein kleines Hochkar, in dem sich der Schutt von den umliegenden Beinahe-Dreitausendern auftürmt. Ein letzter Kraftakt noch, dann ist der Schwimmennieder erreicht. Ein herrlicher Brotzeitplatz mit Blick auf den Stubaier Hauptkamm, wenn nicht gerade Nebelbänke die Berge einhüllen. Trotz unsicherer Wetterlage entscheiden wir uns für den Abstecher auf das

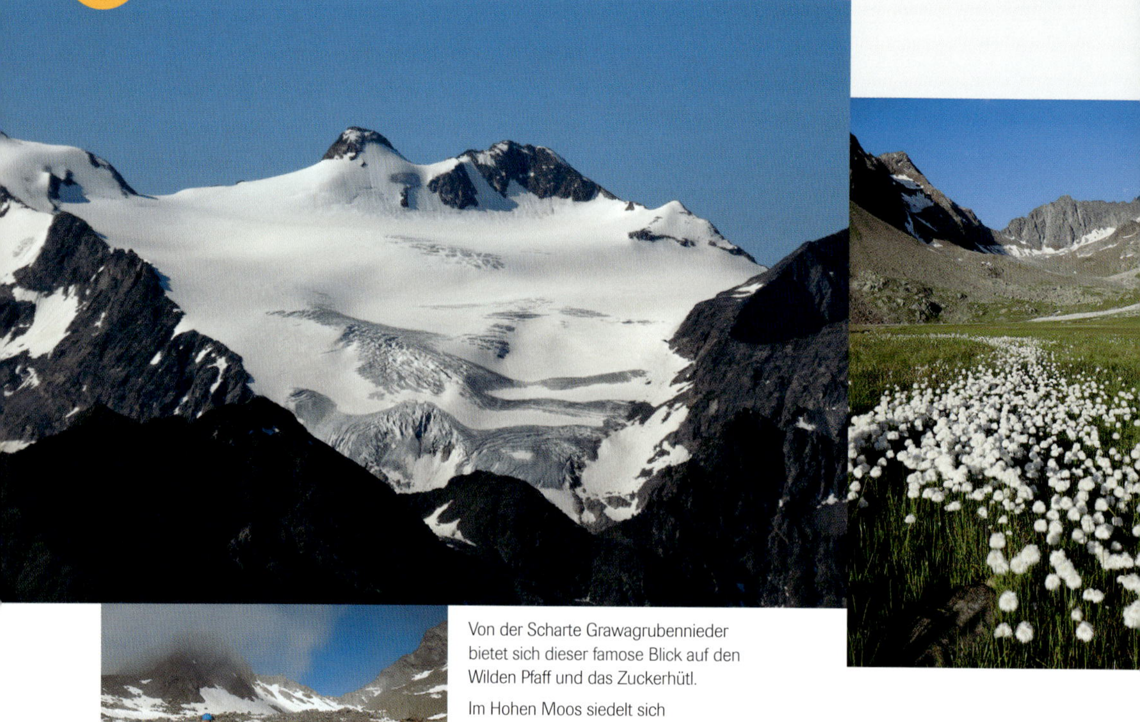

Von der Scharte Grawagrubennieder bietet sich dieser famose Blick auf den Wilden Pfaff und das Zuckerhütl.

Im Hohen Moos siedelt sich reichlich Wollgras an.

Ein Dreitausender darf schon sein: Aufstieg zum Kreuzspitz von der Neuen Regensburger Hütte

rechte Seite: Gipfelstimmung mit Nebelschwaden am Kreuzspitz

Basslerjoch. Obwohl der Gipfel von der Passhöhe nicht einsehbar ist, benötigen wir nur rund 20 Minuten für den Aufstieg. Zwischen den Wolken blicken wir bereits auf die Neue Regensburger Hütte hinab. Wir fällen spontan die Entscheidung, uns für zwei Nächte dort einzuquartieren, um am Folgetag – dann bei „Kaiserwetter" – in teils anregender Kraxelei den Kreuzspitz (3084 m) zu besteigen und am Nachmittag im Hüttensee zu baden.

Tag 4: Dem Alpenhauptkamm entgegen

Unsere Schlussetappe lebt von überwältigenden Eindrücken in hochalpiner Berglandschaft. Bereits das Durchwandern des Hohen Mooses, durch das sich, umsäumt von üppig blühendem Wollgras, der milchig-trübe Gletscherbach seinen Weg bahnt, belebt die Sinne. Im hinteren Bereich des Niedermoors hat sich der Falbesoner See gebildet. Der Schlussanstieg zum Grawagrubennieder mit Blick auf den See ist aufgrund des losen Blockgesteins und der Altschneefelder herausfordernd. Zum Lohn der Mühen öffnet sich vom Joch ein überragender Ausblick auf den Stubaier Alpenhauptkamm mit Wildem Freiger, Wildem Pfaff und Zuckerhütl. Der weitere Verlauf der Tagesetappe ist zum „Zunge schnalzen", auch wenn wir die Tour vor dem Schlussanstieg zur Dresdner Hütte nach einem Bad im unteren Mutterberger See abbrechen und zur Mutterbergalm absteigen.

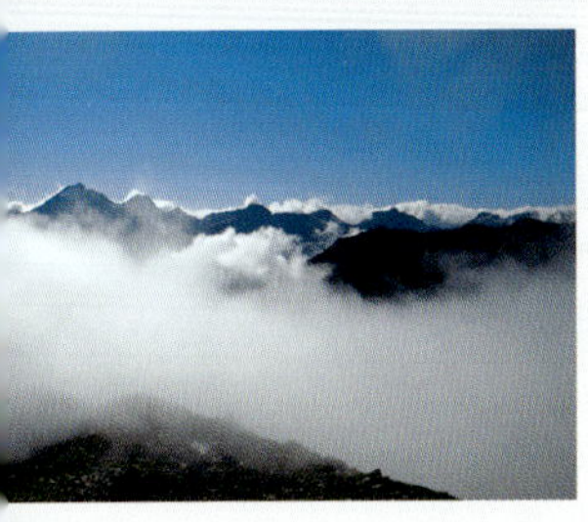

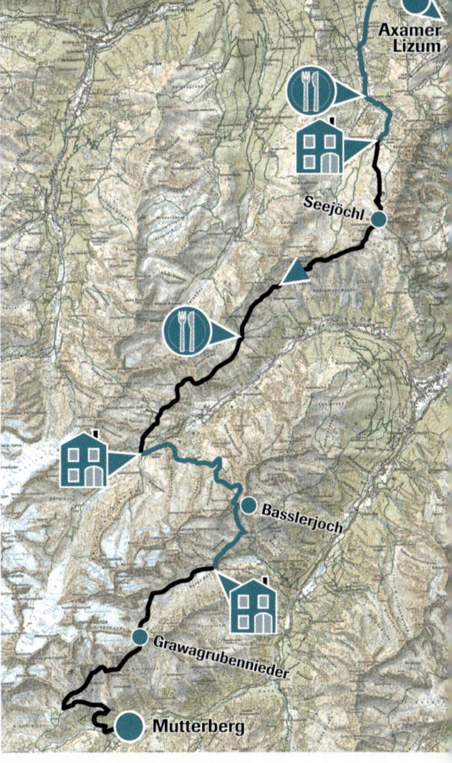

ROUTE

Tag 1: Axamer Lizum - Kemater Alm - Adolf-Pichler-Hütte

Tag 2: Seejöchl - Sendersjöchl - Seeducker Hochalm - Franz-Senn-Hütte

Tag 3: Schrimmennieder - (Basslerjoch) - Neue Regensburger Hütte

Tag 4: Grawagrubennieder - Mutterbergalm

Tag 1: Von Axamer Lizum auf dem Fahrweg an der urigen Schäfalm (1568 m) vorbei nach NW (Ww. Grinzens über Schartensteig) > der Schartensteig quert fast höhengleich die Nordhänge des Axamer Kögeles und wendet sich an der Fritzenhütte (1538 m) nach S > vor Erreichen des Talgrunds steuern wir nicht dem Fahrweg zu, sondern folgen dem Pfad über freie Wiesen zur Kemater Alm (1673 m) > vom Parkplatz Fahrweg entlang des Griesbachs zur Adolf-Pichler-Hütte (1977 m)

Tag 2: Von der Adolf-Pichler-Hütte erst leicht ansteigend durch den Talboden, dann steiler über die Schuttfelder auf das Seejöchl (2518 m) > über den breiten Bergrücken auf den Gamskogel (2659 m) und Übergang zum nahen Steinkogel (2580 m) > nach S zum sichtbaren Höhenweg absteigen, der uns zum Sendersjöchl (2477 m) führt > steiler Serpentinenabstieg zur Roten Wand (vereinzelt Drahtseilsicherungen) > in der Folge verläuft der Steig fast höhengleich nach S > Abstieg zur bewirtschafteten Seeducker Hochalm (2249 m) > nach weiterer Hangquerung steiler Abstieg in die Villergrube nebst Gegenanstieg > im hinteren Oberbergtal kurzer Abstieg zur Franz-Senn-Hütte (2147 m)

Tag 3: Von der Franz-Senn-Hütte nordöstlich in das Kuhgschwez queren und zwei Höhenstufen zum Schrimmennieder (2706 m) überwinden > Abstecher zum Basslerjoch (2830 m) und zurück zum Joch > den steilen Südhang in vielen Kehren absteigen und zur bald auftauchenden Neuen Regensburger Hütte (2286 m) queren

Tag 4: Das Hohe Moos eben durchwandern und an der Weggabelung unterhalb des Falbesoner Sees links über steiles Blockwerk (hier nur Trittspuren) und einen Kamin (Seilsicherung) zum Grawagrubennieder (2880 m) empor > nach längerer Hangquerung steiler Gegenanstieg zum Übergang an der Schafspitze (Drahtseil) > Abstieg in das Schafgrübl > am Südende der unteren Mutterberger Seen Abzweig zur Mutterbergalm (1725 m)

Gehzeit - Strecke - Höhenmeter

Tag 1: 3 ½ Std. 10 km
625 Hm ↑ 210 Hm ↓

Tag 2: 6 ½ Std. 15 km
950 Hm ↑ 780 Hm ↓

Tag 3: 5 Std. 10 km
780 Hm ↑ 640 Hm ↓

Tag 4: 5 ½ Std. 12,5 km
770 Hm ↑ 1320 Hm ↓

ÖPNV

Erste Anfahrt EC 83 von München HBF (7.56 Uhr) nach Innsbruck, Bus 4162 nach Axamer Lizum (Ankunft 12.09 Uhr)

Letzte Rückfahrt Bus 590 Stubaier Gletscherbahn (19 Uhr) nach Innsbruck HBF, RJX/BRB über Kufstein nach München

Zeitfenster vor Ort 4 Tage

Charakter Großartige Panoramatour in hochalpiner Landschaft! Der Anmarsch zur Adolf-Pichler-Hütte ist einfach, die anderen Etappen erfordern Trittsicherheit und in kurzen Abschnitten auch Schwindelfreiheit.

Wegweiser Der Stubaier Höhenweg ist bestens beschildert und markiert.

Einkehr/Übernachtung
Kemater Alm, Tel. +43/650-5703391, www.kemateralm.at;
Adolf-Pichler-Hütte, Tel. +43/720-702724, www.adolf-pichler-huette.at;
Franz-Senn-Hütte, Tel. +43/5226-2218, www.franzsennhuette.at;
Neue Regensburger Hütte, Tel. +43/664-2025070, www.regensburgerhuette.at

Karte AV-Karte 31/2 „Stubaier Alpen Sellrain“ und 31/1 „Stubaier Alpen Hochstubai, je 1:25.000

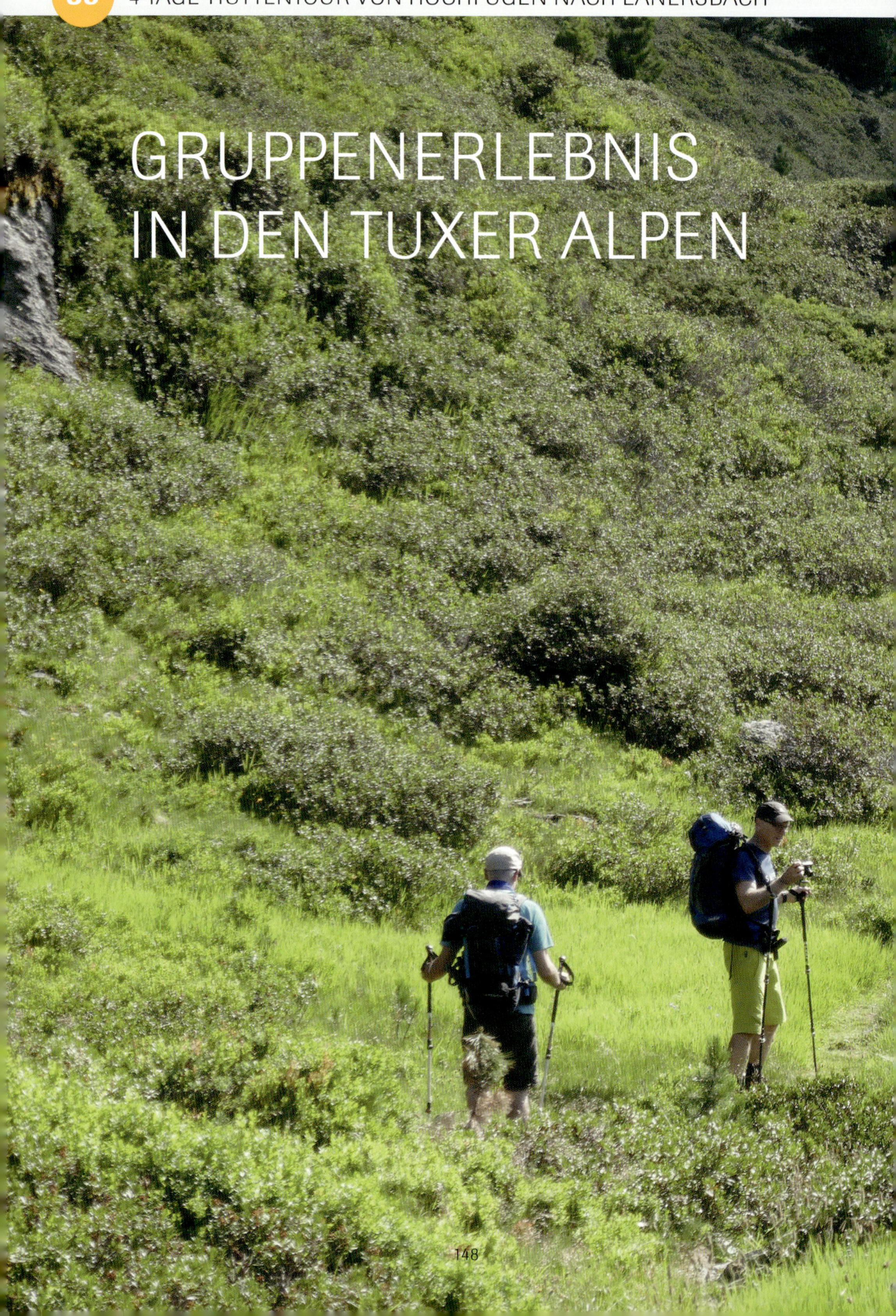

GRUPPENERLEBNIS IN DEN TUXER ALPEN

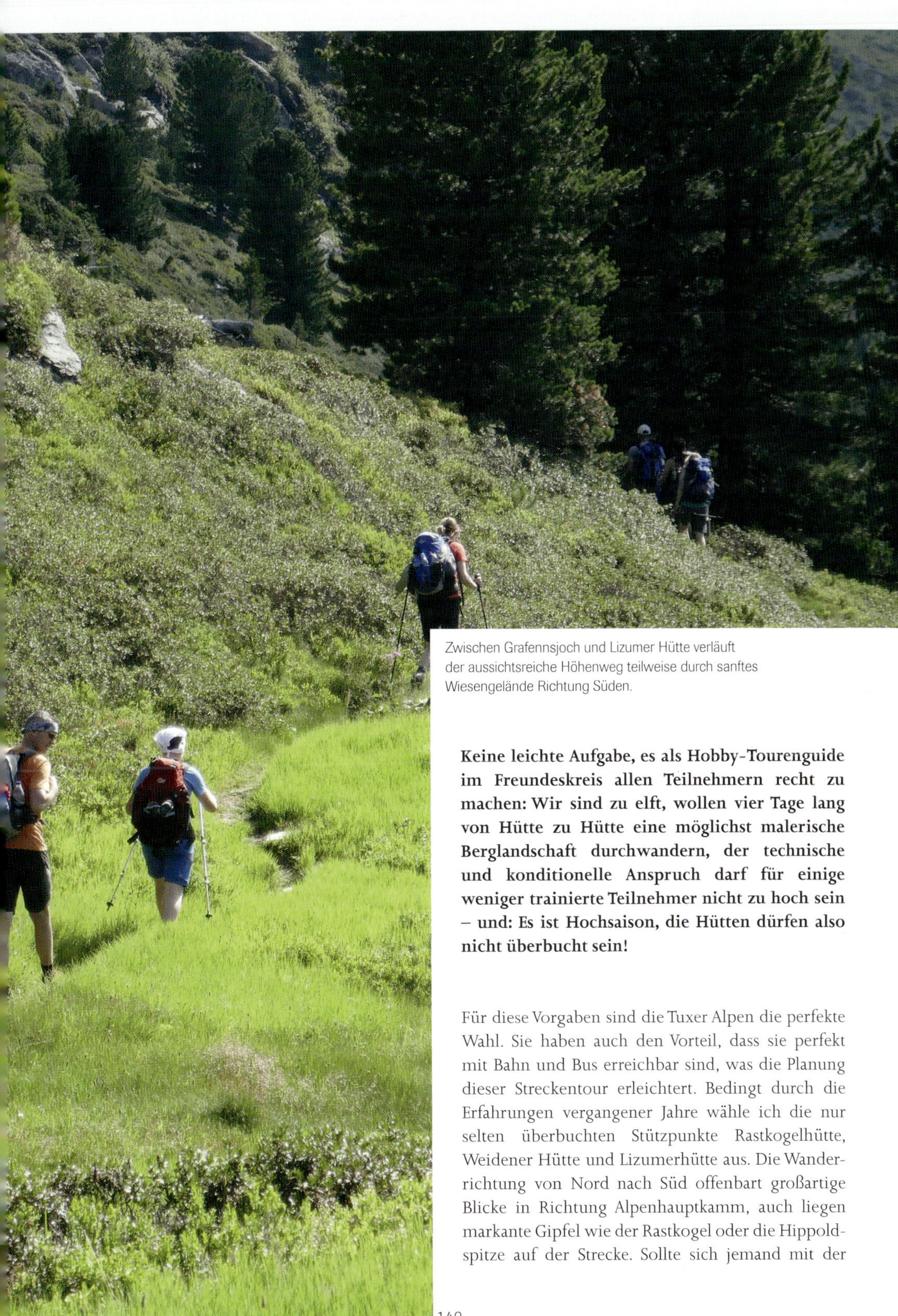

Zwischen Grafennsjoch und Lizumer Hütte verläuft der aussichtsreiche Höhenweg teilweise durch sanftes Wiesengelände Richtung Süden.

Keine leichte Aufgabe, es als Hobby-Tourenguide im Freundeskreis allen Teilnehmern recht zu machen: Wir sind zu elft, wollen vier Tage lang von Hütte zu Hütte eine möglichst malerische Berglandschaft durchwandern, der technische und konditionelle Anspruch darf für einige weniger trainierte Teilnehmer nicht zu hoch sein – und: Es ist Hochsaison, die Hütten dürfen also nicht überbucht sein!

Für diese Vorgaben sind die Tuxer Alpen die perfekte Wahl. Sie haben auch den Vorteil, dass sie perfekt mit Bahn und Bus erreichbar sind, was die Planung dieser Streckentour erleichtert. Bedingt durch die Erfahrungen vergangener Jahre wähle ich die nur selten überbuchten Stützpunkte Rastkogelhütte, Weidener Hütte und Lizumerhütte aus. Die Wanderrichtung von Nord nach Süd offenbart großartige Blicke in Richtung Alpenhauptkamm, auch liegen markante Gipfel wie der Rastkogel oder die Hippoldspitze auf der Strecke. Sollte sich jemand mit der

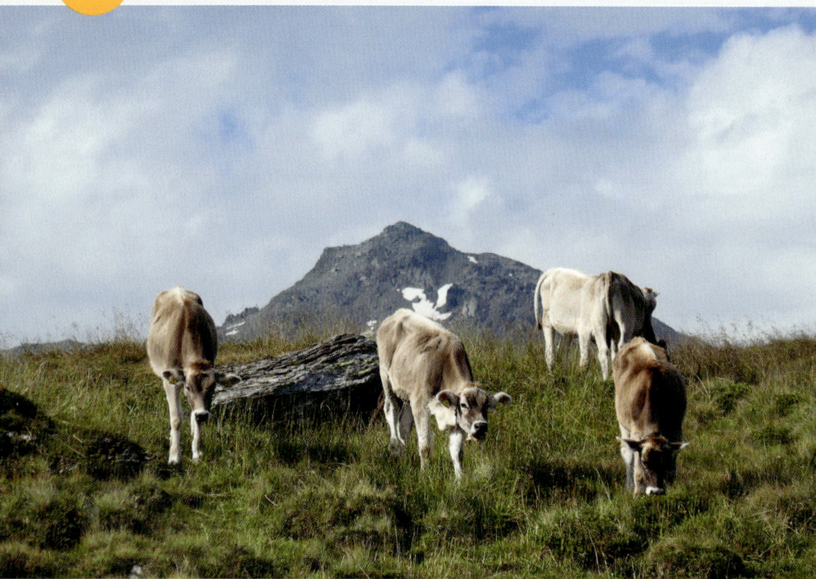

Kühe vor dem noch nebelfreien Rastkogel. Bei der Querung unterhalb des Rosskopfs kommen wir in der Geländesenke an schönen Bergseen vorbei.

Route nicht ausgelastet fühlen, finden sich unterwegs reizvolle Zugaben über anspruchsvolle Gipfel und Grate. Und sollte jemand schwächeln, gibt es unschwierige Abstiegsrouten zurück ins Tal.

Tag 1: Über den Kraxentrager zur Rastkogelhütte

Bei der ersten Etappe herrscht perfektes Sommerwetter. Während sich die Hitze im Zillertaler Talboden staut, weht uns im Ausgangsort Hochfügen bereits ein angenehmes Lüfterl um die Ohren. Wie praktisch, dass der Linienbus von Fügen seine Passagiere sogar gratis über zahlreiche Kehren nach oben chauffiert! Die Route ist streckenmäßig überschaubar, es bleibt somit ausreichend Zeit für den Umweg über den Kraxentrager. Am Gipfel ist die wohlverdiente Brotzeit angesagt, und ob der Wärme ziehen einige von uns die Wanderschuhe aus. Das Gelände ist dermaßen sanft und grün, dass nichts gegen einen Barfußwander-Abstieg zur Rastkogelhütte spricht. Die Gras- und Flechtenpolster wirken wie eine wohltuende Bürstenmassage, nur kurze Steinpassagen erfordern konzentriertes Gehen. Das Altschneefeld, das abseits der Wegtrasse liegt, muss zwecks Abkühlung der Fußsohlen natürlich auch überquert werden. Erst für die letzte Passage ziehe ich mir die Schuhe wieder an. „Du Weichei!" höre ich jemanden hinter mir rufen.

An der Terrasse der Rastkogelhütte wird der Besucher mit einer Hinweistafel begrüßt, mitgebrachtes Essen nicht verzehren zu dürfen. Leider ist es bei manchen Hüttenwirten zur Gewohnheit geworden, entgegen der Alpenvereins-Regeln ihre eigenen Konsumgesetze aufzustellen. Da unsere Gruppe ohnehin Halbpension gebucht hat, der laue Sommerabend so gute Laune verbreitet und auch sonst atmosphärisch nichts auszusetzen ist, verzichte ich auf die eigentlich fällige Intervention.

Tag 2: Im Herzen der Tuxer Alpen

Am Folgetag taucht die Morgensonne die Bergwelt in ein orangerotes Licht, doch die für die Höhe und Tageszeit ungewöhnlich hohe Temperatur ist bereits ein Indikator für die instabile Wetterlage. Wir werden es nicht schaffen, den Rastkogel, mit immerhin 2762 Metern höchster Punkt der Tour, nebelfrei zu überqueren – schließlich wollen wir ja noch gemütlich frühstücken. Wir nehmen die eingeschränkten Sichten somit in Kauf. Immerhin: Beim Anmarsch – die Route verläuft im Bogen an-fangs ohne größeren Höhengewinn weithin sichtbar nach Süden – zeigt sich der Gipfel noch in voller Pracht.

Am heißen Vortag wären wir vielleicht noch in einen der malerischen Bergseen am Fuß des Rastkogels gesprungen, doch nun überwiegt die Neugier für die alpine Flora am Wegesrand. Vor allem Karin fotografiert jede ihr besonders erscheinende Blüte

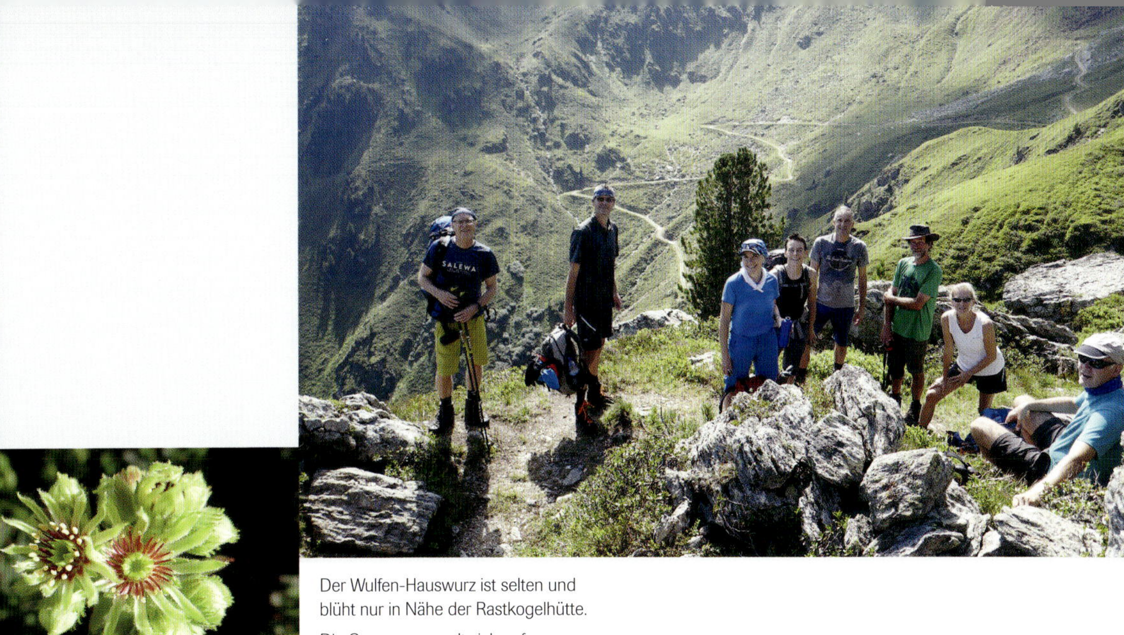

Der Wulfen-Hauswurz ist selten und blüht nur in Nähe der Rastkogelhütte.

Die Gruppe sammelt sich auf halber Strecke zum Grafennsjoch.

und berät sich mit mir zwecks ihrer Bestimmung. Insbesondere der Wulfen-Hauswurz, der Tüpfel-Enzian, die Kriech-Nelkenwurz („Gletscher-Petersbart") und der Alpen-Mannschild prägen die im August nicht mehr ganz so üppige alpine Flora. Durch die Blütenbestimmung teilt sich die Gruppe in aufstrebende Gipfelstürmer und Muße suchende Genusswanderer; aber spätestens am Gipfel sind wir wieder vereint. „Es ist schön, mit Freunden über unterschiedliche Themen zu sprechen, die im Alltag zu kurz kommen. Es gibt keine Ablenkungen, und der gleichmäßige Wanderschritt trägt zum entspannten Gespräch bei!", schwärmt Angela vom Gruppenerlebnis am Berg.

Im Abstieg klart es zu nächst wieder etwas auf, sodass die am Weg liegende Zugabe auf die Halslspitze fast obligatorisch ist. Doch fortan wird es immer dunkler, und wir sind froh, trockenen Hauptes die Weidener Hütte zu erreichen, die dank der neuen Pächter auf Anhieb Wohlfühlatmosphäre verbreitet und zudem überaus komfortable Schlaflager bietet.

Tag 3: „Märchenwald", Almlandschaft, Gipfelabstecher

Nach Abzug der morgendlichen Nebelfelder zeigt sich am dritten Tag wieder die Sonne. Wir durchwandern einen märchenhaften Zirbenwald und erfreuen uns an mit Tautropfen bestückten Spinnennetzen, bizarren Baumwurzeln und wuchernden Farnen. An den Grafennsalmen beginnt der längste zusammenhängende Anstieg der vier Tage zum Grafennsjoch. Angesichts der verlockenden Blaubeeren am Wegesrand fällt es schwer, den Wanderrhythmus beizubehalten. Martina belässt es nicht beim Naschen, sondern befüllt fleißig ihren Brotzeitbehälter: „Ich will ja morgen schließlich mein Müsli aufhübschen!" Das Frucht-Doping beflügelt alle, vom Joch als Zugabe die 2642 m hohe Hippoldspitze zu besteigen. Zumal uns am Gipfel vergönnt ist, was uns die Nebelschwaden am Vortag verwehrt hatten: ein schöner Panoramablick auf die Tuxer und Zillertaler Alpen!

„Dieser Weg führt in militärisches Sperrgebiet. Schießzeiten sind beim Kommando des Truppenübungsplatzes zu erfragen", warnt uns am Grafennsjoch ein gelbes Schild. Eine Zwangsumkehr wäre an dieser Stelle wenig zielführend, insofern sollte man sich bereits bei der Buchung der Hütten über etwaige Sperrzeiten erkundigen! Im Regelfall bleibt der Wanderer jedoch von Störmanövern verschont, und die unberührte Natur bleibt sich selbst überlassen. Dafür, dass der über saftige Wiesen und durch wasserreiche Bachtobel führende Steig zur Lizumer Hütte zum Inntaler Höhenweg gehört, ist er erstaunlich wenig frequentiert und ausgetreten. An einer Weggabelung führt uns ein verdrehtes Schild fast in die Irre:

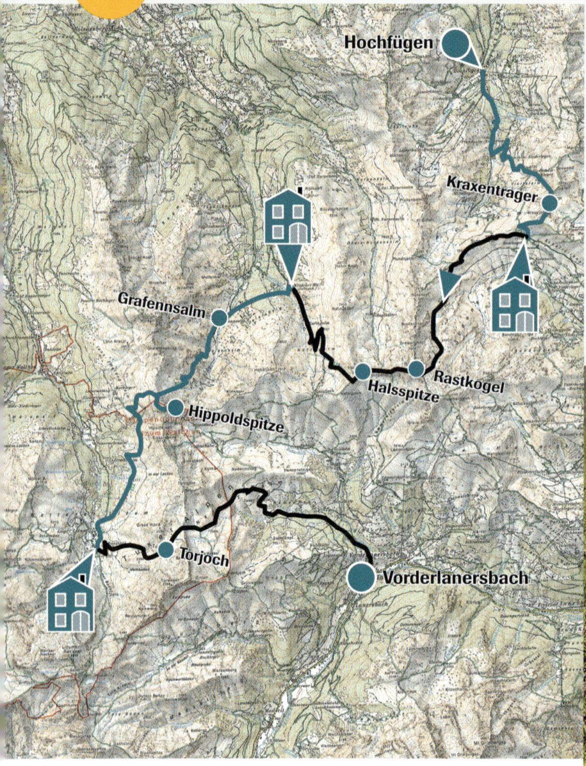

Flaches Wandergelände am Torjoch. Im Vordergrund der blühende Tüpfel-Enzian

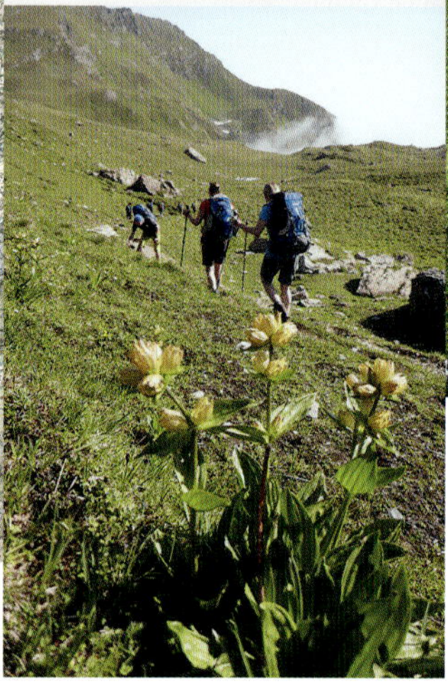

Zwischen Weidener Hütte und Grafennsalm durchschreiten wir einen märchenhaften Farnwald.

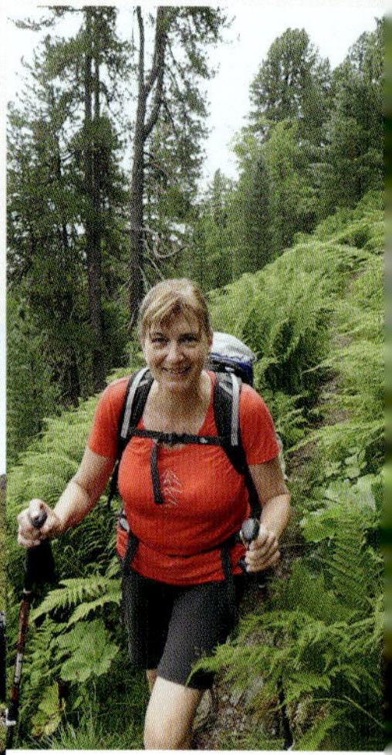

Statt weiter westwärts abzusteigen, folgen wir den leicht aufwärts führenden Steigspuren nach Südosten!

An der Lizumer Hütte herrscht auch dank der Venedig-Fernwanderer reger Betrieb. „Wahnsinn, dieser Trubel! Kaum zu glauben, dass wir den ganzen Tag über fast alleine unterwegs waren!", wundert sich Claudia. Weithin gute Laune, soweit das Auge reicht: „Dass die lustigen Hausschweine so einfach über die Terrasse laufen, habe ich in den Bergen auch noch nicht gesehen", frohlockt Elfi. Und Angela schwärmt von der Qualität der Küche, die nach der Pachtübernahme von Tobias und Lukas hohes Niveau erreicht hat: „Ein Traum, wie dieser Hammer-Hüttenkoch besondere Zutaten wie Zirbensirup in das regionale Essen einfließen lässt!"

Tag 4: Entspanntes Finale über das Torjoch

Eigentlich wollte ich ja von der Lizumerhütte noch über den Geier nach Hintertux wandern, doch einige Teilnehmer sind nach drei Tagen kräftemäßig am Limit. Problemlos könnten wir uns auf zwei Gruppen aufteilen, doch der schlechte Wetterbericht führt zur einstimmigen Entscheidung, über das Torjoch nach Lanersbach abzusteigen. Am weitläufigen Joch genießen wir die letzten Sonnenstrahlen, erheitern uns über das „Rowdytum" pubertierender Jungbullen, die das Wegschild malträtieren und tauchen dann abrupt in den dichten Nebel ein. Dieser Stimmungswechsel passt zu den abwechslungsreichen Tagen, die Claudia schwärmend zusammenfasst: „Ich hatte die Gegend rund um das Zillertal bislang als eher langweiliges, von Skigebieten durchsetztes Gebiet abgetan. Dass man dort solch wunderbare Wanderungen machen kann, hat mich sehr überrascht und auch gefreut."

rechte Seite: Freundschaften am Berg sind viel wert. Die Freude ist den Teilnehmer*innen beim "Gipfelposing" an der Hippoldspitze anzusehen.

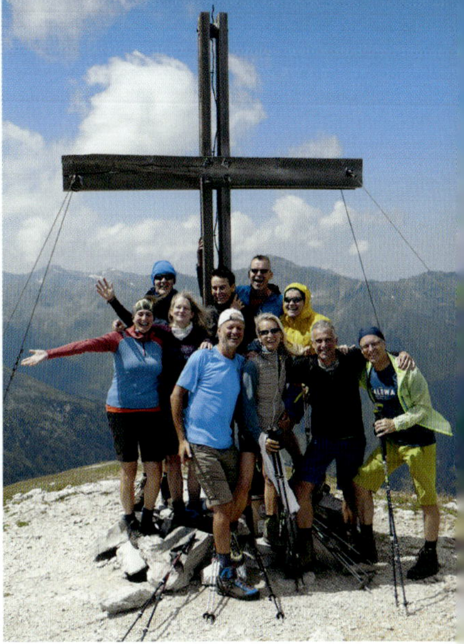

ROUTE

Tag 1: Hochfügen - Kraxentrager - Rastkogelhütte

Tag 2: Rastkogel - Halslspitze - Weidener Hütte

Tag 3: Grafennsalm - Grafennsjoch - Hippoldspitze - Lizumer Hütte

Tag 4: Torjoch - Vorderlanersbach

Tag 1: In Hochfügen dem breiten Almweg nach S folgen > am Pfundsalm-Niederleger (1640 m) links abzweigen, den Finsbach überqueren und über den Viertelalm-Niederleger zum -Hochleger (2022 m) aufsteigen > oberhalb der Almhütten mäßig steil über die Grasmatten empor (teilweise nur Pfadspuren; als Orientierung dient der Bach) > in der Einsattelung am Marchkopf nach S auf breitem Grat zum Kraxentrager (2423 m) > entlang des breiten Bergrückens sanft hinab, zuletzt links abzweigend zur Rastkogelhütte (2117 m)

Tag 2: Von der Rastkogelhütte nach W zum Sidanjoch (2127 m) und in weitem Bogen zu zwei Bergseen absteigen > durch den steilen Bergkessel nach S und zuletzt über plattiges Gestein auf den Rastkogel (2762 m) > Abstieg nach W zum Nurpensjoch und geradeaus nach W > in etwa 2500 m Höhe Abstecher zur Halslspitze (2574 m) > am Nafingjoch rechts in die Nordflanke absteigen > der Steig mündet in einen Fahrweg, der zur Weidener Hütte (1799 m) führt

Tag 3: Gegenüber der Weidener Hütte führt ein Steig zum Nafingbach und nach kurzem Gegenanstieg durch schönen Mischwald zur Grafesnnsalm (1743 m) hinab > nicht dem breiten Talweg, sondern dem oberhalb verlaufenden Parallelweg folgen > in einer Kehre Übergang in einen Steig, der erst steil, später moderat zum Grafennsjoch (2450 m) hochzieht > vom Joch Abstecher zur Hippoldspitze (2643 m) > zurück zum Joch und links über sanfte Wiesen nach W hinab > an der Weggabelung links halten und auf schönem Höhenweg zum Militärstützpunkt Walchen > kurzer Schlussanstieg zur Lizumerhütte (2050 m)

Tag 4: Von der Lizumerhütte dem markierten Steig zum Torjoch (2386 m) folgen > an den Torseen vorbei zur Nasse Tuxalm (1843 m) > an der Weggabelung rechts und auf dem Pfisterwaldweg Richtung Vorderlanersbach > mit Erreichen der ersten Höfe dem Weg nach S in den Ortskern von Lanersbach folgen

Gehzeit Strecke Höhenmeter

Tag 1: 3 ½ Std. 8 km
1000 Hm ↑ 360 Hm ↓

Tag 2: 6 Std. 13 km
850 Hm ↑ 1160 Hm ↓

Tag 3: 6 Std. 13 km
1150 Hm ↑ 930 Hm ↓

Tag 4: 3 ½ Std. 12 km
400 Hm ↑ 1160 Hm ↓

ÖPNV
Erste Anfahrt BRB RE5 von München HBF (7.56 Uhr) nach Rosenheim, NJ nach Jenbach, Zillertalbahn nach Fügen-Hart im Zillertal, Wanderbus nach Hochfügen (Ankunft 11.27 Uhr)
Letzte Rückfahrt Bus 4104 von Lanersbach Eggalmbahnen (19.08 Uhr) nach Mayrhofen, Zillertalbahn nach Jenbach, EC nach München

Zeitfenster vor Ort 4 Tage

Charakter Technisch einfache Tour mit überschaubaren Etappen in den grünen Tuxer Alpen. Je weiter wir nach Süden wandern, desto überragender wird der Blick auf den Zillertaler Hauptkamm.

Wegweiser Der Anstieg über den Kraxentrager zur Rastkogelhütte ist nur schwach beschildert bzw. markiert, da wir von der Hauptroute abweichen. Bei allen weiteren Zielen fällt die Orientierung leicht.

Einkehr/Übernachtung Rastkogelhütte, Tel. +43/680-2257124, www.rastkogelhuette.de; Weidener Hütte, Tel. +43/5224-22525, +43-664-88109940, www.weidener-huette.at; Lizumerhütte, Tel. +43/664-9272117, www.lizumerhuette.at

Karte AV-Karte 33 „Tuxer Alpen", 1:50.000

BERLINER HÖHENWEG ZUM HOHEN RIFFLER

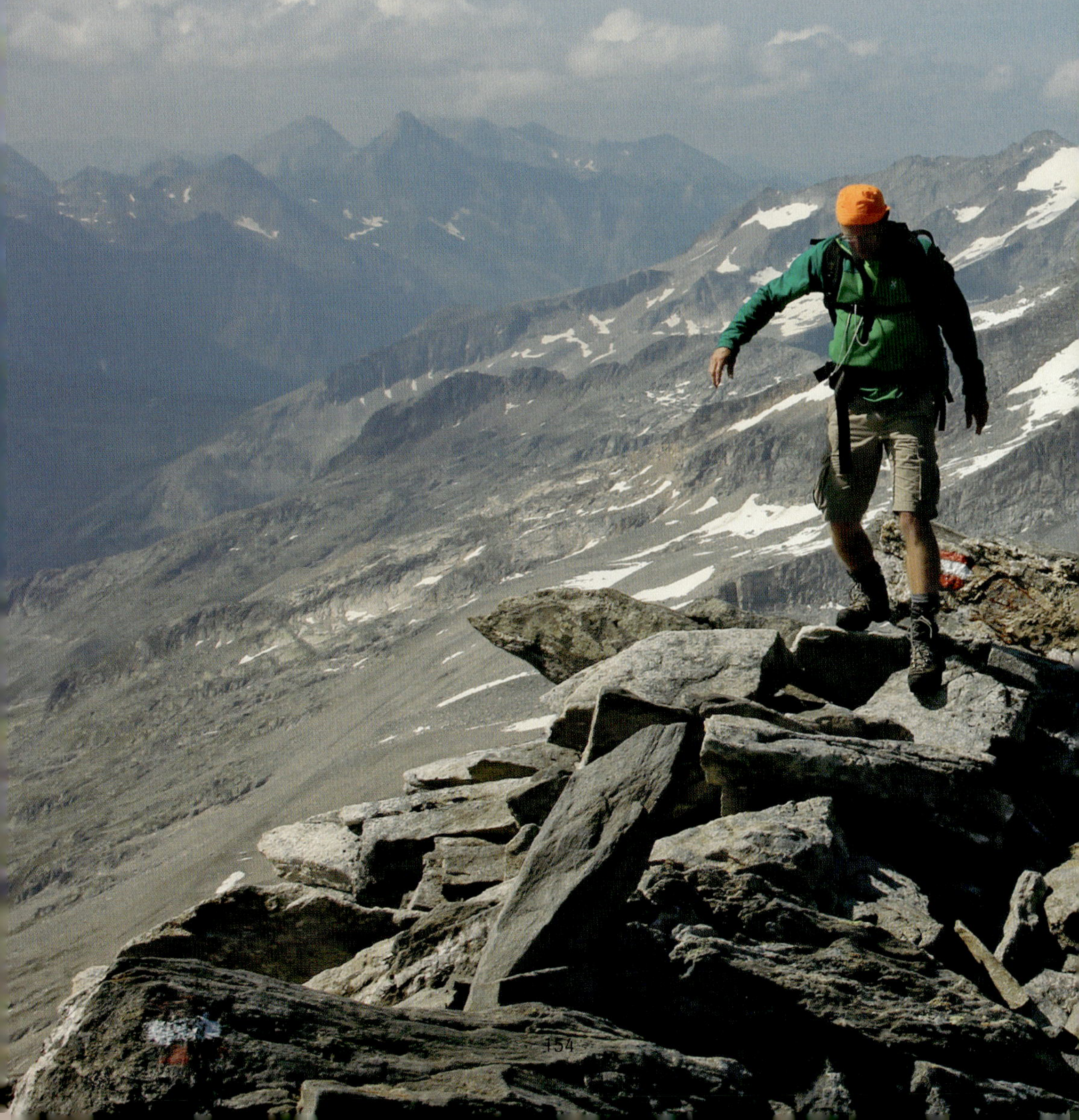

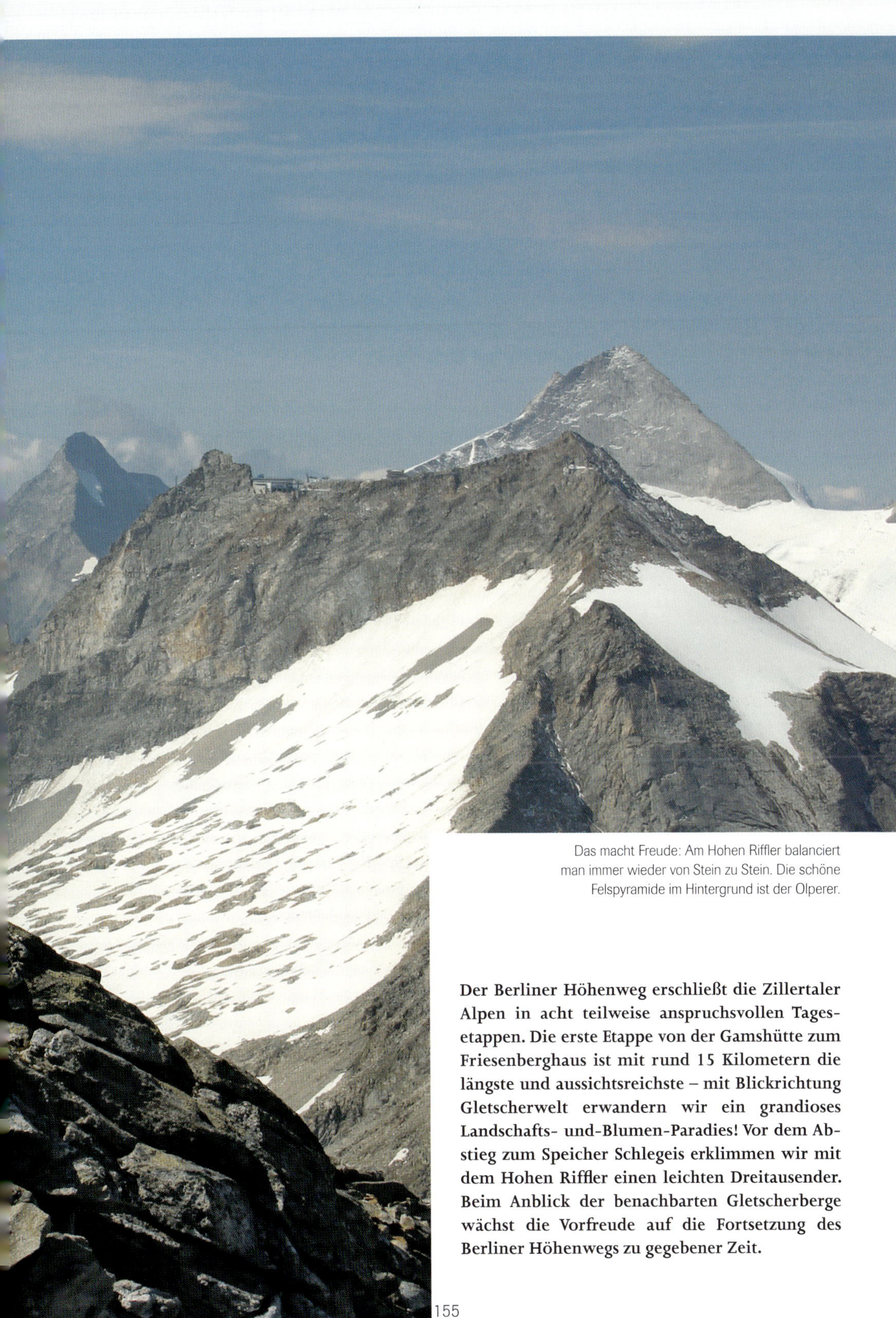

Das macht Freude: Am Hohen Riffler balanciert man immer wieder von Stein zu Stein. Die schöne Felspyramide im Hintergrund ist der Olperer.

Der Berliner Höhenweg erschließt die Zillertaler Alpen in acht teilweise anspruchsvollen Tagesetappen. Die erste Etappe von der Gamshütte zum Friesenberghaus ist mit rund 15 Kilometern die längste und aussichtsreichste – mit Blickrichtung Gletscherwelt erwandern wir ein grandioses Landschafts- und-Blumen-Paradies! Vor dem Abstieg zum Speicher Schlegeis erklimmen wir mit dem Hohen Riffler einen leichten Dreitausender. Beim Anblick der benachbarten Gletscherberge wächst die Vorfreude auf die Fortsetzung des Berliner Höhenwegs zu gegebener Zeit.

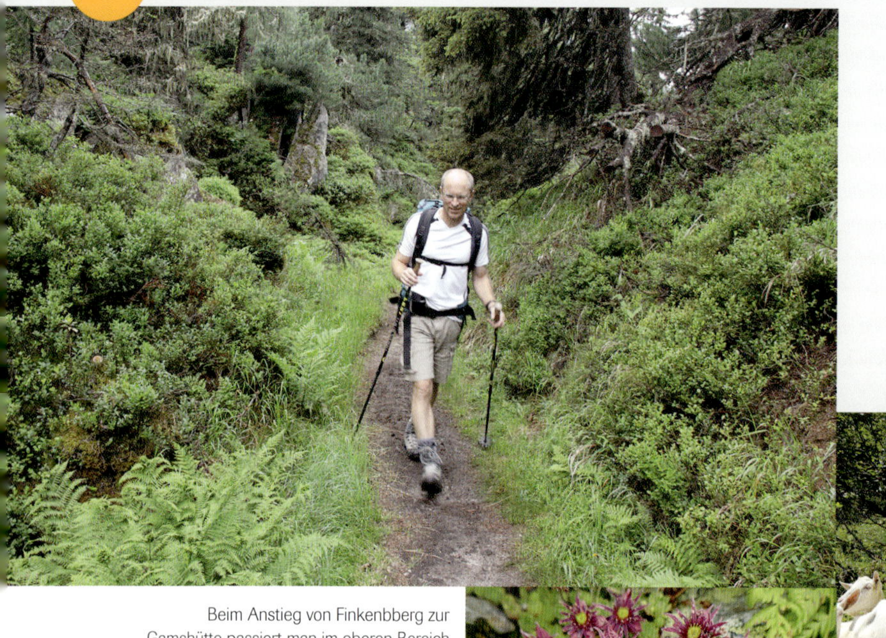

Beim Anstieg von Finkenbberg zur Gamshütte passiert man im oberen Bereich dieses idyllisch grüne Kleinod.

Der Berg-Hauswurz blüht im August.

Ziegenherde im Almgelände der Pitzenalm

Der spannende Wegabschnitt zum Friesenberghaus ist landschaftlich die vielleicht abwechslungsreichste Etappe des Berliner Höhenwegs. Falls Wetter, Zeit oder Kondition nicht mitspielen, gibt es unterwegs fünf Abstiegsmöglichkeiten in den Zemmgrund, wo regelmäßig Busse in Richtung Mayrhofen verkehren.

Tag 1: Aufstieg zur Gamshütte

Der Hermann-Hecht-Weg zur Gamshütte beginnt nahe des Finkenberger Sportplatzes an der Straße Richtung Brunnhaus. Er führt anfangs in zahlreichen Serpentinen durch den Wald zu Gamsberg und Kraxentrager. Vom markanten Aussichtspunkt oberhalb der Nesselwand genießen wir nicht nur den Tiefblick in den Zemmgrund, sondern entdecken im Steilhang auch einige Berg-Hauswurze. Nach einer „Märchenwald-Passage“ aus Farnen, Felsen und kleinen Höhlen erreichen wir die freien Almwiesen an der Gamshütte.

Tag 2: Lange Etappe zum Friesenberghaus

Durch die lange Tagesetappe ist ein früher Aufbruch anzuraten. Die steilen Grasflanken am Vorderen Grinberg sind morgens oft noch feucht, weshalb auf dem teils sehr engen Pfad Vorsicht geboten ist. Blumenfreunde kommen hier voll auf ihre Kosten: Neben dem Einköpfigen Ferkelkraut blühen der Echte Arnika sowie Hunderte von Knaben- und Habichtskräutern. Nach Passieren der Jagdhütte folgt ein kurzer Anstieg zur Grauen Platte mit herrlichem Blick in den Zemmgrund. Anschließend geht es durch lichten Latschenbewuchs und über Schafweiden zur Feldalpe hinab. Die halbstündige

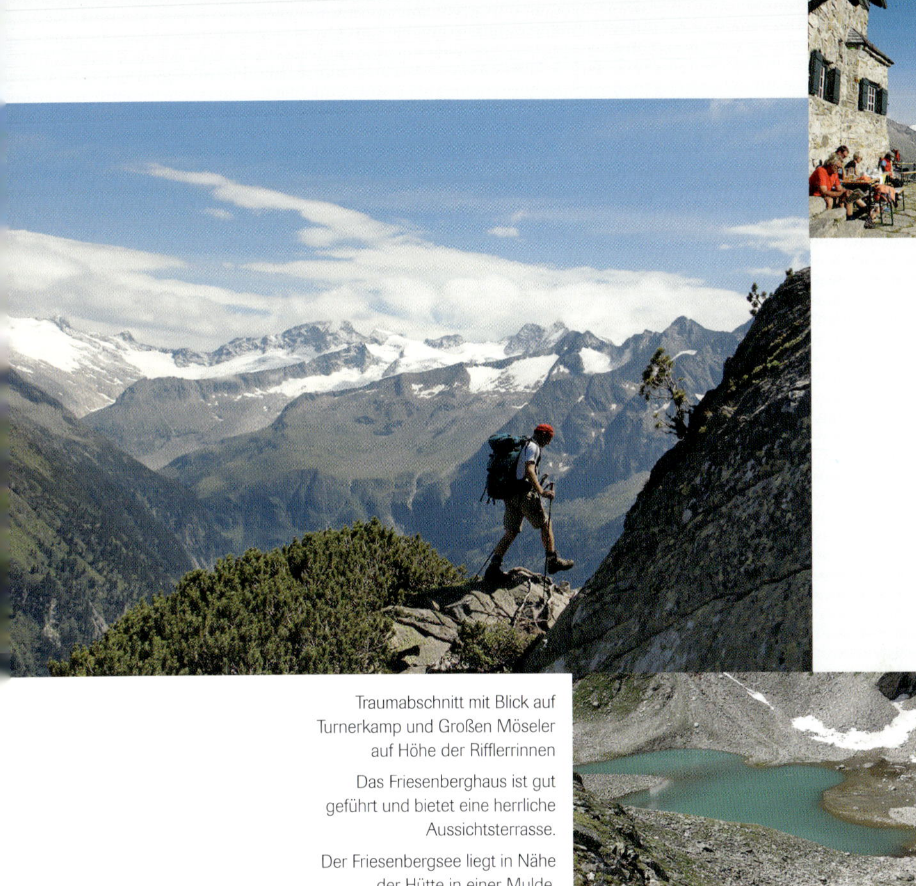

Traumabschnitt mit Blick auf Turnerkamp und Großen Möseler auf Höhe der Rifflerrinnen

Das Friesenberghaus ist gut geführt und bietet eine herrliche Aussichtsterrasse.

Der Friesenbergsee liegt in Nähe der Hütte in einer Mulde.

Querung zur Pitzenalm, die im Hochsommer Getränke und einfaches Essen anbietet, ist ein reiner Genussabschnitt. Von der Kesselalm ergibt sich ein herrlicher Blick zu einem Wasserfall in der Ostflanke des Hohen Rifflers. Kurze Trinkpause am Kesselbach, dann heißt es Kräfte mobilisieren für den Blockwerk-Anstieg zum Ausläufer des Riffler-Ostgrates. Welch phantastischer Blick auf den Zillertaler Hauptkamm mit Horn-Spitze, Turnerkamp und Großem Mösler; im Talgrund ist der Speicher Schlegeis zu sehen. Nochmals geht es steil durch die Rifflerrinnen empor, bevor wir leicht absteigend über Blockwerk am idyllischen Wesendlekarsee vorbei zur Wesendlekarschneide hochwandern. Nun müssen wir nur noch den Ausläufer des Peterskópfls umrunden und mit großartigem Rückblick auf den Schwarzenstein das Friesenberghaus anvisieren.

Tag 3: Von Stein zu Stein auf den Hohen Riffler

Der Anstieg zum Hohen Riffler beginnt hinter dem Friesenberghaus. Nach wenigen Höhenmeteren taucht der schöne Friesenbergsee unter uns auf. Kunst am Berg dann am Peterskópfl: Hobby-Architekten haben hier aus Granitgneis und Schieferplatten großflächig Steinmandl und Obelisken errichtet. Baumaterial für eine Erweiterung des Naturstein-Denkmals ist mit Blick auf unser Tagesziel, das sich wie ein riesiger Trümmerhaufen aus Blockwerk vor uns aufbaut, reichlich vorhanden. Anfangs geht es nach einer Geröllfeldquerung noch über Wiesen empor, dann verläuft die Route quasi von Stein zu Stein. Trotz roter Markierungen ist in der Steinwüste Aufmerksamkeit gefragt, um nicht vom Weg abzukommen. Je weiter wir nach oben steigen, desto karger wird die Flora: Nur noch

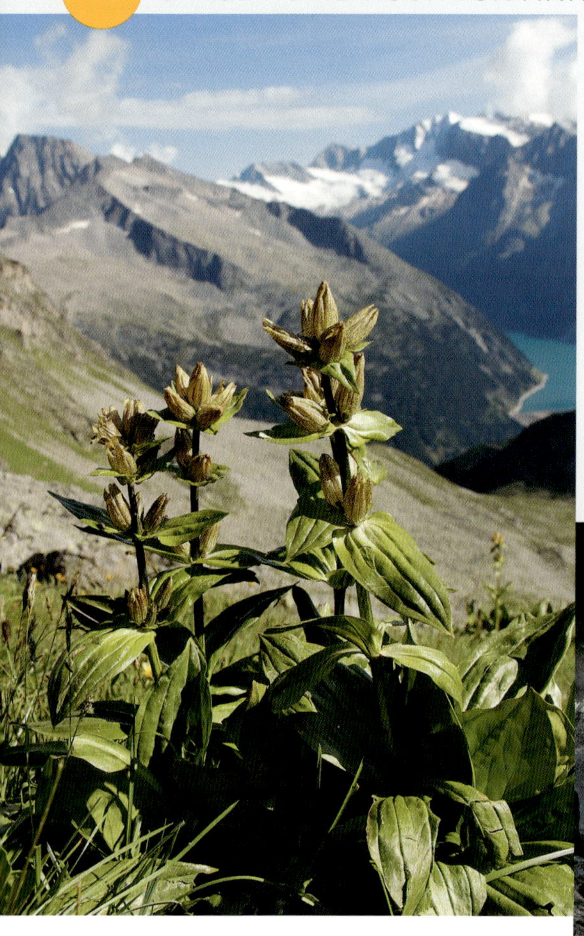

Durch die Blume: Tüpfel-Enzian vor Schlegeis Speicher und dem emporragenden Hochfeiler

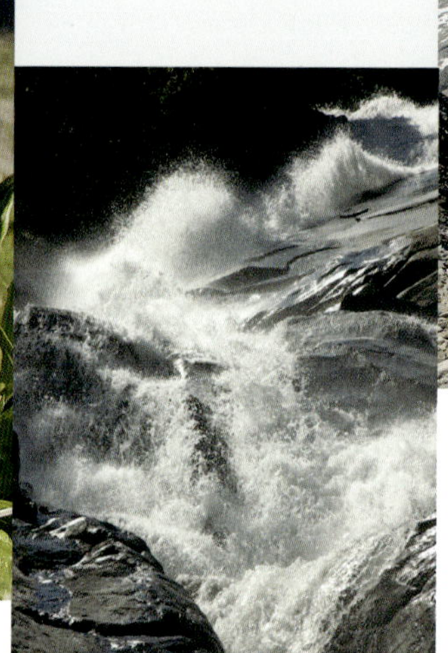

Dieser tosende Wildbach speist den Stausee mit reichlich Wasser.

Wanderer im Abstieg am Grat des Hohen Rifflers

wenige Pflanzen wie der Moschus-Steinbrech, das Stängellose Leimkraut oder der Zwerg-Enzian trotzen auf Moosen und Graspolstern der rauen Witterung. Auf rund 3050 Metern Höhe erreichen wir einen deutlichen Geländeabsatz mit wunderschönen Gletscher-Hahnenfuß-Blüten. Dann folgt der finale Anstieg über das Gipfelschneefeld zum Hohen Riffler mit überragendem Ausblick auf den Zillertaler Hauptkamm und den markanten Olperer sowie die Ötztaler und Stubaier Alpen.

Der Abstieg zum Friesenberghaus erfolgt auf der Aufstiegsroute. Von der Hütte geht es auf bequemem Steig in vielen Kehren mit Wasserfallblick in das schöne Lapenkar. Nach dessen Querung passieren wir einen Tümpel mit viel Wollgras, bevor der Abstieg durch schönen Zirbenwald – zuletzt geräuschvoll entlang eines wilden Gletscherbachs – zur Dominikushütte erfolgt. Auf der Hüttenterrasse können wir bequem den nur fünf Minuten entfernten, stündlich abfahrenden Bus nach Mayrhofen abpassen.

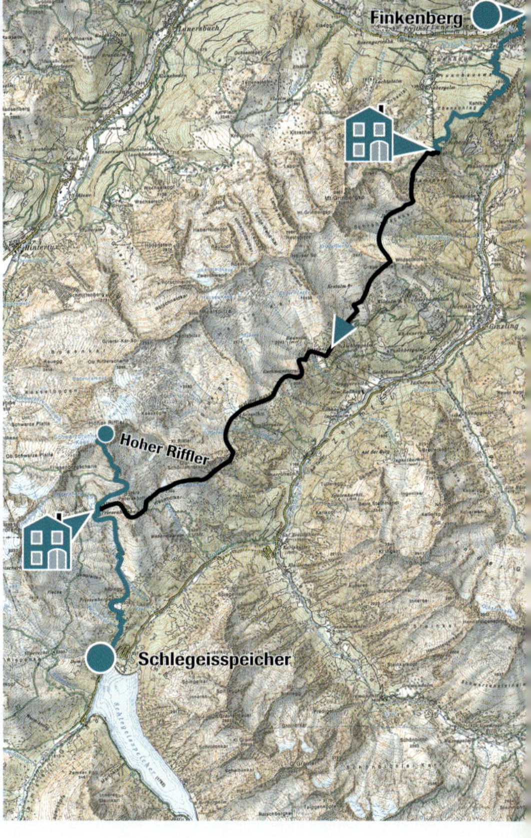

ROUTE

Tag 1: Finkenberg - Gamshütte

Tag 2: Berliner Höhenweg - Friesenberghaus

Tag 3: Hoher Riffler - Friesenberghaus - Schlegeis Stausee

Tag 1: Vom Finkenberger Ortskern zur beschilderten Teufelsbrücke und durch den Ortsteil Dornau in Richtung Brunnhaus > hinter dem Sportplatz führt der Hermann-Hecht-Weg (Nr. 533) in zahlreichen Kehren durch den lichten Wald empor > vom Aussichtspunkt über der Nesselwand (1305) wendet sich der Pfad nach SW > durch den „Märchenwald" zu den freien Almflächen der Gamshütte (1921 m)

Tag 2: Von der Hütte die kurze Steilstufe Richtung Grinberg-Spitze empor > an der Weggabelung zweigt der Zillertaler Höhenweg nach S ab > der anfangs enge Pfad quert die steilen Grasflanken des Vorderen Grinbergs Vorsicht bei Nässe!) > vom Kareck geht es in weitem Bogen durch das weitläufige Schrahnbachkar > Anstieg zur Grauen Platte (2177 m) und abwärts über die Feldalpe (1865 m) zur Pitzenalm > jenseits des Pitzenbachs folgt ein steiler Anstieg zum Milchtrager (2030 m) mit Abstieg zur Kesselalm > zu den Rifflerrinnen empor, bevor wir leicht absteigend über Blockwerk am idyllischen Wesendlkarsee vorbei zur Wesendlekarschneide zum bereits sichtbaren Friesenberghaus (2477 m) hochwandern

Tag 3: Nördlich der Hütte zieht ein Steig zur Einsattelung zwischen Petersköpfl und dem Gratrücken des Hohen Rifflers hoch > vom Joch erst über Grasbänder, dann zunehmend durch Geröll nordwärts empor > mit zunehmender Höhe verengt sich der SW-Grat, es folgen leichte Kletterpassagen im nicht immer festen Blockwerk > zuletzt über einen Steilaufschwung zum Gipfel des Hohen Rifflers (3231 m) > Abstieg zum Friesenberghaus auf derselben Route > von der Hütte Serpentinensteig über zwei Steilstufen in das weite Lapenkar > auf Steinplatten um den sog. Ablegg herum und an der Friesenberg-Alm (2036 m) zum Schlegeis Stausee absteigen

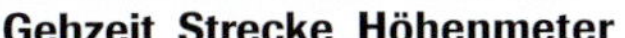

Gehzeit Strecke Höhenmeter

Tag 1: 3 Std. 7 km
1030 Hm ↑

Tag 2: 7 Std. 15 km
1180 Hm ↑ 620 Hm ↓

Tag 3: 6 Std. 10,5 km
760 Hm ↑ 1440 Hm ↓

ÖPNV

Erste Anfahrt EC von München HBF (7.10 Uhr) nach Jenbach, Zillertalbahn nach Mayrhofen, Bus 4104 nach Finkenberg/Teufelsbrücke (Ankunft 10.54 Uhr)

Letzte Rückfahrt Bus 4104 von Speicher Schlegeis (18 Uhr) nach Mayrhofen, Zillertalbahn nach Jenbach, NJ/BRB nach München

Zeitfenster vor Ort 3 Tage

Charakter Aufstieg zur Gamshütte auf dem gut ausgebauten Hermann-Hecht-Weg. Der Zillertaler Höhenweg ist zwar technisch leicht (Vorsicht bei Nässe an der steilen Grasflanke zu Beginn; später leichte Kletterpassagen im Blockwerk), erfordert aber eine gute Kondition! Auch am Hohen Riffler sind im oberen Abschnitt Trittsicherheit und Schwindelfreiheit gefragt.

Wegweiser Bis zur Petersköpfl-Scharte eindeutige Wegführung, dann trotz roter Markierungspunkte etwas Orientierungssinn im Blockgestein vonnöten!

Einkehr/Übernachtung Gamshütte, Tel. +43/676-3437741, www.gamshuette.at; Friesenberghaus, Tel. +43/676-7497550, www.friesenberghaus.at; Dominikushütte, Tel. +43-664-73296939, www.dominikushuette.at

Karte AV-Karte 35/1 „Zillertaler Alpen West", 1:25.000

Abbildungsnachweis

Sämtliche Fotos auf dem Umschlag und im Innenteil stammen von Michael Reimer. Ausnahme: Martin Hezel (S. 82)

Karten Deutschland: Geobasisdaten: Bayerische Vermessungsverwaltung Nr. 2203-004356

Karten Österreich: BEV 2022, vervielfältigt mit Genehmigung des Bundesamtes für Eich- und Vermessungswesen (BEV) in Wien

Impressum

Berg Edition Reimer
Sintzenichstr. 8
D-81479 München
Telefon +49/179/5122440
E-Mail kontakt@berg-edition-reimer.de
Internet www.berg-edition-reimer.de

Autor Michael Reimer
Gestaltung und Satz Anja Wesner, München
Druck/Repro Lanadruck GmbH, Lana

ISBN 978-3-9818763-4-5

Gedruckt auf chlorfrei gebleichtem Papier

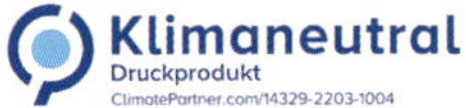